La démocratie et la séparation des pouvoirs dans l'Union européenne

Une analyse sur la légitimité et la souveraineté

Questionner l'Europe

Les questions européennes sont aujourd'hui au centre de la vie sociale, économique culturelle et politique en France comme dans l'ensemble des pays qui participent à l'Union européenne ou non. Cette collection accueille des ouvrages qui contribuent et participent aux débats et controverses sur ces questions.

Déjà parus

Thierry GARCIN, *La question allemande en Europe depuis l'unification*, 2024.
Gérard KESTER, *Les nouveaux européens, L'avenir se construit ensemble*, 2024.
Noam Thomas DRIF, *Le primat du marché sur la puissance. Aux origines de la Globalisation*, 2024.
Patrick MONOD-GAYRAUD, *La Pologne retrouvée. Un avertissement pour la France et l'Europe*, 2024.
Patrice OBERT et Gérard VERNIER, *L'Europe et ses défis. L'émergence d'une puissance continentale*, 2024.
Michel VALAKOULIS, *Le nouveau désordre électrique. La dérégulation du marché européen de l'énergie*, 2024.
Anastase-Jean D. Métaxas, *De l'Europe, Se relégitimer pour acter*, 2022.
Lucas Da Silva, *La défense européenne : chimère ou réalité ?*, 2022.
Domenico ROSSETTI DI VALDALBERO, *L'Europe fédérale, cette utopie vivante*, 2022.
Ghislaine PELLAT et Xavier RICHET (dir.), *L'Europe, ses acteurs et leurs stratégies*, 2021.
Alain CREMIEUX, *Vers une Europe-Puissance. Comment aboutir concrètement à l'Europe de la défense*, 2020.
Yvan FALYS, *Plaidoyer pour une France fédérale dans une Europe des régions*, 2020.

Marcel Yannick Minsongui

La démocratie et la séparation des pouvoirs dans l'Union européenne

Une analyse sur la légitimité et la souveraineté

L'Harmattan

Du même auteur

La protection juridictionnelle par la Cour de justice dans l'ELSJ et la PESC après le Brexit, Paris, L'Harmattan, 2023, 326 p.

5-7, rue de l'École Polytechnique - 75005 Paris
www.editions-harmattan.fr
ISBN : 978-2-336-54851-7
EAN : 9782336548517

Avant-propos

L'objectif de cet ouvrage est d'analyser l'évolution théorique de la notion de démocratie et du principe de la séparation des pouvoirs dans l'Union européenne. Après plusieurs années de recherche, le projet c'est surtout d'approfondir l'analyse juridique sur la double légitimité démocratique de l'Union et sur les approches conceptuelles abordant la notion de la souveraineté dans les études européennes. Plusieurs études intéressantes sur la démocratie et la séparation des pouvoirs dans l'Union européenne ont été réalisées. En revanche le présent ouvrage propose une approche nouvelle. Autrement dit une évolution théorique de pensée qui oriente la recherche et la réflexion scientifique sur la démocratie et l'équilibre des pouvoirs dans l'Union.

En réalité dans cet ouvrage il est de bon ton de marquer une étape importante dans le changement de registre de la légitimation démocratique européenne. Il ne s'agit plus seulement de promouvoir une légitimation par les concepts empruntés au registre de l'État-nation en insistant sur le rôle du Parlement européen et de la citoyenneté dans la démocratisation de l'Union européenne. Cette difficulté de dépasser l'État-nation pour penser la démocratie à l'échelle européenne se démontre dans de nombreuses études sur le principe démocratique de l'Union. Cette notion souffre finalement de son caractère imprécis et peut être diversement évaluée selon les études et les contributions scientifiques. L'originalité de notre étude consiste à proposer une analyse rigoureuse et de nouvelles approches eu égard aux préférences axiologiques des contributions doctrinales.

Notre travail de recherche permet de souligner que l'Union ne doit pas être forcément analysée sous l'angle du modèle de la démocratie parlementaire dans le cadre de l'État. Car ces approches possèdent des limites importantes pour expliquer la complexité de l'analyse sur la démocratisation de l'Union. Dès lors la question de la démocratie ne se pose plus avec la même intensité dans la mesure où l'Union européenne n'a pas à s'assurer d'une légitimité semblable à celle exigée des instances gouvernementales dans le cadre d'un État. Cette étude met à disposition des lecteurs les clefs de lecture qui permettent de comprendre la complexité de l'analyse qui tient au fait que la question démocratique fait immanquablement appel à celle de la légitimité, tant de l'État que de l'Union européenne. Avec l'évolution de l'intégration européenne les approches théoriques portant sur la démocratie ont augmenté leurs capacités explicatives.

L'originalité de cette réflexion est de faire dialoguer ces différentes approches dans le but de mieux appréhender les multiples facettes de la gouvernance démocratique de l'Union. Le but affiché de ce livre est de faciliter cette recherche. Du point de vue scientifique l'analyse est approfondie et fait appel aux règles sémantiques. L'attention est surtout portée au poids des mots et à leur statut épistémologique pour une lecture plus fine de la démocratie et de l'équilibre des pouvoirs dans l'Union européenne. Dans le même temps notre ouvrage a pour objet d'étudier l'évolution du discours du principe de l'équilibre des pouvoirs appliqué à la structure institutionnelle de l'Union l'un des thèmes les plus étudiés dans les études européennes, mais sa définition reste très controversée. En effet l'analyse des travaux de plusieurs courants de pensée démontre de différences fondamentales.

Cet ouvrage revient surtout sur les grandes questions qui se sont posées à la réflexion juridique sur la séparation des pouvoirs appliquée à l'Union européenne. Cette théorie qui est avant tout une méthode d'organisation du pouvoir née de l'observation des États, reste tributaire d'une lecture étatique qui ne cadre pas avec l'originalité de la construction européenne. Dans une perspective ouverte sur le processus d'intégration européenne nous procédons à une analyse rigoureuse des grands débats actuels sur la question de la double légitimité de l'Union et de la souveraineté. Liée historiquement à l'État, la souveraineté entendue comme une quantité de pouvoir a évolué pour devenir une qualité de pouvoir, à titre de légitimité à fonder et exercer le pouvoir public. Cette synthèse axiologique suscite des tensions au sein de l'Union. De fait plusieurs pistes de recherche sont développées afin d'aborder la souveraineté au concret dans l'Union européenne. Ce livre est un véritable instrument de travail pour aborder cette problématique. Selon une conception dominante de notre modèle d'analyse il s'agit de comprendre quand et comment la souveraineté s'exerce concrètement dans l'Union européenne. Pour élaborer ce modèle d'analyse notre approche part des recherches antérieures sur la même thématique et surtout des travaux de référence plus développés qui présentent des problématiques liées. Au terme de cette clarification cet ouvrage est intéressant au plan de la recherche scientifique. Il permet aux lecteurs d'enrichir leur connaissance sur les problématiques importantes de l'intégration européenne à savoir la démocratie, la séparation des pouvoirs, la double légitimité de l'Union, la souveraineté et l'Europe puissance.

Sommaire

Introduction

La démocratie à l'échelle européenne est l'un des thèmes majeurs du processus d'intégration de l'Union. La résolution de cette question essentielle n'en demeure pas moins difficile. Car il s'agit de résoudre le défi du « fonctionnement démocratique de l'Union européenne »[1]. L'on sait toutefois que la déclaration Schuman[2] a posé les fondements de l'Union européenne. Elle a marqué le début d'un projet politique important sans précédent. Le temps est désormais venu de réfléchir aux défis auxquels l'Union est confrontée d'autant plus que l'Union fait face au défi de la préservation de la démocratie.

Le choix de cet ouvrage de consacrer aujourd'hui une étude sur la démocratie et la séparation des pouvoirs dans l'Union européenne est une invitation à une analyse approfondie du système juridique et politique de l'Union européenne. L'examen de la situation de l'Union européenne permettra de décrire l'évolution des réformes entreprises comme une légitimation des institutions européennes par une approche privilégiant la procédure. Dans cette formulation l'article 1 TUE fait référence aux États membres et aux citoyens européens. Il affirme ainsi la double légitimité démocratique de l'Union en ces termes « Union d'États et des citoyens »[3]. Dans le but de mieux saisir la notion de souveraineté dans l'intégration européenne un cadre d'analyse a été posé. La notion de souveraineté est difficile à définir en tant que telle. Inventée par Jean Bodin dans *Les six Livres de la République* (1576) elle constitue une théorie juridique du pouvoir à la différence de la notion politique de pouvoir de Machiavel.

---

[1] Rapport de la Commission au Parlement européen, au Conseil, au Comité économique et social européen et au Comité des régions – Renforcer les droits des citoyens dans une Union du changement démocratique. Rapport 2017 sur la citoyenneté de l'Union, Bruxelles (COM (2020)) 30 final du 24.01.2017, p. 8.

[2] Robert Schuman (1886-1963), l'architecte de l'intégration européenne. Homme d'État, éminent juriste et ministre français des affaires étrangères de 1948 à 1952, est considéré comme l'un des pères fondateurs de l'unification européenne. En collaboration avec Jean Monnet il élabora le plan Schuman, qu'il présenta le 9 mai 1950. Cette date est désormais considérée comme celle de la naissance de la construction européenne.

[3] Déclaration commune du Parlement européen, du Conseil et de la Commission européenne sur la conférence sur l'avenir de l'Europe. Dialoguer avec les citoyens pour promouvoir la démocratie – Construire une Europe plus résiliente (2021/C91 I/01) (*JOUE* n° C 91 I/1 du 18.3.2021).

De nos jours la relation entre la souveraineté et le pouvoir semble avoir perdu de son évidence. Ce recul sémantique de la souveraineté, au profit du pouvoir et de la domination s'explique socialement par la concurrence faite à la souveraineté de l'État par divers phénomènes de domination propres à la société civile. De toute évidence l'idée de souveraineté a subi à travers les siècles plusieurs évolutions sémantiques jusqu'à en changer le concept afférent. Effectivement ce regain d'intérêt pour la notion de souveraineté dans le cadre de l'intégration européenne va de pair avec l'évolution du droit de l'Union. Á ce propos l'approche de Jean Bodin de la notion de souveraineté fait partie des angles d'analyse de notre étude. Bodin par sa définition de la notion de souveraineté ouvrait ainsi la voie à l'ère des États modernes et aux relations internationales.

En effet ces glissements sémantiques permettent de se demander si l'évolution de la souveraineté n'est que le reflet des changements que connaissent les sociétés engagées dans la modernité. Cette grille de lecture marque clairement le rôle important de la discussion doctrinale sur la souveraineté dans l'Union. L'intérêt de cet ouvrage est d'ouvrir le champ d'analyse de la notion de souveraineté dans l'intégration européenne. Bien plus l'approfondissement de la discussion sur la souveraineté exige une double lecture. C'est-à-dire diachronique et synchronique. Dès lors la réflexion que nous proposons dans cette étude est fondée sur l'hypothèse selon laquelle la souveraineté en tant que pouvoir présuppose un principe de légitimité qui est une justification du pouvoir. Il importe cependant de concevoir l'Union comme « une démocratie représentative »[1] reposant sur l'intrication étroite de plusieurs logiques de fonctionnement. Ce qui requiert de la transparence et une culture politique accessible et responsable, soutenue par un système électoral et un électorat informé et engagé. Dans les débats et réflexions sur l'avenir de l'Union, la démocratie, la séparation des pouvoirs, la légitimité et la souveraineté sont des thématiques centrales dans le processus d'intégration européenne. Renouvelant ces problématiques de réflexion de l'Union, cet ouvrage présente les évolutions de la pensée juridique en matière de construction démocratique et de gouvernance de l'Union.

---

[1] Rapport de la Commission au Parlement européen, au Conseil, au Comité économique et social européen et au Comité des régions – Renforcer les droits des citoyens dans une Union du changement démocratique. Rapport 2017 sur la citoyenneté de l'Union, Bruxelles (COM (2020)) 30 final, *op. cit.*, p. 9.

Dans notre effort d'analyse il en ressort que l'Union est le sujet de discussion entre deux écoles de pensée. La première école soutient que l'intégration européenne a atteint un stade tel qu'on peut la comparer sous beaucoup d'aspects aux États existants. Dans une autre démarche la deuxième école voit plus de parallèles avec une organisation internationale mieux structurée et basée sur une coopération volontaire d'États souverains. Ces analyses quelles que soient leur richesse et leur profondeur se heurtent à plusieurs constats.

L'analyse approfondie de l'approche de ces deux écoles de pensée amène toutefois quelques précisions. Sur le plan théorique il importe d'indiquer que notre étude marque une étape importante dans le changement de paradigme de la légitimation démocratique de l'Union. Vu les difficultés de pouvoir toujours s'accorder sur une définition de la démocratie, sur le concept de légitimité et sur la nature actuelle de l'Union européenne, tout comme sur la forme qu'il conviendrait de lui donner. Il ne s'agit plus seulement de promouvoir une légitimation par les concepts empruntés au registre de l'État, en insistant sur « le rôle du Parlement européen et de la citoyenneté »[1] dans la démocratisation de l'Union. Dès lors l'Union n'a pas à s'assurer d'une légitimité semblable à celle exigée dans le cadre d'un État. Dans l'optique de cette étude il est démontré que le procès en déficit démocratique qu'on persiste à faire à l'Union bride les tentatives de réforme, dans la mesure où les options envisagées restent cantonnées au modèle de l'État-nation et de la démocratie représentative.

Il est précisé que la question de la légitimité démocratique s'est posée de manière aiguë à chaque étape de l'intégration européenne. L'invention du modèle communautaire d'intégration pour l'Europe a suscité trop d'opposition à l'origine. En revanche en prenant acte des nombreuses résistances les partisans de la construction européenne n'ont pas envisagé de construire l'Union sur un modèle étatique. Un aspect qu'il est important de souligner est le fait même que des principes démocratiques soient exigés au niveau supra-étatique place l'Union européenne dans un contexte très différent des relations interétatiques traditionnelles. L'Union européenne n'est ni un État, ni une organisation internationale comme les autres. Mais son intégration progressive lui confère un poids diplomatique dans le monde.

---

[1] Règlement (UE) 2019/788 du Parlement européen et du Conseil du 17 avril 2019 relatif à l'initiative européenne citoyenne (Texte présentant de l'intérêt pour l'EEE) (*JOUE*, n° L 130 du 17.5.2019, pp. 55-57).

Á cette première difficulté tenant à la délicate détermination de la nature juridique de l'Union s'ajoute celle de la conjugaison de deux logiques. Précisons que depuis « le traité de Rome »[1] deux méthodes de gouvernement coexistent au sein de l'Union à savoir, la méthode communautaire qui repose sur une logique d'intégration et la méthode intergouvernementale qui repose sur une logique de coopération. Cette innovation permet de montrer que la fondation constitutionnelle de l'Union européenne repose sur une légitimité d'un genre particulier, puisqu'il s'agit d'une double légitimité. Celle des États et celle des citoyens européens représentés. En effet ces deux sources de légitimité démocratique sont complémentaires. Pour ce faire l'un des enjeux essentiels de notre étude réside dans leur rapprochement. Il est important de préciser que certains aspects de l'Union ressemblent à un État d'autres à une organisation internationale.

Dans ce schéma d'analyse au lieu d'exclure les deux approches et d'en chercher une nouvelle il a été préférable de se baser sur le droit comparé et sur les relations internationales en fonction de l'aspect de notre étude. C'est dans le cadre de cette approche que réside la spécificité de l'Union. Dans le prolongement de ce propos il se révèle que l'intégration européenne n'équivaut pas à une étatisation de l'Union. En effet il semble que deux données majeures questionnent profondément la démocratie et la séparation des pouvoirs dans l'Union à savoir la légitimité et la souveraineté. Raison pour laquelle cet ouvrage s'appuie sur une analyse argumentée, doctrinale et jurisprudentielle qui couvre les principales problématiques qui animent le débat européen. Dans ce but cette recherche revient sur les grandes questions qui se sont posées à la réflexion juridique pour améliorer la construction européenne. Le contexte spécifique de la démocratie et de la séparation des pouvoirs dans l'Union désormais établi, pour mieux mettre en valeur l'originalité de notre étude cette analyse va s'articuler autour de plusieurs lectures.

---

[1] Traité de Rome (signé le 25 mars 1957) a institué la Communauté économique européenne (CEE), qui réunissait six pays (la Belgique, l'Allemagne, la France, l'Italie, le Luxembourg et les Pays-Bas) pour parvenir à l'intégration et à la croissance économique grâce aux échanges. Il a été signé parallèlement à un second traité instituant la Communauté européenne de l'énergie atomique (Euratom). Le traité de Rome a été modifié à plusieurs reprises. Le traité de Rome a mis en place des institutions et des mécanismes décisionnels permettant l'expression à la fois des intérêts nationaux et d'une vision commune. Il est désormais connu sous le nom de traité sur le fonctionnement de l'Union européenne (TFUE).

Cette démarche participe au développement de l'intégration européenne. Il s'agira dans ce qui suit de présenter d'abord les grandes lignes de « la pratique de la démocratie dans l'Union européenne »[1]. Le but de cette étude est de montrer comment la théorie de la démocratie et de la séparation des pouvoirs a pu s'imposer dans l'ordre juridique de l'Union. Dans ce contexte il importe de structurer notre réflexion en deux grandes parties. L'analyse se focalisera d'abord sur la problématique majeure de la démocratie dans l'Union **(Première partie)**. Dans le cadre d'une analyse pertinente, nous aborderons successivement la question de la double légitimité de l'Union et « la remise en cause de la construction démocratique de l'Union »[2] par certaines études sur l'intégration européenne.

Ensuite seront étudiés les concepts s'intéressant davantage à la séparation des pouvoirs dans l'Union **(Deuxième Partie)**. Plus précisément cela concerne les cadres d'analyse qui proposent d'utiliser plusieurs outils conceptuels, pour mieux examiner en profondeur la gouvernance démocratique de l'Union et le principe de la souveraineté comme forme d'organisation du pouvoir dans l'Union. Dans ce travail nous faisons une analyse de deux notions importantes qui reviennent régulièrement dans les débats sur l'avenir de l'Union européenne à savoir la légitimité et la souveraineté. Les deux concepts qui se trouvent au centre de notre réflexion, mettent effectivement l'accent sur le problème de la légitimation de l'intégration européenne et sur le sens de la souveraineté dans l'Union. Á partir de ces considérations il importe de présenter les bases théoriques de la légitimité démocratique de l'Union. Enfin une analyse approfondie du système juridique de l'Union amène toutefois quelques précisions. Les débats sur une gouvernance plus démocratique de l'Union ouvrent en effet une question politique majeure dans laquelle la réflexion sur la souveraineté a toute sa place. La souveraineté européenne constitue une innovation majeure dans le paysage politique international. Á ce propos le paysage politique redessine radicalement les paradigmes traditionnels de la souveraineté étatique.

---

[1] Directive du Conseil fixant les modalités de l'exercice du droit de vote et d'éligibilité aux élections au Parlement européen pour les citoyens de l'Union résidant dans un État membre dont ils ne sont pas ressortissants (refonte) (COM (2021)) 476 final – (SWD (2021)) 357 final – (SWD (2021)) 358 final, COM (2021) final du 25.11.2021.

[2] I. E. STÜTTLER, « La citoyenneté européenne et le déficit démocratique », *in Études internationales*, Volume 28, numéro 3, 1997, pp. 550-556.

PREMIÉRE PARTIE

La démocratie dans l'Union européenne

Les défis de la construction européenne conduisent inéluctablement à une réflexion sur la démocratie dans l'Union européenne. Dans les milieux intellectuels l'accession de la démocratie au statut d'idéalité normative se traduit par le fait que cette notion recouvre désormais, plus que des institutions définies mais aussi un ensemble de valeurs[1]. Au préalable la démocratie c'est-à-dire le règne du peuple semble avoir comporté très tôt la communauté politique entière mais aussi le petit peuple. La démocratie est un terme polysémique qui s'est imposé dans le discours de l'intégration européenne. Étymologiquement la démocratie est issue du terme grec *dêmos-kràtos,* qui désigne le gouvernement de tous autrement dit la souveraineté collective. Dans la réflexion menée sur la démocratie dans l'Union, les problématiques de la double légitimité de l'Union et la remise en cause de la construction démocratique du projet européen par une partie de la doctrine méritent d'être traitées avec une importance particulière.

Dans cette intention pour relever les défis majeurs de l'Union les dispositions communes du traité de Lisbonne « marquent une nouvelle étape dans le processus créant une Union sans cesse plus étroite entre les peuples de l'Europe »[2]. D'après la Commission européenne dans son approche sur la question démocratique « la démocratie européenne est forte et saine, mais il convient de travailler sans relâche à sa protection »[3]. D'un point de vue méthodologique le discours sur l'état de l'Union en 2023 s'inscrit logiquement dans les efforts d'analyses doctrinales et jurisprudentielles[4] du processus de démocratisation de l'Union. Dans cet esprit l'étude présentée dans cette recherche contribue à renforcer la résilience de la démocratie européenne. Suivant cette idée il est apparu envisageable de faire évoluer les paradigmes de l'intégration européenne sur la démocratie pour préparer la prochaine génération du projet européen. L'évolution de l'intégration européenne a contribué ces dernières années à un vrai renouveau du débat sur la démocratie dans l'Union.

---

[1] Résolution du Parlement européen du 10 mars 2022 sur le rapport 2020 sur la citoyenneté de l'Union : donner aux citoyens les moyens d'agir et protéger leurs droits (2021/2099 (INI)) (*JOUE* n° C 347 du 9.9.2022, pp. 202 – 205).

[2] La construction européenne vise à établir, depuis le traité de Rome, une Union sans cesse plus étroite entre les peuples de l'Europe. Cette formule figure également dans les préambules du TFUE et de la Charte des droits fondamentaux de l'Union européenne. Elle se traduit notamment par la durée illimitée des traités.

[3] Voir sur ce point État de l'Union 2023 – par la Commission Von Der Leyen, Office des publications de l'Union européenne, ec.europa.eu/soteu2023.

[4] CJCE, 23 avril 1986, *Les Verts c / Parlement européen*, aff. 294/83, *Rec.* 1339.

En considération de ce qui précède ce qui est en jeu dans cette contribution c'est le lien entre le renforcement nécessaire du pouvoir et sa légitimation supérieure par le consentement démocratique. En ce sens la problématique de la légitimité entretient des liens forts avec le principe de souveraineté du peuple comme voie d'approfondissement démocratique de l'Europe. Devant un tel constat les critiques portant sur le déficit démocratique renvoient donc aux limites de la forme internationale et diplomatique du processus européen. Surtout aux limites de la procédure des traités qui traduisent la volonté des États membres de l'Union mais pas nécessairement celle des peuples.

Cette réflexion est certainement tributaire des débats qui ont émergé au sein de la philosophie politique autour de l'approche qui milite en faveur du passage du principe de légitimité diplomatique à celui de la légitimité démocratique. Il est précisé que la doctrine défend l'idée d'un espace démocratique transnational dans la ligne de mire des travaux de Jürgen Habermas. Pour mener à bien ces analyses sur le modèle transnational de démocratie, cet ouvrage s'inscrit dans une démarche qui permet d'articuler de manière coopérative les différents niveaux de représentation et de souveraineté. Il ne s'agit pas de privilégier l'un ou de faire disparaitre un autre. Cette innovation sémantique suggère une intégration démocratique horizontale plutôt qu'une absorption verticale au profit d'une entité supérieure. Dans cette ligne de pensée il en ressort que borner l'analyse des formes politiques et démocratiques à venir de l'Europe aux catégories d'État, de souveraineté et de nation, comme notions incontournables de la pensée de la démocratie et du politique ne permet pas de faire évoluer les paradigmes intégrateurs. L'idée même d'Europe politique comme Union d'États irréductibles à la forme étatique, peut constituer un cadre nouveau pour la démocratie constitutionnelle en Europe sous une forme qui n'est plus celle de la démocratie nationale. En effet l'État et son critère de souveraineté ne sont pas les seuls concepts pertinents pour penser les problématiques relatives à la démocratie et à la séparation des pouvoirs dans l'Union. Dans ce cadre pour mener à bien ces analyses, la nécessité d'améliorer et d'assurer la légitimité démocratique de l'Union est une invitation à un rapprochement conceptuel (Titre 1). En effet parmi les théories les plus récentes de la légitimation du système juridique européen, la remise en cause de la construction démocratique de l'Union paraît être l'une des plus intéressantes (Titre 2), d'autant plus qu'elle prend justement acte des mutations en cours de la construction européenne.

Titre 1

La légitimité de l'Union et les principes démocratiques

La construction européenne a introduit une dynamique nouvelle dans la quête d'un ordre politique légitime. Cette partie aborde le grand thème de la légitimité et examine son lien profond avec le développement de la démocratie en Europe. Á l'état actuel de la discussion doctrinale les milieux académiques d'aujourd'hui n'ont pas plus réussi que leurs prédécesseurs à s'entendre sur la signification du mot légitimité. Il faut cependant remarquer que le statut conceptuel de la légitimité est difficile à cerner. L'imprécision conceptuelle et la complexité sémantique de l'idée que connote le terme de légitimité sont à la mesure de l'hétérogénéité des éléments qu'elle rassemble. Selon les travaux de l'élite européenne, le domaine politique est celui dans lequel la notion de légitimité a trouvé place comme en son lieu d'excellence pour apparaître comme le critère de validité du pouvoir.

Dans le cadre du processus de légitimation de l'Union européenne, pour en saisir le sens et la portée il est indispensable de rechercher « les principes fondateurs »[1] dont elle s'est réclamée au fil du temps, de rappeler la complexité du statut philosophique que la doctrine lui a reconnu au cœur même du pouvoir et de saisir enfin comment dans l'intégration européenne, la question de la légitimation du pouvoir a supplanté le problème de sa légitimité. La construction européenne ne peut pas se comprendre comme un affaiblissement de l'Europe[2]. Ainsi l'autre obstacle conceptuel à surmonter pour envisager une démocratie à l'échelle de l'Union est la thèse de la double légitimité de l'Union. Dans cette lecture la double légitimité de l'Union est fondée sur les États et les citoyens. Les deux premiers alinéas de l'article 1 TUE font référence aux États membres et aux citoyens européens. Dans cette acception, le respect de cette double nature de l'Union est au cœur des équilibres institutionnels qui ont pour finalité de faire converger ces deux sources de légitimité. Pour dire les choses simplement le respect

---

[1] Résolution du Parlement européen du 18 janvier 2023 sur les droits de l'homme et la démocratie dans le monde et la politique de l'Union européenne en la matière – rapport annuel 2022 (2022/2049(INI)) (*JOUE* n° C 214, p. 82).

[2] Livre blanc sur l'avenir de l'Europe – Réflexions et scénarios pour l'UE à l'horizon 2025, Bruxelles (COM(2017)) 2025 final du 01er.03. 2017.

de cet équilibre interdit également de concentrer le pouvoir dans l'une des institutions de l'Union européenne au détriment des autres.

Pour mener à bien ces analyses et penser la possibilité d'un espace démocratique européen cette partie apporte un éclairage à la réflexion sur le concept de légitimité. Plus généralement les européens n'ont pas d'autre choix, s'ils veulent opérer un rattrapage politique et garder la main sur leur destin, que de perpétuer une solidarité démocratique irréprochable. La meilleure façon d'appliquer le concept d'inspiration étatique de légitimité à l'Union européenne consiste à dépasser les tendances anciennes de l'État-nation et d'assouplir les habitudes de pensée. Il s'agit de donner à la démocratie transnationale une base de légitimation plus large ce qui veut dire en renforçant les pouvoirs du Parlement européen. Le but affiché de cette approche est de garantir aux européens la maîtrise politique de leur existence.

Dans cette optique la mise en place d'une démocratie par-delà les États-nations est une évolution conceptuellement envisageable et politiquement nécessaire. Á la vérité la finalité de l'Union est de préserver « le mode de vie démocratique des peuples européens »[1] dans un espace partagé qui dépasse les frontières nationales. Bien entendu l'Union européenne entretien peu de contacts avec les citoyens. Les tentatives de légitimer le système politique de l'Union par la participation n'ont pas davantage porté leurs fruits. Il convient de remarquer que les élections européennes, qui constituent le principal vecteur de cette participation se singularisent par un taux d'abstention croissant et par la focalisation répétée des campagnes électorales sur des thématiques nationales. Le traité de Lisbonne énonce le principe de la démocratie représentative[2] fondée sur la participation des citoyens européens à la vie publique. Dans ce travail deux notions qui reviennent régulièrement dans les débats sur l'avenir de l'Union seront examinés. Cela concerne notamment la double légitimité démocratique de l'Union (Chapitre 1) et les fondements de la démocratie européenne (Chapitre 2). Sur ce plan l'objectif c'est de concilier l'évolution singulière de

---

[1] Résolution du Parlement européen du 18 janvier 2023 sur les droits de l'homme et la démocratie dans le monde et la politique européenne en la matière – rapport annuel 2022 (2022 /2049 (INI)) (*JOUE* n° C 214), *op. cit.*, pp. 81-84.

[2] Bien que le fonctionnement de l'Union soit fondé sur la démocratie représentative, le traité de Lisbonne mentionne un nouveau principe de démocratie participative, qui implique d'associer les citoyens aux projets et aux processus de prise de décision qui les concerne. Les dispositions de l'article 11 TUE illustrent la volonté de rapprocher l'Union des citoyens.

l'Europe et la réalité des États avec la finalité de la construction européenne.

Chapitre 1

La double légitimité démocratique de l'Union

Les préambules des traités européens parlent d'une « Union sans cesse plus étroite entre les peuples européens »[1]. Cette formule reprise par le traité de Lisbonne exprime le désir des États d'approfondir la solidarité entre leurs peuples dans le respect de leur histoire, de leur culture et de leurs traditions. Bien sûr l'une des motivations des pères fondateurs de l'Europe était la réconciliation des pays européens. Ils ont mis en place un système institutionnel hybride reposant sur l'intrication étroite de plusieurs logiques de fonctionnement. De notre compréhension à part ce consensus général, deux approches de l'intégration européenne ont émergé. Dans ce contexte on peut distinguer les théoriciens et les praticiens. En d'autres termes les penseurs et les politiciens. Á cet effet les visions et les attitudes par rapport au projet européen étaient ainsi assez différentes.

Pour mieux saisir les implications de la notion d'une double légitimité démocratique de l'Union européenne, il convient de revenir sur les éléments constitutifs de la démocratie (Section 1) et sur le fonctionnement des institutions démocratiques de l'Union européenne (Section 2). L'impératif c'est de promouvoir l'intégration européenne en tenant compte en permanence des deux sources de légitimités démocratiques, les États-nations et les citoyens. Il est judicieux de noter que la Cour de justice est l'une des clés du fonctionnement de l'Union européenne, non seulement pour garantir le respect de son droit, mais aussi pour assurer la limitation mutuelle des activités de ses acteurs, qu'il s'agisse des institutions européennes, des États membres ou des particuliers. Conformément à ce qui précède l'Union européenne est restée influencée par le paradigme parlementaire issu de la tradition politique des États membres, alors que l'affaiblissement de la représentation parlementaire au profit de l'exécutif caractérise, depuis longtemps, la plupart des démocraties européennes. L'analyse précédente montre que les efforts déployés pour pallier le déficit de

---

[1] La construction européenne vise à établir, depuis le traité de Rome, *« une Union sans cesse plus étroite entre les peuples de l'Europe »*. Cette formule figure également dans les préambules du TFUE et de la Charte. Elle se traduit notamment par la durée illimitée des traités (articles 53 TUE et 356 TFUE).

légitimité et le déficit politique de l'Union européenne se sont traduits par un renforcement du rôle du Parlement européen.

Section 1. Les éléments constitutifs de la démocratie

La théorie démocratique moderne est intimement liée à la réflexion sur le droit. Rappelons que la pensée libérale véhicule l'idée selon laquelle la protection de la liberté dépend de la capacité à ériger des règles qui garantissent les droits et limitent le pouvoir arbitraire de l'État. Précisons que la démocratie apparaît dans la langue grecque au 5e siècle avant Jésus-Christ pour désigner une forme particulière d'organisation de la cité. Son usage et sa signification ont connu depuis le 19e siècle une extension considérable. Selon une appréciation doctrinale cette extension s'accompagne d'un changement de statut épistémologique. D'après cette lecture la démocratie ne désigne plus un régime parmi d'autres, mais semble être à l'horizon de tout ordre politique légitime[1]. En fait cette approche n'est pas éloignée des analyses que propose cette partie sur les éléments constitutifs de la démocratie. Ce qui revient à dire que ce projet est original dans sa volonté de redonner au droit une place centrale dans l'édification de la société démocratique européenne, sans jamais le placer au-dessus de la volonté des citoyens. En clair dans ce cadre d'analyse de la question démocratique il y a une double ambition intellectuelle.

La première source de légitimité de l'Union ce sont les États qui lui délèguent des compétences dans des domaines et pour des objectifs déterminés. Cette légitimité est incarnée par le Conseil européen et le Conseil. La seconde source de légitimité de l'Union ce sont « les citoyens qui forment les peuples européens »[2] dont les droits sont garantis et renforcés par le traité de Lisbonne. Cette légitimité s'exprime principalement au Parlement (§ 1). L'Union de citoyens est l'ambition de la construction européenne. Le respect de cette double nature de l'Union est au cœur des équilibres institutionnels (§ 2). En fin de compte cette étude ne se contente pas de proposer un nouveau

---

[1] Communication de la Commission au Parlement et au Conseil – Donner forme à la conférence sur l'avenir de l'Europe, Bruxelles (COM(2020)) 27 final du 22.01.2020.

[2] Règlement (UE) 2021 / 692 du Parlement européen et du Conseil du 28 avril 2021 établissant le programme « Citoyens, égalité, droits et valeurs » et abrogeant le règlement (UE) n° 1381 /2013 du Parlement européen et du Conseil et le règlement (UE) n° 390/2014 du Conseil (*JOUE*, n° L 156 du 5.5.2021, pp. 3-7). Le plein respect de l'État de droit et de la démocratie son fondamentaux pour accroître la confiance des citoyens dans l'Union et garantir la confiance mutuelle entre les États.

modèle de démocratie citoyenne. L'analyse de l'évolution de la construction européenne incite donc à repenser les rapports politiques entre les deux sources de légitimité démocratique de l'Union.

§ 1. L'approche de la démocratie dans l'Union européenne

Lors de « la conférence sur l'avenir de l'Europe »[1] lancée à l'occasion de la journée de l'Europe 2021 la communication de la Commission européenne prévoyait davantage de démocratie, de transparence et de placer les citoyens au cœur de la démocratie européenne. Selon le discours de Ursula von der Leyen, présidente de la Commission européenne « la réflexion sur l'avenir de notre Europe a toujours fait appel à la mémoire de son passé »[2]. Á la suite de ces propos il convient de noter la vieille maxime de Jean Monnet[3] qui résume bien une grande partie de l'histoire de l'Europe en ces termes, « l'Union se fera dans les crises et elle sera la somme des solutions apportées à ces crises »[4]. La conférence sur l'avenir de l'Europe a redynamisé le fonctionnement de la démocratie à plusieurs niveaux en Europe. Elle a également montré le potentiel d'un véritable espace public européen permettant aux citoyens de toute l'Union européenne de se mobiliser sur les questions qui leur importent le plus.

Dans les moments de doute il est toujours bon de s'en remettre aux fondamentaux de la construction européenne. Ce bref rappel amène à s'interroger sur le lien qui existe entre l'exigence d'approfondissement démocratique et la légitimité de l'Europe politique. Bien entendu, il est donc urgent de politiser l'Europe. Car la légitimité démocratique de l'Union en dépend ainsi que la pérennité du projet d'intégration. Il se révèle que, le système institutionnel de l'Union offre aujourd'hui la

---

[1] Communication de la Commission au Parlement européen, au Conseil européen, au Conseil, au Comité économique et social européen et au Comité des régions – Conférence sur l'avenir de l'Europe – Transformer une vision en actions concrètes, Bruxelles (COM (2022)) 404 final du 17.6.2022.

[2] *Ibid.*, p. 1. Discours du 9 mai 2022, cérémonie de clôture de la conférence sur l'avenir de l'Europe.

[3] Jean Monnet (1888-1979), homme politique et conseiller économique français a consacré sa vie à la cause de l'intégration européenne. Il a été l'inspirateur du « Plan Schuman », qui prévoyait de mettre en commun la production franco-allemande du charbon et de l'acier.

[4] Comprendre les politique de l'Union européenne « Les pères fondateurs de l'Union européenne », Commission européenne, Direction de la documentation, Publications, 1049 Bruxelles, Office des publications de l'Union européenne, 2013.

plupart des outils démocratiques que connaissent les systèmes constitutionnels nationaux. Certainement la conférence sur l'avenir de l'Europe a ouvert un nouvel espace de débat avec les citoyens, permettant d'examiner les défis auxquels elle est confrontée.

Dans l'optique de cette recherche deux aspects des sources de la démocratie dans l'Union européenne seront examinés. D'une part la problématique des sources de légitimité démocratique de l'Union (A) et d'autre part l'approche d'une Union sans cesse plus étroite entre les peuples de l'Europe (B). C'est dans ce cadre précis que la question des fondements de la démocratie dans l'Union est traitée.

A. Les sources de légitimités démocratiques de l'Union

Les États membres de l'Union et les citoyens européens sont les principales sources de légitimités démocratiques de l'Union. La légitimité démocratique de l'Union est donc fondée sur les États et les citoyens. Réellement de chacune de ces légitimités démocratiques découle une demande d'égalité. Par voie de conséquence il y a égalité des droits des États lorsque l'Union se perçoit comme une Union d'États, et égalité des citoyens lorsqu'elle se ressent comme une Union des peuples. Chemin faisant les pères fondateurs ont voulu donner un caractère démocratique à la Communauté européenne devenue Union européenne, en créant une assemblée commune composée des « représentants des peuples »[1] des pays membres. Dépositaire d'un capital de légitimité démocratique, le Parlement européen est resté la référence de base de toute réflexion portant sur le déficit de légitimité de l'Union. De la même façon les efforts pour pallier ce déficit de légitimité se sont systématiquement traduits par « le renforcement des pouvoirs du Parlement européen »[2].

Suivant cette conception, de nos jours le Parlement européen souffre moins d'un déficit de légitimité démocratique. En revanche à la lecture de la doctrine, l'Union souffre plutôt d'un déficit de vie politique. Selon une première approche, le déficit de légitimité démocratique de l'Union est lié à la spécificité de son appareil institutionnel. C'est-à-dire un retard de l'Union politique sur l'Union économique. Dans la pratique

---

[1] Résolution du Parlement européen du 9 mars 2022 sur la participation des citoyens : le droit de pétition, le droit de saisir le médiateur européen et l'initiative européenne (2020 / 2275 (INI)) (*JOUE*, n° C 347 du 9.9.2022, pp. 111-113).

[2] Résolution du Parlement européen du 9 juin 2022 sur le droit d'initiative du Parlement (2020/2132 (INI)) (*JOUE*, n° C 493 du 27.12.2022, pp. 115-117).

pour les citoyens de l'Union et les États membres tant qu'il ne concernait que les domaines techniques sans forte dimension politique, ce déficit était encore toléré. Cependant ce propos mérite d'être entouré de grandes précautions.

La preuve en est que l'Union européenne a été initialement conçue comme une construction politique qui pouvait grandir sans la légitimité populaire exigée par les précédentes constructions étatiques. D'après cette trame de lecture la forme de « légitimité fonctionnelle »[1] de l'Union tendait notamment à faire de son déficit de légitimité démocratique un problème de second ordre. La thèse dominante consiste à dire que lorsque l'intégration européenne s'est heurtée à de nouvelles difficultés, la forme de légitimité fonctionnelle est devenue moins évidente et le problème de sa légitimité démocratique s'est posé avec plus d'acuité. Cette thèse doit être ajustée et complétée car elle souffre de limites intrinsèques. En outre bien que s'appuyant sur des arguments solides, la tentation existe chez certains auteurs de mettre en avant l'idée d'un déficit démocratique[2] de l'Union lors des débats sur l'avenir de l'Union européenne et la réforme de ses institutions.

Dans une deuxième approche l'un des défis les plus importants qui se pose aujourd'hui quand on s'interroge sur les sources de légitimité démocratique de l'Union est la difficulté conceptuelle et pratique d'une partie de la doctrine à imaginer un ordre démocratique postnational. Pourtant cette révolution intellectuelle de l'expérience européenne est une invitation à mettre sur pied de nouvelles formes de démocraties postnationales. L'idée c'est d'admettre que la révolution constitutionnelle que connaît actuellement la construction européenne peut constituer un levier d'une avancée de la démocratie en Europe.

Principalement les propositions pour redéfinir les institutions européennes et l'interprétation du déficit démocratique ont tendance à se baser sur le modèle des institutions des États membres de l'Union, et plus précisément sur le modèle de la représentation parlementaire. Mais l'Union européenne n'est pas un État. D'autant plus que l'une des difficultés pour arriver à un consensus pour les changements

---

[1] Communication de la Commission au Parlement européen et au Conseil – Donner forme à la conférence sur l'avenir de l'Europe, Bruxelles (COM (2020)) 27 final, *op. cit.*, pp. 4-6.

[2] Rapport de la Commission au Parlement européen, au Conseil, au Comité économique et social européen et au Comité des régions – Renforcer les droits des citoyens dans une Union du changement démocratique – Rapport 2017 sur la citoyenneté de l'Union, Bruxelles (COM (2017)) 30 final, *op. cit.*, pp. 6-9.

institutionnels provient des expériences et des traditions différentes des États membres de l'Union. Le moment est donc venu d'insuffler un nouvel élan à la démocratie européenne étant donné que le système démocratique de l'Union est unique au monde.

Dans les discussions et débats autour de la réforme des institutions européennes les réflexions sur le déficit de légitimité démocratique de l'Union ont tendance à se limiter aux institutions européenne. Toutefois la participation des citoyens[1] à l'Union pourrait également être garantie par leurs États. De ce point de vue les traités sur l'Union européenne sont des traités internationaux et ils sont ratifiés en tant que tels par les Parlements des États membres. Ce qui précède indique que la source même de l'Union se situe dans l'organisation interne des États membres. Dans cette lignée il est impératif d'examiner l'intégration européenne dans le contexte des États membres.

Á vrai dire la méthode de l'intégration fonctionnelle adoptée a favorisé le développement d'une bureaucratie et d'une expertise communautaire qui ont montré leurs limites à mesure que l'on passait de la phase d'intégration négative à celle de l'intégration positive, qui exige une intervention active des institutions européennes. Á ce titre il est démontré que les élites nationales sont également responsables du déficit de légitimité démocratique de l'Union. Ce constat conduit à des efforts de réflexions. Cela s'explique par le fait que la légitimité téléologique des origines de la construction européenne ne suffit plus.

En revanche ce registre de légitimation a joué un rôle décisif dans l'acceptation du projet européen. L'une des sources intellectuelles de la construction européenne permet d'admettre à ce titre que les élites nationales sont également responsables des inquiétudes avancées sur l'idée du « déficit de légitimité démocratique »[2] de l'Union. Il est intéressant de constater que face aux hésitations des classes politiques nationales, l'action des technocrates européens a été décisive pour faire avancer l'Europe. L'axe majeur de cette analyse critique sur le rôle des

---

[1] Règlement (UE) 2021/692 du Parlement européen et du Conseil du 28 avril 2021 établissant le programme « Citoyens, égalité, droits et valeurs » et abrogeant le règlement (UE) n° 1381/2013 du Parlement européen et du Conseil et le règlement (UE) n° 390/2014 du Conseil (*JOUE*, n° L 156, pp. 2-3).

[2] Avis du Comité européen des régions – L'initiative citoyenne (*JOUE*, n° C 423, pp. 2-3). Un espace public européen de débat entre citoyens ainsi qu'avec les détenteurs du pouvoir est important pour la légitimité et la responsabilité de l'Union européenne. Le déficit de démocratie ne pourra être comblé que si une sphère publique européenne intégrant le processus démocratique voit le jour.

élites et des technocrates dans la construction européenne est nécessaire pour que les citoyens s'approprient ce chantier politique crucial et s'en rendent responsables. *In fine* le processus d'intégration européenne a renouvelé la problématique du déficit démocratique.

B. Le discours d'une Union sans cesse plus étroite entre les peuples de l'Europe

L'analyse précédente sur la légitimité démocratique de l'Union montre clairement que le système démocratique de l'Union est unique au monde[1]. L'intégration européenne est confrontée depuis la fin de la guerre froide à un contexte international complètement différent de celui dans lequel elle a été fondée. Une Europe forte et unie était plus facile à concevoir et était même considérée comme une nécessité dans un monde bipolaire. Dans ce travail il est question d'examiner en profondeur la validité scientifique de la formulation d'une Union sans cesse plus étroite entre les peuples de l'Europe.

La construction européenne vise à établir cette formule depuis le traité de Rome[2]. Ladite formule figure également dans les préambules du traité sur le fonctionnement de l'Union européenne (TFUE) et de la Charte des droits fondamentaux de l'Union européenne. Dans un tel contexte ce discours a été concrétisé par les transferts croissants de compétences au profit de la Communauté puis de l'Union par les traités successifs. C'est-à-dire de Rome à Lisbonne. Cependant le traité de Lisbonne vient affaiblir en quelque sorte la logique de l'Union sans cesse plus étroite entre les peuples européens avec la reconnaissance d'un droit de retrait unilatéral à chaque État membre.

Il convient de mentionner que « l'article 50 TUE »[3] reconnaît un droit de retrait volontaire et unilatéral à chaque État membre de l'Union européenne. L'existence d'un tel droit était controversée et sa consécration a suscité d'intenses débats lors des travaux préparatoires

---

[1] Communication de la Commission eu Parlement européen et au Conseil – Donner forme à la conférence sur l'avenir de l'Europe, Bruxelles (COM (2020)) 27 final du 22.1.2020, pp. 1-8.

[2] Procès-verbal de rectification du traité instituant la Communauté européenne de l'énergie atomique signé à Rome le 25 mars 1957 (*JOCE,* n° C 323, p. 1).

[3] Il importe de relever que l'article 50, paragraphe 1, TUE énonce que tout État membre peut décider, conformément à ses règles constitutionnelles, de se retirer de l'Union. La décision de retrait relève de la seule volonté de cet État membre, dans le respect de ses règles constitutionnelles et dépend de son seul choix souverain (CJUE, 10 décembre 2018, *Wigntman e.a.*, aff. C-621/18, point 50).

du traité de Lisbonne. Cet article est un signal politique fort pour les courants de pensée et les politiques qui soutenaient que l'Union est une entité rigide à laquelle il est impossible de sortir. C'est dans ce contexte spécifique que l'article 9 TUE et les articles 20 à 24 TFUE établissent une citoyenneté de l'Union en définissant la teneur.

L'article 9 TUE et l'article 20, paragraphe 1, TFUE prévoient que les citoyens de l'Union doivent avoir la nationalité d'un État membre. Rappelons que la citoyenneté de l'Union s'ajoute à la citoyenneté nationale et ne la remplace pas. Á cet égard il y a lieu de souligner que la citoyenneté de l'Union requiert la possession de la nationalité d'un État membre. Par l'article 9 TUE et l'article 20 TFUE, les auteurs des traités ont donc institué un lien indissociable et exclusif entre la possession de la nationalité d'un État membre et l'acquisition mais également la conservation du « statut de citoyen de l'Union »[1].

Dans le prolongement des considérations qui précèdent il importe de rappeler qu'en vertu de l'article 50, paragraphe 3, TUE, les traités cessent d'être applicables à l'État ayant notifié son intention de se retirer de l'Union à partir de l'entrée en vigueur de l'accord de retrait. Dans le cas du Royaume-Uni l'accord de retrait est entré en vigueur le 1er février 2020 et « le Royaume-Uni a cessé d'être un État membre de l'Union européenne »[2]. Il s'ensuit que le Royaume-Uni n'est plus résolu à établir une citoyenneté commune aux ressortissants des États membres de l'Union, ni à créer une Union sans cesse plus étroite entre les peuples de l'Europe. Effectivement dès la sortie du Royaume-Uni de l'Union européenne, les ressortissants britanniques ont cessé d'être des citoyens de l'Union européenne.

Si les clauses de l'accord de retrait leur conféraient certains droits pendant la période de transition, le droit de vote et d'éligibilité aux élections municipales dans leur État membre de résidence n'en faisait pas partie. Par conséquent les États membres de l'Union européenne n'étaient plus tenus à compter du 1er février 2020, d'assimiler les ressortissants du Royaume-Uni aux ressortissants d'un État membre aux fins de l'application de l'article 20, paragraphe 2, sous b) et de

---

[1] CJUE, 18 janvier 2022, *Wiener Landesregierrung*, aff. C-118/20, non encore publié (e), point 38. La Cour de justice a jugé que l'article 20 TFUE confère à toute personne ayant la nationalité d'un État membre le statut de citoyen de l'Union, lequel a vocation, selon une jurisprudence constante à être le statut fondamental des ressortissants des États membres.

[2] CJUE, ord. du 16 juin 2021, *Sharpston / Conseil et représentants des gouvernements des États membres*, aff. C-685/20 P, non encore publié (e), point 53.

l'article 22 TFUE ainsi que des articles 39 et 40 de la Charte, ni d'accorder aux ressortissants du Royaume-Uni qui résident sur leur territoire le statut de citoyen de l'Union, de vote et d'éligibilité aux élections du Parlement européen ainsi qu'aux élections municipales.

Dans le prolongement de cette analyse une demande de décision préjudicielle a été présentée à la Cour de justice, dans le cadre d'un litige opposant EP une ressortissante du Royaume-Uni résidant au Gers (France) à l'institut national de statistique et des études économiques (INSEE, France) au sujet de la radiation d'EP des listes électorales en France et du refus de réinscription de celle-ci sur la liste électorale complémentaire concernée. Pour bien comprendre EP réside en France depuis 1984 et est mariée à un citoyen français. La décision de renvoi indique qu'elle n'a pas acquis la nationalité française par le mariage. En tant qu'ancienne fonctionnaire de ce qui était alors le *Foreign and Commonwealth Office* (ministère des affaires étrangères et du Commonwealth, Royaume-Uni) l'intéressée avait alors prêté un serment d'allégeance à la Reine d'Angleterre.

En cette circonstance dès l'entrée en vigueur de « l'accord de retrait du Royaume-Uni de l'Union »[1], l'INSEE a radié EP de la liste électorale de la commune de Thoux (France). Par voie de conséquence EP s'est ainsi trouvée dans l'impossibilité de participer aux élections municipales françaises qui se sont tenues le 15 mars et le 28 juin 2020. Il en découle clairement que, EP a contesté cette radiation devant le tribunal judiciaire d'Auch (France) au motif qu'elle ne pouvait plus voter ni en France, en raison de la perte de son statut de citoyen de l'Union européenne à la suite du Royaume-Uni de l'Union, ni au Royaume-Uni du fait qu'elle ne jouissait plus du « droit de vote et d'éligibilité »[2] dans cet État.

---

[1] Règlement (UE) 2023 / 657 du Parlement européen et du Conseil du 15 mars 2023 établissant les règles concernant l'exercice des droits dont dispose l'Union européenne pour mettre en œuvre et faire appliquer l'accord sur le retrait du Royaume-Uni de Grande-Bretagne et d'Irlande du Nord de l'Union européenne et de la Communauté européenne de l'énergie atomique et l'accord de commerce et de coopération entre l'Union européenne et la Communauté européenne de l'énergie atomique, d'une part, et le Royaume-Uni de Grande-Bretagne et d'Irlande du Nord, d'autre part (*JOUE*, n° L 83, p. 1).

[2] L'article 88-3 de la Constitution du 4 octobre 1958, dans sa rédaction issue de la loi constitutionnelle n° 93-952 du 27 juillet 1993 (*JORF* du 28 juillet 1993, p. 10600), énonce : « Sous réserve de réciprocité et selon les modalités prévues par le TUE, le droit de vote et d'éligibilité aux élections municipales peut être accordé aux seuls

Selon le raisonnement de EP cette perte viole les principes de sécurité juridique et de proportionnalité et constitue également une discrimination entre citoyens de l'Union ainsi qu'une atteinte à la liberté de circulation. Finalement dans son arrêt la Cour de justice juge d'une part que les dispositions pertinentes du TUE et du TFUE, lues en combinaison avec l'accord de retrait doivent être interprétées en ce sens que depuis le retrait du Royaume-Uni de l'Union, les ressortissants de cet État qui ont exercé leur droit de résider dans un autre État membre avant la fin de la période de transition[1] ne bénéficient plus du statut de citoyen de l'Union. Ils ne jouissent plus du droit de vote et d'éligibilité aux élections dans leur État membre de résidence y compris lorsqu'ils sont également privés, en vertu du droit de l'État dont ils sont ressortissants du « droit de vote »[2] aux élections organisées par cet État. D'autre part la Cour de justice de l'Union européenne n'identifie aucun élément de nature à affecter la validité de la décision « 2020/135 »[3].

Au terme de cette profonde réflexion force est de constater que le discours emblématique d'une Union sans cesse plus étroite entre les peuples de l'Europe, promu par la construction européenne a montré ses limites avec l'avènement du traité du Lisbonne et le retrait du Royaume-Uni de l'Union européenne. La doctrine construite par les pères fondateurs dans le sillage de ce principe, s'inscrit désormais dans

---

citoyens de l'Union résidant en France (…) ». Voir également l'article LO 227-1 du Code électoral, issu de la loi organique n° 98-404 du 25 mai 1998 déterminant les conditions d'application de l'article 88-3 de la Constitution relatif à l'exercice par les citoyens de l'Union résidant en France du droit de vote et d'éligibilité aux élections municipales (*JORF* du 26 mai 1998, p. 7975).

[1] Règlement (UE) 2021/1755 du Parlement européen et du Conseil du 6 octobre 2021 établissant la réserve d'ajustement du *Brexit* (*JOUE*, n° L 357, du 8.10.2021, p.1). L'accord de retrait du Royaume-Uni de Grande-Bretagne et d'Irlande du Nord de l'Union européenne est entré en vigueur le 1er février 2020. La période de transition visée à l'article 126 de l'accord de retrait a pris fin le 31 décembre 2020.

[2] Proposition de directive du Conseil fixant les modalités de l'exercice du droit de vote et d'éligibilité aux élections au Parlement européen pour les citoyens de l'Union résidant dans un État membre dont ils ne sont pas ressortissants, Bruxelles (COM (2021)) 732 final du 25.11.2021, pp. 1-9.

[3] Décision (UE) 2020/135 du Conseil du 30 janvier 2020, relative à la conclusion de l'accord sur le retrait du Royaume-Uni de Grande-Bretagne et d'Irlande du Nord de l'Union et de la Communauté européenne de l'énergie atomique (*JOUE*, n° L 29, 31.1.2020, p. 1). La décision 2020/135 ne saurait être considérée comme contraire à l'article 9 TUE, aux articles 20 et 22 TFUE, ainsi qu'à l'article 40 de la Charte, en ce que l'accord de retrait qu'elle a approuvé ne confère pas aux ressortissants de cet ancien État membre avant la fin de la période de transition, le droit de vote et d'éligibilité aux élections municipales dans leur État membre de résidence.

une approche de renouvellement conceptuel et de changement de paradigme. Face à ce constat le moment est donc venu d'insuffler un nouvel élan à la démocratie européenne.

§ 2. La coexistence de deux méthodes d'intégration de l'Union

L'Union européenne est investie d'un double mandat démocratique à travers le Parlement européen qui représente les citoyens de l'Union européenne et le Conseil qui incarne les gouvernements des élus des États membres. Pour ce faire une meilleure utilisation des pouvoirs devrait rapprocher l'Union européenne de ses citoyens et renforcer l'efficacité des politiques. La méthode communautaire (A) a souvent été opposée à la méthode intergouvernementale (B) qui constitue un processus décisionnel fondé sur la volonté souveraine des États membres sur des questions d'intérêt commun. La pensée unique étant plus favorable à « la méthode communautaire »[1] il est pertinent de mener également une réflexion sur la mise en place d'une nouvelle méthode de l'Union, qui dépasserait l'opposition traditionnelle entre méthode communautaire et méthode intergouvernementale.

A. La logique d'intégration de la méthode communautaire

La méthode communautaire constitue une révolution dans l'histoire des relations internationales. Elle est à la base de tout ce qui existe aujourd'hui sous le terme d'acquis communautaire. Au fond c'est bien sur la base de l'acquis communautaire que la prospérité de l'Europe a été fondée. La Commission européenne dans son Livre blanc sur la gouvernance définit la méthode communautaire en ces termes, « La méthode communautaire garantit à la fois la diversité et l'efficacité de l'Union européenne. Elle assure le traitement équitable de tous les États membres, des plus grands aux plus petits. Elle fournit un moyen d'arbitrer entre divers intérêts au travers de deux filtres successifs »[2] : le filtre de l'intérêt général au niveau de la Commission, le filtre de la représentation démocratique, européenne et nationale au niveau du Conseil et du Parlement qui constituent ensemble le pouvoir législatif de l'Union européenne. Plus précisément la méthode communautaire désigne le processus décisionnel qui permet à l'Union européenne de

---

[1] Gouvernance européenne – Un livre Blanc (COM (2001)) 428 final (*JOCE*, n° C 287 du 12.10.2001, p. 2).
[2] *Ibid.*, p. 6.

fonctionner de façon transparente, efficace et démocratique. Ce processus s'inscrit dans une réflexion portant sur un mode de prise de décision au sein de l'Union. Cela dit, le terme fait essentiellement référence à l'appareil institutionnel de l'Union.

Il convient de préciser que la méthode communautaire permet aux États membres de partager la souveraineté de manière démocratique et d'œuvrer dans l'intérêt général de l'Union européenne. Selon les débats doctrinaux la méthode communautaire présenterait le mérite essentiel de faire une bonne articulation entre démocratie et efficacité. Á cet égard le renforcement de « la légitimité démocratique du projet européen »[1] doit conduire à œuvrer pour une meilleure législation, plus simple plus adaptée aux problèmes rencontrés et plus accessible également. Cette lecture doit être regardée comme une condition *sine qua non* pour que l'action de l'Union européenne soit bien comprise et mieux acceptée par les citoyens européens. Pour ce faire le cadre institutionnel de l'Union européenne doit être en mesure de garantir la transparence, l'efficacité, surtout le fonctionnement démocratique et politique de l'Union européenne. En toute évidence le 13 avril 2016 est entrée en vigueur l'accord interinstitutionnel « Mieux légiférer »[2]. De façon précise il s'appuie sur plusieurs accords et déclarations antérieurs visant à institutionnaliser les bonnes pratiques.

Dans ces conditions cet accord expose un certain nombre d'initiatives visant effectivement à améliorer la réglementation, rappelle l'importance de la méthode communautaire et les principes généraux du droit de l'Union tels que la légitimité démocratique, la subsidiarité, la proportionnalité et la sécurité juridique. Dans cette perspective la méthode communautaire a montré ses capacités d'adaptation à l'évolution de la construction européenne. En outre le traité de Lisbonne, en reconnaissant la qualité d'institution au Conseil européen, en renforçant le rôle du Parlement européen et en créant « une initiative citoyenne »[3] rend nécessaire une nouvelle évolution de la méthode communautaire. En même temps la diversification des

[1] Communication de la Commission – Simplifier et améliorer l'environnement réglementaire, Bruxelles (COM (2001)) 726 final, du 5.12.2001, p. 2.

[2] Accord interinstitutionnel entre le Parlement européen, le Conseil de l'Union européenne et la Commission européenne « Mieux légiférer » - Accord interinstitutionnel du 13 avril 2016 « Mieux légiférer » (*JOUE*, n° L 123 du 12.5.2016).

[3] Règlement (UE) 2019/788 du Parlement européen et du Conseil du 17 avril 2019 relatif à l'initiative citoyenne européenne (*JOUE*, n° L 130, du 17.5.2019, p. 55).

méthodes intergouvernementales constatées ces dernières années démontre que la méthode communautaire a besoin d'un nouveau souffle. Plus clairement dit une méthode communautaire renouvelée et plus adaptée à l'évolution du droit de l'Union.

Les avantages de la méthode communautaire et son importance pour la construction européenne militent plutôt en faveur d'une réflexion sur « une méthode communautaire renouvelée »[1]. La preuve en est que la méthode communautaire des années 2024 ne peut plus être celle des débuts de la Communauté européenne. Car les citoyens européens s'impatientent de plus en plus et sont nombreux à se demander si l'Union européenne sera capable de relever les grands défis de notre temps. Dès lors il faut aujourd'hui impliquer et faire participer les citoyens, notamment au travers de la démocratie participative et des acteurs de la société civile. *A fortiori* la méthode communautaire peut et doit redevenir le levier de la relance de l'intégration européenne. Á première vue il est difficile de nier le rôle crucial que joue la méthode communautaire dans le processus d'intégration européenne. Selon une lecture du rapport du Comité économique et social européen[2], depuis les débuts de l'aventure européenne la méthode communautaire a fait l'originalité et le succès de la construction européenne, qui a conduit à l'Union européenne d'aujourd'hui. Sous ce rapport pour la doctrine dans son ensemble, c'est en s'appuyant sur cette méthode communautaire que l'essentiel des progrès européens a été assuré. Ce qui revient à dire que la rénovation de la méthode communautaire est donc un impératif. Ceci suppose notamment d'une part la détermination d'un intérêt général européen. Le Parlement doit jouer désormais un rôle prépondérant dans la détermination de l'intérêt général européen car il représente les citoyens européens. D'autre part il en ressort que la rénovation de la méthode communautaire n'aura de sens que si elle s'accompagne d'une révision du principe de subsidiarité. Au vu de ces éléments structurants le développement des pratiques

---

[1] Avis du Comité économique et social européen sur « La rénovation de la méthode communautaire (lignes directrices) » (avis d'initiative) (*JOUE* n° C 51 du 17.2.2011, p. 29).

[2] Le 17 décembre 2009, le Comité économique et social européen a décidé, conformément à l'article 29, paragraphe 2, de son règlement intérieur, d'élaborer un avis d'initiative sur le thème : « La rénovation de la méthode communautaire (ligne directrice) ». Le sous-comité « Rénovation de la méthode communautaire », chargé de préparer les travaux du Comité en la matière, a adopté son avis le 19 mai 2010 (rapporteur M. Henri MALOSSE, corapporteur M. Georges DASSIS).

intergouvernementales, ne semble pourtant pas traduire une défiance des États membres à l'égard de la méthode communautaire mais invite plutôt à mener une réflexion sur la rénovation de la méthode communautaire.

B. La logique de coopération de la méthode intergouvernementale

La Chancelière fédérale Angela Merkel a défendu la mise en place d'une nouvelle méthode dite la méthode de l'Union, lors d'un discours prononcé à Bruges le 2 novembre 2010. En filigrane il s'agit de dépasser la querelle entre la méthode communautaire et la méthode intergouvernementale au profit de la méthode de l'Union. Au vu de ces déclarations de la Chancelière, une position coordonnée de l'Europe n'est pas nécessairement le résultat de l'application de la méthode communautaire. Cette position commune est parfois aussi « le fruit de la méthode intergouvernementale »[1]. En un mot il semble vain d'opposer les deux méthodes. La finalité étant d'avoir sur les sujets importants une position commune. Ce qui relance effectivement le débat théorique sur l'utilisation de la méthode intergouvernementale au détriment de la méthode communautaire dans l'application du traité de Lisbonne et de manière générale dans la poursuite du processus d'intégration européenne.

D'un point de vue comparatif la méthode intergouvernementale est bien différente de la méthode communautaire. Dans ce contexte la méthode intergouvernementale vise à concilier les seuls intérêts des États et n'oblige pas ces derniers à envisager les conséquences de leurs décisions sur l'intérêt général européen. L'entrée en vigueur du traité de Lisbonne aurait dû conduire à un renforcement de la méthode communautaire étant donné que ce traité opère « une fusion des piliers »[2], qui implique en principe une généralisation de la méthode communautaire à tous les domaines couverts par le traité de Lisbonne. Cependant il y a un développement et une diversification des pratiques intergouvernementales. Selon ce raisonnement le recours à la méthode

[1] Avis du Comité économique et social européen sur « la rénovation de la méthode communautaire (lignes directrices) » (avis d'initiative) (*JOUE*, n° C 51, pp. 30-31).

[2] La suppression de la structure en piliers de l'Union est une conséquence logique mais nécessaire de la fusion des traités. Elle contribue à la simplification et à la transparence du fonctionnement de l'Union. Elle n'entraîne cependant pas une communautarisation complète des matières relevant des anciens 2e et 3e piliers. La méthode communautaire ne leur est en effet pas intégralement applicable.

intergouvernementale s'est imposé dans les domaines où la nature des problèmes rencontrés par les États imposait une action commune, mais où la sensibilité politique des questions abordées leur permet de parvenir plus facilement à un consensus unanime. Il n'y a donc pas la recherche de l'intérêt général différent des intérêts des États.

Il est précisé que dans la phase actuelle du processus d'intégration européenne la méthode intergouvernementale est un aspect important de la construction européenne. L'analyse de ladite méthode a permis de mesurer son impact réel et évaluer son adaptation aux réalités et enjeux de la construction européenne d'aujourd'hui. La méthode intergouvernementale ne doit donc pas être opposée à la méthode communautaire. Pour une raison encore plus forte l'Europe doit tirer les enseignements de ces deux méthodes pour asseoir la légitimité[1] et « le fonctionnement démocratique »[2] du projet européen. Le débat récent sur le discours de la méthode qui milite en faveur de la méthode de l'Union offre des perspectives nouvelles à l'Union européenne.

En examinant au plus près le déploiement du syntagme méthode de l'Union il en ressort clairement que cette approche milite en faveur d'une action coordonnée dans un esprit de solidarité sur des sujets importants. En ce sens depuis sa création l'Union européenne a relevé de nombreux défis[3]. L'Europe peut également tirer les enseignements du discours de la méthode, considéré comme un nouvel espace de débat

---

[1] Communication de la Commission – Simplifier et améliorer l'environnement réglementaire, Bruxelles (COM (2001)) 726 final, *op. cit.*, p. 2.

[2] Déclaration commune du Parlement européen, du Conseil et de la Commission européenne sur la conférence sur l'avenir de l'Europe – Dialoguer avec les citoyens pour promouvoir la démocratie – Construire une Europe plus résiliente (*JOUE*, n° C 91 I du 18.1.2021). Afin de rapprocher l'Union de ses citoyens et d'encourager la participation démocratique, il est nécessaire de mener toute une série d'actions et de déployer des efforts coordonnées. La citoyenneté européenne et l'identité européenne devraient être développées et promues en aidant les citoyens à mieux comprendre le processus d'élaboration des politiques et actions de l'Union.

[3] Voir sur ce point, l'accord interinstitutionnel entre le Parlement européen, le Conseil de l'Union européenne et la Commission européenne « Mieux légiférer » - Accord interinstitutionnel du 13 avril 2016 « Mieux légiférer » (*JOUE*, n° L 123 du 12.5.2016). Le Parlement européen, le Conseil et la Commission, dans l'exercice de leurs pouvoirs et le respect des procédures prévus par les traités, et en rappelant l'importance qu'elles attachent à la méthode communautaire, conviennent de respecter les principes généraux du droit de l'Union, tels que la légitimité démocratique, la subsidiarité et la proportionnalité ainsi que la sécurité juridique.

en associant étroitement « les citoyens européens »[1] à ce processus. Dans cette logique ce cadre de référence montre que les citoyens attendent de l'Union européenne qu'elle joue un rôle encore plus actif dans la promotion de la démocratie.

Section 2. Les institutions démocratiques de l'Union européenne

La confiance des citoyens européens envers l'action des institutions européennes constitue une des conditions *sine qua non* pour que puisse se développer une communauté européenne démocratique. *A priori* l'une des bases sur lesquelles repose l'Union européenne réside en ce que les institutions européennes fonctionnent efficacement en toute indépendance et que les législations nationales s'inscrivent dans « l'esprit des valeurs démocratiques »[2]. Á ce propos rappelons que penser la démocratie à l'échelle européenne s'est avéré délicat, d'autant plus qu'il est parfois difficile d'échapper à la tentation de penser celle-ci dans le cadre de l'État-nation et de la démocratie représentative dans un régime parlementaire. Cependant la structure hybride de l'Union européenne ne permet pas aisément une telle transposition sauf à vouloir oublier cette originalité pour lui substituer une structure répliquant celle des États européens. Compte tenu de la problématique de la légitimité démocratique de l'Union européenne, plusieurs changements introduits par le traité de Lisbonne ont permis de répondre aux préoccupations d'une partie de la doctrine sur le processus démocratique de l'Union européenne.

Cependant malgré de nombreuses réformes qui vont dans le sens d'une « parlementarisation accrue du système politique »[3] les États membres continuent à vouloir préserver leur prééminence dans le système politique de l'Union. Voilà pourquoi tout l'effort déployé au fil des révisions successives des traités a consisté à renforcer le caractère représentatif des institutions de l'Union. Il importe donc de renforcer la légitimité des institutions de l'Union. Selon une appréciation de ces propos il paraît toutefois raisonnable d'émettre

---

[1] Résolution du Parlement européen du 10 mars 2022 sur le rapport 2020 sur la citoyenneté de l'Union : donner aux citoyens les moyens d'agir et de protéger leurs droits (2021/2099 (INI)) (*JOUE*, n° C 347, du 9.9.2022, *op. cit.*, p. 202.).

[2] Avis du Comité des régions – Plan d'action pour la démocratie européenne (2021/ C 440 /06) (*JOUE*, n° C 440 du 29.10.2021, pp. 31-32).

[3] Accord interinstitutionnel entre le Parlement européen, le Conseil de l'Union européenne et la Commission européenne « Mieux légiférer » du 13 avril 2016 (*JOUE*, n° L 123, *op. cit.*, p. 1).

l'hypothèse qu'il sera difficile dès lors qu'il s'agira de mener une profonde réflexion sur le système institutionnel de l'Union européenne de s'éloigner du mimétisme étatique et de la culture du régime parlementaire. Sur ce plan cette analyse appelle un certain nombre de commentaires, notamment la place du système institutionnel dans le processus démocratique de l'Union (§ 1) et le contrôle démocratique du Parlement européen et des Parlements nationaux (§ 2).

§ 1. La place du système institutionnel dans le processus démocratique

Le droit des citoyens européen à participer à la vie démocratique de l'Union va au-delà du droit de vote ou de candidature aux élections européennes. Mieux encore l'augmentation du taux de participation lors des élections européennes de 2019 montre que les citoyens européens sont en plus désireux de jouer un rôle plus actif pour les décisions relatives à l'avenir de l'Union et de ses politiques. Il ne faut pas non plus oublier que dans une structure hybride comme l'Union, la légitimité démocratique que représente le Parlement européen ne l'emporte pas nécessairement sur la légitimité interétatique qui s'incarne dans le Conseil et le Conseil européen. Dans cette acception, la légitimité dite intégrative dont découle la Commission européenne milite en faveur de « l'intérêt général de l'Union européenne »[1].

Á la suite de ce raisonnement l'étude de la légitimité démocratique de l'Union met en lumière l'idée d'un renforcement de la démocratie européenne en consolidant ses fondations, en incitant « les citoyens à participer aux élections européennes »[2] en favorisant surtout les débats transnationaux sur les questions européennes. Réellement les analyses qui précèdent militent aussi en faveur de l'amélioration du processus décisionnel de l'Union. En d'autres termes en réexaminant les règles relatives à la prise de décision et « au vote au sein des institutions européennes »[3]. De façon concrète la procédure législative ordinaire encadre l'adoption de la plupart des actes législatifs de l'Union(A). En

---

[1] Avis du Comité économique et social européen sur « La rénovation de la méthode communautaire (lignes directrices) » (avis d'initiative) (*JOUE*, n° C 51, *op. cit.*, p. 30.).

[2] Règlement (UE, EURATOM) n° 1141/2014 du Parlement européen et du Conseil du 22 octobre 2014 relatif au statut et au financement des partis politiques européens et des fondations politiques européennes (*JOUE*, n° L 317 du 4.11.2014, p. 1).

[3] Décision (UE) 2021/8 du Parlement européen et du Conseil du 23 décembre 2020 autorisant la Commission à voter en faveur d'une augmentation du capital autorisé du Fonds européen d'investissement (*JOUE*, n° L 3 du 7.1.2021, p. 1).

même temps l'accord interinstitutionnel expose un certain nombre d'initiatives et procédures visant à améliorer la réglementation. Á cela s'ajoute que la Cour de justice de l'Union peut demander qu'une proposition d'acte législatif soit examinée (B) selon la procédure législative ordinaire. De surcroît la Cour de justice veille également à ce que les États membres de l'Union respectent les obligations qui leur incombent en vertu des traités.

A. Les acteurs institutionnels de la procédure législative ordinaire

Les institutions européennes sont au service du projet européen. Ainsi l'article 13 TUE fait référence à la double légitimité de l'Union à savoir celle des citoyens et celle des États membres. Selon le nouveau paradigme imposé par le traité de Lisbonne « la procédure législative ordinaire »[1] repose sur le principe de la parité entre le Parlement européen élu au suffrage universelle direct et représentant les peuples de l'Union et le Conseil représentant les gouvernements des États membres. Dès lors il s'ensuit que ces deux colégislateurs adoptent conjointement les textes législatifs[2] à partir des propositions présentées par la Commission européenne. En pratique aucun acteur institutionnel ne peut adopter un texte de cette nature sans l'accord de l'autre. Ils doivent s'entendre sur un texte identique. Plusieurs lectures sur les acteurs de la procédure législatives ordinaires sont possibles.

Premièrement le traité de Lisbonne a fait de la codécision[3] la procédure législative ordinaire. C'est-à-dire la règle pour adopter la législation de l'Union européenne. Il convient d'indiquer que les articles 293 à 299 du TFUE concernent essentiellement les modalités

---

[1] Résolution législative du Parlement européen du 17 avril 2019 sur la proposition de règlement du Parlement européen et du Conseil adaptant à l'article 290 du TFUE une série d'actes juridiques dans le domaine de la justice prévoyant le recours à la procédure de réglementation avec contrôle (COM(2016) 0798 – C8-0525/2016 – 2016/0399(COD)) (Procédure législative ordinaire : première lecture) (*JOUE*, n° C 158 du 30.4.2021, p. 832).

[2] Résolution législative du Parlement européen du 17 avril 2019 sur la proposition de règlement du Parlement européen et du Conseil adaptant aux articles 290 et 291 du TFUE une série d'actes juridiques prévoyant le recours à la procédure de réglementation avec contrôle (COM (2016)0799 – C8-0148/2019 – 2016/0400B (COD)) (Procédure législative ordinaire : première lecture) (*JOUE*, n° C 158 du 30.4.2021, p. 540).

[3] Décision du Parlement européen du 22 mai 2007 sur la conclusion de la déclaration commune sur les modalités pratiques de la procédure de codécision (2005/2125(ACI)) (*JOUE*, n° C 102 E du 24.8.2008, p. 111).

de mise en œuvre de la procédure législative et apportent un certain nombre d'adaptations et d'aménagements par rapport aux traités précédents. L'article 294 TFUE apporte plusieurs modifications qui renforcent les prérogatives du Parlement européen. Ces modifications placent donc les deux branches du pouvoir législatif européen sur un pied d'égalité et consacre le principe selon lequel la première lecture s'effectue d'abord devant le Parlement européen.

Par conséquent le paragraphe 15 de l'article 294 TFUE adapte la procédure aux cas particuliers où la Commission n'est pas à l'initiative du texte. Cette adaptation est la conséquence de la suppression des piliers qui entraîne la disparition de certaines procédures spécifiques. Le Conseil représente les gouvernements des États membres. Il se compose des ministres de chaque État membre de l'Union et se réunit dans des formations différentes selon les sujets pour adopter les actes législatifs et coordonner les pratiques. Il convient de mentionner que la Commission représente l'intérêt général de l'Union européenne dans son ensemble. Elle est chargée de proposer la législation, de mettre en œuvre les décisions, de contrôler l'application du droit de l'Union et de garantir le respect des traités de l'Union. L'article 294 TFUE confirme le monopole d'initiative de la Commission dans les matières de l'ancien pilier communautaire.

Deuxièmement d'autres acteurs institutionnels sont associés à la procédure législative ordinaire. Ce propos rappelle l'importance de respecter la légitimité démocratique et la subsidiarité ainsi que la sécurité juridique. Le but c'est de promouvoir la simplicité, la clarté et la cohérence dans « la rédaction de la législation de l'Union »[1]. Cela étant parmi les acteurs institutionnels associés à la procédure législative le Conseil européen n'exerce pas de fonction législative. Mais il n'est toutefois pas rare que ses conclusions, qui ont pour objectif de donner une nouvelle dynamique à l'Union et de définir les orientations et des priorités politiques générales influencent les dossiers relevant de la procédure législative ordinaire. En outre le rôle des Parlements nationaux dans le processus de légitimation démocratique de l'Union est important. Les Parlements nationaux contribuent activement au bon fonctionnement de l'Union. Effectivement de nombreuses dispositions

---

[1] Accord interinstitutionnel entre le Parlement européen, le Conseil de l'Union européenne et la Commission européenne - Accord interinstitutionnel du 13 avril 2016 « Mieux légiférer » (*JOUE*, n° L 123, *op. cit.*, p. 2).

des traités accordent des droits particuliers aux Parlements nationaux notamment en ce qui concerne la vérification d'un projet d'acte législatif avec le principe de subsidiarité. Il s'agit d'une volonté affirmée de réduire le déficit de légitimité démocratique de l'Union. Quant à la Cour de justice elle contrôle la légalité des actes législatifs de l'Union. D'ailleurs le traité de Lisbonne étend la procédure législative ordinaire à la création des tribunaux spécialisés et à la modification du statut de la Cour.

Par voie de conséquence la législation de l'Union européenne peut être contestée par le Parlement européen, les États membres, le Conseil « la Commission européenne »[1] ou les particuliers. Á juste titre le Parlement européen intervient dans les procédures[2] devant la Cour de justice pour défendre les intérêts, droits et prérogatives de l'institution en particulier si un acte législatif est attaqué. Suivant cette lecture le Parlement peut contester un acte législatif, notamment s'il n'a pas été adopté selon les modalités prévues par la procédure législative ordinaire, ou alors défendre un acte adopté au titre de ladite procédure si sa validité est remise en cause. Au terme de cette lecture il en ressort que la procédure législative ordinaire s'est développée sur la base de « contacts réguliers »[3] à tous les stades de la procédure. Cependant les institutions de l'Union demeurent résolues à continuer d'améliorer le travail effectué dans le cadre de la procédure législative ordinaire conformément aux principes de coopération loyale, de transparence, de responsabilité et d'efficacité. Dans le cadre de cette réflexion il y a lieu de rappeler que la consultation régulière du Parlement européen dans les cas prévus par le traité constitue une formalité substantielle dont le

---

[1] CJUE, 14 avril 2015, *Conseil/Commission*, aff. C409/13, publié (e) au Recueil numérique, points 64 et 70. Le pouvoir d'initiative législative reconnu à la Commission par l'article 17, paragraphe 2, TUE et l'article 289 TFUE, qui s'inscrit dans le principe d'attribution des pouvoirs consacré à l'article 13, paragraphe 2, TUE et plus largement le principe de l'équilibre institutionnel caractéristique de la structure institutionnelle de l'Union, implique qu'il revient à la Commission européenne de décider de la présentation d'une proposition d'acte législatif.

[2] Communication de la Commission au Parlement européen conformément à l'article 294, paragraphe 6, du TFUE concernant la position du Conseil sur l'adoption d'une communication de la Commission au Parlement européen conformément à l'article 294, paragraphe 6, du TFUE relative à la position adoptée par le Conseil en première lecture sur l'adoption d'une directive du Parlement européen et du Conseil portant modification de la directive 2000/75/CE en ce qui concerne la vaccination contre la fièvre catarrhale du mouton bleutongue (COM (2011)) 943 final du 6.1.2012.

[3] CJCE, 11 novembre 1997, *Eurotunnel* e.a aff. C-408/95, *Rec.*, p. I-06315.

non-respect entraîne la nullité de l'acte concerné. Ainsi la participation effective du Parlement européen au processus décisionnel[1] représente un élément essentiel de l'équilibre institutionnel de l'Union européenne voulu par les traités. Cette compétence constitue l'expression d'un principe démocratique fondamental selon lequel les peuples participent à l'exercice du pouvoir par l'intermédiaire d'une assemblée représentative.

Troisièmement au cours de la procédure législative ordinaire le pouvoir de retrait de la Commission européenne constitue un sujet inédit. Non seulement il est très peu traité dans la jurisprudence et la doctrine mais de surcroît lorsqu'il y apparaît, il est négligé en raison d'un amalgame avec le droit d'initiative de la Commission ainsi qu'avec le principe de l'équilibre institutionnel de l'Union. Dans l'arrêt *Conseil/Commission*[2] affaire C-409/13, le recours du Conseil vise la décision de retrait de la Commission du 8 mai 2013 relative à la proposition de règlement cadre du Parlement européen et du Conseil établissant les dispositions générales relatives à l'assistance macrofinancière aux pays tiers, laquelle est intervenue au cours de la première lecture de la procédure législative ordinaire au sens de l'article 294 TFUE et avant que le Conseil n'ait formellement adapté sa position sur ladite proposition. Le recours du Conseil repose sur trois moyens tirés respectivement d'une violation du principe d'attribution des compétences énoncé à l'article 13, paragraphe 2, TUE ainsi que du principe de l'équilibre institutionnel, d'une violation du principe de coopération loyale et d'une violation de l'obligation de motivation prévue à l'article 296, deuxième alinéa, TFUE.

Dans ce recours le Conseil soutenu par six États membres faisait notamment valoir, d'une part que le retrait de la Commission de ladite proposition constituait un dépassement des compétences qui lui sont attribuées par les traités, portant une atteinte à l'équilibre institutionnel et d'autre part que la Commission avait méconnu le principe de coopération loyale. Dans sa défense la Commission fait valoir que le retrait d'une proposition législative constitue l'une des expressions de son droit d'initiative dans l'intérêt général de l'Union consacré à l'article 17, paragraphe 1, TUE. Par conséquent la Commission conteste que la décision attaquée méconnaisse les dispositions de l'article 293, paragraphe 1, TFUE. Elle souligne également que celle-ci constitue une

---

[1] CJUE, 7 mars 2017, *RPO,* aff. C-390/15, publié (e) au Recueil numérique.

[2] CJUE, 14 avril 2015, *Conseil/Commission*, aff. C409/13, *op. cit.,* points 1 à 3.

règle de procédure et non l'expression d'un principe général selon lequel, le Conseil aurait le droit d'adopter un acte en toute circonstance au mépris de l'obligation prescrite par l'article 13, paragraphe 2, TFUE. En même temps l'article 293, paragraphe 1, TFUE n'interdirait pas non plus à la Commission de retirer une proposition législative. En dernier lieu la Commission conteste que la décision attaquée affecte le principe démocratique, en soulignant qu'elle revêt sa propre légitimité démocratique.

Le 14 avril 2015 par l'arrêt *Conseil/Commission* la Cour de justice a rejeté le recours en annulation introduit par le Conseil. Dans son arrêt la Cour a considéré qu'il résulte des dispositions combinées de l'article 17, paragraphe 2, TUE ainsi que des articles 289 TFUE et 293 TFUE que le pouvoir de la Commission, dans le cadre de la procédure législative ordinaire ne se résume pas à présenter une proposition et par la suite, à chercher à rapprocher les positions du Parlement et du Conseil. En l'espèce la Cour de justice a jugé que le retrait de la proposition est justifié dans la mesure où, pour l'adoption de chaque décision « d'assistance macrofinancière »[1], le Conseil et le Parlement ont souhaité remplacer la compétence d'exécution de la Commission par le recours à la procédure législative.

Selon la Cour dès lors que le pouvoir de retrait de la Commission est indissociable du droit d'initiative dont cette institution est investie et encadré dans son exercice par l'article 17, paragraphe 2, TUE, lu en combinaison avec les articles 289 TFUE et 293 TFUE, il ne saurait être question d'une violation du « principe de démocratie »[2] consacré à l'article 10, paragraphes 1 et 2, TUE. Dans cette affaire qui vise la Commission européenne et porte sur le retrait de règlement au cours de la procédure législative il y a un débat de fond. Le Conseil et la Commission semblent s'accorder sur le postulat selon lequel le droit de l'Union permettrait à la Commission de retirer « une proposition

---

[1] L'assistance macrofinancière est une aide financière de nature macroéconomique attribuée à des États tiers dont la balance des paiements connaît des difficultés à court terme. Selon les éléments versés au dossier, la proposition de règlement-cadre a été présentée le 4 juillet 2011 par la Commission, sur le fondement des articles 209 TFUE et 212 TFUE. L'article 7 de ladite proposition était relatif à la procédure d'octroi d'une assistance macrofinancière. La Commission accordait l'assistance sollicitée selon la procédure dite d'examen instituée par l'article 5 du règlement « Comitologie » (UE) n° 182/2011.

[2] Communication de la Commission au Parlement européen, au Conseil, au Comité économique et social européen et au Comité des régions relative au plan d'action pour la démocratie européenne, Bruxelles, (COM (2020)) 790 final du 3.12.2020.

législative »[1]. En revanche les parties s'opposent sur le fondement constitutionnel et l'étendue d'une telle compétence. En définitive la démocratie permet aux citoyens de façonner la législation au niveau européen. Elle nécessite un équilibre des pouvoirs des institutions.

B. Le contrôle de légalité des actes législatifs par la Cour de justice

Le traité de Lisbonne renforce le contrôle juridictionnel exercé par la Cour de justice à la fois sur le plan matériel et organique. Il étend la procédure législative ordinaire à la création des tribunaux spécialisés et à la modification du « statut de la Cour de justice »[2]. En partant de ce constat l'influence décisive de la Cour de justice face aux difficultés que pose la légitimation du système politique de l'Union se situe au moins à deux niveaux. Dans un premier temps la Cour de justice est l'une des clés du fonctionnement du système politique de l'Union, non seulement pour garantir le respect de son droit mais aussi pour assurer la limitation mutuelle des activités de ses acteurs, qu'il s'agisse des institutions européennes, des États membres ou des particuliers. Toutefois le mimétisme institutionnel ne suffit pas à doter l'Union d'une crédibilité démocratique.

De fait les citoyens européens peinent à comprendre les institutions et pratiques politiques qui ne se conforment pas à leur culture politique. Cela explique le sentiment de déficit démocratique particulièrement aigu dans les pays dont les traditions civiques sont les plus éloignées du modèle communautaire. Sous cet angle de vue il est intéressant de noter que la Cour de justice de l'Union a accompli une œuvre normative considérable. Elle a donné toute sa force au droit de l'Union et réguler les conflits interinstitutionnels. Dans ses prises de position la Cour de justice a souvent fait prévaloir « l'esprit des traités contre la lettre »[3]. En effet la jurisprudence de la Cour de justice est devenue, un facteur puissant de l'évolution du droit de l'Union en direction des objectifs assignés à la construction européenne y compris « la logique

---

[1] Résolution législative du Parlement européen du 11 décembre 2013 sur la proposition de règlement du Parlement européen et du Conseil instituant un instrument financier pour la promotion de la démocratie et des droits de l'homme dans le monde (COM (2011) 0844 – C7-0496/2011 – 2011/0412 (COD)) (Procédure législative ordinaire : première lecture) (*JOUE*, n° C 468 du 15.12.2016, p. 298).

[2] Règlement (UE, EURATOM) n° 741/2012 du Parlement européen et du Conseil du 11 août 2012 modifiant le protocole sur le statut de la Cour de justice de l'Union européenne et son annexe 1 (*JOUE*, n° L 228 du 23.8.2012, p. 1).

[3] CJCE, 5 février 1963, *Van Gend en Loos*, aff. 26/62, *Rec.*, p. 3.

démocratie »[1]. En enfermant l'activité normative du Parlement dans le cadre d'une Communauté de droit devenue Union de droit la Cour se comporte en véritable cour constitutionnelle chargée de veiller à l'équilibre constitutionnel au sein du système communautaire. C'est au nom de cet équilibre constitutionnel[2] qu'elle connaîtra là encore en dehors de toute base légale le pouvoir du Parlement européen d'agir en justice pour défendre ses prérogatives.

Dans un deuxième temps la logique démocratique mise en œuvre par la Cour de justice contribue à la légitimation démocratique de l'Union. Confrontées à plusieurs défis les institutions européennes mettent en place divers instruments pour renforcer le caractère démocratique de l'Union. La Cour de justice a pu également à travers sa jurisprudence donner à ce discours une certaine efficacité. Dans l'arrêt *« Commission / Parlement et Conseil, affaire C-88/14 »*[3] la Commission demande à la Cour de justice d'annuler le « règlement (UE) n° 1289/2013 »[4] dans la mesure où il prévoit le recours aux actes délégués dans le cadre du mécanisme de réciprocité à mettre en œuvre lorsqu'un pays tiers dont les ressortissants sont exemptés de l'obligation de visa pour franchir les frontières externes de l'Union européenne. Dans cette affaire les arguments des parties soulèvent des questions délicates d'interprétation des articles 290 TFUE et 291 TFUE et de la manière dont ils s'articulent. Á l'appui de son recours, la Commission développe un moyen unique, tiré d'une violation des articles 290 TFUE et 291 TFUE. Selon la Commission, l'article 1er, paragraphe 4, sous f) du règlement n° 539/2001, tel que modifié, lui octroi à tort un pouvoir délégué. Le Parlement et le Conseil, soutenus par la République tchèque font valoir que l'article 1er, paragraphe 4, sous f), dudit règlement n° 539/2001 confère à la Commission le pouvoir de modifier le même règlement au sens de l'article 290, paragraphe 1, TFUE. Le législateur de l'Union n'aurait pas commis d'erreur manifeste, ni agi de manière déraisonnable en conférant un pouvoir délégué à la Commission. Dans

---

[1] CJCE, 23 avril 1986, *Les Verts c/ Parlement européen*, aff. 294/83, *Rec.*, 1339.

[2] CJCE, 22 mai 1990, *Parlement c/ Conseil*, aff. C-70/88, *Rec.*, p. I-2041.

[3] CJUE, 16 juillet 2015, *Commission / Parlement et Conseil*, aff. C-88/14, Publié (e) au Recueil numérique, point 1.

[4] Règlement (UE) n° 1289/2013 du Parlement européen et du Conseil du 11 décembre 2013, modifiant le règlement (CE) n° 539/2001 du Conseil fixant la liste des pays tiers dont les ressortissants sont soumis à l'obligation de visa pour franchir les frontières extérieures des États membres et la liste de ceux dont les ressortissants sont exemptés de cette obligation (*JOUE*, n° L 347, du 20.12.2013, p. 74).

cet arrêt la Cour a apporté des précisions sur la distinction entre l'octroi d'un pouvoir délégué et l'octroi d'un pouvoir d'exécution. Á cet égard elle a rappelé qu'il ressort de l'article 290, paragraphe 1, TFUE, qu'un acte législatif peut « déléguer à la Commission »[1] le pouvoir d'adopter des actes non législatifs de portée générale qui complètent ou modifient certains éléments non essentiels de l'acte législatif.

Ensuite la Cour a souligné que ni l'existence ni l'étendue du pouvoir d'appréciation conféré à la Commission par l'acte législatif ne sont pertinentes aux fins de déterminer si l'acte à adopter relève de l'article 290 TFUE ou de l'article 291 TFUE. Dans le cas d'espèce la Cour de justice a considéré que le législateur[2] de l'Union a conféré à la Commission « le pouvoir de modifier »[3] au sens de l'article 290, paragraphe 1, TFUE, le contenu normatif du règlement n° 539/2001, en particulier l'annexe II de ce règlement qui comporte la liste des pays dont les ressortissants sont exemptés de visas. Á ce sujet un acte pris sur le fondement de l'article 1er, paragraphe 4, sous f), du règlement n°539/2001, tel que modifié par le règlement n° 1289/2013, a pour effet de réintroduire, pendant une période de douze ou dix-huit mois, une obligation de visa à l'égard de tous les ressortissants d'un pays tiers figurant sur la liste de l'annexe II de ce règlement, pour les séjours qui, selon les termes de l'article 1er, paragraphe 2, dudit règlement sont exemptés d'une obligation.

Pour l'ensemble de ces ressortissants, l'acte adopté sur le fondement de l'article 1er, paragraphe 4, sous f), du règlement n° 539/2001 a donc pour effet de modifier, ne fût-ce que temporairement, le contenu normatif de l'acte législatif considéré. Á la lumière de l'ensemble des considérations qui précèdent, par l'arrêt rendu le 16 juillet 2015 affaire C-88/14, la Cour de justice a rejeté le recours introduit par la Commission et visant à l'annulation de l'article 1er, points 1 et 4, du règlement n° 1289/2013 modifiant le règlement n° 539/2001 du Conseil fixant la liste des pays tiers dont les ressortissants sont soumis à l'obligation de visa pour franchir les frontières des États membres et la liste de ceux dont les ressortissants sont exemptés de cette obligation. Pour terminer l'arrêt de la Cour, *Commission / Parlement et Conseil,*

---

[1] CJUE, 18 mars 2014, *Commission / Parlement et Conseil*, aff. C-427/12, Publié (e) au Recueil numérique.

[2] CJUE, 18 mars 2014, *Commission / Parlement et Conseil*, aff. C-427/12, *op. cit.*, points 40 et 52.

[3] Concl. P. MENGOZZI, 7 mai 2015, sous CJUE, 18 mars 2014, *Commission / Parlement et Conseil,* aff. C-427/12, *op. cit.* points 39 et 42.

affaire C-88/14 est intéressant notamment parce que la création d'une nouvelle catégorie d'actes, les actes délégués est une innovation du traité de Lisbonne. Car la création d'actes délégués répond ainsi à l'objectif d'une législation européenne plus compréhensible par les citoyens européens. La finalité étant d'asseoir la légitimité démocratique du projet européen et de favoriser l'adhésion des citoyens à ce projet.

§ 2. Le rôle du Parlement européen dans le processus démocratique

La question centrale de la légitimité démocratique de l'Union a été abordée dans les traités de Maastricht, d'Amsterdam et de Nice qui ont progressivement donné plus de pouvoir au « Parlement européen élu au suffrage direct »[1]. Á la suite de cela le Parlement européen est passé d'un rôle exclusivement consultatif à celui de colégislateur avec le Conseil. Á plus forte raison le traité de Lisbonne consacre cette évolution. C'est la seule institution de l'Union dont les membres sont élus directement par les citoyens depuis 1979. Le Parlement joue dont pleinement son rôle institutionnel dans l'élaboration des politiques européennes. Ces constats conduisent à dirent que le respect des principes démocratiques au niveau européen est assuré à travers sa participation au processus législatif, ses pouvoirs budgétaires et de contrôle. Á ce propos le Parlement a le pouvoir de présenter des recours devant la Cour de justice. Il dispose également du « droit d'intervention »[2], c'est-à-dire de se joindre à l'une des parties dans une affaire portée devant la Cour. La subsidiarité est en même temps liée au principe de participation démocratique de l'Union (A). En même temps le renforcement des pouvoirs des Parlements nationaux (B) est une approche qui a permis de resserrer le lien existant entre citoyens et institutions européennes. La combinaison de la légitimité conférée par les États membres et de la légitimité populaire évoque la pertinence du

---

[1] Résolution législative du Parlement européen du 3 mai 2022 sur la proposition de règlement du Conseil portant élection des députés au Parlement européen au suffrage universel direct, abrogeant la décision du Conseil (76/787/ECSC, CEE, Euratom) et l'acte portant élection des membres du Parlement européen au suffrage universel direct, annexé à cette décision (2020/2220(INL) – 2022/0902(APP)) (*JOUE*, n° C 465, du 6.12.2022, p. 171).

[2] CJCE, 29 octobre 1980, *Isoglucose*, aff. jtes, 138 et139/79, *Rec.*, p. 3333.

principe de subsidiarité[1]. En gardant à l'esprit le principe de subsidiarité le traité de Lisbonne a introduit des moyens pour encourager les Parlements nationaux à participer à la formulation des politiques de l'Union en leur donnant la possibilité d'examiner les propositions législatives de la Commission européenne. Pour terminer la consécration juridique du principe de subsidiarité dans le droit de l'Union opéré par les traités, procède d'un compromis dont les principaux termes ont été formulés par Jacques Delors.

A. L'encadrement du processus démocratique par la subsidiarité

Le principe de subsidiarité de l'Union a constitué l'essence même des Communautés européennes. Dans le cadre des dispositions du paragraphe 3, article 5 TUE, les principes de subsidiarité et de proportionnalité sont deux corolaires du principe d'attribution des compétences. En la matière le principe de subsidiarité suppose que les compétences doivent être exercées au niveau de décision le plus pertinent. Il légitime ainsi l'intervention de l'Union si les objectifs d'une action ne peuvent pas être réalisés de manière suffisante par les États membres mais peuvent mieux l'être au niveau de l'Union. L'analyse du principe de subsidiarité offre plusieurs lectures.

Dans un premier temps il est précisé que les réactions de crainte face à la consécration de ce principe ont été nombreuses. Certains États ont eu peur de voir leur souveraineté réduite. Par ailleurs il faut souligner que les Parlements nationaux ont fait savoir que le principe de subsidiarité allait réduire une partie de leurs prérogatives au profit d'un système caractérisé par le déficit démocratique. Malgré ces propos l'introduction du principe de subsidiarité dans les traités européens vise concrètement à rapprocher l'exercice des compétences de l'Union au niveau « le plus proche possible des citoyens européens »[2]. Á l'évidence il est consacré par le droit des traités comme un outil de régulation des seules compétences dites partagées entre les États et l'Union. Ce constat éclaire le fait que pour la doctrine juridique

[1] Rapport annuel 2020 sur l'application des principes de subsidiarité et de proportionnalité et sur les relations avec les Parlements nationaux, Bruxelles (COM (2021)) 417 final du 23.7.2021.

[2] Communication de la Commission au Parlement européen, au Conseil européen, au Conseil, au Comité économique et social européen et au Comité des régions – Conférence sur l'avenir de l'Europe – Transformer une vision en actions concrète, Bruxelles (COM (2022)) 404 final du 17.6.2022.

l'amplitude prise par ce principe permet d'identifier le passage d'un paradigme intégrateur à un autre. C'est-à-dire, l'époque du transfert des compétences des États vers la Communauté laisse place à une nouvelle ère de partage et d'exercice en commun, une dynamique entérinée par le traité de Lisbonne. Dans le cadre de la double légitimité démocratique de l'Union l'objectif de la subsidiarité est de poursuivre une Union sans cesse plus étroite entre les peuples de l'Europe. En se tenant à l'essentiel le principe de subsidiarité concerne toutes les institutions de l'Union et revêt une importance pratique dans le cadre des procédures législatives. Enfin le traité de Lisbonne renforce le rôle respectif des Parlements nationaux et de la Cour de justice dans le contrôle du respect du principe de subsidiarité.

Dans un deuxième temps le Parlement européen a été à l'origine du principe de subsidiarité. Il a adopté une série de mesures pour remplir son rôle en vertu des traités en ce qui concerne l'application du principe de subsidiarité. Á ce titre le rôle du Parlement élu au suffrage universel direct est essentiel. Il est l'expression de la volonté des peuples de l'Europe. De fait le Parlement garantit que l'intervention de l'Union lorsqu'elle est nécessaire en raison des effets de l'action envisagée prend en compte les intérêts des citoyens et des États membres. Dans le cadre du processus démocratique de l'Union le Parlement le Conseil et la Commission ont signé « le 25 octobre 1993 un accord interinstitutionnel »[1] exprimant clairement leur volonté de s'engager à respecter le principe de subsidiarité. Aux termes de l'accord interinstitutionnel « mieux légiférer de 2003 »[2] les trois institutions conviennent de parvenir à une meilleure coordination générale de leur activité législative fondement essentiel d'une meilleure législation pour l'Union. Dans le cadre du débat sur l'avenir de l'Europe lancé en 2017 par le livre blanc du Président de la Commission Monsieur Juncker, il ressort notamment que le principe de subsidiarité concerne particulièrement la Commission. Avant de proposer un texte la Commission est tenue de procéder à de larges consultations prenant en considération la dimension régionale et locale des actions envisagées. Ainsi tout projet d'acte législatif doit être formellement motivé au regard de la subsidiarité. Après tout la Commission a su réinstaller la subsidiarité dans le nouveau cadre de la gouvernance multiniveaux. En

[1] Accords interinstitutionnels du 25 octobre 1993 sur les procédures pour la mise en œuvre du principe de subsidiarité (*JOCE*, n° C 329 du 6.12.1993).

[2] Parlement européen, Conseil, Commission – Accord interinstitutionnel « Mieux légiférer » (*JOUE*, n° C 321 du 31.12.2003, p. 1).

clair le modèle de gouvernance à plusieurs niveaux fait intervenir en effet de nouveaux modes de représentation, qui mettent fin aux insuffisances de l'Union en matière de responsabilité démocratique et de réactivité politique. De plus le respect du principe de subsidiarité peut être contrôlé *a posteriori,* c'est-à-dire après l'adoption d'un acte législatif à travers un recours[1] devant la Cour de justice. En somme la subsidiarité est devenue un principe de procédure législative. Les États membres peuvent former un recours en annulation devant la Cour contre un acte législatif pour violation du principe de subsidiarité au nom de leur Parlement.

B. Les Parlements nationaux dans la légitimation démocratique

La démocratie est une valeur essentielle de l'Union. Assurément l'analyse de la contribution des Parlements nationaux à la légitimité démocratique de l'Union est essentielle. Bien sûr les progrès de l'intégration européenne ont entraîné une modification du rôle des Parlements nationaux. L'article 12 TUE est exclusivement consacré au rôle des Parlements nationaux. Ils contribuent effectivement au bon fonctionnement de l'Union. Dans cette optique divers instruments de coopération entre le Parlement européen et les Parlements nationaux ont été créés afin de garantir un contrôle démocratique efficace de la législation européenne à tous les niveaux. Selon cette approche le discours sur le renforcement de la résilience[2] démocratique s'adresse aux institutions européennes, aux gouvernements et aux Parlements nationaux à qui il incombe au premier chef la responsabilité de veiller au bon fonctionnement de la démocratie. Dans le contexte de la légitimité démocratique de l'Union les Parlements nationaux ont finalement compris qu'un contrôle renforcé de l'action européenne de leurs gouvernements, conjugué à des relations plus étroites avec le Parlement européen est un moyen idéal pour peser sur le processus décisionnel de l'Union et de veiller à ce que l'Union repose sur des principes démocratiques. Pour preuve l'article 12 TUE et le protocole n° 1 du TFUE octroient aux Parlements nationaux le droit de recevoir des informations directement des institutions de l'Union en ce qui concerne les programmes législatifs, les comptes rendus du Conseil

---

[1] CJCE, 13 mai 1997, *Allemagne/Parlement et Conseil*, aff. C-233/94, *Rec.*, p. I-2405.

[2] Communication de la Commission au Parlement européen, au Conseil, au Comité économique et social européen et au Comité des régions relative au plan d'action pour la démocratie, Bruxelles (COM (2020)) 790 final, *op. cit.,* p. 3.

ainsi que les textes législatifs de l'Union. D'un autre côté, l'article 5 TUE et le protocole n° 2, TFUE leur octroient le droit de s'opposer à des propositions de l'Union conformément au principe de subsidiarité. Il est précisé que le renforcement du rôle des Parlements nationaux a contribué à la consolidation de la légitimité démocratique de l'Union. En définitive le principe de subsidiarité implique une participation des institutions représentant les intérêts des peuples de l'Europe, au niveau national et supranational à l'élaboration et l'adoption des actes législatifs, pour poursuivre une Union sans cesse plus étroite entre les peuples de l'Europe. Sans doute le développement des compétences des Parlements nationaux et du Parlement européen participe à l'approfondissement du caractère démocratique de l'Union.

Conclusion du Chapitre 1

L'intégration européenne a besoin d'un nouveau souffle. Partant de ce constat cette réflexion est une invitation à une analyse approfondie pour renforcer la légitimité démocratique du projet européen. Dans ce contexte, l'Union européenne se trouve investi d'un double mandat démocratique. Vu sous cet angle il en ressort que les États membres de l'Union et les citoyens européens sont les deux principales sources de légitimités démocratiques de l'Union. La légitimité des États membres est incarnée par la Conseil européen et le Conseil. La deuxième source de légitimité incarnée par les citoyens européens s'exprime principalement au Parlement européen. Le défi qui se pose à l'Union européenne est de renouveler le processus politique européen. Les questions soulevées dans cette étude et les réponses qu'elle propose sont liées à ce renouvellement. Confrontée à ces défis particuliers l'élaboration doctrinale faite sur la double légitimité de l'Union est une invitation à repenser les rapports politiques entre les deux sources de légitimité démocratique de l'Union européenne.

En raison du niveau élevé d'intégration déjà atteint les citoyens ont envers l'Union des attentes similaires à celles qu'ils ont à l'égard des institutions politiques nationales. Il est précisé que ce débat juridique garde politiquement toute son acuité. Car penser la démocratie à l'échelle européenne s'est avéré délicat. Probablement les États préservent leur prééminence dans le système politique de l'Union, malgré les efforts déployés au fil des révisions successives des traités pour renforcer la légitimité des institutions européennes. Sur le plan législatif le Parlement européen représente les peuples de l'Europe et le

Conseil représente les gouvernements des États membres. Ils adoptent conjointement les textes législatifs à partir des propositions présentées par la Commission européenne. Pour respecter la légitimité démocratique de l'Union la subsidiarité et la sécurité juridique, d'autres acteurs institutionnels sont associés à la procédure législative ordinaire. Il a été démontré que le rôle des Parlements nationaux dans le processus de légitimation de l'Union est important. Dans la volonté politique affirmée de consolider la légitimité démocratique, le législateur de l'Union leur accorde des droits particuliers. Pour terminer la façon dont les analystes parlent de légitimité démocratique de l'Union est en grande partie fortement influencée par leurs idées sur l'État-nation. Évaluer l'Union européenne à l'aune de l'État ne permet pas de mieux saisir la prégnance du projet européen.

Chapitre 2

Les fondements de la démocratie européenne

La démocratie suppose une certaine base civilisationnelle et culturelle sur laquelle elle peut prospérer notamment avec des valeurs. Ainsi il se profilait déjà la distinction entre la démocratie comme valeur d'après Solon (640 à 588 av. J.-C) législateur et poète grec et la démocratie comme système de gouvernement dans le sillage de la pensée de Clisthène (seconde moitié du VIe s. av. J.-C) homme d'État athénien. Mieux encore la démocratie repose également sur le principe de la dignité humaine. Sur la base de ces prémisses, l'histoire de la démocratie moderne doit être regardée comme indissociable de celle de l'Europe avec certains leviers importants, comme l'universalisme judéo-chrétien, la Renaissance et les Lumières ainsi que la théorie de la démocratie libérale selon Alexis de Tocqueville (1805-1859). Actuellement la réflexion sur la démocratie a considérablement évolué. De notre point de vue la démocratie accomplit trois missions essentielles. D'une part garantir le respect d'un certain nombre de valeurs qui en retour soutiennent la démocratie. D'autre part veiller à l'organisation et au fonctionnement du pouvoir politique et enfin répondre aux « besoins des citoyens »[1], tels que librement exprimés par le suffrage universel. Indubitablement ces trois volets sont étroitement liés et l'absence de l'un d'eux suffit à jeter un doute sérieux sur le caractère authentiquement démocratique d'un régime politique. C'est en tenant compte de ce qui précède que la question cruciale des fondements de la démocratie européenne sera abordée. Conformément à l'article 10, paragraphe 1, TUE, le fonctionnement de l'Union est fondé sur le principe de la démocratie représentative (Section 1) les citoyens étant directement représentés au niveau de l'Union, au Parlement européen. Dans cet ordre d'idées « l'initiative citoyenne européenne »[2] constitue désormais un instrument de démocratie participative (Section 2) lié au droit de participer à la vie démocratique et politique de l'Union européenne.

---

[1] Déclaration commune du Parlement européen, du Conseil et de la Commission européenne sur la conférence sur l'avenir de l'Europe – Dialoguer avec les citoyens pour promouvoir la démocratie – Construire une Europe plus résiliente (*JOUE*, n° C 91 I, *op. cit.*, p. 2.

[2] Règlement (UE) 2019/788 du Parlement européen et du Conseil du 17 avril 2019 relatif à l'initiative citoyenne européenne (*JOUE*, n° L 130, *op. cit.*, pp. 55-59).

Section 1. Les éléments constitutifs de la démocratie représentative

La démocratie représentative est l'un des fondements majeurs de la construction européenne. Ce faisant l'Union étant à la fois une Union de citoyens et d'États, la démocratie qui s'exerce dans son cadre a un caractère particulier. Néanmoins cette double nature ne saurait être comparée à l'organisation des démocraties nationales. Pour dire vrai l'Union européenne dispose de ses propres institutions dotées d'une légitimité démocratique, pour prendre des « décisions législatives»[1] supranationales et d'un système judiciaire qui, dans les domaines relevant de ses compétences[2] prévaut sur les instances nationales. Le système institutionnel de l'Union européenne offre aujourd'hui la plupart des « outils démocratiques »[3] que connaissent les systèmes constitutionnels nationaux. En revanche ce système institutionnel reste pourtant impuissant à faire vivre la démocratie européenne. C'est cet aspect de la démocratie européenne qui sera exposé dans cette partie. Deux sortes de considérations sont à développer sous cet angle de vue. Il s'agit de la double représentation des citoyens et des États à la vie démocratique (§ 1) et du rapprochement des institutions européennes des citoyens européens (§ 2). La participation des citoyens européens aux institutions de la démocratie représentative est essentielle au bon fonctionnement de la démocratie. Pour tout dire la démocratie en particulier dans un environnement institutionnel à niveaux multiples, implique la participation effective et le contrôle actifs des citoyens européens. Elle s'accompagne d'une obligation pour les institutions européennes de stimuler cette participation.

---

[1] Règlement (UE, EURATOM) n° 1141/2014 du Parlement européen et du Conseil du 22 octobre 2014 relatif au statut et au financement des partis politiques européens et des fondations politiques européennes (*JOUE*, n° L 317 du 4.11.2014, p. 1).

[2] CJUE, avis 2/13 du 18 décembre 2014, Publié (e) au Recueil numérique. Il découle de la jurisprudence de la Cour de justice que le principe d'attribution des compétences, visé à l'article 4, paragraphe 1, et à l'article 5, paragraphe 1 et 2, TUE, ainsi que le cadre institutionnel défini aux articles 13 à 19 TUE afin de permettre l'exercice, par l'Union, des compétences que les traités lui ont attribuées constituent des caractéristiques spécifiques de l'Union et de son droit relatives à la structure constitutionnelle de l'Union.

[3] Résolution législative du Parlement européen du 3 mai 2022 sur la proposition de règlement du Conseil portant élection des députés au Parlement européen au suffrage universel direct, abrogeant la décision du Conseil (76/787/ECSC, CEE, Euratom) et l'acte portant élection des membres du Parlement européen au suffrage universel direct, annexé à cette décision (2020/2220 (INL) – (200/0902 (APP)) (*JOUE*, n° C 465, *op. cit.*, pp. 171-179).

§ 1. La représentation des citoyens et des États au sein de l'Union

La démocratie représentative est de plus en plus remise en question en faveur d'un « engagement direct et permanent des citoyens »[1] dans le processus démocratique sous différentes formes[2]. Cependant l'article 10 TUE renforce le caractère représentatif des institutions de l'Union et oriente le fonctionnement de son système institutionnel dans le sens d'une parlementarisation accrue. Le Parlement européen est désormais composé de représentants des « citoyens de l'Union »[3] et non plus des peuples des États. D'un rôle exclusivement consultatif, le Parlement européen a vu ses prérogatives renforcées dans le déroulement des procédures décisionnelles. Il convient de mentionner que le Parlement européen a désormais un rôle politique important, il élit le président de la Commission. En même temps le Parlement européen est colégislateur de l'Union avec le Conseil des fonctions législative et budgétaire. Dans le prolongement de ces propos la participation des citoyens européens à la vie démocratique (A) et le rôle des États membres à la formation de la conscience politique européenne (B) méritent tout particulièrement une attention.

A. La participation des citoyens européens à la vie démocratique

La démocratie, le pluralisme et la citoyenneté active sont des valeurs fondamentales de l'Union européenne. Elles comprennent les valeurs de liberté d'expression de tolérance et ont pour but l'inclusion de tous les citoyens européens. Selon les dispositions du paragraphe 3, article 10, TUE, tout citoyen européen a le droit de participer à la vie démocratique de l'Union. Les décisions sont prises aussi ouvertement et aussi près que possible des citoyens. Á ce sujet il est précisé que les

---

[1] Proposition de directive du Conseil fixant les modalités d'exercice du droit de vote et d'éligibilité aux élections au Parlement européen pour les citoyens de l'Union résidant dans un État membre dont ils ne sont pas ressortissant (refonte), Bruxelles (COM (2021)) 732 final du 25.11.2021.

[2] Résolution du Parlement européen du 10 mars 2022 sur le rapport 2020 sur la citoyenneté de l'Union : donner aux citoyens les moyens d'agir et protéger leurs droits (2021/2099 (INI) (*JOUE*, n° C 347 du 9.9.2022, p. 202).

[3] Règlement (UE) 2021/692 du Parlement européen et du Conseil du 28 avril 2021 établissant le programme « Citoyen, égalité, droits et valeurs » et abrogeant le règlement (UE) n° 1381/2013 du Parlement européen et du Conseil et le règlement (UE) n° 390/2014 du Conseil (*JOUE*, n° L 156, *op cit.*, pp. 1-9).

citoyens européens sont directement représentés au Parlement européen. Cette lecture appelle plusieurs développements.

Premièrement l'article 20 TFUE établit la citoyenneté de l'Union. En outre l'article 20, paragraphe 2, point b), TFUE et l'article 22, paragraphe 2, TFUE ainsi que l'article 39 de la Charte des droits fondamentaux de l'Union européenne prévoient que les citoyens de l'Union ont le droit de vote et d'éligibilité[1] aux élections du Parlement européen, dans leur État membre de résidence, dans les mêmes conditions que les ressortissants de cet État. En réalité les articles 21 à 25 TFUE comportent les bases juridiques permettant à l'Union de préciser les modalités d'exercice de certains droits attachés à la citoyenneté européenne. De façon évidente suivant cette approche l'Union européenne présente aujourd'hui les principaux traits d'une démocratie représentative à caractère parlementaire. Une telle analyse du système politique européen permet de noter que les carences démocratiques dont souffre l'Union tiennent moins à des défauts institutionnels qu'à son incapacité à assurer une traduction adéquate des principes de représentation et de responsabilité.

Deuxièmement dans plusieurs arrêts la Cour de justice a précisé les contours du statut de citoyen de l'Union européenne. Ainsi dans les arrêts « *Grzelczyk,* affaire C-184/99 »[2] et « *Ruiz Zambrano*, affaire C-34/09 »[3], la Cour de justice a précisé que le statut de citoyen de l'Union a vocation à être le statut fondamental des ressortissants des États membres. Effectivement c'est dans cette lecture que la Cour de justice bâtit une importante jurisprudence relative aux différents droits attachés à la citoyenneté européenne. Précisément dans les arrêts « *Commission/Autrice* affaire C-75/11 »[4] et « *Dano*, affaire C-333/13 »[5], la Cour précise que tout citoyen de l'Union peut se prévaloir de l'interdiction de discrimination en raison de la nationalité figurant à l'article 18 TFUE, dans toutes les situations relevant du domaine d'application *ratione materiae* du droit de l'Union ces situations

---

[1] Rapport de la Commission au Parlement européen, au Conseil, au Comité économique et social européen et au Comité des régions – Rapport 2013 sur la citoyenneté de l'Union – Citoyen de l'Union : vos droits, votre avenir, Bruxelles (COM (2013)) 269 final du 8.5.2013.

[2] CJCE, 20 septembre 2001, *Grzelczyk,* aff. C-184/99, *Rec.,* p. I-6193.

[3] CJUE, 8 mars 2011, *Ruiz Zambrano*, aff. C-34/09, *Rec.*, p. I-1177.

[4] CJUE, 4 octobre 2012, *Commission/Autriche*, aff. C-75/11, publié (e) au Recueil numérique.

[5] CJUE, 11 novembre 2014, *Dano,* aff. C-333/13, publié (e) au Recueil numérique.

comprenant l'exercice de la liberté fondamentale de circuler et de séjourner sur le territoire des États membres.

Troisièmement le discours sur la représentation des citoyens européens repose entre autres sur le paradigme de leur participation politique dans l'Union. En toile de fond l'idée c'est d'encourager la pleine participation des citoyens européens à la vie démocratique de l'Union européenne et à tous les échelons. C'est l'essence même de la citoyenneté de l'Union européenne. Dans cet ordre d'idées le schéma de raisonnement consiste à mobiliser les citoyens, renforcer le dialogue avec la société civile, favoriser la liberté et le pluralisme des médias. Ces actions essentielles permettent la mise en place d'un vrai débat politique de fond s'inscrivant dans un processus démocratique.

En examinant au plus près ces développements, pour notre part la participation aux élections au Parlement européen est le principal mode de contribution qui s'offre aux citoyens européens pour façonner les politiques de l'Union. Elle constitue le socle de la démocratie représentative dans l'Union. Pour saisir l'importance politique de la participation des citoyens à la vie démocratique de l'Union, il est judicieux de préciser que d'autres réflexions émergent. En fait « les instruments participatifs actuels ne conduisent pas à tirer le meilleur profit de l'implication des citoyens »[1] et donc ne contribuent pas suffisamment à renforcer la légitimité démocratique de l'Union. Ces instruments ne diffusent pas parmi les citoyens la sensation d'être acteurs d'une Union européenne qui reflète leurs besoins et leurs aspirations. Á la suite de ces propos il est possible de renforcer la légitimité démocratique de l'Union en réformant les instruments participatifs existants, tout en accordant une attention particulière aux groupes sous-représentés de la société et en consolidant la sphère publique européenne. En conséquence il y a la nécessité de réfléchir à la manière de rendre l'Union plus efficace, dans son engagement vis-à-vis des citoyens au regard des principes fondamentaux de la démocratie représentative de l'Union. Les citoyens devraient davantage avoir leur mot à dire dans la prise de décision de l'Union afin que celle-ci reflète mieux les vues et soit plus résiliente, démocratique et performante. Á cet égard une modification des traités est nécessaire, sans pour autant

[1] Résolution du Parlement européen du 7 juillet 2021 sur les dialogues citoyens et la participation des citoyens au processus décisionnel de l'Union européenne (2020/2201 (INI)) (*JOUE*, n° C 99 du 1.3.2022, p. 96).

constituer un objectif en soi. C'est surtout l'occasion d'engager un dialogue constructif avec les citoyens sur ces questions fondamentales.

B. La représentation des États à la vie démocratique de l'Union

La démocratie représentative s'est renforcée avec l'arrivée de l'État-nation. Les fondements de la démocratique européenne ont introduit une nouvelle approche de la vie politique en Europe. Dans le cadre des dispositions de l'article 10, paragraphe 2, TUE, les États membres sont représentés au Conseil européen par leur chef d'État ou de gouvernement et au Conseil par les gouvernements, eux-mêmes démocratiquement responsables, soit devant « leurs Parlements nationaux »[1] soit devant leurs citoyens. Comme il a été dit plus haut, l'article 10 TUE, rappelle que la démocratie européenne repose sur une double légitimité. C'est-à-dire celle des « citoyens représentés au Parlement européen »[2] et celle des États membres représentés au Conseil européen et au Conseil de l'Union européenne.

La démocratie au niveau européen est un système d'équilibre des pouvoirs qui reflète la double nature de l'Union : une Union d'États et de peuples, ainsi que de citoyens. Dès lors ce système est apparu progressivement au fil des ans à la suite de la méthode prônée par Jean Monnet. Ces considérations montrent que l'Union européenne est un « nouveau type d'ordre juridique »[3] qui peut être défini comme une forme de démocratie transnationale, fondée sur les États d'une part et sur les peuples et les citoyens d'autres part. Il est précisé que l'organisation de la démocratie au sein des États membres et son fonctionnement au niveau de l'Union diffèrent, bien que ces entités soient démocratiques. Ainsi suivant ce raisonnement la démocratie nationale est fondée principalement sur un système de majorité parlementaire tandis que l'Union fonctionne comme un système d'équilibre des pouvoirs où les voix des États sont exprimées par l'intermédiaire du Conseil de l'Union européenne et du Conseil

---

[1] Rapport de la Commission au Parlement européen, au Conseil, au Comité économique et social européen et au Comité des régions – Rapport 2013 sur la citoyenneté de l'Union – Citoyen de l'Union : vos droits, votre avenir, Bruxelles (COM (2013)) 269 final du 8.5.2013, *op. cit.*, pp. 2-25.

[2] Résolution du Parlement européen du 7 juillet 2021 sur les dialogues citoyens et la participation des citoyens au processus décisionnel de l'Union européenne (2020/2201 (INI)) (*JOUE*, n° C 99 du 1.3.2022, p. 96)

[3] CJCE, 5 février 1963, *Van Gen en Loos*, aff. 26/62, *Rec.*, p. 3. Voir également CJCE, 27 mars 1963, *Costa/Enel*, aff. 28 à 30/62, *Rec.*, p. 61.

européen par les gouvernements nationaux, alors que les citoyens se voient offrir une possibilité supplémentaire d'influencer la vie politique de l'Union grâce au Parlement européen directement élu.

La participation des citoyens européens à la vie démocratique et à la législation de l'Union européenne est l'un des thèmes majeurs de l'intégration européenne. Ces propos méritent quelques réflexions pour mieux cerner les contours de cette problématique. Dans un premier temps il est pertinent de mettre en place des initiatives visant à compléter la démocratie représentative, le but c'est de renforcer la participation des citoyens à la démocratie européenne à tous les niveaux. Pour mettre en œuvre cet objectif « l'institutionnalisation de nouvelles formes de participation citoyenne »[1] au niveau de l'Union, au moyen des dialogues avec les citoyens est nécessaire. Avant tout cette démarche intellectuelle soutient fermement l'appel des citoyens européens en faveur d'une Union européenne plus démocratique et transparente. Dans un deuxième temps pour mener à bien ce projet ambitieux et important pour la démocratie européenne, une révision des traités est nécessaire. Effectivement l'article 48 TUE, permet la modification des traités à une procédure de révision ordinaire ou modifier conformément à des procédures de révision simplifiées. Par voie de conséquence il s'agit d'engager une réforme ambitieuse du fonctionnement de l'Union afin de relever les défis à venir. Cette réforme devrait conduire à reconnaître la nature à plusieurs niveaux de la démocratie représentative européenne. Cette analyse permet de mettre en évidence les principes de subsidiarité et de proportionnalité, deux corollaires du principe d'attribution des compétences. En effet si l'on veut que l'Union fonctionne de manière démocratique, les attentes des citoyens européens relatives à la subsidiarité devraient également conduire à une révision de l'article 5, paragraphe 3, TUE, du protocole n° 1 sur le rôle des Parlements nationaux dans l'Union et du protocole n° 2 sur l'application des principes de subsidiarité[2] et de proportionnalité. Dans le cadre de ce réexamen, il conviendrait de placer le principe de proportionnalité sur un pied d'égalité avec le principe de subsidiarité en donnant au Comité européen des régions un rôle dans la phase *ex ante* du contrôle de la subsidiarité. Entre autres l'un des objectifs de cette révision des traités, qui représente un grand

---

[1] Résolution du Comité européen des régions sur les résultats et le suivi de la conférence sur l'avenir de l'Europe (*JOUE*, n° C 375, du 30.9.2022, p. 9).

[2] Résolution du Parlement du 19 avril 2018 sur la mise en œuvre des dispositions du traité concernant les Parlements nationaux (*JOUE*, n° C 390, du 18.11.2019, p. 121).

intérêt pour l'Union européenne est d'appliquer les principes de subsidiarité et de proportionnalité aux processus de gouvernance de l'Union pour une meilleure réglementation européenne.

D'une certaine manière en ce qui concerne les fondements de la démocratie européenne, il y a l'existence d'une tension sous-jacente entre la vision d'une Union européenne centrée sur les États membres, et une Union européenne centrée sur les institutions européennes. Malgré tout cette tension peut être surmontée par la mise en place d'une stratégie et d'instruments visant à aboutir au syntagme nominal « Union européenne des citoyens »[1]. Pour s'en convaincre force est de constater que les instruments participatifs existants présentent un certain nombre de lacunes et qu'il convient dès lors de les améliorer et d'en développer de nouveaux afin de rendre la participation des citoyens européens à la vie démocratique plus facile. Ce qui revient à dire que, l'impératif c'est de structurer la participation des citoyens de manière à répondre à leurs attentes. En toute logique cette démarche de participation ascendante est un levier important, visant à compléter la démocratie représentative dans l'Union européenne.

Dans une dernière analyse, l'approche européenne de la démocratie représentative apporte de précieux éléments supplémentaires à la réflexion juridique sur le concept de souveraineté dans le cadre d'une démocratie transnationale. L'analyse précédente permet d'identifier deux sources coexistantes de souveraineté populaire. Les citoyens de l'Union, représentés par le Parlement européen mais aussi derrière les États membres, les peuples européens et les citoyens nationaux représentés par leur gouvernement au sein du Conseil. Pour mémoire liée historiquement à l'État, la souveraineté se trouve également liée, depuis la Révolution française au principe démocratique et à son exercice. Á travers cette évolution la souveraineté entendue comme une quantité de pouvoir a évolué pour devenir une qualité de pouvoir, à savoir un titre de légitimité à fonder et exercer le pouvoir public. En l'état actuel de la discussion doctrinale en Europe, il n'y a pas un véritable corps politique européen, qui serait composé de l'ensemble des citoyens de l'Union. Selon l'article 14, paragraphe 2, TUE « le Parlement européen est composé de représentants des citoyens de l'Union ». Selon une interprétation de cette nouvelle formule du traité

---

[1] Rapport de la Commission au Parlement européen, au Conseil, au Comité économique et social européen et au Comité des régions – Rapport 2013 sur la citoyenneté de l'Union – Citoyen de l'Union : vos droits, votre avenir, Bruxelles (COM (2013)) 269 final du 8.5.2013, *op. cit.*, pp. 2- 4.

de Lisbonne, le *démos* européen ne serait qu'une addition de peuples nationaux. En définitive il n'est pas évident d'identifier facilement l'existence d'un peuple européen au sens de corps politique.

§ 2. Le rapprochement des institutions européennes du citoyen

Le Parlement européen réaffirme la nécessité d'associer pleinement les citoyens européens aux processus décisionnels de l'Union afin de renforcer la légitimité démocratique de l'Union et surtout d'accroître la confiance des citoyens dans les travaux des institutions. Á cet égard la mise en place de mécanismes participatifs permanents pour faciliter et encourager davantage la participation des citoyens aux processus décisionnels de l'Union au-delà du vote[1] est un impératif. Partant de cette lecture ces mécanismes de participation des citoyens incluent une grande variété d'instruments qui sont complémentaires, tels que les assemblées citoyennes, les initiatives citoyennes, les consultations publiques et les dialogues citoyens. Effectivement « la conférence sur l'avenir de l'Europe »[2] constitue une véritable opportunité pour engager un dialogue constructif directement avec les citoyens. En pratique l'affirmation du principe de proximité (A) et le rôle des partis politiques européens contribuent à l'effectivité de ces initiatives (B).

A. Le principe de proximité comme source de légitimité démocratique

L'une des caractéristiques des différentes mesures pour renforcer la légitimité démocratique consiste à réduire l'écart grandissant entre les dirigeants et les gouvernés. La finalité étant de placer une fois encore les citoyens au cœur même du processus décisionnel. Dans le sillage de cette lecture il est nécessaire de rétablir le sentiment selon lequel les citoyens font partie intégrante du processus décisionnel. Compte tenu de ce qui précède le traité de Lisbonne établit un principe de proximité, distinct du principe de subsidiarité en énonçant que « les décisions sont prises aussi ouvertement et aussi près des citoyens que possible »[3].

---

[1] CJUE, 19 décembre 2019, *Junqueras Vies*, aff. C-502/19, publié (e) au Recueil numérique.

[2] Communication de la Commission au Parlement européen, au Conseil européen, au Conseil, au Comité économique et social européen et au Comité des régions – Conférence sur l'avenir de l'Europe – Transformer une vision en actions concrètes, Bruxelles (COM(2022)) 404 final du 17.6.2022.

[3] Rapport de la Commission au Parlement, au Conseil, au Comité économique et social européen et au Comité des régions – Renforcer les droits des citoyens dans une

Finalement le registre sémantique mobilisé par le principe de proximité mérite une clarification en deux ordres d'idées.

Premièrement la proximité est source de légitimité démocratique, la transparence étant un moyen d'atteindre cet objectif. Celui-ci est atteint lorsque la démocratie représentative et sa capacité de contrôle sont renforcées et que d'autres formes de démocratie participative sont possibles. Selon cette acception la proximité est la condition et en même temps, l'objectif politique de l'Union. Cette formulation exprime plus clairement l'alignement sur d'autres aspects importants. Á propos le citoyen européen doit être associé aux choix des décideurs et se sentir intégré dans les structures au sein desquelles la société démocratique trouve son mode d'expression. Sur toile de fond, la politique de proximité repose sur une bonne communication avec le citoyen et présume une pleine et totale reconnaissance du principe de subsidiarité, une meilleure détermination des compétences et une claire répartition des responsabilités entre les États membres et l'Union européenne. Certes les citoyens européens se rallient aux « grands objectifs de l'Union »[1] mais ils ne voient pas toujours le lien entre ces objectifs et l'action quotidienne de l'Union européenne.

Deuxièmement le facteur subjectif du principe de proximité est un élément essentiel à prendre en considération. Selon cette approche, la culture politique est un facteur très important pour évaluer le degré de proximité et de légitimité. Dans les faits il ne suffit pas de se limiter à réformer les institutions et les procédures pour rapprocher l'Europe des citoyens et accroître sa légitimité. Au fond la distance entre les citoyens européens et les institutions européennes n'est pas seulement une distance fonctionnelle. En effet il subsiste réellement à ce stade du processus d'intégration européenne, un déficit de conscience européenne. De ce point de vue le vecteur de la connaissance, l'accès à l'information, les politiques culturelles, éducatives et les médias sont essentiels pour favoriser le sentiment d'appartenance à l'Union européenne. Á la suite de cette clarification sémantique le principe de proximité va de pair avec celui d'ouverture, dans le sens des dispositions de l'article 300 TFUE, qui implique une extension des

---

Union du changement démocratique – Rapport 2017 sur la citoyenneté de l'Union, Bruxelles (COM(2017)) 30 final du 24.1.2017, *op. cit.,* pp. 8-11.

[1] Résolution législative du Parlement européen du 18 avril 2018 sur le projet de décision du Conseil portant fixation de la période pour la neuvième élection des représentants au Parlement européen au suffrage universel direct (07162/2018-C8-0128/2018-2018/0805(CNS)) (*JOUE*, n° C 390 du 18.11.2019, p. 170).

procédures de consultation lors de l'élaboration des actes européens. De la sorte les traités prévoient un certain nombre de cas dans lesquels les institutions européennes ont l'obligation de consulter le Comité des régions ou le Comité économique et social.

B. Le rôle des partis et fondations politiques européens

En générale les partis politiques jouent un rôle fondamental dans les démocraties libérales contemporaines. En tenant compte de leur place centrale dans les démocraties représentatives, les partis politiques européens ont été vus comme l'étape indispensable vers une Union politique. Cette partie analyse les partis politiques au niveau européen, ci-après dénommés « partis politiques européens »[1] et les fondations politiques au niveau européen dénommées fondations politiques européennes. D'une part l'article 10, paragraphe 4, TUE et l'article 12, paragraphe 2 de la Charte des droits fondamentaux de l'Union européenne disposent que les parties politiques au niveau européen contribuent à la formation de la conscience politique européenne et à l'expression de la volonté politique des citoyens de l'Union. L'article 224 TFUE prévoit que le Parlement européen et le Conseil statuant par voie de règlement conformément à la procédure législative ordinaire, fixent le statut des partis politiques européens, visés à l'article 10, paragraphe 4, TUE et nomment les règles relatives à leur financement. Le but étant de participer à la vie démocratique.

Dès lors on entend par parti politique, une association de citoyens, qui poursuit des objectifs politiques et qui est reconnue par l'ordre juridique d'au moins un État membre ou est établie conformément à cet ordre juridique. Dans ce cadre le parti politique européen est une alliance politique qui poursuit des objectifs politiques et est enregistrée auprès de l'autorité pour les partis politiques européens et les fondations politiques européennes, conformément aux conditions et aux procédures définies par le règlement (UE, Euratom) « n° 1141/2014 »[2] du Parlement européen et du Conseil. La fondation politique

[1] Règlement (UE, Euratom) 2018/673 du Parlement européen et du Conseil du 3 mai 2018 modifiant le règlement (UE, Euratom) n° 1141/2014 relatif au statut et au financement des partis politiques européens et des fondations politiques européennes (*JOUE*, n° L 114 I, du 4.5.2018, p. 1).

[2] Règlement (UE, Euratom), n° 1141/2014 du Parlement européen et du Conseil du 22 octobre 2014, relatif au statut et au financement des partis politiques et des fondations politiques européennes (*JOUE*, n° L 317, du 4.11.2014, p. 1).

européenne est une entité qui est formellement affiliée à un parti politique européen. Elle soutient et complète les objectifs du parti politique européen en accomplissant plusieurs missions telles que, l'analyse et la contribution au débat sur les questions de politique publique européenne et sur le processus d'intégration européenne.

D'autre part les partis politiques européens présentent une véritable dimension transnationale et les fondations politiques européennes affiliées à ces partis ont un rôle essentiel à jouer pour faire entendre la voix des citoyens au niveau européen, en comblant le fossé qui sépare les politiques au niveau national et au niveau de l'Union. La réflexion sur les fondements de la démocratie européenne milite en faveur de la nécessité d'améliorer « leur cadre juridique et financier, pour leur permettre de devenir des acteurs plus visibles et plus efficaces du système politique à plusieurs niveaux de l'Union européenne. Dans cette perspective le 22 novembre 2012 le Parlement européen a adopté une résolution[1] dans laquelle il demande aux partis politiques européens de désigner leurs candidats au poste de président de la Commission, afin de renforcer la légitimité démocratique de l'Union. En pratique suite à ces résolutions à l'issue des élections de 2014, c'est Monsieur Jean-Claude Juncker, l'un de ces candidats têtes de liste qui a été élu président de la Commission européenne par le Parlement européen le 22 octobre 2014.

Concomitamment le résultat des élections au Parlement européen, auxquelles les partis politiques européens ou leurs membres sont tenus de participer fournissent une indication précise du degré de reconnaissance électorale d'un parti politique européen. Dans la ligne de mire de cette analyse ces critères reflètent le rôle de représentant direct des citoyens de l'Union que confère au Parlement européen l'article 10, paragraphe 2, TUE, ainsi que l'objectif pour les partis politiques européens de participer pleinement à la vie démocratique de l'Union. Surtout de devenir des acteurs actifs de la démocratie représentative européenne. Selon ces différentes lignes de partage, la mission des partis politiques européens est d'exprimer effectivement les points de vue, les opinions et la volonté politique des citoyens de l'Union. Indéniablement les partis politiques européens ont une fonction essentielle de lien entre les citoyens et les institutions européennes. Malgré l'institutionnalisation et la consolidation des

[1] Résolution du Parlement européen et du Conseil du 22 novembre 2012 sur les élections au Parlement européen en 2014 (*JOUE*, n° C 419 du 16.12.2015, p. 185).

partis politiques européens ces derniers sont au cœur d'un paradoxe. Ils jouent un rôle de socialisation et d'européanisation de leurs membres mais sont peu connus et déconnectés des citoyens. Ce déficit politique tient à l'absence d'un espace public transnational et semble être à l'origine des carences démocratiques de l'Union.

Section 2. L'initiative citoyenne et la démocratie participative

L'initiative citoyenne européenne (ICE)[1] est un droit des citoyens européens qui contribue à renforcer le fonctionnement démocratique de l'Union. Il convient d'utiliser ce droit pour rapprocher les citoyens européens de la vie démocratique et politique de l'Union européenne. Les dispositions de l'article 11, paragraphe 4, TUE, constituent une étape historique[2] dans la réalisation d'une Europe des citoyens. Ce faisant avec l'initiative citoyenne européenne, le traité de Lisbonne met concrètement en œuvre pour la première fois une procédure de démocratie directe au niveau européen. Á terme l'initiative citoyenne européenne (§ 1) est l'expression de la démocratie participative (§ 2) qui complète la démocratie représentative de l'Union. Elle enrichit l'ensemble des « droits liés à la citoyenneté de l'Union »[3] et le débat public sur la politique européenne. Au fond il s'agit entre autres de renforcer parmi les citoyens européens le sentiment d'appartenance à l'Union européenne. Précisons qu'un espace public européen de débat entre citoyens[4] et les détenteurs du pouvoir politique est important pour la légitimité démocratique de l'Union.

§ 1. Le droit d'initiative citoyenne européenne de l'Union

L'initiative citoyenne européenne est une innovation introduite par le traité de Lisbonne pour promouvoir la participation des citoyens européens à la vie démocratique de l'Union. C'est un instrument

---

[1] Règlement (UE) 2019/788 du Parlement européen et du Conseil du 17 avril 2019 relatif à l'initiative citoyenne européenne (*JOUE*, n° L 130 du 17.5.2019, *op. cit.*, pp. 55-60).

[2] Proposition de règlement du Parlement européen et du Conseil relatif à l'initiative citoyenne européenne, Bruxelles (COM (2017)) 482 final du 13.9.2017.

[3] CJUE, 12 mars 2019, *Tjebbes e.a.* aff. C-221/17, publié (e) au Recueil numérique.

[4] Rapport de la Commission au Parlement, au Conseil, au Comité économique et social et au Comité des régions, en application de l'article 25 TFUE concernant les progrès réalisés sur la voie de l'exercice effectif de la citoyenneté de l'Union pour la période 2016-2020, Bruxelles (COM (2020)) 731 final du 15.12.2020.

important de la démocratie participative dans l'Union accessible aux citoyens (A). Cet instrument a déjà fait l'objet de plusieurs affaires[1] portées devant les juridictions de l'Union à propos des décisions de la Commission rejetant l'enregistrement d'initiative citoyenne (B).

A. L'initiative citoyenne un instrument accessible au citoyen

Le règlement « (UE) 2019/788 »[2] met à jour les règles relatives à l'initiative citoyenne européenne. Il a pour objectif de permettre aux citoyens de l'Union d'avoir une plus grande influence sur les politiques européennes qui affectent leur vie, grâce à une procédure leur permettant de demander directement à la Commission européenne de soumettre une proposition d'acte juridique de l'Union aux fins de l'application des traités. L'introduction de l'initiative citoyenne européenne dans le traité de Lisbonne a été motivée par les débats sur la convention sur l'avenir de l'Europe et s'inscrit dans une tentative plus large d'inscrire le principe démocratique, valeur fondatrice de l'Union européenne au cœur du système institutionnel européen. Deux sortes de considération sont à développer sous cet angle d'approche.

Dans une première considération sur le plan politique le succès d'une initiative citoyenne européenne se mesure non seulement à sa transformation en proposition formelle, mais aussi au débat démocratique qu'elle suscite. C'est un véhicule institutionnel visant à permettre l'émergence de questions politiques d'intérêt pour un groupe de citoyens. Manifestement l'initiative citoyenne européenne contribue à cristalliser ces problématiques en tant que questions d'intérêt européen partagées entre différents États membres. En toute logique elle donne de la visibilité à des questions qui préoccupent les citoyens et qui ne figurent pas souvent à « l'ordre du jour des institutions européennes »[3] et à celui des groupes politiques représentés au Parlement européen. Toutefois l'objectif de l'initiative citoyenne européenne, de favoriser la participation des citoyens au processus démocratique et de promouvoir le dialogue entre les citoyens et les

---

[1] CJUE, 12 septembre 2017, *Anagnostakis*, aff. C-589/15 P, publié (e) au Recueil numérique.

[2] Règlement (UE) 2019/788 du Parlement européen et du Conseil du 17 avril 2019 relatif à l'initiative citoyenne (*JOUE*, n° L 130 du 17.5.2019, *op. cit.*, pp. 55-58).

[3] Rapport de la Commission au Parlement européen, au Conseil, au Comité économique et social européen et au Comité des régions – Renforcer les droits des citoyens dans une Union du changement démocratique – Rapport 2017 sur la citoyenneté de l'Union, Bruxelles (COM(2017)) 30 final du 24.1.2017.

institutions de l'Union, ne s'écarte pas des éléments préexistants qui constituent l'équilibre institutionnel du processus législatif de l'Union. Pour le dire autrement, renforcer ou encourager la participation au sein des structures démocratiques existantes n'est pas la même chose que contourner ou remplacer ces structures. Il s'agit de rendre l'Union plus accessible à ses citoyens.

L'articulation législative qui a ensuite été donnée à l'initiative citoyenne européenne, qui par application de l'article 24 TFUE reste conforme à cette approche. Pour être précis la valeur ajoutée de l'initiative citoyenne européenne est présente à quatre niveaux distincts à savoir la promotion du débat public, l'amélioration de la visibilité de certains sujets ou préoccupations, l'accès privilégié aux institutions européennes permettant à ces préoccupations d'être présentées de manière solide et le droit à une réponse institutionnelle raisonnée facilitant le contrôle public et politique.

Dans une deuxième considération sur le plan de sa structure constitutionnelle et institutionnelle, l'initiative citoyenne européenne a été créée non pas comme un moyen de contourner le processus législatif existant, mais comme un outil pour alimenter ce processus. Suivant ce raisonnement l'initiative citoyenne européenne crée un mécanisme institutionnel visant à canaliser la contribution politique des citoyens vers les institutions de l'Union, qui sont responsables du processus législatif européen. En suivant cette voie il convient de souligner de nouveau que la configuration législative de l'initiative citoyenne européenne permet aux membres du comité des citoyens d'une initiative citoyenne européenne réussie d'avoir « un accès direct au Parlement européen »[1]. Cet élément spécifique de la procédure est important. En outre pour une parfaite compréhension de ces propos, la discussion d'une initiative citoyenne européenne au Parlement permet à un groupe de citoyens de renforcer la prise de conscience devant cette institution sur les questions qui les intéressent. Ce qui ouvre la possibilité que leur initiative soit reprise par le Parlement européen.

Dans une troisième considération sur le plan purement textuel, conformément aux dispositions de l'article 11 TUE « la définition constitutionnelle »[2] de l'initiative citoyenne européenne dans le droit

---

[1] Résolution du Parlement européen du 7 juillet 2021 sur les dialogues citoyens et la participation des citoyens au processus décisionnel de l'Union européenne (2020/2201 (INI)) (JOUE, n° L 99 du 1.3.2022, *op. cit.*, pp. 96 -104.

[2] Avis du Comité des régions 114e session plénière des 12, 13 et 14 octobre 2015 – L'initiative citoyenne européenne (*JOUE,* n° C 423 du 17.12.2015, p. 1).

primaire de l'Union est importante. Cela dit l'initiative citoyenne européenne en tant qu'instrument de la démocratie directe est aussi un moyen efficace de mettre en œuvre des processus délibératifs transnationaux. Les citoyens qui aujourd'hui ont plutôt pris leurs distances vis-à-vis de l'Europe politique ont à présent la possibilité de participer au moyen d'initiatives et de projets concrets.

Pour ce faire les dispositions de l'article 11 TUE méritent un commentaire. En effet conformément à la nature du traité sur l'Union européenne, ces dispositions ne sont que des clauses générales qu'il convient à présent de définir, d'organiser et de mettre en œuvre par des dispositions législatives appropriées. Ce faisant il est conseillé d'analyser tout d'abord le dialogue civil horizontal et le dialogue civil vertical. Ensuite d'examiner les consultations de la Commission européenne et l'approche de l'initiative citoyenne européenne.

En ce qui concerne le dialogue civil horizontal l'article 11, paragraphe 1, TUE dispose « les institutions donnent, par les voies appropriées, aux citoyens et aux associations représentatives la possibilité de faire connaître et d'échanger publiquement leurs opinions dans tous les domaines d'action de l'Union ». Bien entendu le dialogue civil horizontal est un élément essentiel de la participation dans le cadre du modèle démocratique européen. Il est très important que le dialogue civil horizontal trouve l'écho nécessaire auprès de l'opinion publique européenne et devienne un véritable débat interactif. L'objectif affiché est de définir clairement cet instrument de la démocratie participative et d'arrêter les modalités concrètes de son fonctionnement. Pour pousser plus loin cette analyse il convient de clarifier vraiment quels critères de représentativité doivent remplir les associations pour pouvoir participer au dialogue civil horizontal.

Pour ce qui est du dialogue civil vertical l'article 11, paragraphe 2, TUE dispose « les institutions entretiennent un dialogue ouvert, transparent et régulier avec les associations représentatives de la société civile ». Cette disposition se réfère au dialogue civil vertical et enjoint aux institutions de l'Union de l'entretenir de manière régulière. Il revient à la Commission de définir plus précisément les modalités, sur le plan du contenu et des procédures juridiques. Pour cette raison le Parlement européen a anticipé sur cette disposition du traité de Lisbonne en créant « l'Agora citoyenne »[1] un instrument du dialogue

[1] Résolution du Parlement européen du 15 janvier 2020 sur la position du Parlement européen concernant la conférence sur l'avenir de l'Europe (2019/2990(RSP)).

civil vertical. Étant donné que l'article 11, paragraphe 2, TUE invite toutes les institutions de l'Union à entretenir un dialogue avec la société civile, la principale préoccupation pour les citoyens européens est de savoir comment le Conseil entend mettre en œuvre cet article du traité de Lisbonne. Il ressort des considérations qui précèdent que le dialogue civil est important pour la démocratie.

Au demeurant selon l'article 11, paragraphe 3, TUE « en vue d'assurer la cohérence et la transparence des actions de l'Union, la Commission européenne procède à des larges consultations des parties concernées ». En effet à l'état actuel de l'analyse doctrinale en Europe cette disposition place les pratiques de consultation de la Commission dans le contexte du pilier participatif, désormais renforcé du modèle démocratique de l'Union. En revanche la consultation ne constitue pas à elle seule un véritable dialogue avec la société civile organisée. Raison pour laquelle la Commission européenne est appelée à revoir et à structurer la méthode actuelle de consultation. C'est pourquoi il importe, d'une part que le délai prévu pour les consultations soit suffisant pour que la société civile organisée et les citoyens aient vraiment le temps d'élaborer leurs réponses et que la consultation ne soit pas que de pure forme. Il faut d'autre part que l'évaluation des résultats soit plus transparente. Á l'évidence l'initiative citoyenne européenne doit être sérieusement améliorée. Il convient donc de trouver des solutions garantissant « une utilisation plus efficace »[1] de l'initiative citoyenne européenne.

Par ailleurs l'article 11, paragraphe 4, TUE est une innovation démocratique sans précédent. Eu égard à ces dispositions du traité de Lisbonne l'initiative citoyenne européenne revêt pour l'intégration européenne une importance dépassant largement le cadre de sa dimension juridique et doit être regardée comme un premier élément de démocratie directe à l'échelon transnational. En clair il y a lieu de souligner que le nouveau droit d'initiative citoyenne européenne n'est pas assimilable à une initiative populaire telle qu'il en existe dans de nombreux États membres, laquelle débouche sur un référendum obligatoire, mais il s'agit d'une initiative invitant à examiner une question et demandant à la Commission européenne de légiférer. Sur le fond il est à souligner qu'une initiative citoyenne européenne ne peut bien entendu, contrevenir au traité ou à la Charte des droits

[1] Règlement (UE) 2019/788 du Parlement européen et du Conseil du 17 avril 2019 relatif à l'initiative citoyenne européenne (*JOUE*, n° L 130, *op. cit.*, pp. 55-62).

fondamentaux de l'Union européenne. Pour terminer l'analyse sur les dispositions de l'article 11 TUE a démontré que l'initiative citoyenne européenne est un nouveau droit civique qui recèle d'énormes potentialités. En effet elle a pour objet de renforcer la démocratie représentative en Europe et de consolider directement la composante participative du modèle démocratique européen.

En définitive à côté des formes de démocratie parlementaire indirecte le modèle démocratique européen est étendu et renforcé, par l'ancrage de la démocratie directe dans l'Union. Dans le fond les améliorations s'imposent pour une initiative citoyenne européenne couronnée de succès dans l'avenir. Sur cet aspect une meilleure évaluation *ex ante* pour éviter toute déception à la fin du processus est nécessaire. Actuellement il n'est procédé qu'à une évaluation *ex post*, après l'enregistrement et la collecte des signatures.

B. L'évolution de la jurisprudence sur l'initiative citoyenne

Le traité sur l'Union européenne (TUE) renforce la citoyenneté de l'Union et améliore encore « le fonctionnement démocratique de l'Union en prévoyant notamment que, tout citoyen a le droit de participer à la vie démocratique de l'Union »[1] par l'intermédiaire d'une initiative citoyenne européenne (ICE). Á cet égard il convient de relever que les procédures relatives à l'initiative citoyenne européenne ont fait l'objet de plusieurs recours auprès de la Cour de justice de l'Union. Dans l'affaire « C-589/15 P, *Alexios, Anagnostakis / Commission européenne* »[2] ayant pour objet un pourvoi au titre de l'article 56 du statut de la Cour de justice, Alexios Anagnostakis demande l'annulation de l'arrêt du Tribunal de l'Union européenne du 30 septembre 2015, *Anagnostakis/Commission* (T-450/12) »[3] par lequel celui-ci a rejeté son recours tendant à l'annulation de la décision C (2012) 6289 final de la Commission, du 6 septembre 2012, relative à la demande d'enregistrement de l'initiative citoyenne européenne « un million de signatures pour une Europe solidaire », présentée à la Commission le 13 juillet 2012. Cette affaire donne pour la première fois l'occasion à la

---

[1] Règlement (UE) n° 211/2011 du Parlement européen et du Conseil, du 16 février 2011, relatif à l'initiative citoyenne (*JOUE*, n° L 65 du 11.3.2011, p. 1).

[2] CJUE, 12 septembre 2017, *Alexios Anagnostakis/ Commission,* aff. C-589/15P, non encore publié (e).

[3] T., 30 septembre 2015, *Alexios Anagnostakis/ Commission,* aff. T-450/12, publié (e) au Recueil numérique.

Cour de justice de se pencher sur le régime juridique attaché à l'initiative citoyenne, un instrument fondamental pour la démocratie participative européenne qui peut se révéler délicat à mettre en œuvre. Au soutien de son pourvoi le requérant soulève quatre moyens. Le premier moyen est tiré d'une erreur de droit en ce que le Tribunal a estimé que la Commission avait satisfait à l'obligation de motivation en adoptant la décision litigieuse.

Ensuite les deuxième, troisième et quatrième moyens ont trait au contrôle du bien-fondé de cette décision et sont tirés respectivement, d'une interprétation erronée de l'article 122 TFUE, de l'article 136, paragraphe 1, TFUE ainsi que des règles de droit international. Par conséquent tous les moyens soulevés par le requérant ont été rejetés comme étant non fondés. Aucun des moyens soulevés par Alexios Anagnostakis n'ayant été accueilli, son pourvoi a été rejeté dans son intégralité. Selon le raisonnement de la Cour de justice de l'Union il appartient au requérant d'introduire une nouvelle proposition d'initiative citoyenne européenne mieux argumentée, plus détaillée et précise, qui pourrait alors ne pas être rejetée au stade de son enregistrement. Pour toutes ces raisons, le pourvoi est rejeté et le requérant condamné aux dépens. Cet arrêt fondamental pose la problématique cruciale de l'enregistrement des initiatives citoyennes européennes auprès de la Commission européenne. Probablement une bonne évaluation *ex ante* de l'initiative est nécessaire pour éviter toute décision de refus d'enregistrement à la fin du processus.

Dans une deuxième affaire « C-420/16P, *Balázs-Árpád Izsák et Attila Dabis / Commission* »[1] un pourvoi, les requérants demandent à la Cour de justice, l'annulation de l'arrêt du Tribunal de l'Union européenne du 10 mai 2016 « *Izsák et Dabis/Commission* »[2], par lequel celui-ci a rejeté leur recours tendant à l'annulation de la décision C (2013) 4975 final de la Commission européenne, du 25 juillet 2013 relative à la demande d'enregistrement de l'initiative citoyenne « politique de cohésion pour l'égalité des régions et le maintien des cultures régionales », présentée à la Commission européenne le 18 juin 2013. La question centrale soulevée par ce pourvoi porte sur l'interprétation du motif sur lequel le Tribunal de l'Union européenne a confirmé la décision de la Commission européenne de refuser

---

[1] CJUE, 7 mars 2019, *Balázs-Árpád Izsák et Attila Dabis / Commission,* aff. C-420/16 P, publié (e) au Recueil numérique.

[2] T., 10 mai 2016, *Balázs-Árpád Izsák et Attila Dabis / Commission,* aff. T-529/13, publié (e) au Recueil numérique.

d'enregistrer la proposition d'initiative citoyenne européenne, à savoir qu'elle serait manifestement en dehors du cadre des attributions de la Commission européenne en vertu desquelles, elle peut proposer un acte juridique de l'Union aux fins de l'application des traités au sens de l'article 4, paragraphe 2, sous b), du règlement (UE) n° 211/2011 du Parlement européen et du Conseil, du 16 février 2016 relatif à l'initiative citoyenne.

Dans leurs conclusions les requérants demandent à la Cour à titre principal d'annuler intégralement l'arrêt attaqué, de statuer sur le fond et d'annuler la décision litigieuse. À titre subsidiaire de renvoyer l'affaire devant le Tribunal, si la Cour estime que l'affaire n'est pas en état d'être jugée et de condamner la Commission aux dépens. Il en ressort que la Commission a commis une erreur de droit en considérant que la proposition de l'initiative citoyenne européenne était manifestement en dehors des « attributions de la Commission »[1] et que la condition de l'article 4, paragraphe 2, sous b), du règlement n° 211/2011 n'était pas satisfaite. Finalement la Cour a annulé l'arrêt du Tribunal du 10 mai 2016 « *Izsák et Dabis/Commission,* affaire T-529/13 » ainsi que la décision C (2013) 4975 final de la Commission du 25 juillet 2013, relative à la demande d'enregistrement de l'initiative citoyenne européenne « politique de cohésion pour l'égalité des régions et le maintien des cultures régionales ». Au terme de cette analyse il est judicieux que la Commission puisse garantir « la pleine transparence du processus décisionnel »[2] et expliquer en détail le refus d'une initiative citoyenne lorsqu'il est jugé, qu'elle ne relève manifestement pas du champ de compétence de la Commission. Le but c'est de donner aux organisateurs des « indications juridiques pertinentes »[3] sur la base desquelles ils pourront décider s'ils entendent remanier leur initiative et

[1] En conformité avec les objectifs poursuivis par l'ICE, tels qu'ils sont énoncés aux considérant 1 et 2 du règlement n° 211/2011 et consistant, notamment à encourager la participation des citoyens et à rendre l'Union plus accessible, la condition d'enregistrement prévue à l'article 4, paragraphe 2, sous b), de ce règlement doit être interprétée et appliquée par la Commission, saisie d'une proposition d'ICE, de manière à assurer une accessibilité facile à l'ICE.

[2] Résolution du Parlement européen du 7 juillet 2021 sur les dialogues citoyens et la participation des citoyens au processus décisionnel de l'Union européenne (2020/2201 (INI)) (*JOUE*, n° C 99 du 1.3.2022, *op. cit.,* pp. 96-104.

[3] Proposition de règlement du Parlement européen et du Conseil relatif à l'initiative citoyenne européenne, Bruxelles (COM(2017)) 482 final du 13.9.2017.

« la présenter à nouveau sous une forme modifiée »[1]. La décision de la Commission peut faire l'objet de recours[2] judiciaires qui ouvrent plusieurs voies de droit, permettant aux citoyens de soumettre le refus d'enregistrement de l'initiative citoyenne européenne au contrôle du juge de l'Union.

§ 2. Les principes de la démocratie participative

Les citoyens de l'Union sont au cœur du projet politique européen. Ainsi la démocratie participative européenne est considérée comme le droit des citoyens européens à être associés à la politique européenne et à façonner l'avenir de l'Europe. De prime abord l'expression « démocratie participative »[3] semble relever du pléonasme. En effet l'étymologie tout autant que les définitions les plus classiques de la démocratie comme gouvernement du peuple par le peuple indiquent bien qu'il ne peut y avoir de démocratie sans la participation des citoyens à la vie publique. Ce discours est révélateur d'un nouveau paradigme démocratique au niveau européen. Á vrai dire le traité de Lisbonne établit une complémentarité entre démocratie représentative et démocratie participative, qui font l'objet respectivement des articles 10 et 11 du TUE. Ils attribuent aux citoyens le droit de participer à la vie démocratique de l'Union. Á ce titre la doctrine européenne de la démocratie participative (A) est une approche essentielle de notre analyse. Cette question fondamentale trouve une expression concrète dans le paradigme démocratique et la parlementarisation (B).

A. La doctrine européenne de la démocratie participative

La démocratie est l'une des valeurs fondamentales de l'Union européenne. Le titre II du TUE évoque les dispositions relatives aux principes démocratiques. L'article 9 TUE garantit d'ailleurs le principe d'égalité des citoyens devant les institutions, organes et organismes de l'Union. Il définit la citoyenneté européenne. Il en découle que l'article 10 TUE, énonce le principe de la démocratie participative fondée sur la

---

[1] Règlement (UE) 2019/788 du Parlement et du Conseil du 17 avril 2019 relatif à l'initiative citoyenne européenne (*JOUE*, n° L 130 du 17.5.2019, *op. cit.*, p. 55).

[2] CJUE, 19 décembre 2019, *Punppinck e. a / Commission*, aff. C-418/18P, publié (e) au Recueil numérique.

[3] Résolution du Parlement européen du 7 juillet 2021 sur les dialogues citoyens et la participation des citoyens au processus décisionnel de l'Union européenne (2020/2201 (INI)), *op. cit.*, pp. 96-98.

participation des citoyens européens à la vie politique. Selon l'article 10, paragraphe 3 TUE « tout citoyen a le droit de participer à la vie démocratique de l'Union. Les décisions sont prises aussi ouvertement et aussi près que possible des citoyens »[1]. Effectivement l'article 10 TUE rappelle que la démocratie européenne repose sur une double légitimité. Cette partie met en évidence les tensions inhérentes à cette double légitimité.

Il s'agit de la légitimité des citoyens représentés au Parlement européen et celle des États représentés au Conseil européen et au Conseil. Mais on doit bien admettre que l'idée d'un « déficit démocratique dans les traités est né du transfert institutionnel de la volonté de la nation au bénéfice des gouvernements »[2]. Selon une analyse de certains débats doctrinaux le déficit était tel que les traités ne consacraient même pas les droits fondamentaux. Ainsi dans le prolongement de cette lecture, l'analyse jurisprudentielle prouve que de nombreux correctifs ont été apportés depuis l'arrêt *Les Verts*[3], mais une déficience marquée subsiste sur le terrain législatif. Par ailleurs la Déclaration de Laeken de décembre 2001 à l'origine du processus de révision des traités aborde en ces termes la question du nécessaire rapprochement entre l'Union et les citoyens à l'intérieur de l'Union. Il faut rapprocher les institutions européennes du citoyen.

Certes « les citoyens se rallient aux grands objectifs de l'Union européenne, mais ils ne voient pas toujours le lien entre ces objectifs et l'action quotidienne de l'Union »[4]. En principe l'arrêt *Les Verts* précité constitue une étape importante de la logique démocratique mise en œuvre par la Cour de justice. Il marque la volonté de la Cour de justice de mettre en place une Union de droit démocratique. De même depuis cet arrêt les rapports entre la Cour de justice de l'Union et le Parlement européen sont devenus des éléments essentiels du système constitutionnel de l'Union de droit. Cependant dans le présent contexte les principes de démocratie et du droit au juge, surtout le contrôle de la légalité nous intéresse particulièrement. Tout d'abord le Parlement

---

[1] L. AZOULAI, « La citoyenneté européenne, un statut d'intégration sociale », *in Chemins d'Europe. Mélanges en l'honneur de Jean-Paul Jacqué,* Paris, Dalloz, 2010, p. 14.

[2] O. COSTA, « La Cour de justice et le contrôle démocratique de l'Union européenne », *in RFSP, n° 6,* 2001, p. 882.

[3] CJCE, 23 avril 1986, *Les Verts/Parlement européen*, aff. 294/83, *Rec.*, p. 1339.

[4] S. STRUDEL, « Pratiques de la citoyenneté européenne. Avant-propos », *in RIPC,* vol. 9, 2002, p. 7.

européen constitue en particulier depuis l'élection au suffrage universel direct en 1979 « l'expression du principe démocratique dans le système constitutionnel de l'Union »[1]. Á la lecture de la doctrine et de l'interprétation jurisprudentielle de la Cour de justice « le principe démocratique est imparfaitement réalisé dans l'Union européenne »[2]. La Cour de justice contribue donc à la légitimation du système politique de l'Union européenne.

En revanche la Cour de justice de l'Union a retracé « les diverses manifestations de ce principe dans l'interprétation des traités fondateurs »[3]. En même temps d'autres auteurs ont contribué par la suite à l'élaboration du principe démocratique qui a été finalement consacré par la Cour de justice à travers l'arrêt « *les Verts / Parlement européen* » et qui a été évoqué dans l'article 2 du TUE. De part et d'autre on peut se demander si cette Cour qui a développé le principe démocratique, ne le déforme pas en soumettant les actes du Parlement au contrôle judiciaire. Certes on peut dire que « les pays qui connaissent un contrôle de constitutionnalité de l'activité des trois pouvoirs étatiques, n'écartent pas cependant la démocratie »[4].

Mais les Parlements nationaux sont plus puissants que le Parlement européen. Cette hypothèse laisse à penser qu'un contrôle judiciaire des activités du Parlement européen puisse empêcher le déploiement de l'idée démocratique dans l'Union européenne, interrogeant ainsi le rôle du Parlement européen dans la théorie de l'Union de droit. Dans l'arrêt *Les Verts / Parlement européen,* la Cour de justice se fonde en principe sur la fonction générale de gardienne des traités, pour justifier le contrôle par celle-ci de la légalité d'actes autres que ceux du Conseil et de la Commission européenne.

D'habitude le système du traité est toutefois d'ouvrir « un recours direct contre toutes dispositions prises par les institutions et visant à produire des effets juridiques »[5]. Toutefois bien avant l'arrêt *Les Verts*,

---

[1] P. MAGNETTE, « Vers une citoyenneté européenne directe ? Pratique du droit de pétition dans l'Union européenne », *in RIPC*, vol. 9, 2002, p. 76.

[2] *Ibid.*, p. 78.

[3] CJCE, 10 février 1983, *Luxembourg/Parlement européen* aff. 230/81, *Rec.*, p. 255 (concl. MANCINI, 7 décembre 1982).

[4] S. DUCHESNE, « Citoyenneté, nationalité et vote : une association perturbée », *in Pouvoirs*, n° 120, 2007, p. 79.

[5] J.-J. SUEUR, « L'évolution du catalogue des droits fondamentaux », *in* J. RIDEAU (sous la dir.), *Les droits fondamentaux dans l'Union européenne. Dans le sillage de la constitution européenne*, Bruxelles, Bruylant, coll. Droit de l'Union européenne – Colloques, 2009, p. 41.

le Parlement européen ne figurait pas parmi les institutions dont les actes peuvent être attaqués. Car le traité dans sa version originaire ne lui conférait que des « pouvoirs consultatifs et de contrôle politique »[1]. Dans cet arrêt clé la Cour adhère à l'idée d'une Union de droit et y subordonne le Parlement européen à un contrôle général de la légalité. Cet acte introduit le Parlement dans le système contentieux de l'Union européenne.

B. Le paradigme démocratique et la parlementarisation

L'étude des fondements de la démocratie européenne n'échappe pas à l'évaluation des paradigmes de recherche qui la sous-tendent. Bien au contraire les études relatives à cette problématique coïncident avec les récents débats paradigmatiques de recherche. Pour éclairer ces propos une mise en lumière des principaux points caractéristiques est nécessaire. Dans ce contexte l'article 13 TUE paragraphe 1, stipule que l'Union dispose d'un cadre institutionnel visant à promouvoir ses valeurs, poursuivre ses objectifs, servir ses intérêts, ceux de ses citoyens, et ceux des États membres, ainsi qu'à assurer la cohérence, l'efficacité et la continuité de ses politiques et de ses actions.

Cet article établit le cadre institutionnel européen et souligne que les institutions sont au service du projet d'intégration européenne. Aussi il est fait référence à la double légitimité de l'Union, celle des citoyens et celle des États membres. L'apport essentiel de cet article réside cependant dans la consécration du statut du Parlement européen, qui accède au rang d'institution européenne émanation directe des citoyens européens du fait de son élection au suffrage universel direct. Cependant il importe d'éclaircir les points essentiels à la compréhension et à l'analyse du rôle du Parlement européen dans le cadre de cette analyse. Il est convenable d'envisager cette activité sous plusieurs angles pour faire face à une controverse fondamentale qui existe entre trois éléments, la quasi-absence du « paradigme démocratique »[2] dans les traités fondateurs, les doutes essentiels qui existent quant à la possibilité d'une « délibération démocratique à

---

[1] L. AZOULAI, « La citoyenneté européenne, un statut d'intégration sociale », *in Chemins d'Europe. Mélanges en l'honneur de Jean-Paul Jacqué*, Paris, Dalloz, 2010, p. 9.

[2] J.-F. FLAUSS, « L'apport de la jurisprudence de la Cour européenne des droits de l'homme en matière de démocratie administrative », *in Rev. fr. adm. publ*, n° 137-138, 2011, p. 58.

l'échelle de l'Union »[1] et enfin la « parlementarisation »[2] et la « démocratisation »[3] continues de l'Union. En conséquence l'étude du rôle et du fonctionnement du Parlement européen doit reposer sur la prise en compte de deux données fondamentales des systèmes juridique et politique de l'Union européenne.

La première donnée est la pluralité des éléments qui contribuent à sa légitimation, qu'il s'agisse de la protection des droits fondamentaux par la Cour de justice, de la représentation non parlementaire des intérêts des groupes de pressions, de la transparence et du droit d'accès aux documents des institutions. La seconde donnée à prendre en compte est le système politique de l'Union européenne. D'un côté « le Parlement européen représente les peuples de l'Union qui l'élisent directement, mais il ne les incarne pas »[4]. De l'autre côté l'incapacité des députés européens à se prévaloir d'être les seuls représentants des citoyens européens à l'échelle supranationale rejaillit directement sur la légitimité du Parlement européen dans le triangle institutionnel.

Le sentiment de déficit démocratique de l'Union provient ainsi largement de l'idée selon laquelle l'Union européenne vient contredire le schéma classique de la souveraineté populaire s'incarnant dans un Parlement élu. Dans ce sens les citoyens voient le pouvoir politique leur échapper du fait de l'intégration européenne. Pour cette raison il importe de prendre en compte les difficultés propres du système politique de l'Union européenne en encadrant la logique démocratique du Parlement européen. La dimension revendicative de l'activité normative du Parlement européen dans le cadre de l'Union européenne reste malgré tout un des traits saillants dans le processus de démocratisation de la construction européenne.

Á l'évidence les fonctions législatives du Parlement européen renforcent d'une certaine manière les fondements de la démocratique européenne. Dans une dernière analyse la réforme des institutions démocratiques ne requiert pas seulement de réformer de l'intérieur la

[1] U. VILLANI, « Les principes démocratiques et l'initiative citoyenne européenne dans le traité de Lisbonne », *in De Rome à Lisbonne : les juridictions de l'Union européenne à la croisée des chemins. Mélanges en l'honneur de Paolo Mengozzi*. (sous la dir. V. KRONENBERGER, M. TERESA D'ALESSIO, V. PLACCO), Bruxelles, Bruylant, 2013, p. 197.

[2] CJCE, 29 octobre 1980, *Isoglucose,* aff. jtes, 138 et 139/79, *Rec.,* p. 3339 et 3342.

[3] CJCE, 27 septembre 1988, *Parlement/Conseil*, aff. 302/87, *Rec.,* p. 5615.

[4] C. MESTRE, « Le Parlement », *in* V. CONSTANTINESCO, Y. GAUTIER et V. MICHEL (sous la dir.), *Le traité établissant une Constitution pour l'Europe. Analyses et commentaires*, Strasbourg, Presses Universitaires de Strasbourg, 2005, p. 119.

démocratie électorale en augmentant le taux de participation, en rendant les enjeux de l'élection plus compréhensible aux citoyens. Le thème des fondements de la démocratie européenne postule un approfondissement de la réflexion sur une Europe plus démocratique. De cette façon rendre la démocratie véritablement participative en Europe demande la mise en place de nouvelles pratiques et nouvelles procédures permettant d'associer les citoyens européens de manière plus active à la fabrique de la décision publique. Les efforts constants doivent être fournis pour faire en sorte que les citoyens connaissent leurs droits et puissent participer au processus démocratique.

Conclusion du Chapitre 2

L'analyse des fondements de la démocratie européenne a permis de mener une étude sur la démocratie représentative et sur la démocratie participative dans l'Union européenne. Selon la thèse défendue par cette recherche le système institutionnel de l'Union offre la plupart des outils démocratiques que connaissent les systèmes constitutionnels nationaux. Mais le système institutionnel de l'Union reste pourtant impuissant à faire vivre la démocratie européenne.

Dans ce contexte la démocratie représentative est de plus en plus remise en question par la participation des citoyens européens à la vie démocratique de l'Union. Cependant le rôle des États membres de l'Union à la formation d'une conscience politique européenne est important. Cela dit les fondements de la démocratie européenne ont introduit une nouvelle approche de la vie politique en Europe. Il s'agit d'un système d'équilibre des pouvoirs au sein de l'Union qui reflète sa double nature. C'est-à-dire une Union d'États et des citoyens. La nécessité d'associer les citoyens européens aux processus décisionnels de l'Union permet d'encourager leur participation aux processus décisionnel et de renforcer la légitimité démocratique de l'Union.

Á propos de l'initiative citoyenne européenne (ICE), c'est un instrument qui, jusqu'à présent n'a pas permis aux citoyens européens d'influer sur l'agenda politique de l'Union européenne. Car elle ne peut être assimilée aux instruments de démocratie semi-directe des systèmes constitutionnels étatiques, qui coexistent avec le régime représentatif et peuvent être mobilisés pour prendre le relais. Malgré tout l'initiative citoyenne européenne (ICE) est une innovation introduite par le traité de Lisbonne pour promouvoir la participation des citoyens européens à la vie démocratique de l'Union.

Toutefois l'approche européenne de la démocratie participative est essentielle. Ce discours est surtout révélateur d'un nouveau paradigme démocratique au niveau européen. Au fond le but affiché d'une partie importante de la doctrine est de démontrer la complémentarité entre le discours de la démocratie représentative et celui de la démocratie participative. L'apport essentiel de cette approche de la démocratie réside dans la possibilité d'une délibération démocratique à l'échelle de l'Union européenne, à la parlementarisation et la démocratisation continue de l'Union. Cette réflexion est une évolution majeure car le paradigme démocratique était absent dans les traités fondateurs.

Conclusion du Titre 1

Les interrogations sur la légitimité et les principes démocratiques de l'Union européenne sont de plus en plus nombreuses. Dans l'idée de mieux comprendre les débats qu'elles suscitent *a fortiori* d'y prendre part, l'étude de la double légitimité démocratique de l'Union et des fondements de la démocratie européenne permet d'être muni de repères intellectuels pour prendre la mesure des enjeux théoriques de la démocratie dans l'Union européenne. Le but de cette étude est d'apporter des repères forgés par la pensée juridique européenne en présentant une analyse sur la légitimité et la souveraineté dans l'Union européenne. Dans ce contexte, cette étude entend rendre compte de la double légitimité démocratique de l'Union, au travers d'une analyse approfondie pour renforcer la légitimité démocratique du projet européen. Cela implique une articulation entre la légitimité incarnée par les citoyens qui s'exprime au Parlement européen et la légitimité des États membres de l'Union incarnée par le Conseil européen et le Conseil. Cet aspect a l'avantage de structurer ces propos autour de l'idée selon laquelle, pour saisir la prégnance du projet européen il est pertinent de ne pas seulement évaluer l'Union européenne à l'aune des principes démocratiques de l'État-nation.

Le modèle d'analyse des fondements de la démocratie européenne est construit autour des paradigmes de l'intégration européenne. Ce qui a permis de mener une réflexion approfondie sur la démocratie représentative et la démocratie participative. Il en ressort clairement de cette lecture que la démocratie représentative peut présenter des vertus participatives. La nécessité d'associer les citoyens européens aux processus décisionnels de l'Union devient un impératif majeur. Désormais l'initiative citoyenne européenne (ICE) est un instrument qui contribue à renforcer le fonctionnement démocratique de l'Union et rend l'Union plus accessible aux citoyens européens. Selon ces considérations le dialogue civil est important pour la démocratie européenne. En tenant compte de l'élaboration doctrinale faite à ce sujet il est constant de noter que l'initiative citoyenne revêt pour l'intégration européenne une importance dépassant largement le cadre de sa dimension juridique. C'est un premier élément de la démocratie directe à l'échelle transnational. *In fine* l'apport du renforcement des pouvoirs du Parlement européen réside dans l'évolution des paradigmes démocratiques de l'Union européenne. Cette approche postule l'approfondissement d'une Europe plus démocratique.

Titre 2

La remise en cause de la construction démocratique de l'Union

Le terme démocratie dans les cités grecques antiques est défini comme étant le pouvoir (*kràtos*) au peuple (*dêmos*). Par contre la réalité politique de la démocratie ne correspond que rarement sinon jamais à cette représentation. Dans le cadre du processus d'intégration européenne l'Union européenne se compose d'États démocratiques. La nature démocratique de ces États correspond à ce que l'on appelle « la démocratie en Europe ». Effectivement au niveau national, le modèle prédominant de l'organisation démocratique en Europe est celui d'un système démocratique où les gouvernements sont formés sur la base d'une majorité élue au Parlement. En considération de ces propos, l'objet de notre attention concerne principalement « le degré de démocratie de l'Union européenne »[1]. Ce qu'il convient d'appeler « la démocratie de l'Europe ». Cet axe de recherche s'intéresse plus particulièrement au fondement et à l'évolution de l'Union européenne en tant que système politique et de gouvernance.

Selon un constat récurrent d'une partie importante de la doctrine, l'Union européenne souffrirait d'un déficit démocratique. En effet cette difficulté de dépasser l'État-nation pour penser la démocratie à l'échelle européenne se démontre dans ce diagnostic. Cette vision du déficit démocratique transpose comme idéal au niveau de l'Union le modèle de la démocratie parlementaire qui a trouvé appréciation, certes selon les formes variées, dans la totalité des États membres. Dans l'analyse du déficit démocratique il y a donc une remise en cause de la construction démocratique de l'Union européenne. Il faut néanmoins constater que cette notion, sauf adoption d'une « vision parlementaire »[2] souffre de son caractère imprécis et peut être diversement évaluée selon les traditions nationales. D'ailleurs rares sont les études qui proposent une définition de la démocratie avant de s'attacher à résoudre le problème de déficit démocratique. Cependant une analyse du fonctionnement du système politique de l'Union européenne conduit toutefois à relativiser cette accusation.

---

[1] Résolution du Parlement européen du 7 juillet 2021 sur les dialogues citoyens et la participation des citoyens au processus décisionnel de l'Union européenne (2020/2201 (INI)), *op. cit.*, pp. 96-104.

[2] Résolution législative du Parlement européen du 3 mai 2022 sur la proposition de règlement du Conseil portant élection des députés au Parlement européen au suffrage universel direct (2020/2220(INI) – 2022/0902 (APP)), *op. cit.*, pp. 171-183.

Á la suite de ce propos le déficit démocratique est une notion principalement invoquée pour faire valoir que l'Union européenne et ses instances souffrent d'un manque de légitimité démocratique. D'autant plus qu'elles semblent inaccessibles au citoyen européen du fait de la complexité de leur fonctionnement. Cependant il est possible de souligner que l'Union européenne ne doit pas être forcément analysée sous l'angle du modèle de la démocratie parlementaire dans le cadre de l'État-nation. Dès lors différentes approches peuvent être proposées suivant les préférences axiologiques. Dans le contexte des études sur la légitimité démocratique de l'Union, selon une partie de la doctrine, l'Union reste une organisation internationale fondée sur les traités dont les États restent les maîtres. Ce qui se retranscrit dans l'architecture institutionnelle par une certaine prééminence et un mode de fonctionnement intergouvernemental. Suivant cette conception théorique de la doctrine, l'accusation de déficit démocratique se fonde essentiellement sur un tropisme parlementaire[1]. Autrement dit la non-application à l'échelle de l'Union du régime parlementaire qui justifie ce diagnostic alors même que l'Union européenne n'est pas un État.

Dans l'ensemble l'analyse de la légitimité démocratique de l'Union s'articule autour de deux approches doctrinales antagonistes. Ainsi la première approche fait valoir l'existence du déficit démocratique de l'Union un discours qui sert surtout le processus de légitimation du Parlement européen. Pour la deuxième approche doctrinale, aucun élément ne permet de remettre en cause la légitimité démocratique des institutions européennes. Selon leur position l'Union ne doit pas être analysée sous l'angle du modèle de la démocratie parlementaire dans le cadre de l'État-nation. D'après leur lecture le fonctionnement actuel de l'Union ne permet pas de remettre en cause la légitimité des institutions européennes. Pour développer notre analyse la prise en compte de ces deux approches doctrinales est nécessaire. Car chaque approche a contribué d'une certaine manière au renforcement de la légitimité démocratique de l'Union. En effet il convient tout d'abord d'examiner le constat du déficit démocratique de l'Union (Chapitre 1) avant de revenir ensuite sur les registres de légitimation de l'Union (Chapitre 2). La jurisprudence de la Cour de justice a également renforcé la légitimité démocratique de l'Union.

---

[1] Accord interinstitutionnel entre le Parlement européen, le Conseil de l'Union européenne et la Commission européenne « Mieux légiférer » du 13 avril 2016 (*JOUE,* n° L 123 du 12.5.2016, pp. 1-12).

Chapitre 1

Le constat du déficit démocratique de l'Union européenne

Le fait de promouvoir une légitimation démocratique de l'Union par les concepts empruntés au registre de l'État-nation en insistant sur le rôle du Parlement européen, les institutions européennes et leurs procédures de prise de décision est à l'origine du discours sur le déficit démocratique de l'Union. De cette manière, le contenu exact de la notion de « déficit démocratique » reste flou et aucune définition ne fait l'objet d'un consensus. Dans le cadre de cette réflexion, le déficit démocratique est la perception d'un manque d'accessibilité ou d'un manque de représentation du citoyen ordinaire par rapport aux institutions européennes. Cependant malgré les références au déficit démocratique il est assez difficile de le définir avec exactitude. Á la lecture de nombreuses études sur la question, le déficit démocratique évoque l'insuffisance du contrôle démocratique par rapport aux institutions européennes. En se tenant à l'essentiel, la présente étude met en lumière deux aspects du déficit démocratique de l'Union.

Les théoriciens d'une analyse de la légitimation démocratique de l'Union par les concepts empruntés au registre de l'État-nation, distinguent les aspects du déficit démocratique au niveau européen et les aspects du déficit démocratique au niveau des États membres de l'Union. En examinant au plus près leurs observations sur la prise de décision de l'Union, il en ressort clairement que la participation des citoyens européens est remise en question par le déficit démocratique. Il faut donc s'interroger sur une implication plus directe des citoyens au niveau européen. Car les institutions européennes qui ont le plus de pouvoir sont caractérisées par une coopération intergouvernementale plutôt que par « une participation directe des citoyens européens »[1]. L'approche du discours sur le déficit démocratique de l'Union (Section 1) permet de mieux analyser son interprétation aux niveaux national et européen. Suivant cette logique, les approches européennes de la réduction du déficit démocratique de l'Union (Section 2) militent en faveur du renforcement des pouvoirs du Parlement européen. Par

[1] Résolution du Parlement européen du 7 juillet 2021 sur les dialogues citoyens et la participation des citoyens au processus décisionnel de l'Union européenne (2020/2201 (INI)) (2022 C 99/11), *op. cit.*, pp. 96-104.

conséquent reste la question de savoir si l'intégration européenne équivaut nécessairement à une étatisation de l'Union européenne.

Section 1. Le discours sur le déficit démocratique de l'Union

L'Union européenne est un nouveau type d'ordre juridique qui peut être défini comme une forme de démocratie fondée sur les États d'une part et sur les peuples et les citoyens d'autre part. Lorsque nous analysons l'Union européenne sous l'angle du modèle de démocratie parlementaire, le déficit démocratique paraît se marquer à deux niveaux. D'abord au niveau du triangle institutionnel auquel s'ajoute la puissance de la bureaucratie. Ensuite lors du processus de transfert de l'exercice du pouvoir des Parlements nationaux en faveur du pouvoir exécutif qui tend à se comporter comme législateur. Cela étant dès l'origine la construction européenne fut de nature politique.

L'ambition des pères fondateurs au premier rang desquels figurent Robert Schuman, Konrad Adenauer[1] et Alcide De Gasperi[2] convergeait dans ce sens. La découverte et la mise en œuvre de la stratégie de l'intégration appliquée à la construction politique européenne résultent entre une conjoncture internationale de crise avec la guerre froide et une volonté politique d'innovation internationale. Comme tout régime politique l'Union européenne reste marquée par les circonstances de sa naissance. C'est-à-dire « les compromis fondateurs »[3]. Les enjeux qui émergent sont nombreux et complexes pour l'Europe. Á titre d'indication la Cour de justice a forgé sa propre interprétation de ce qu'est l'Union européenne. Elle a ainsi déclaré dans l'affaire *Puppinck*[4] que le système de démocratie représentative de l'Union a pour objectif de favoriser la participation des citoyens au processus démocratique et

---

[1] Konrad Adenauer (1876-1967), premier chancelier de la République fédérale d'Allemagne, qui fut à la tête de ce nouvel État de 1949 à 1963, modifia le visage de l'Allemagne de l'après-guerre et le cours de l'histoire européenne. La réconciliation avec la France fut l'une des pierres angulaires de la politique étrangère d'Adenauer. Il fut un fervent défenseur de la Communauté européenne.

[2] Alcide De Gasperi (1881-1954), de 1945 à 1953, président du Conseil italien et ministre des affaires étrangères. Il forgea la politique intérieure et étrangère de son pays dans les années d'après-guerre. Pendant les premières étapes de l'intégration européenne, son rôle fut décrit comme celui d'un médiateur entre l'Allemagne et la France, qui avaient été divisés pendant près d'un siècle de guerre.

[3] P. MAGNETTE, *L'Europe, l'État et la démocratie. Le souverain apprivoisé*, Bruxelles, Coll. « Études européennes », Complexes, 2000, p. 33.

[4] CJUE, 19 décembre 2019, *Puppinck e. a/ Commission,* aff. C-418/18 P, publié (e) au Recueil numérique.

de promouvoir le dialogue entre les citoyens et les institutions de l'Union européenne.

L'approche doctrinale d'une légitimation démocratique de l'Union par les concepts empruntés au registre de l'État-nation met en exergue le déficit démocratique de l'Union. En revanche elle s'est finalement peu intéressée à la manière dont le principe démocratique était conçu par l'ordre juridique de l'Union. Sur ce plan le principe démocratique constitue un principe fondamental du constitutionnalisme européen. Selon la Cour de justice « le principe démocratique constitue un fondement de l'Union européenne »[1]. Ce principe implique que les peuples participent à l'exercice du pouvoir par l'intermédiaire d'une assemblée représentative. En la circonstance l'Union s'est forgé une réputation d'organisation œuvrant de manière efficace en faveur de la paix et de la démocratie. Á plus forte raison le contexte géopolitique actuel pose de nouveaux défis. Dans ce cadre les études menées récemment montrent que les citoyens attendent de l'Union qu'elle joue un rôle encore plus actif dans le renforcement de la légitimité démocratique de l'Union. Cette réflexion est tributaire des débats qui ont émergé au sein des études européennes, autour de l'interprétation du déficit démocratique au niveau européen (§ 1) et de l'interprétation du déficit démocratique au niveau national (§ 2).

§ 1. L'interprétation du déficit démocratique au niveau de l'Union

L'analyse de la théorie de l'interprétation du déficit démocratique au niveau de l'Union dans cet ouvrage fonde son originalité. La thèse défendue par les défenseurs de cette théorie est que les aspects du déficit démocratique européen dépendent surtout de la forme et de la place relative des institutions européennes. Selon leurs analyses ce grief tient au fonctionnement des institutions européennes. Cette approche a tendance à assimiler le régime politique de l'Union au modèle de l'État-nation. Le Parlement est désormais composé de représentants des citoyens de l'Union et non plus des peuples des États membres de l'Union. Cela dit les candidats représentent des partis politiques des États membres. Par la suite dans la mesure où les citoyens européens peuvent voter seulement pour les députés de l'État de leur résidence et non pas pour l'ensemble des députés du Parlement européen, on

[1] TPICE, 2 octobre 2001, *Martinez e.a. /Parlement*, aff. jtes T-222/99, T-327/99 et T-329/99, *Rec.*, p. II-02823, point 194.

pourrait détecter un autre aspect du déficit démocratique. Á part les élections l'institution d'un organe parlementaire dans le système communautaire n'allait pas de soi.

Conformément à cette pensée il s'agit en effet non seulement d'assurer une certaine présence démocratique au sein de l'entité nouvelle qui se met en place c'est-à-dire la Communauté, mais aussi de prévoir un contrôle démocratique sur la Haute autorité. Cette étape était quelque peu prématurée, car on avait affaire à un Parlement européen sans réel système politique pour le soutenir. Au fond le discours sur le déficit démocratique de l'Union postule une amélioration du fonctionnement des institutions européenne. Une plus grande participation des citoyens est l'un des objectifs mais pas le seul. Il n'y a pas de consensus en ce qui concerne la forme et la nécessité de tels changements institutionnels. Dans la discussion autour de la réforme des institutions de l'Union, il est opportun de distinguer d'une part l'efficacité des institutions en place et d'autre part la possibilité pour les citoyens de participer à la prise de décision.

Finalement les débats autour du déficit démocratique de l'Union ont tendance à se limiter sur la participation des citoyens européens au débat politique de l'Union. Á la lumière de ce constat, les débats préélectoraux se concentrent sur des enjeux de politique intérieure nationale plutôt que sur des enjeux communautaires. Il est surtout imputable au manque d'intégration des « partis politiques au niveau européen »[1]. Par conséquent en vertu de l'article 20, paragraphe 2, point b) et de l'article 22 TFUE, tous les citoyens de l'Union résidant dans un État membre, dont ils ne sont pas ressortissants ont le droit de vote et d'éligibilité aux élections au Parlement européen et aux élections municipales dans leur État de résidence dans les mêmes conditions que les ressortissants de cet État. Raison pour laquelle dans son « rapport de 2017 sur la citoyenneté de l'Union »[2], la Commission européenne a demandé aux États de promouvoir la participation à la vie démocratique en informant mieux les citoyens européens de leurs droits électoraux et en supprimant les obstacles à leur participation. De cette manière les

---

[1] Résolution sur le fonctionnement des processus démocratiques : le rôle des partis politiques, de la société civile, d'un environnement électoral équitable, et des médias libres et pluralistes (*JOUE*, n° C 361 du 8.9.2021, p. 1).

[2] Rapport de la Commission au Parlement, au Conseil, au Comité économique et social européen et au Comité des régions établi en application de l'article 25 TFUE concernant les progrès réalisés sur la voie de l'exercice effectif de la citoyenneté de l'Union, période 2016-2020, Bruxelles (COM (2020)) 731 final du 15.12.2020.

revendications à l'égard du Parlement européen (A) et l'isolement du citoyen européen (B) participent au discours du déficit démocratique au niveau de l'Union.

A. Les revendications à l'égard du Parlement européen

La classification et la présentation fonctionnelle des institutions de l'Union répondent à une logique propre qui emprunte au droit constitutionnel mais également au droit institutionnel international. Cette architecture institutionnelle détermine les rapports internes au pouvoir public de l'Union européenne. Dans l'ensemble l'architecture institutionnelle de l'Union a des caractéristiques bien distinctes de celles des États membres et elle repose sur des principes directeurs originaux. Malgré ce constat l'approche de l'interprétation du déficit démocratique au niveau de l'Union se réfère au modèle de l'État-nation pour structurer son cadre d'analyse sur le Parlement européen. Précisons que le fonctionnement de l'Union repose sur ce que l'on appelle communément le triangle institutionnel composé du Parlement européen, du Conseil et de la Commission. Selon cette configuration le Parlement européen est un acteur légitime insuffisamment reconnu, ce qui révèle bien le besoin d'affirmer sa légitimité.

Dans le développement de leurs propos les théoriciens de cette approche font valoir que, si l'application du suffrage universel direct permet de considérer le Parlement européen comme une institution légitime c'est moins un déficit de légitimité qu'un déficit de vie politique qui peut lui être imputé. Car le Parlement européen n'a cessé par ailleurs d'augmenter ses pouvoirs. Dans cette capacité de penser, l'argument selon lequel il ne sert à rien de voter pour les élections européennes, car le Parlement européen n'a pas de rôle déterminant n'a cessé d'être contredit par la régulière augmentation de ses pouvoirs. Pour mettre en avant les insuffisances des pouvoirs du Parlement européen dans le triangle institutionnel, les partisans de l'interprétation du déficit démocratique au niveau de l'Union selon le modèle de l'État-nation font de nouveau valoir que le Parlement européen n'exerce qu'une partie des fonctions des Parlements des démocraties parlementaires. Puisque « le droit d'initiative »[1] revient à la Commission européenne. Leur pessimisme a un double fondement.

---

[1] Concl. N. JÄÄSKINEN, 18 décembre 2014, sous CJUE, 14 avril 2015, *Conseil de l'Union européenne/ Commission européenne,* aff. C-409/13, publié (e) au Recueil numérique, point 47.

D'une part il vient de la certitude que le traité de Lisbonne reste très en deçà des objectifs fixés par la Déclaration de Laeken. D'autre part selon leur raisonnement le processus d'intégration européenne est très loin de l'affirmation de la souveraineté du peuple.

Dans la suite de ces propos selon les concepts et méthodes issus de l'approche de l'interprétation du déficit démocratique d'après le modèle de l'État-nation, le déficit démocratique de l'Union est un procédé de légitimation qui sert à souligner les pouvoirs insuffisants du Parlement européen au sein du triangle institutionnel. Suivant cette acception l'architecture institutionnelle de l'Union s'éloigne donc du schéma classique de la séparation des pouvoirs et son originalité institutionnelle la fait également échapper à la logique parlementaire. Selon une analyse de cette réflexion il n'existe pas de mécanisme permettant la mise en jeu d'un exécutif par un organe législatif. Il est raisonnable de noter que cette distinction entre exécutif et législatif est complexe au niveau de l'Union. Ces revendications s'inscrivent dans le cadre plus large des efforts déployés par les partisans de cette approche pour renforcer la démocratie en Europe. De cette manière à l'heure où les conflits armés et l'autoritarisme prennent de plus en plus d'ampleur sur la scène internationale, les démocraties et la résilience démocratique nécessitent plus d'attention et de soutien.

Cette lecture offre une opportunité pour entamer une réflexion approfondie sur la manière dont l'expérience acquise par les partisans de l'interprétation du déficit démocratique selon le modèle de l'État-nation, pourrait servir à promouvoir une identité civique européenne. En vérité cette approche n'est pas éloignée des analyses[1] de la Cour de justice et de l'Union européenne sur le processus de légitimation du Parlement européen. Assurément la question du déficit démocratique de l'Union européenne a été abordée dans les traités de Maastricht, d'Amsterdam et de Nice qui ont progressivement donné plus de pouvoir au Parlement européen élu au suffrage direct. En même temps plusieurs changements significatifs introduits par le traité de Lisbonne ont permis de répondre aux préoccupations de l'approche de l'interprétation du déficit démocratique d'après le modèle de l'État-nation. Le traité de Lisbonne a renforcé les pouvoirs du Parlement. En revanche le débat sur le déficit démocratique de l'Union ouvre en effet une question de politique majeure dans laquelle une réflexion sur le déficit politique de l'Union à toute sa place. Dans ce débat les carences démocratiques dont

---

[1] CJCE, *Les Verts/Parlement européen*, aff. 294/83, *op. cit.*, point 25.

souffre l'Union européenne tiennent beaucoup aux difficultés de constitution d'un espace transnational organisé par des partis politiques, les groupements d'intérêts et médias européens qui permettraient le développement d'un débat européen.

Dans le même ordre d'idées les élections européennes restent davantage déterminées par des considérations de politique intérieure que par des enjeux proprement européens. De surcroît il n'existe pas de mécanisme européen de responsabilité politique du Conseil de l'Union et du Conseil européen. *In fine* aux yeux des partisans de l'approche du déficit démocratique de l'Union d'après le modèle de l'État-nation, le seul point qui fasse réellement consensus dans l'analyse scientifique est l'idée selon laquelle le Parlement européen est une institution qui joue un rôle clé dans l'élaboration des politiques de l'Union européenne. Au-delà de ce jugement d'ensemble, les avis de la doctrine divergent quant à l'influence exacte du Parlement européen dans ses divers secteurs de compétences à savoir « les fonctions législatives, budgétaire et de contrôle »[1].

Après tout le Parlement européen constitue la base démocratique de l'Union. Pour assurer à l'Union sa pleine légitimité démocratique il doit être entièrement associé au processus législatif européen et exercer au nom des citoyens, un contrôle politique sur les autres institutions de l'Union européenne. Pour tout dire dans l'analyse du déficit démocratique de l'Union à l'aune du modèle de l'État-nation, c'est plus précisément le fonctionnement du triangle institutionnel qui suscite les plus fortes interrogations dans la mesure où, éloigné du principe de la séparation des pouvoirs qui préside à l'organisation de la plupart des États occidentaux, il a produit un système institutionnel hybride en réseaux. L'originalité institutionnelle de l'Union qui lui fait s'éloigner du schéma classique de la séparation des pouvoirs la fait également échapper à la logique parlementaire. Sur ce ton il n'existe pas au sein de l'Union de mécanisme permettant la mise en jeu d'un exécutif par un organe législatif. Dans le domaine de la citoyenneté de l'Union, promouvoir et renforcer la participation des citoyens à la vie démocratique de l'Union fait également partie des objectifs affichés des partisans du discours sur le déficit démocratique de l'Union avec pour objectif d'encourager la participation des citoyens européens à la

---

[1] Accord interinstitutionnel entre le Parlement européen, le Conseil de l'Union européenne et la Commission européenne « Mieux légiférer » du 13 avril 2016, (*JOUE* n° L 123 du 12.5.2016, *op. cit.*, pp. 1-14).

démocratie représentative et à la société civile à tous les niveaux. Les citoyens européens sont critiques à l'égard de la façon dont le système démocratique de l'Union fonctionne en pratique. Cette étude apporte une contribution sérieuse à la compréhension de ces enjeux.

B. L'isolement des citoyens dans une Europe trop vaste

Les peuples ont construit leur vie politique autour de deux notions qui s'articulent la souveraineté nationale et la citoyenneté. L'État-nation qui s'est construit au cours des siècles en Europe apparaissait comme une construction politique idéale dans laquelle le citoyen avait peu à peu tous ses repères. Au demeurant les premiers penseurs qui ont cherché à définir le concept d'État détenteur unique et légitime d'un pouvoir illimité ont été Jean Bodin (1530-1596)[1] et Thomas Hobbes (1588-1679)[2]. Le schéma proposé par l'Union européenne est tout à fait différent de celui de l'État-nation. Car la construction européenne a donné un cadre politique au citoyen européen qui l'éloigne des débats politiques. Une citoyenneté multiple qui apparaît dans un monde globalisé. Á la lumière de ces idées cette citoyenneté est définie comme une réalité beaucoup plus juridique que politique.

En partant de cette grille de lecture, il est constant de remarquer que les citoyens européens ont une conscience politique européenne restreinte. Ils ne sont guère incités à s'impliquer dans un dialogue politique suivi avec les institutions européennes. En résumé, pour que l'Europe puisse véritablement répondre aux préoccupations des citoyens il faut qu'elle soit plus proche d'eux. Car leur isolement ne favorise pas une culture politique commune. Ce problème est un fait non seulement politique mais aussi social. En d'autres mots le principal obstacle à la compréhension de la citoyenneté de l'Union tient à la prégnance du schéma national d'intégration politique. Ce qui explique

---

[1] Jean Bodin (1530-1596) est né à Angers en 1530 d'une famille bourgeoise. Après des études de droit à Toulouse, il devient professeur de droit romain, puis en 1561, avocat au parlement de Paris. Afin de défendre l'autorité de l'État en proie à la guerre civile, Bodin énonce la théorie de la souveraineté et de l'autorité absolue de la puissance publique.

[2] Thomas Hobbes (1588-1679) est né en Angleterre en 1588, près de Malmesbury, d'une famille modeste. Ses dispositions intellectuelles l'amènent à faire ses études à Oxford. En 1608, il entre en tant que précepteur au service de lord Cavendish. Hobbes a vécu une période très agitée de l'histoire de l'Angleterre où débute la guerre civile en 1642. Selon Hobbes « l'homme est un loup pour l'homme ». Cette sentence pessimiste est son constat désabusé sur la nature humaine.

sans aucun doute le manque de repère politique par rapport à l'Union européenne. Autrefois citoyen de sa commune, de sa nation, actuellement citoyen de l'Union, le citoyen européen veut être acteur du processus politique européen d'où la nécessité d'améliorer le flux d'information sur les enjeux européens et la lisibilité de l'Union.

Puisqu'il reste principalement déterminé par un agenda national, dont les thèmes et le rythme diffèrent d'un État membre à un autre, l'identification de l'Europe apparaît autant conditionnée par des facteurs sociologiques que par les facteurs politiques. Dans la ligne de mire de l'approche doctrinale du déficit démocratique de l'Union selon le modèle de l'État-nation, les démocraties européennes doivent créer les conditions d'un exercice actif de la citoyenneté. Dans le cadre de l'Union européenne, il faut que les institutions européennes répondent aux exigences de la société civile par des processus décisionnels plus ouverts et participatifs. Par conséquent la légitimité démocratique et le principe de proximité doivent être liés. Eu égard à cette remarque pertinente il faut donner des repères aux citoyens européens. Le renforcement de la démocratie européenne dans son ensemble devrait s'exercer de la base vers le sommet à travers une plus grande responsabilisation démocratique des citoyens européens et par l'intermédiaire des élus locaux et régionaux.

Au-delà des querelles institutionnelles inaccessibles aux personnes ordinaires les politiques de l'Union doivent avant tout viser à répondre aux inquiétudes, aux besoins et aux intérêts des citoyens européens. Cela ne passe pas nécessairement par un changement au sein des compétences respectives de l'Union, de ses États membres et des niveaux infranationaux. Certainement malgré la question du déficit démocratique de l'Union il existe suffisamment de flexibilité dans l'interprétation du système actuel pour permettre une adaptation de l'action de l'Union à la réalité du terrain. Dans cette perspective d'action il est nécessaire de poursuivre les travaux sur « la résilience démocratique »[1] de l'Union européenne. Cela concerne les institutions européennes, les gouvernements et les Parlements nationaux. Ils ont la responsabilité de veiller au bon fonctionnement de la démocratie. En effet une démocratie en bonne santé repose sur l'engagement des citoyens et sur une société civile active. Selon cet objectif il convient

[1] Communication de la Commission au Parlement européen, au Conseil, au Comité économique et social européen et au Comité des régions relative au plan d'action pour la démocratie européenne, Bruxelles (COM (2020)) 790 final du 3.12.2020.

de se pencher sur les initiatives concrètes. Notamment réfléchir aux moyens d'améliorer l'utilisation de « l'initiative citoyenne européenne (ICE) »[1] qui n'a pas été très efficace jusqu'à présent en raison du nombre très limité d'initiatives ou de thèmes examinés.

Pour renforcer la participation directe des citoyens européens dans le processus démocratique des améliorations peuvent éventuellement être apportées en abaissant les seuils d'utilisation de l'initiative citoyenne (ICE). Dans le même temps certains risques liés à un tel abaissement ont été mis en exergue notamment l'éloignement de l'initiative citoyenne de sa finalité. Selon cette appréciation dans l'affaire « *Iszák et Dabis / Commission*, aff. C-420/16 P »[2], les requérants demandent l'annulation de l'arrêt du Tribunal de l'Union européenne du 10 mai 2016, par lequel celui-ci a rejeté leur recours tendant à l'annulation de la décision C (2013) 4975 final de la Commission européenne, du 25 juillet 2013 relative à la demande d'enregistrement de l'initiative citoyenne « Politique de cohésion pour l'égalité des régions et le maintien des cultures régionales », présentée à la Commission européenne le 18 juin 2013. Il convient de garder à l'esprit que, en conformité avec les objectifs poursuivis par l'initiative citoyenne européenne, tels qu'ils sont énoncés aux considérants 1 et 2 du « règlement n° 211/2011 »[3] et consistant, notamment à encourager la participation des citoyens et à rendre l'Union plus accessible, la condition d'enregistrement prévue à l'article 4, paragraphe 2, sous b) de ce règlement doit être interprétée par la Commission, saisie d'une proposition d'ICE de manière à assurer une accessibilité facile d'ICE.

Il ressort également des objectifs du considérant 2 dudit règlement que les procédures et conditions requises pour l'initiative citoyenne devraient être claires, simples, faciles à appliquer et proportionnées à la nature de l'initiative citoyenne. L'idée c'est que les procédures et conditions requises puissent trouver un juste équilibre entre droit et obligations. Dans un souci de clarification de cette lecture au bout du compte, une plus grande coopération citoyenne directe dans le processus démocratique est souvent citée comme une réponse efficace à la baisse de confiance envers les institutions démocratiques. Dans ce

---

[1] CJUE, 7 mars 2019, *Iszák et Dabis / Commission*, aff. C-420/16 P, publié (e) au Recueil numérique, point 56.

[2] CJUE, 7 mars 2019, *Iszák et Dabis / Commission*, aff. C-420/16 P, *op. cit.*, points 1 et 11.

[3] Règlement (UE) n° 211/2011 du Parlement européen et du Conseil, du 16 février 2011, relatif à l'initiative citoyenne (*JOUE*, 16.02.2011 n° L 65, p. 1).

contexte de nouvelles formes de démocratie participative devraient faire partie des solutions visant à renforcer la résilience des institutions européenne face à la pression croissante sur les modèles démocratiques de gouvernance. Évidemment il convient de s'appuyer entre autres sur l'expérience et surtout les enseignements tirés de la conférence sur l'avenir de l'Europe.

§ 2. L'interprétation du déficit démocratique au niveau des États membres

Depuis le traité de Rome[1] deux méthodes de gouvernement coexistent au sein de l'Union. La méthode communautaire qui repose sur une logique d'intégration et la méthode intergouvernementale qui repose sur une logique de coopération. Cela étant après avoir dominé le débat intellectuel en Europe, l'analyse du déficit démocratique se penche sur les Parlements nationaux qui se sont trouvés dessaisis de nombreuses compétences législatives. Parce que selon les partisans de l'analyse du déficit démocratique de l'Union à l'aune des concepts de l'État-nation, la parlementarisation de l'Union ne devrait pas être menée au seul niveau du Parlement européen. Á en croire leur analyse le déficit démocratique s'expliquerait avant tout par la faiblesse du contrôle ou l'incapacité des Parlements nationaux de contrôler leur gouvernement dans les matières européennes.

En effet de la même façon que le Parlement européen n'arrive pas à contrôler le Conseil, les Parlements nationaux ne sont pas non plus en mesure de contrôler effectivement les exécutifs nationaux lorsque ceux-ci agissent dans le cadre du Conseil des ministres de l'Union européenne. C'est ce qui explique le constat de ce qu'il convient d'appeler le double déficit démocratique de l'Union. Toutefois il revient au pouvoir législatif dans chaque État membre d'exiger et de mettre en place un meilleur contrôle sur les positions prises par les gouvernements lors de la phase de négociation d'acte de l'Union. Des réformes ont d'ailleurs été prises dans ce sens à l'échelle de l'Union européenne. Le rôle des Parlements nationaux dans la construction européenne figurait parmi les questions prioritaires mentionnées dans la Déclaration relative à l'avenir de l'Union annexé au traité de Nice.

---

[1] Le traité de Rome, Traité instituant la Communauté économique européenne (CEE), signé le 25 mars 1957. Le traité s'est appliqué à partir du 1er janvier 1958. Le traité de Rome a été modifié à plusieurs reprises. Il est désormais connu sous le nom de Traité sur le fonctionnement de l'Union européenne (TFUE).

L'article 12 TUE est désormais consacré au rôle des Parlements nationaux. Ce qui n'était pas le cas dans le traité établissant une constitution pour l'Europe. Á cette condition bien qu'extérieurs au triangle institutionnel, les Parlements nationaux contribuent activement au bon fonctionnement de l'Union. Ils se plaignent souvent de leur faible participation aux affaires de l'Union européenne et souhaitent être davantage associés au processus d'intégration européenne.

Les Parlements des États membres participent de différentes façons aux activités de l'Union dans la mise en œuvre du droit européen. Le rôle des Parlements nationaux dans l'Union est important (A). Dans la mise en œuvre du droit européen le contrôle politique des Parlements nationaux sur les gouvernements dans les affaires européennes est un point essentiel de cette réflexion (B).

A. Le rôle des Parlements nationaux dans l'Union européenne

Les Parlements nationaux avaient le droit de légiférer comme ils le souhaitaient à l'intérieur de leur propre ordre juridique. Désormais les Parlements nationaux sont les partenaires d'une procédure normative dont le centre de décision est ailleurs, d'où un manque de contrôle politique des actes du Conseil. Á la lumière de ce qui précède il est légitime de parler non seulement d'une Union d'États démocratiques libéraux c'est-à-dire la démocratie en Europe, mais également d'une démocratie transnationale autrement dit la démocratie de l'Europe. Á l'état actuel de la discussion académique sur le rôle des Parlements nationaux dans l'Union, pour établir la démocratie de l'Europe la construction européenne s'est appuyée sur le triangle institutionnel. Il n'est aucunement fait mention des Parlements nationaux pourtant garants de l'équilibre démocratique dans les États membres de l'Union. Les Parlements nationaux ont longtemps été ignorés par la construction européenne. Réellement ce n'est qu'avec l'élection du Parlement européen au suffrage universel direct en 1979 qu'ils ont progressivement vu leur rôle s'accroître. Cette prise en compte était considérée comme un moyen de remédier au déficit démocratique de l'Union. De cette initiative le traité de Maastricht s'est accompagné d'une déclaration relative aux Parlements nationaux et à la coopération interparlementaire. Le traité d'Amsterdam est allé plus loin dans cette démarche étant donné qu'un protocole sur le rôle des Parlements nationaux dans l'Union lui a été annexé. Par contre la reconnaissance d'un « rôle collectif des Parlements nationaux »[1] à l'échelle européenne s'est heurtée à la réticence du Parlement européen soucieux de préserver ses prérogatives et à l'idée selon laquelle, la fonction d'un Parlement national serait avant tout de contrôler l'activité de son gouvernement.

Cependant les Parlements nationaux bien que souvent tenus à l'écart de la procédure législative européenne ont acquis tout au long de la construction européenne et des traités, un certain pouvoir d'influence sur la prise de décision européenne. L'article 12 TUE énumère tous les cas où les traités reconnaissent un rôle aux Parlements nationaux. Ce dernier prend essentiellement deux formes à savoir « le droit d'information »[2] et « le pouvoir d'opposition »[3]. Le traité de Lisbonne a ainsi mis en lumière l'importance des Parlements nationaux, mais n'a pas permis d'établir l'équilibre démocratique de l'Union pour deux raisons. La première raison est d'ordre technique. Il s'agit de la difficulté d'organiser au Parlement européen un débat politique clair et lisible directement par les citoyens européens.

Par la suite la deuxième raison est politique. Car selon certaines analyses doctrinales il n'y a pas eu de transfert de légitimité de la part des citoyens, parallèlement aux transferts de compétences juridiques. Selon leur discours pour remédier au déficit démocratique, la solution serait de ramener les Parlements nationaux dans le processus décisionnel de l'Union. Suite à ces observations il y a en filigrane la difficulté de dépasser l'État-nation pour penser la démocratie à l'échelle européenne. Dans cette circonstance l'importance accrue du phénomène de mondialisation a renouvelé la problématique du déficit démocratique et rendu en même temps la résolution des questions soulevées précédemment encore plus impérieuse. L'idée générale qui paraît cependant dominer est celle de l'absence d'une architecture institutionnelle démocratique permettant d'assurer une participation satisfaisante des gouvernés à l'élaboration des décisions au niveau de

---

[1] Résolution du Parlement européen du 19 avril 2018 sur la mise en œuvre des dispositions du traité concernant les parlements nationaux (2016/2149 (INI)) (*JOUE* du 18.11.2019, n° C 390, p. 121).

[2] Le droit d'information des parlements nationaux est garanti par le protocole sur le rôle des parlements nationaux qui prévoit notamment une obligation de transmission, directement par les institutions de l'Union des documents de consultation et des projets d'actes législatifs européens.

[3] Le pouvoir d'opposition des parlements nationaux est reconnu en matière de révision des traités, dans le cadre de l'activation de la clause passerelle générale (article 48 TUE). Un droit d'opposition est également reconnu à chaque parlement national.

l'Union. Force est de constater que la légitimité démocratique est réduite lorsqu'on parvient à satisfaire, par des accords entre États un besoin de coordination qui s'accroît en même temps que leur interdépendance. En fin de compte l'Union devrait être jugée à l'aune de ce qu'elle est selon les traités. Cet examen permet de démontrer la difficulté de dépasser l'État-nation pour penser la démocratie.

B. Le contrôle parlementaire des gouvernements nationaux

Les Parlements des États membres participent de différentes façons aux activités de l'Union dans « la mise en œuvre du droit européen »[1] et le contrôle politique sur les gouvernements respectifs réunis au sein du Conseil. De la sorte ils contribuent au bon fonctionnement de l'Union en jouent un rôle important dans sa légitimité démocratique. Á cela s'ajoute les relations multilatérales entre le Parlement européen et les Parlements nationaux. En 1972 « le rapport Vedel »[2] constatait que l'attribution des compétences à la Communauté européenne se jumelait avec une perte du pouvoir des Parlements nationaux. Dès la création de la CECA (Communauté européenne du charbon et de l'acier) l'implication des Parlements nationaux des six pays de la Communauté dans les affaires européennes était quasi nulle. En effet l'opinion des élites politiques et l'opinion publique étaient suffisantes pour justifier le transfert de compétences vers la Communauté.

C'est à partir des années 1990 que l'on a vu apparaître les théories en faveur d'une implication importante des Parlements nationaux dans les affaires européennes. Selon les dispositions du traité de Lisbonne, le fonctionnement de l'Union européenne est fondé sur la démocratie représentative et sur une double légitimité démocratique provenant du Parlement européen, directement élu par les citoyens et des États membres représentés au Conseil par leur gouvernement, lesquels sont eux-mêmes démocratiquement responsables devant leurs Parlements nationaux et leurs citoyens. Par voie de conséquence le Parlement européen et les Parlements nationaux sont dans leurs sphères respectives les piliers de la double légitimité démocratique de l'Union. Le premier en tant qu'institution représentant directement les citoyens

[1] Résolution du Parlement européen du 19 avril 2018 sur la mise en œuvre des dispositions du traité concernant les parlements nationaux, *op. cit.*, p. 121.

[2] Rapport du groupe ad hoc pour l'examen du problème de l'accroissement des compétences du Parlement européen, Commission des Communautés européennes, *Bulletin des Communautés européennes*, Bruxelles, Supplément 4/72, 1972.

européens et les seconds en tant qu'institutions nationales devant lesquelles les gouvernements représentés au Conseil sont directement responsables. Sur ce point fondamental les Parlements nationaux ne constituent pas une troisième chambre dans le corps législatif européen, mais plutôt l'instrument qui garantit la responsabilité de la seconde chambre de l'Union à savoir le Conseil. Dans ce processus les Parlements nationaux consolident le processus démocratique.

D'une part le contrôle parlementaire des gouvernements nationaux dans le cadre des affaires européennes dépend de différentes pratiques nationales. Il est la pierre angulaire du rôle des Parlements nationaux dans le traité de Lisbonne. Malgré les accusations liées au déficit démocratique de l'Union européenne, la mise en œuvre des droits et des obligations des Parlements nationaux découle du traité de Lisbonne. Il a élargi leur rôle dans le cadre constitutionnel européen. Ce qui renforce en particulier le pluralisme, la légitimité démocratique et le fonctionnement de l'Union européenne. De façon évidente aux termes des dispositions de l'article 10, paragraphe 2, du TUE et de leurs ordres constitutionnels nationaux respectifs, les gouvernements des États membres sont démocratiquement responsables devant leurs Parlements nationaux. Dans le cadre de ces propos sur le déficit démocratique de l'Union cette responsabilité est la clé de voûte du rôle « des chambres parlementaires nationales »[1] au sein de l'Union.

Raison pour laquelle les Parlements nationaux doivent exercer pleinement leurs fonctions pour influencer directement et contrôler le contenu des politiques européennes. Dans ce cadre de référence le Parlement européen demande aux États membres de l'Union de veiller à ce que les Parlements nationaux bénéficient de la capacité et de l'accès aux informations pour remplir leur rôle constitutionnel de contrôle et donc de légitimation de l'activité des gouvernements nationaux lorsque ces derniers agissent au niveau européen, que ce soit au Conseil ou au Conseil européen. En fait il leur appartient de rendre pleinement démocratique ce qu'on peut considérer comme la deuxième chambre de l'Union, autrement dit le Conseil et de rapprocher les citoyens de l'Union. Cette fonction européenne des Parlements nationaux respecte les traditions constitutionnelles respectives des États membres. Dans la même logique il est précisé que, la transparence des méthodes de travail et processus décisionnels des institutions

---

[1] Résolution du Parlement européen du 19 avril 2018 sur la mise en œuvre des dispositions du traité concernant les parlements nationaux, *op. cit.*, pp. 122-123.

européennes est une condition préalable à la capacité des Parlements nationaux à exercer le rôle institutionnel qui leur est attribué en vertu des traités. Cela étant l'alignement des différentes positions politiques entre les États membres pourrait renforcer et élargir les débats transversaux au niveau de l'Union européenne. Á ce propos les délégations parlementaires nationales actives auprès des institutions européennes doivent refléter la diversité politique.

D'autre part le contrôle politique que les Parlements nationaux effectuent sur les gouvernements respectifs de chaque État membre est une autre fonction à côté de la fonction législative. Les Parlements nationaux continuent donc d'exercer leur influence en Europe mais la problématique est davantage celle du contrôle parlementaire que d'une véritable association législative à l'élaboration des décisions prise au niveau européen. En pratique il ne s'agit pas d'un rôle législatif en collaboration avec les institutions de l'Union et notamment le Parlement européen. C'est en réalité un contrôle politique de l'activité européenne de leurs gouvernements respectifs. L'axe porteur de cette conviction est entre autres l'idée selon laquelle les États membres de l'Union offrent des structures démocratiques, même si elles diffèrent dans leurs détails mais sont communes dans leur essence. Selon ce raisonnement pendant toute la période de construction d'une Union démocratique, le système constitutionnel national continuera à être considéré par les peuples des États membres, comme celui au sein duquel s'accomplit le processus démocratique fondamental.

Comparées à celles des Parlements nationaux, les compétences du Parlement européen apparaissent étroites[1]. C'est donc au sein des Parlements nationaux que les élus comme par le passé trouvent l'occasion d'agir efficacement et de se faire une réputation dans leurs partis et dans l'opinion du corps électoral. La carrière des hommes politiques passera longtemps encore par des voies nationales. Le Parlement national continuera donc à être le tremplin pour une situation politique. Dès lors le Parlement européen n'est pas considéré par les classes politiques nationales comme un forum aussi intéressant que celui que leur offrent les Parlements nationaux. Du point de vue de l'intégration européenne, la relation entre le Parlement européen et les Parlements nationaux est étroite. Celle-ci permet d'une certaine

[1] Résolution du Parlement européen du 7 mai 2009 sur le développement des relations entre le Parlement européen et les parlements nationaux en vertu du traité de Lisbonne (*JOUE* du 5.8.2010, n° C 212 E, p. 94).

manière d'établir un lien entre le processus démocratique national et le processus démocratique de l'Union. Cette analyse s'insère dans une vaste réflexion sur les relations interparlementaires à un moment de crise et de défiance des citoyens à l'égard de l'Europe. Suivant cette idée de nouvelles formes de dialogues pré-législatif et post-législatif entre le Parlement européen et les Parlements nationaux devraient être développées pour renforcer la légitimité démocratique de l'Union.

Section 2. La réduction du déficit démocratique de l'Union

Le déficit démocratique de l'Union en tant que discours a été analysé à l'aune des concepts de l'État-nation. En conséquence la réduction du déficit démocratique de l'Union s'inscrit logiquement dans la ligne de mire de cette approche. Après avoir évalué de manière plus approfondie la nature et l'échelle du déficit démocratique les modalités de renforcement de la légitimité démocratique de l'Union sont donc envisagées. Plusieurs changements introduits par le traité de Lisbonne ont permis de répondre aux préoccupations relatives au déficit démocratique dans l'Union. Compte tenu de ce qui précède, l'impératif d'améliorer et d'assurer en permanence la légitimité démocratique de l'Union est une invitation à un dépassement de la forme classique de la démocratie née dans le cadre de l'État et de la nation. Pour atteindre cet objectif il ne faut pas être englué dans les concepts hérités de la construction démocratique nationale.

Le projet ambitieux est de mettre sur pied de nouvelles approches de la démocratie postnationale. Á la lumière de ce constat auparavant dominait l'opposition entre l'approche du déficit démocratique de l'Union à l'aune des concepts de l'État-nation et la formulation libérale de la vision néoréaliste développée par Andrew Moravcsik[1], qui ne concède qu'un rôle très limité aux institutions européennes. Ces approches cèdent la place à un nouveau courant plus attaché à rendre compte de la réalité et du caractère spécifique de l'intégration européenne. Il s'agit concrètement de l'émergence d'un paradigme théorique susceptible d'éclairer et de renouveler en profondeur la problématique de la démocratie de l'Union. D'un point de vue méthodologique le mérite de ce nouveau paradigme théorique est de prendre en compte tous les travaux sur les approches théoriques standards relatives à l'évolution européenne de la démocratie. Selon cet

[1] A. MORAVCSIK, « Le mythe du déficit démocratique européen », *in Raisons politiques,* n°. 10, 2003/2, pp. 87-105.

objectif il convient de se pencher sur les registres du renforcement des pouvoirs du Parlement européen (§ 1) et sur l'activité normative du Parlement européen (§ 2). Le traité de Lisbonne a renforcé les pouvoirs du Parlement européen dans plusieurs domaines à savoir sur les plans législatif et budgétaire. En outre le Parlement européen élit le président de la Commission européenne sur la base d'un candidat proposé par le Conseil européen en tenant compte des résultats des élections du Parlement européen.

§ 1. Le registre du renforcement des pouvoirs du Parlement européen

Dans le registre de la légitimation démocratique de l'Union le renforcement des pouvoirs du Parlement européen est l'un des impératifs pour réduire le déficit démocratique. La Commission de Bruxelles a soumis le thème de réflexion « Quelle place faut-il reconnaître au Parlement européen » à un groupe de quatorze professeurs et juristes présidé par le doyen Georges Vedel en 1972[1]. Le rapport Vedel rappelle bien qu'il est nécessaire de rééquilibrer le fonctionnement des institutions de l'Union. Car la logique du système démocratique voudrait que cette dépossession parlementaire au plan national trouve une compensation au plan européen. Pour remplir son mandat le groupe de professeurs et juristes a examiné les implications concernant l'élargissement des compétences du Parlement européen. Plusieurs sujets ont été abordés en vue de doter la Communauté d'un système institutionnel efficace « de garantir que les décisions de la Communauté soient prises dans un cadre de légitimité démocratique en tenant compte des principes et des pratiques constitutionnels des États membres de la Communauté »[2]. Précisément l'extension des compétences du Parlement européen marque une Europe plus démocratique, expression de la démocratie représentative. Les débats actuels proposent plus de transparence et le droit d'accès du public aux documents des institutions européennes (A) ainsi que l'évolution du dialogue politique entre le Parlement européen et les Parlements nationaux (B). L'Europe s'agrandit, réforme ses institutions dans l'idée de donner davantage de démocratie et d'efficacité de sa construction comme en témoignent le Livre blanc sur la gouvernance, la Convention

---

[1] Rapport du groupe ad hoc pour l'examen du problème de l'accroissement des compétences du Parlement européen, Commission des Communautés européennes, *Bulletin des Communautés européennes*, *op. cit.*, p. 7.
[2] *Ibid.* p. 8.

sur l'avenir de l'Europe et le traité de Lisbonne. Face à certains courants qui fustigent le déficit démocratique de l'Union et se réclament de modèles nationaux de démocratie largement idéalisés, Andrew Moravcsik oppose une approche qu'il évalue à l'aune de critères raisonnables et réalistes. Aux dires de ces analyses la démocratie européenne existe bien. Finalement le déficit démocratique de l'Union semble être moins grand que certains auteurs le laissent croire. Certes les institutions européennes pourraient être réformées surtout en ce qui concerne leur fonctionnement.

A. L'amélioration de la transparence et le droit d'accès aux documents

Les observateurs de la vie politique de l'Union européenne estiment que la transparence du processus décisionnel renforce le caractère démocratique des institutions ainsi que la confiance du public envers l'administration. Cette déclaration a conduit la Commission européenne et le Conseil à adopter leurs propres règles pour que leurs documents soient accessibles aux publics. Par ailleurs la transparence exige aussi qu'un refus d'accès soit justifié. L'article 15, paragraphe 1, TFUE prévoit notamment la règle générale selon laquelle les institutions de l'Union doivent œuvrer dans le plus grand respect possible du principe d'ouverture. En vertu de l'article 15, paragraphe 3, premier et deuxième alinéas, TFUE, les citoyens de l'Union bénéficient d'un droit d'accès aux documents des institutions de l'Union. Par contre ce droit est soumis à certains principes et à certaines conditions y compris à des limites fondées sur des raisons d'intérêt public ou privé qui sont fixées par le Parlement européen et le Conseil de l'Union européenne au moyen de règlements.

En même temps le droit d'accès aux documents est consacré à l'article 42 de la Charte des droits fondamentaux de l'Union européenne. Précisons que le traité sur l'Union européenne consacre la notion de transparence dans son article 1er, deuxième alinéa, selon lequel « le traité marque une nouvelle étape dans le processus créant une Union sans cesse plus étroite entre les peuples de l'Europe, dans laquelle les décisions sont prises dans le plus grand respect possible du principe d'ouverture et le plus près possible des citoyens ». Dans cet ordre de lecture « le règlement (CE) n° 1049/2001 du Parlement européen et du Conseil, du 30 mai 2001 »[1] relatif à l'accès du public aux documents du Parlement européen, du Conseil et de la Commission définit les principes, les conditions et les limites du droit d'accès aux documents de ces institutions. Le Parlement européen élu au suffrage universel direct joue un rôle essentiel, car il garantit la légitimité de l'Union et rend le processus de prise de décision de l'Union responsable vis-à-vis des citoyens par l'exercice d'un véritable contrôle parlementaire sur l'exécutif au niveau européen. Á cet effet pour mieux structurer l'ensemble de ces propos deux grilles de lecture méritent une attention soutenue.

Dans une première grille de lecture, l'étude des courants de pensée qui analysent le principe démocratique de l'Union démontre la nécessité d'une prise en compte de la notion de transparence. La transparence contribue à renforcer les principes démocratiques et les droits fondamentaux tels qu'ils sont définis à l'article 6 TUE et dans la Charte des droits fondamentaux de l'Union européenne. De ce point de vue la transparence permet d'assurer une meilleure participation des citoyens européens au processus décisionnel de l'Union. En outre elle garantit une plus grande légitimité, efficacité et responsabilité des administrations à l'égard des citoyens dans un système démocratique. L'exigence de transparence consiste à améliorer les travaux des institutions européennes. Précisément le Parlement le Conseil et la Commission européenne devraient donner accès non seulement aux documents établis par les institutions, mais aussi aux documents reçus par celle-ci. D'ailleurs les conclusions des réunions du Conseil européen de « Birmingham, d'Édimbourg et de Copenhague ont souligné la nécessité d'assurer une plus grande transparence dans le travail des institutions de l'Union européenne »[2].

En raison de ce qui précède les méthodes de travail du Conseil européen devraient être plus transparentes vis-à-vis du Parlement européen. Pour bâtir un véritable édifice législatif bicaméral avec un mécanisme décisionnel démocratique et transparent, les décisions du Conseil devraient être prises par un Conseil législatif unique. Dans ce cadre les configurations législatives spécialisées du Conseil, que l'on

[1] Règlement (CE) n° 1049/2001 du Parlement européen et du Conseil du 30 mai 2001 relatif à l'accès du public aux documents du Parlement européen, du Conseil et de la Commission européenne (*JOCE*, n° L 145 du 31.5.2001, p. 43).

[2] Règlement (CE) n° 1049/2001 du Parlement européen et du Conseil du 30 mai 2001 relatif à l'accès du public aux documents du Parlement européen, du Conseil et de la Commission européenne, *op. cit.*, p. 43.

connaît actuellement devraient devenir des organes préparatoires à l'image des commissions au Parlement. Finalement le Parlement européen est le Parlement de toute l'Union européenne, une véritable responsabilité démocratique doit donc être garantie. L'intention affichée c'est la transparence des travaux du Conseil et la simplification législative. Cela étant le principe de la plus grande transparence possible est applicable aux activités des institutions de l'Union. Effectivement dans l'arrêt du 1er juillet 2008, *Suède et Turco/Conseil* affaire « C-39/05 P et C-52/05 P »[1] la Cour précise que le contrôle du public sur les activités des institutions est l'un des fondements essentiels d'une société démocratique.

Á ce titre il est crucial d'améliorer la transparence, l'ouverture institutionnelle et la manière de communiquer la prise des décisions politiques dans l'Union. Ce qui implique une intensification des efforts visant la révision du règlement (CE) n° 1049/2001 relatif à l'accès du public aux documents du Parlement européen, du Conseil et de la Commission européenne. Dans une deuxième grille de lecture le droit d'accès aux documents des institutions européennes est un élément fondamental de la réflexion sur la réduction du déficit démocratique de l'Union. Selon les dispositions de l'article 2 du règlement (CE) n° 1049/2001 « Tout citoyen de l'Union et toute personne physique ou morale résidant ou ayant son siège dans un État membre a un droit d'accès aux documents des institutions, sous réserve des principes, conditions et limites définis par le présent règlement ». Ce règlement vise à conférer le plus large effet possible au droit d'accès du public aux documents.

Cependant du fait de leur contenu extrêmement sensible certains documents font l'objet d'un traitement particulier. En principe tous les documents des institutions devraient être accessibles au public. Toutefois certains intérêts publics et privés devraient être garantis par le biais d'un régime d'exception. Ainsi les dispositions de l'article 4, paragraphes 2 et 6 du règlement (CE) n° 1049/2001 précisent bien ce régime d'exception. Dans l'arrêt *LPN et Finlande/Commission*, affaire « C-514/11 P et C-605/11 P »[2], la Cour de justice de l'Union a jugé qu'il incombe à celui qui fait valoir l'existence d'un intérêt public

---

[1] CJCE, 1er juillet 2008, *Suède et Turco/Conseil,* aff. jtes C-39/05 P et C-52/05 P, *Rec.,* p. I-04723.

[2] CJUE, 14 novembre 2013, *LPN et Finlande/Commission,* aff. jtes C-514/11 P et C-605/11 P, publié (e) au Recueil numérique.

supérieur d'invoquer de manière concrète les circonstances pouvant justifier la divulgation des documents concernés.

Dans l'arrêt *Royaume de Suède/Commission* affaire « C-562/14 P »[1], le Royaume de Suède demande à la Cour de justice d'annuler l'arrêt du Tribunal de l'Union européenne du 25 septembre 2014, « *Spirlea/Commission* »[2]. Dans cet arrêt le Tribunal a rejeté le recours introduit par M. et Mme Spirlea tendant à l'annulation de la décision de la Commission européenne du 21 juin 2012 refusant de leur accorder l'accès aux documents d'un dossier dans le cadre de la procédure EU Pilot 2070/11/SNCO.

Par lettre du 8 mars 2011 ils ont introduit une plainte auprès de la direction générale « santé » de la Commission dans laquelle ils soutenaient en substance que la clinique privée avait pu mener ses activités en conséquence de la violation par les autorités allemandes de leurs obligations découlant du « règlement (CE) n° 1394/2007 »[3]. La Commission a par la suite ouvert une procédure EU Pilot aux fins de vérifier si le règlement (CE) n° 1394/2007 avait été violé. Dans le cadre de cette procédure M. et Mme Spirlea ont demandé l'accès sur le fondement du règlement (CE) n° 1049/2001 aux documents contenant des informations relatives au traitement de leur plainte. Le 21 juin 2012, la Commission a refusé, par décision litigieuse, d'accorder l'accès aux documents litigieux sur le fondement de l'article 4, paragraphe 2, troisième tiret du règlement (CE) n° 1049/2001. Le 27 septembre 2012 la Commission a informé les requérants en première instance que la procédure EU Pilot 2070/11/SNCO était définitivement clôturée.

Á l'appui de son pourvoi le Royaume de Suède soulève trois moyens tirés le premier d'une interprétation erronée de l'exception prévue à l'article 4, paragraphe 2, troisième tiret du règlement (CE) n° 1049/2001, ayant entraîné l'application erronée d'une présomption générale de confidentialité des documents relatifs à une procédure EU pilot, le deuxième d'une interprétation erronée de l'article 4, paragraphe 2, dernier membre de phrase du règlement n° 1049/2001, quant à

---

[1] CJUE, 17 mai 2017, *Royaume de Suède/Commission*, aff. C-562/14 P, publié (e) au Recueil numérique.

[2] T., 25 septembre 2014, *Spirlea/Commission,* aff. T-306/12, publié (e) au Recueil numérique.

[3] Règlement (CE) n° 1394/2007 du Parlement européen et du Conseil du 13 novembre 2007 concernant les médicaments thérapie innovante et modifiant la directive 2001/83/CE ainsi que le règlement (CE) n° 726/2004 (*JOUE*, n° L 324 du 10.12.2007, p. 121).

l'existence d'un intérêt public supérieur, et le troisième d'une erreur du Tribunal en ce qu'il a refusé de prendre en compte le fait que la procédure EU Pilot a été clôturée après l'adoption de la décision litigieuse. Le pourvoi a été rejeté par la Cour de justice. Á ce sujet le travail de réflexion de la doctrine et de la jurisprudence marque un grand changement dans la perception du déficit démocratique de l'Union. En effet l'article 4 du règlement (CE) n° 1049/2001 prévoit un certain nombre d'exceptions au droit d'accès du public aux documents détenus par les institutions de l'Union. La Cour de justice a précisé dans sa jurisprudence que les institutions de l'Union peuvent rejeter des demandes d'accès en se fondant sur des présomptions générales s'opposant à la divulgation lorsque les documents en cause relèvent de l'une des cinq catégories.

Dans l'arrêt *ClientEarth/Commission*[1] du 16 juillet 2015, la Cour de justice a reconnu l'existence d'une présomption générale de confidentialité au bénéfice de cinq types de documents. Il s'agit des documents d'un dossier administratif afférent à « une procédure de contrôle des aides d'État »[2], les mémoires déposés par une institution[3] dans le cadre d'une procédure juridictionnelle, les documents échangés entre la Commission européenne et les parties notifiantes ou des tiers dans le cadre d'une procédure de « contrôle des opérations de concentration entre entreprises »[4], les documents afférents à une « procédure précontentieuse en manquement »[5] et « les documents afférents à une procédure »[6] d'application de l'article 101 TFUE. En résumé la réduction de ce que l'on appelle communément le déficit démocratique de l'Union implique la nécessité d'améliorer et d'assurer en permanence le droit d'accès du public aux documents. Car la transparence contribue à renforcer le principe de la démocratie.

---

[1] CJUE, 16 juillet 2015, *ClientEarth/Commission,* aff. C-612/13 P, publié (e) au Recueil numérique.

[2] CJUE, 29 juin 2010, *Commission/Technische Glaswerke Ilmenau*, aff. C-139/07 P, *Rec.,* p. I-05885.

[3] CJUE, 21 septembre 2010, *Suède e.a. /API et Commission*, aff. jtes, C-514/07 P, C-528/07 P et C-532/07 P, *Rec.,* p. I-08533, point 94.

[4] CJUE, 28 juin 2012, *Commission / Éditions Odile Jacob*, aff. C-404/10 P, publié (e) au Recueil numérique.

[5] CJUE, 14 novembre 2013, *LPN et Finlande / Commission*, aff. jtes C-514/11 P et C-605/11 P, publié (e) au Recueil numérique.

[6] CJUE, 27 février 2014, *Commission / En BW*, aff. C-365/12 P, publié (e) au Recueil numérique.

B. Le dialogue politique entre le Parlement européen et les Parlements nationaux

Conformément à l'article 10, paragraphe 2, TFUE, le Parlement européen représente les citoyens de l'Union indépendamment de leur nationalité et le Conseil représente les ressortissants des États membres par le truchement des gouvernements nationaux. En examinant au plus près le principe démocratique de l'Union, le dialogue politique entre les Parlements nationaux et le Parlement européen doit être accru, plus constructif et substantiel sans pour autant dépasser les limites de leurs compétences constitutionnelles respectives. Á ce titre les Parlements nationaux sont les mieux placés pour définir et contrôler à l'échelon national, les actions de leurs gouvernements respectifs en matière d'affaires européennes.

En même temps le Parlement européen devrait veiller à la légitimité et à la responsabilité démocratique de l'exécutif européen. Entre autres il s'agit d'encourager le dialogue politique au sujet du contenu des propositions législatives. En fait les décisions doivent être prises au niveau des compétences constitutionnelles appropriées et sur une répartition claire des compétences décisionnelles entre les Parlements nationaux et le Parlement européen, selon laquelle ceux-ci doivent exercer leur fonction européenne en se fondant sur leur condition nationale. Notamment au moyen du contrôle de leur gouvernement national en tant que membre du Conseil européen et du Conseil, qui représente pour les Parlements l'échelon idéal pour influencer directement sur le contenu du processus législatif européen et le contrôler. Les valeurs démocratiques sont essentielles au bon fonctionnement de l'Union. En la matière le Parlement européen et les Parlements nationaux visent donc à promouvoir ces valeurs au travers de nombreuses dispositions institutionnelles de façon à ce que « la légitimité démocratique européenne soit renforcée »[1].

En admettant que la question du rôle des Parlements nationaux soit étroitement liée à celle de la légitimation démocratique de l'Union européenne, les diverses formes de coopérations interparlementaires existantes visent certainement à élargir la base démocratique de l'Union européenne. Probablement dans ce sens l'article 12 TUE exprime la volonté du législateur de combler le déficit démocratique dont souffre

[1] C. BELOT et C. BOUILLAUD, « Vers une Communauté européenne de citoyens ? Pour une approche par les sentiments », *in Politique européenne*, n° 26, 2008, p. 7.

l'Union aux yeux de ses citoyens. En particulier le Parlement français, dans le respect du principe de subsidiarité et le protocole sur le rôle des Parlements nationaux dans l'Union européenne contribue à l'amélioration de l'idée démocratique au sein de l'Union. C'est « une réponse à l'idée du déficit démocratique de l'Union qui consiste à délimiter les pouvoirs de l'Union et des États»[1]. Les nouvelles prérogatives reconnues aux Parlements nationaux par le traité de Lisbonne et le protocole n° 1 sur le rôle des Parlements nationaux dans l'Union ont rendu nécessaire une révision de la Constitution, conformément à la décision n° 2007-560 DC du 20 septembre 2007 rendue par le Conseil constitutionnel. Mais encore la loi constitutionnelle n° 2008-103 du 4 février 2008 modifiant le titre XV de la Constitution renforce ce dispositif.

Dans cette perspective les articles 88-6 et 88-7 autorisent la référence à l'exercice par le Parlement français des prérogatives reconnues aux Parlements nationaux par le traité de Lisbonne et en fixent les modalités de votes d'avis motivés, de résolutions et de motions. Bien sûr l'entrée en vigueur du protocole sur les Parlements nationaux dans l'Union a marqué une avancée importante dans les droits reconnus aux Parlements nationaux. Dans ce cadre l'article 1er de ce nouveau protocole marque une avancée importante car il conforte les institutions parlementaires nationales considérées par certains auteurs comme « un moyen d'expression privilégié de la démocratie »[2]. En conséquence l'article 1er du protocole prévoit une transmission directe aux Parlements nationaux des documents de consultation de la Commission européenne lors de leur publication. Cette possibilité permet au Parlement français de faire connaître son point de vue avant le début du travail législatif.

En ce qui concerne les projets d'actes législatifs européens émanant de la Commission, l'article 2 du protocole impose désormais leur transmission directement par la Commission aux Parlements nationaux en même temps qu'au Parlement européen et au Conseil. Cette démarche conduit « le Parlement français à transposer de nombreuses

[1] N. KALYPSO, « Notre démocratie européenne », *in Politique européenne*, n° 19, 2006, p. 54.
[2] M. GAILLARD, « La coopération interparlementaire », *in* J. AUVRET-FINCK (sous la dir.), *L'Union européenne : carrefour de coopérations*, Paris LGDJ, 1998, p. 183.

directives européennes en droit interne »[1] et à participer à la production de la norme européenne. Cependant le principe démocratique est l'une des valeurs de la République française. Car d'après l'article premier de la Constitution du 4 octobre 1958, « la France est une République indivisible, laïque, démocratique et sociale ...». Le caractère démocratique de la République française s'exprime également par la référence à la définition donnée par Abraham Lincoln de la démocratie à savoir « le gouvernement du peuple par le peuple et pour le peuple ». D'ailleurs l'article 3 de la Constitution de 1958 renforce cette idée en donnant un sens plus précis au principe démocratique en France. Ces valeurs démocratiques que prônent à son tour la Cour de justice de l'Union au travers de sa jurisprudence recouvrent un certain nombre de politiques et buts précis plus largement développés au niveau national par les Parlements nationaux.

C'est dans cet esprit que le traité de Lisbonne renforce les droits des Parlements nationaux, des comités des régions et des citoyens de l'Union. En pratique la démarche consiste à conférer aux peuples plus de contrôle sur le fonctionnement et les orientations prises par l'Union européenne. Suivant cette lecture la COSAC (Conférence des organes spécialisés dans les affaires communautaires) créée en 1989 est une conférence interparlementaire entre le Parlement européen et les Parlements nationaux. En somme c'est un véritable lieu d'échange d'informations de confrontation de points de vue et de discussions, « autorisé à soumettre toute contribution appropriée aux institutions de l'Union européenne »[2]. En revanche deux missions nouvelles sont confiées à la COSAC, l'échange d'informations et de bonnes pratiques et l'organisation de conférences interparlementaires sur des thèmes précis notamment les questions de la PESC et de défense. Du point de vue de la nécessité de revaloriser le rôle de l'institution parlementaire et ses diverses expressions que sont le Parlement européen et les Parlements nationaux, cette analyse est favorable à « l'idée de confier aux Parlements nationaux le contrôle du principe de subsidiarité »[3].

---

[1] E. SAULNIER, *La participation des Parlements français et britanniques aux Communautés et à l'Union européenne. Lecture parlementaire de la construction européenne*, Paris, LGDJ, « coll. Bibliothèque constitutionnelle », 2002, p. 650.

[2] A. LANCIEN, « Adenauer, De Gasperi, Schuman et le principe de subsidiarité : un 'spillover culturel' ? Une approche constructiviste de l'intégration européenne », *in l'Europe en Formation*, n° 370, 2013, p. 144.

[3] M. GAILLARD, « La coopération interparlementaire », *in* J. AUVRET-FINCK (sous la dir.), *L'Union européenne : carrefour de coopérations, op. cit.*, p. 189.

En règle générale le principe de subsidiarité fait référence au niveau d'intervention le plus pertinent lorsqu'une compétence est partagée entre l'Union et les États membres. Aux fins d'étendre les compétences des Parlements nationaux en leur permettant de mieux contrôler la norme européenne, le protocole n° 2 sur l'application des principes de subsidiarité et de proportionnalité crée un mécanisme concret du respect du principe de subsidiarité, confié aux Parlements nationaux. Cela étant ce protocole instaure un double contrôle du principe de subsidiarité à savoir un contrôle politique dans la phase d'élaboration des projets d'actes législatifs européens et un contrôle juridictionnel à travers la possibilité qu'ont actuellement les États membres de saisir la Cour de justice au nom de leurs Parlements nationaux. En même temps, l'article de ce protocole impose la transmission directe à chaque Parlement national de tous projets d'actes législatifs européens, qu'ils émanent de la Commission européenne, du Parlement européen d'un groupe d'États membres ou de la Cour de justice de l'Union.

La démarche des Parlements nationaux dans leurs rapports avec le Parlement européen s'inscrit dans la droite ligne des valeurs défendues par l'Union européenne. Sur toile de fond, il est question de donner plus de visibilité et de légitimité démocratique à l'intégration européenne. En effet les initiatives de coopération interparlementaire cherchent donc à mettre en place une plateforme qui soit capable de représenter significativement les citoyens européens, les peuples européens. Dans ce sens l'Union ne peut se fonder uniquement sur une représentation des États au sein du Conseil et des citoyens au sein du Parlement européen. Dans la mesure où l'Union européenne est une Union sans cesse plus étroite entre les peuples de l'Europe. Pour cette raison la coopération interparlementaire[1] entre le Parlement européen et les Parlements nationaux est donc un instrument au service des peuples de l'Europe. L'enjeu démocratique dans l'Union européenne consiste ainsi à s'appuyer sur une structure démocratique acceptable aussi bien par les États membres que par les peuples. Cet aperçu éclaire sans doute la position des Parlements nationaux et du Parlement européen en matière de représentation démocratique au sein de l'Union européenne.

---

[1] Résolution du Parlement européen du 16 février 2017 sur l'amélioration du fonctionnement de l'Union européenne en mettant à profit le potentiel du traité de Lisbonne (2014/2249 (INI)) (*JOUE* n° C 252 du 18.7.2018, p. 215).

§ 2. L'apport de l'activité normative du Parlement européen

Selon les dispositions de l'article 14 TUE, paragraphe 1, « le Parlement européen exerce, conjointement avec le Conseil, les fonctions législative et budgétaire. Il exerce des fonctions de contrôle politique et consultative conformément aux conditions prévues par les traités ». Á cet égard le Parlement européen devient désormais codétenteur avec le Conseil des fonctions législative et budgétaire. Le but de cette contribution est de systématiser les prérogatives renforcées du Parlement européen dans le cadre du déroulement des procédures décisionnelles, pour les apprécier dans le contexte de la réduction du déficit démocratique de l'Union. Á cette fin il convient d'examiner la fonction législative du Parlement européen dans le cadre de la légitimité démocratique (A) ensuite analyser ses pouvoirs législatifs dans le cadre de la procédure législative spéciale (B). Á la fin il est conseillé de renforcer les pouvoirs législatifs du Parlement européen y compris au moyen d'accords interinstitutionnels.

A. La fonction législative dans le cadre de la légitimité démocratique

Le respect des principes démocratiques au niveau européen est assuré à travers la participation du Parlement européen au processus législatif. De nombreux travaux rendent compte de l'évolution des pouvoirs législatifs du Parlement européen. On a pu douter longtemps de l'existence d'une véritable fonction législative distincte d'une fonction d'exécution. Mais l'évolution du vocabulaire est frappante. Après avoir évoqué dans le célèbre arrêt *Koester*[1], l'idée d'un système législatif du traité la Cour de justice retient dans l'arrêt *Simmenthal*, l'expression de « pouvoir législatif de la Communauté »[2]. En outre dans l'arrêt *Les Verts*[3] en enfermant l'activité normative du Parlement européen dans le cadre d'une Union de droit, la Cour de justice cherche à établir un équilibre institutionnel. Ceci dit dans un souci de concision, notre exposé consiste à rappeler néanmoins que l'état actuel des pouvoirs législatifs du Parlement et les modalités de leur mise en œuvre trouvent leur origine dans l'accession de l'assemblée à la codécision. Tout d'abord l'Acte unique européen signé les 17 et 18 février 1986

---

[1] CJCE, du 17 décembre 1970, *Köster*, aff. 25/70, *Rec.*, p. 1161.

[2] Concl. REISCHL, 16 février 1978, sous CJCE, 9 mars 1978, *Simmenthal*, aff. 106/77, *Rec.*, p. 646.

[3] CJCE, 23 avril 1986, *Les Verts/Parlement européen, op. cit., Rec.*, p. 1339.

modifia le processus décisionnel des Communautés avec l'ambition de le rendre plus efficace et de le démocratiser.

Pour ce faire « il restaura le principe du vote à la majorité qualifiée au sein du Conseil »[1] et accrut les pouvoirs du Parlement européen. Introduit par le traité de Maastricht la procédure de codécision décrit alors les rouages qui font du Parlement européen, une véritable partie prenante à l'activité législative de l'Union. Toutefois le traité de Lisbonne consacre officiellement l'existence d'actes législatifs. Ainsi l'article 289, paragraphe 3, TFUE indique en effet que les actes juridiques adoptés par la procédure législative constituent les actes législatifs. L'interprétation de cet article montre que le traité de Lisbonne en s'inspirant une fois du traité constitutionnel apporte une contribution importante à la définition de l'acte législatif de l'Union. Á la lecture de l'interprétation doctrinale de l'article 289, paragraphe 3, TFUE, il se rallie en effet à un critère formel. C'est donc la nature de la procédure qui décide de la nature de l'acte.

Á cet égard le traité de Lisbonne reconnaît l'existence de plusieurs procédures législatives. Une procédure législative ordinaire qui correspond à l'ancienne procédure de codécision, mais aussi une procédure législative spéciale qui peut cependant revêtir des modalités bien différentes. D'après la doctrine « il apparaît néanmoins, selon l'article 289, paragraphe 2, TFUE qu'une telle procédure doit associer à des degrés divers, le Conseil et le Parlement européen, même si la décision finale est prise par seulement l'une ou l'autre de ces deux institutions »[2]. Cette relecture de la fonction législative permet d'affirmer au final qu'un acte adopté selon une procédure législative ordinaire ou spéciale aura la nature législative qu'il s'agisse d'un règlement d'une directive ou d'une décision.

Ensuite les traités attribuent un pouvoir législatif au Conseil et au Parlement européen. Mais l'examen de l'évolution démocratique dans l'Union doit à notre avis tenir compte du fait que le Parlement européen à la différence des Parlements nationaux tire son origine des traités internationaux. Ceci étant l'arrêt *Les Verts* marque la volonté de la Cour de justice de renforcer les pouvoirs du Parlement européen au-delà des prescriptions écrites pour l'adapter aux exigences démocratiques. Dans le même ordre d'idées le traité de Lisbonne à travers les modalités de

---

[1] O. COSTA, « Que peut le Parlement européen », *in Pouvoirs*, n° 149, 2014, pp. 79 et s.

[2] J. RIDEAU, *Droit institutionnel de l'Union européenne*, Paris, LGDJ, 6e éd, 2010, p. 716.

mise en œuvre de la procédure législative apporte un certain nombre de modifications qui renforcent les prérogatives du Parlement européen.

Á ce sujet au terme de l'article 294, TFUE, paragraphe 3, le traité de Lisbonne substitue à « l'avis du Parlement une position en première lecture »[1]. Cette modification place donc les deux branches du pouvoir législatif européen sur un pied d'égalité et consacre le principe selon lequel, la première lecture s'effectue d'abord devant le Parlement européen. Dans l'ensemble le renforcement du rôle du Parlement européen par le traité de Lisbonne semble ainsi réduire la discussion et les critiques théoriques sur le déficit démocratique de l'Union. Le mérite de cette analyse, à la lumière du traité de Lisbonne et de l'activisme jurisprudentiel de la Cour est de débarrasser le débat sur le caractère démocratique de l'Union de nombreuses subtilités qui l'affectent. En revanche on ne saurait pour autant considérer que le déficit démocratique n'est qu'un faux problème.

B. Les limites de la procédure législative spéciale

Á la suite de certains travaux académiques pour réduire le déficit démocratique de l'Union, la réflexion sur les pouvoirs du Parlement européen dans la procédure législative spéciale est une donnée essentielle. Dans la phase actuelle de l'intégration européenne, l'édifice de la légitimité démocratique de l'Union repose sur deux piliers qui sont les deux institutions exprimant l'une la voix des États membres et l'autre la voix des peuples. Il apparaît donc dès le début de l'examen des relations entre ces deux institutions que l'avenir de l'Union son développement ou sa décadence dépendent avant tout de la rencontre de la volonté d'agir du Conseil et du Parlement européen. Á la lecture de l'article 289, paragraphe 1, TFUE « la procédure législative ordinaire consiste en l'adoption d'un règlement, d'une directive ou d'une décision conjointement par le Parlement européen et le Conseil sur proposition de la Commission. Cette procédure est définie à l'article 294 ». Assurément le Parlement européen est devenu un acteur à part entière du processus législatif européen. Il n'en reste pas moins que le processus de démocratisation de l'Union est lent et complexe. De cette façon l'évolution des relations entre le Conseil et le Parlement européen dans l'exercice du pouvoir législatif est une question centrale. La procédure législative spéciale regroupe en effet sous cette appellation,

---

[1] *Ibid.*, p. 717.

un ensemble de procédures aboutissant à l'édiction d'un acte législatif, mais dans lesquelles initialement du moins le Conseil prenait seul la décision finale. Dorénavant et au regard de la législation européenne « la procédure spéciale constitue ainsi une compilation ou une sédimentation des diverses procédures qui ont vu peu à peu le Parlement européen participer de plus en plus étroitement à l'élaboration des actes législatifs »[1]. L'article 289 TFUE définit la procédure d'adoption des actes législatifs en faisant de la procédure de codécision introduite par le traité de Maastricht la procédure de droit commun désormais rebaptisée procédure législative ordinaire. Dès lors celle-ci met sur pied d'égalité les deux branches du pouvoir législatif de l'Union reconnaissant au Parlement européen un véritable statut de colégislateur dans des domaines où son rôle s'est longtemps limité à la consultation.

De son côté la Cour de justice dans le cadre d'une légitimation démocratique de l'Union s'est efforcée de donner un poids maximum au Parlement européen. Ainsi l'interprétation jurisprudentielle de la Cour de justice l'a situé sur le plan institutionnel comme « le mode de participation au processus législatif de l'organe démocratique de l'Union européenne »[2]. Dans ces conditions la Cour de justice va d'ailleurs œuvrer en faveur du renforcement du rôle législatif du Parlement européen. De la sorte dans l'arrêt *Isoglucose*[3], la Cour va élaborer une sorte de Charte constitutionnelle de la consultation parlementaire en développant sa jurisprudence sur la reconsultation du Parlement européen. Á cela s'ajoute que le paragraphe 2 de l'article 289 TFUE mentionne l'existence de procédures législatives spéciales, c'est-à-dire dérogatoires à la procédure législative ordinaire. Car elles instaurent une relation déséquilibrée entre les deux branches du pouvoir législatif européen. En pratique cette disposition fait référence aux matières dans lesquelles le Conseil légifère seul, le rôle du Parlement européen se limitant à la consultation ou à l'approbation.

D'autant plus que les traités ne prévoient en revanche que trois cas dans lesquels le Parlement européen légifère seul après avis ou

---

[1] Règlement (CE) n° 762/2008 du Parlement européen et du Conseil du 9 juillet 2008 relatif à la communication de statistiques sur l'aquaculture par les États membres et abrogeant le règlement (CE) n° 788/96 du Conseil (*JOCE* n° L 218 du 13.8.2008, p. 1).

[2] G. LEPESANT, « L'Union européenne et son voisinage : vers un nouveau contrat », *in Politique étrangère*, vol. 69, n° 4, 2004, p. 772. *Cf.* également, M. ROUYER, « La révolution européenne de la démocratie », *in Raison politiques,* n° 10, 2003, p. 5.

[3] CJCE, 29 octobre 1980, *Isoglucose*, aff. 139/79, *Rec.*, p. 3393.

approbation de la Commission et approbation du Conseil. Á ce titre on a notamment « le statut et les conditions d'exercice des fonctions des députés européens »[1] ensuite « les modalités d'exercice du droit d'enquête »[2] et enfin le statut et les conditions générales d'exercice des fonctions du médiateur. Pour terminer l'article 294 TFUE reprend ainsi en grande partie les termes de l'article 251 TCE tout en apportant un certain nombre de modifications qui renforcent les prérogatives du Parlement européen, mais demeurent insuffisantes pour réduire ce que l'on appelle communément le déficit démocratique de l'Union. Selon cet effort d'analyse on peut d'ailleurs souligner qu'une réforme institutionnelle de l'Union est nécessaire. Elle s'explique notamment dans une large mesure par le souci de donner au Parlement européen plus de moyens pour défendre ses compétences et réduire ce qui est regardé comme le déficit démocratique de l'Union.

Conclusion du Chapitre 1

Dans le processus de légitimation démocratique de l'Union le discours sur le déficit démocratique occupe une place centrale. Malgré l'articulation entre plusieurs approches il n'est pas aisé de définir le déficit démocratique de l'Union avec exactitude. Á la lecture de la doctrine l'analyse de la légitimation démocratique de l'Union par les concepts empruntés au registre de l'État-nation est au cœur de l'accusation du déficit démocratique de l'Union. Dans le sillage de cette approche, deux aspects du déficit démocratique de l'Union émergent à savoir au niveau européen et au niveau des États membres de l'Union. Á cet égard le débat sur la légitimité démocratique de l'Union est une question de politique majeure dans laquelle la réflexion sur le déficit démocratique de l'Union à toute sa place. Dans l'analyse scientifique de la notion de déficit démocratique de l'Union, les partisans de ce discours militent principalement en faveur du renforcement des pouvoirs du Parlement européen et la participation des citoyens européens à la vie démocratique de l'Union. En effet les citoyens européens sont critiques à la façon dont fonctionne le système politique de l'Union européenne.

De fait le discours sur le déficit démocratique de l'Union est une invitation à un dépassement de paradigme pour mener une véritable

---

[1] M. BENOLO-CARABOT, « Les immunités des Communautés européennes », *in AFDI*, vol. 54, n° 54, 2008, p. 584.
[2] CJCE, 10 février 1983, *Luxembourg/Parlement*, aff. 230/81, *Rec.*, p. 255.

réflexion sur la réduction du déficit démocratique de l'Union. Il s'agit d'aller au-delà de l'opposition permanente entre l'approche du déficit démocratique analysé à l'aune des concepts de l'État-nation et la formulation néolibérale de la vision néoréaliste analysée par Andrew Moravcsik. Selon l'étude menée sur cette problématique ces deux approches cèdent la place à un nouveau courant plus apte à rendre compte du caractère spécifique de l'intégration européenne. Par contre l'approche du déficit démocratique analysé à l'aune des concepts de l'État-nation et la formulation néolibérale de la vision néoréaliste ont contribué d'une certaine manière au renforcement de la légitimité démocratique de l'Union. Désormais l'épuisement des analyses de ces approches appelle un nouveau paradigme théorique capable d'éclairer et de renouveler en profondeur la réflexion sur le déficit démocratique de l'Union. L'influence décisive de ce paradigme est de prendre en compte tous les travaux sur les approches théoriques standards relatives à la réflexion sur la légitimité démocratique de l'Union et de les approfondir en prenant en compte les évolutions actuelles du processus d'intégration européenne.

Chapitre 2

Les registres de légitimation démocratique de l'Union

Le débat concernant la légitimité démocratique de l'Union doit être situé dans un contexte plus large. Pour penser les critères d'une démocratie à grande échelle de l'Union l'expérience européenne de la démocratie est considérée comme un défi adressé aux chercheurs à la classe politique et aux citoyens. Á ce propos la question de la légitimité démocratique de l'Union débattue sous différents angles ne fait pas l'unanimité. En conséquence pour avancer l'intégration européenne a besoin d'un réel débat sur les implications d'un tel processus sur la démocratie et sur sa légitimité. D'un point de vue méthodologique la préoccupation portant sur le fonctionnement légitime de l'Union européenne était généralement tirée d'analyses comparatives centrées sur le niveau étatique. Après tout la mise en place d'un paradigme nouveau est nécessaire pour mieux saisir la complexité de cette construction démocratique.

En ce qui concerne les analyses portées sur le modèle de l'État-nation un dépassement de cadre scientifique est essentiel. Á la faveur de ce positionnement l'idée n'est pas d'étudier l'Union comme un système *sui generis,* mais de comparer la forme que prennent certains phénomènes au sein de cette intégration régionale avec des processus et des procédures observés dans des contextes nationaux. Cette réflexion se poursuit au moment où l'expérience européenne est considérée comme un défi adressé aux théories et cadres conceptuels, jusqu'alors confinés dans les limites de l'État-nation, mais qu'une théorie renouvelée de la démocratie peut aider à dépasser. Enfin à la source de l'actuelle remise en question de l'intégration européenne se trouve la question fondamentale de la légitimation. Dans cette optique pour développer ces propos il est utile de relativiser l'accusation de déficit démocratique de l'Union et « réformer le processus décisionnel de l'Union »[1]. Dans le même temps l'analyse jurisprudentielle de la Cour de justice et les registres de légitimation du Parlement européen permettent de mieux structurer cette réflexion sur la légitimation

[1] Résolution du Parlement européen du 16 février 2017 sur les évolutions et adaptations possibles de la structure institutionnelle actuelle de l'Union européenne (2014/2248 (INI)) (*JOUE*, n° C 252, du 18.7.2018, p. 201).

démocratique. Dans le droit fil de cette thématique il y a la nécessité pour l'Union de regagner la confiance des citoyens européens.

Étudier les registres de légitimations démocratiques de l'Union oblige à revenir sur le procès en déficit démocratique de l'Union (Section 1), la légitimation démocratique de l'Union par la Cour de justice et le Parlement européen (Section 2).

Section 1. Du procès en déficit démocratique à la légitimation de l'Union

En partant du postulat que la légitimité de l'Union européenne est intrinsèquement liée à son caractère démocratique, cette étude propose d'analyser de façon différente les rapports qu'entretiennent les citoyens européens avec la construction européenne. Une telle analyse entend mettre en avant un éclairage sur le lien entre procès en déficit démocratique et la légitimation démocratique de l'Union. L'Union européenne est réputée souffrir d'un déficit démocratique qui mine sa légitimité. Il faut rappeler que cette analyse est insuffisante parce qu'elle se concentre exclusivement sur les faiblesses du pouvoir[1] du Parlement européen et sur une pensée politique confinée dans les limites de l'État-nation. Le discrédit dont souffre l'Union procède de la méconnaissance de ses institutions et de son fonctionnement. Toutefois le déficit démocratique de l'Union ne doit pas être regardé comme un mythe comme le souligne Andrew Moravcsik. Plus important encore l'on ne saurait pour autant considérer le déficit démocratique de l'Union comme un faux problème. En général la légitimation comporte deux aspects. Il s'agit d'une part des institutions qui peuvent être légitimées grâce à leur acceptation par la communauté des citoyens liés par les mêmes droits et obligations. D'autre part la légitimation peut découler du fait que les institutions reposent sur la volonté de la population qui peut les changer suite à des élections. Á titre d'indication dans les régimes démocratiques ces deux aspects ne peuvent pas être séparés l'un de l'autre. Dans le fond l'Union européenne ne répond pas encore à ces deux critères de la légitimation. Dans le sens de cette préoccupation la légitimité de la construction européenne était à l'origine indirecte, sur un mode largement intergouvernemental. Actuellement l'Union repose sur une double légitimité fondée sur les

---

[1] Résolution du Parlement européen du 16 février 2017 sur l'amélioration du fonctionnement de l'Union européenne en mettant à profit le potentiel du traité de Lisbonne (2014/2249(INI)) (*JOUE*, n° C 252 du 18.7.2018, p. 215).

États et les citoyens. La légitimité est donc une notion utile dans l'analyse du problème politique de l'Union.

Dans le cadre du processus d'intégration européenne la légitimité ne peut être comprise en l'absence de démocratie. Tout simplement parce que la démocratie est le seul système politique largement reconnu comme étant légitime. Cela explique pourquoi la création d'institutions[1] démocratiques ne garantit pas à elle seule la légitimité. La thèse défendue dans cette partie est que le déficit démocratique de l'Union ne tient pas tant aux institutions politiques européennes. Ce grief tient à la tendance à assimiler « le régime politique »[2] de l'Union au modèle de l'État-nation. La relativisation de l'accusation de déficit démocratique de l'Union (§ 1) est une invitation à un rapprochement conceptuel et à la réforme du processus décisionnel de l'Union (§ 2).

§ 1. La relativisation de l'accusation de déficit démocratique

Dans le cadre de cette contribution l'objectif est de relativiser l'accusation de déficit démocratique de l'Union et de comprendre la problématique de la légitimité de l'Union. Á ce sujet le discours récurrent du déficit démocratique fait du renforcement de la légitimité démocratique de l'Union un impératif. En considération de ce qui précède, dans cette étude le nœud gordien est d'appliquer le concept d'inspiration étatique de légitimité à une entité postnationale. Á cette fin le dépassement du modèle de l'État pour penser la démocratie en Europe (A) permet de répondre aux préoccupations relatives au déficit démocratique de l'Union. Cela étant l'articulation entre procès en déficit démocratique et modèle de l'État est un élément essentiel pour structurer cette analyse (B). En tant que forme inédite d'intégration, l'Union est difficile à appréhender. L'Union reste une organisation internationale fondée sur les traités, cela n'est pas forcément illégitime au regard de la société internationale. Á l'accusation du déficit démocratique il est raisonnable de préciser qu'une parlementarisation complète de l'Union n'est pas nécessaire, la légitimité démocratique des institutions européennes se fondant sur celles des représentants des gouvernements élus par leurs peuples respectifs. En fin de compte la

[1] Communication de la Commission au Parlement européen, au Conseil, au Comité économique et social européen et au Comité des régions relative au plan d'action pour la démocratie européenne, Bruxelles (COM (2020)) 790 final du 3.12.2020.

[2] P. MAGNETTE, *Le régime politique de l'Union européenne*, 2e édition revue et augmentée, Paris, Presses de Sciences Po, 2006, pp. 238-264.

légitimité de la construction européenne joue un rôle primordial dans l'acceptation du projet européen par les citoyens européens.

A. Le dépassement du modèle de l'État pour penser la démocratie

Le dépassement du discours sur le déficit démocratique de l'Union est un impératif pour penser la démocratie à l'échelle européenne. D'après ces propos le changement du statut épistémologique est donc nécessaire pour mener une réflexion sur le processus de légitimation démocratique de la construction européenne. Cette nouvelle approche paraît constituer un cadre d'analyse adéquat pour traiter la question de la légitimité démocratique de l'Union. Suivant cette idée le réflexe de mimétisme a longtemps nourri l'idée selon laquelle l'Union ne pourrait se démocratiser qu'en suivant le modèle de l'État-nation. Tout porte donc à croire que l'Union devrait mettre en place ses propres modes de démocratisation, plutôt que de s'engluer dans le modèle de l'État-nation. Selon cet objectif plusieurs aspects de la littérature académique méritent d'être soulignés.

Premièrement le modèle démocratique de l'Union ne devrait pas seulement être analysé à l'aune des concepts de l'État-nation. Cette hypothèse autorise d'emblée à prendre en compte toutes les approches théoriques et les études sur la question de la légitimité démocratique de l'Union. L'intérêt de l'étude est de mieux développer le système démocratique de l'Union dans l'idée d'apporter des réponses pour renforcer sa légitimité démocratique. Sous cet angle le croisement de plusieurs analyses permet aujourd'hui de souligner que l'Union européenne a un fort caractère démocratique. Á proprement parler tous les courants de pensée qui analysent le système démocratique de l'Union recèlent une part de vérité. Á partir de ce trait essentiel de cette analyse on retrouve me semble-t-il facilement, dans la plupart des études sur la question une convergence de revendications à savoir le renforcement[1] des compétences et des pouvoirs du Parlement européen. Pour faire évoluer les schémas explicatifs mis en avant par la doctrine il est primordial dans ces circonstances de réaffirmer la mission d'une Union sans cesse plus étroite entre les peuples de l'Europe pour clarifier une fois de plus l'objectif moral, politique, historique ainsi que le caractère constitutionnel de l'Union. Par voie de conséquence il

[1] Résolution du Parlement européen du 16 février 2017 sur les évolutions et adaptations possibles de la structure institutionnelle actuelle de l'Union européenne (2014/2248 (INI)) (*JOUE*, n° C 252, *op. cit.*, p. 201).

convient de donner aux citoyens européens davantage de possibilités de s'impliquer dans la détermination de l'orientation que l'Union souhaite suivre en matière de démocratie.

Deuxièmement une lecture plus fine des enjeux de la légitimité démocratique de l'Union démontre un épuisement des approches théoriques du déficit démocratique de l'Union. La doctrine construite à base de ces théories n'est plus en phase avec l'évolution actuelle de l'intégration européenne. Dans ces conditions il est pertinent de développer cette réflexion au travers d'une grille de lecture. Dans ce cadre d'analyse le débat théorique sur la nécessité de renforcer l'élément démocratique dans la Communauté a été analysé dans le rapport Vedel[1]. Dans le fond ledit rapport examine deux points important sur le plan démocratique. Tout d'abord le rapport Vedel examine les implications concernant l'élargissement des compétences du Parlement européen, dans la perspective d'un élargissement graduel des compétences de la Communautés et d'un transfert de certaines prérogatives des institutions des États membres vers les institutions communautaires. Cette démarche s'inscrit sur trois façons de traiter la question. Á savoir doter la Communauté d'un système institutionnel efficace, garantir que les décisions de la Communauté soient prises dans le cadre d'une légitimité démocratique et prendre en compte les principes et les pratiques constitutionnels des États membres de la Communauté. Au vu de cette analyse, en regardant la réalité on retrouve l'approche du modèle de l'État-nation.

Ensuite pour bien structurer cette étude les auteurs du rapport ont développé plusieurs grands axes portés sur des sujets relatifs à la légitimation du système démocratique de la Communauté. Á la lecture du rapport Vedel au fond il y a l'idée de la participation du Parlement européen à l'activité constituante permanente de la Communauté. La finalité étant de bâtir progressivement l'Union politique. Á cela s'ajoute la participation du Parlement européen au processus législatif communautaire dans tous les domaines qui relèvent de la compétence communautaire, la définition de la compétence du Parlement en matière budgétaire, les fonctions du Parlement en matière de contrôle politique sur le pouvoir gouvernemental de la Communauté. En substance le rapport Vedel a posé quelques bases qui ont permis à la Communauté,

---

[1] Rapport du groupe ad hoc pour l'examen du problème de l'accroissement des compétences du Parlement européen, Commission des Communautés européennes, *Bulletin des Communautés européennes*, *op. cit.*, p. 7.

puis à l'Union européenne de renforcer les pouvoirs du Parlement européen ainsi que la légitimité démocratique mais dans la logique de légitimation par des principes de l'État-nation.

Á la suite de ce propos le rapport Vedel précise bien que le groupe examinera l'élargissement des compétences du Parlement européen « en tenant compte des principes et des pratiques constitutionnels des États membres de la Communauté ». En cette circonstance le rapport Vedel a considérablement influencé la doctrine ainsi que les travaux de plusieurs auteurs sur le système démocratique de l'Union. Dans le même temps l'approche de l'Union sur la légitimité démocratique s'est inspirée en partie dudit rapport. Dans la perspective d'une évolution des paradigmes, un dépassement de cette approche est un impératif pour l'intégration européenne. En effet l'épuisement de la méthode de légitimation par les concepts empruntés au langage de l'État démocratique est donc une invitation à la mise en place d'une nouvelle approche. En d'autres termes un changement de paradigme capable de rendre compte du processus d'intégration européenne.

B. L'articulation entre déficit démocratique et modèle de l'État-nation

Les études actuelles sur les registres de légitimation démocratique de l'Union ont révélé l'épuisement des modes de légitimation emprunté au modèle de l'État-nation. Pour résorber le déficit démocratique de l'Union, les pouvoirs du Parlement européen ont été renforcés en s'inspirant directement de la plupart des démocraties des États membres de l'Union. Malgré tout, les réformes institutionnelles calquées sur le modèle parlementaire ne parviennent pas à donner au Parlement européen une légitimité démocratique à la hauteur des enjeux de l'intégration européenne. Pour notre part les nouvelles formes de dialogue pré-législatif[1] et post-législatif entre le Parlement européen et les Parlements nationaux devraient être développées. Assurément l'articulation entre déficit démocratique et modèle de l'État-nation est une approche importante de la recherche scientifique, pour renforcer la légitimité démocratique de l'Union mais qui a également des limites. Les débats actuels autour des registres de légitimation de l'Union témoignent que les principaux acteurs de la construction européenne ont surtout besoin de nouveaux modes de légitimation de l'Union, plus

[1] Résolution du Parlement européen du 7 mai 2009 sur le développement des relations entre le Parlement européen et les parlements nationaux en vertu du traité de Lisbonne (2008/2120 (INI)) (*JOUE*, n° C 212 E, du 5.8.2010, p. 94).

originaux et plus adéquats à la structure constitutionnelle de l'Union. Á cette condition en 2022 la conférence sur l'avenir de l'Europe a formulé des propositions à ce sujet.

L'approfondissement de la notion de légitimation démocratique de l'Union exige une modification profonde de la façon de penser. L'articulation entre déficit démocratique de l'Union et modèle de l'État-nation, inaugure un nouveau registre de légitimation de l'Union. La perception largement partagée du déficit démocratique de l'Union par les citoyens européens force à renouveler les fondements normatifs de l'Union européenne. Ce qui révèle un épuisement de la méthode de légitimation par le modèle de l'État-nation. Pour cette raison les responsables européens cherchent un nouveau mode de conviction adapté aux différentes problématiques de la construction européenne. La revendication d'un changement de paradigme s'inscrit dans la perspective d'une Europe plus démocratique.

L'épuisement de différents modes de légitimation diplomatique, technocratique et judiciaire appelle une mise en place des procédés démocratiques. Sans nous étendre sur les attentes des citoyens européens « la citoyenneté de l'Union »[1] est l'un des symboles de cette légitimation par les concepts empruntés au langage de l'État démocratique. Les débats qui ont entouré « la conférence sur l'avenir de l'Europe »[2] ont révélé l'épuisement des modes de légitimation de l'État-nation. La période qui a suivi les débats montre que les dirigeants de l'Union ont pris conscience de l'érosion du soutien à la construction européenne. En raison de ces tensions sur les exigences de la démocratie, l'Union est à la recherche de nouveaux modes de légitimation. La conférence sur l'avenir de l'Europe a formulé cinq grandes propositions pour renforcer la légitimité démocratique de l'Union. Il a été particulièrement demandé à l'Union de mettre en œuvre les propositions suivantes. Dans un premier temps accroître la participation des citoyens et l'implication des jeunes dans la démocratie

---

[1] Rapport de la Commission au Parlement européen, au Conseil, au Comité économique et social européen et au Comité des régions – Renforcer les droits des citoyens européens dans une Union du changement démocratique – Rapport 2017 sur la citoyenneté européenne, Bruxelles (COM (2017)) 30 final, du 24.1.2017.

[2] Annexes de la communication de la Commission au Parlement européen, au Conseil européen, au Conseil, au Comité économique et social européen et au Comité des régions – Conférence sur l'avenir de l'Europe – Transformer une vision en actions concrètes, Bruxelles (COM (2022)) 404 final du 17.6.2022.

au niveau européen, afin de créer une expérience citoyenne complète pour les européens. Au fond il est question de veiller à ce que leur avis soit pris en compte y compris hors des périodes électorales et à ce que leur participation soit réelle.

Dans un deuxième temps l'information des citoyens européens et « la participation des jeunes »[1] dans le processus est une proposition à traiter en profondeur. L'idée c'est de rendre l'Union européenne plus compréhensible et plus accessible. La finalité étant de renforcer l'identité européenne commune. Pour preuve l'article 165 TFUE prévoit que l'action de l'Union vise à « encourager la participation des jeunes à la vie démocratique de l'Europe ». Dans un troisième temps la conférence sur l'avenir de l'Europe insiste sur la démocratie et les élections. Dès lors il est demandé à l'Union européenne de renforcer la démocratie européenne en consolidant ses fondations en incitant les citoyens européens à participer aux élections, en favorisant les débats transnationaux sur les questions européennes et en veillant à l'établissement d'un lien fort entre les citoyens et les représentants élus. Cela implique de renforcer la participation citoyenne.

Dans un quatrième temps la proposition relative au processus décisionnel de l'Union est l'une des préoccupations majeures des citoyens. L'objet du débat est d'améliorer le processus décisionnel de l'Union afin de garantir sa capacité d'action, tout en tenant compte des intérêts de chaque État membre, en garantissant un processus transparent et compréhensible par les citoyens européens. Pour terminer la proposition sur le principe de subsidiarité contribue par ailleurs au renforcement de la démocratisation de l'Union européenne. Á titre de clarification il est important de préciser que le principe de subsidiarité est bidirectionnel. L'idée que le principe de subsidiarité est bidirectionnel signifie qu'il fonctionne dans les deux sens.

Pour terminer de ce débat émerge un constat. L'Union européenne ne peut plus reposer aujourd'hui sur les modes de légitimation de l'État démocratique. Il est mis en évidence la thèse du dépassement des registres de légitimation de l'Union européenne. Probablement le renforcement de la démocratie européenne peut être réalisé avant tout dans le cadre des traités actuels. Dans ce domaine il existe encore un grand potentiel inexploité, notamment pour accroître l'efficacité de la prise de décision. Un grand nombre de citoyens européens perçoivent

[1] Résolution du Conseil relative à la promotion de la participation politique des jeunes à la vie démocratique en Europe (*JOUE*, n° C 417 du 15.12.2015, p. 10).

l'Union européenne de manière différente. Dans l'ensemble ils sont insatisfaits de la manière dont la démocratie européenne fonctionne. Cependant cette insatisfaction est liée aux mêmes problèmes rencontrés dans la plupart des démocraties d'État-nation.

§ 2. La réforme des traités de l'Union pour démocratiser le processus décisionnel

La révision du traité de Lisbonne est nécessaire dans l'intérêt de tous les citoyens de l'Union. Elle vise à remodeler l'Union de manière à accroître sa capacité à agir ainsi que sa légitimité démocratique. Dans les faits la possibilité de réviser le traité sur l'Union européenne (TUE) et le traité sur le fonctionnement de l'Union européenne (TFUE) permet d'adapter le cadre de la législation et des politiques européennes aux nouveaux défis auxquels doit faire face l'Union. L'article 48 TUE est l'un des plus importants du traité de Lisbonne. Grâce aux dispositions de cet article, le traité de Lisbonne prévoit désormais une procédure de révision ordinaire et simplifiée des traités rendant le processus de révision davantage démocratique. Entre autres la révision des traités devrait permettre à l'Union de relever plus efficacement les défis géopolitiques importants. Pour développer ces propos il nous a semblé que deux données majeures questionnent profondément la réforme des traités de l'Union à savoir la réforme des traités pour renforcer la légitimité démocratique de l'Union (A) et l'approche démocratique de la méthode de l'Union (B).

A. La réforme des traités pour renforcer la légitimité démocratique

La réforme du processus décisionnel de l'Union permet de mieux refléter un système bicaméral en donnant davantage de compétences au Parlement européen. L'intérêt de cette réforme est de rendre la structure institutionnelle de l'Union européenne plus efficace et plus démocratique avec le Parlement européen et le Conseil agissant comme colégislateur sur un pied d'égalité, la Commission remplissant les fonctions de l'exécutif, les Parlements nationaux contrôlant mieux « les actions de leur gouvernement respectif à l'échelon européen »[1]. Cette réforme devrait aller dans le sens de la modernisation de l'Union grâce

---

[1] Résolution du Parlement européen du 7 mai 2009 sur le développement des relations entre le Parlement européen et les parlements nationaux en vertu du traité de Lisbonne (2008/2120 (INI)) (*JOUE* n° C 212 E, *op. cit.*, p. 94).

à la création de nouveaux instruments et de nouvelles capacités européennes efficaces. Au cœur du discours sur la réforme du traité de Lisbonne se situe un net retour à la philosophie de la légitimité démocratique de l'Union. Dans ce débat les conventions sémantiques de la doctrine militent en faveur d'un changement de paradigme.

Le but affiché de nombreuses sources intellectuelles diverses sur le processus de légitimation démocratique de l'Union est le renforcement de la capacité de l'Union, en augmentant considérablement le nombre de domaine dans lesquels les actions de l'Union sont décidées par un vote à la majorité qualifiée et selon la procédure législative ordinaire. Le premier objectif consiste à renforcer les pouvoirs du Parlement européen. En pratique la finalité c'est de voir conférer au Parlement européen le droit d'initiative législative en particulier le droit de proposer, de modifier ou d'abroger un acte législatif de l'Union.

Le second point qui mérite d'être souligné est le souhait de l'inversion des rôles du Conseil et du Parlement dans la nomination et la confirmation du président de la Commission européenne afin de refléter plus précisément les résultats des élections européennes. Sur ce point il est pertinent de permettre au président de la Commission européenne de choisir les commissaires en fonction des préférences politiques, tout en garantissant un bon équilibre géographique et démographique. Après tout à partir de ces arguments c'est mieux que la Commission européenne soit renommée l'exécutif européen.

Une révision[1] du traité de Lisbonne est nécessaire pour rééquilibrer et rénover fondamentalement le fonctionnement de l'Union afin de parvenir à un cadre réglementaire moins bureaucratique et à une élaboration plus efficace des politiques plus proches des besoins[2] des citoyens. En outre l'élaboration d'un dialogue systématique avec les organisations de la société civile et le renforcement du dialogue social à tous les niveaux, conformément au principe établi par l'article 11TUE sont des éléments d'une grande importance pour vaincre l'euroscepticisme et réaffirmer la dimension solidaire de l'Europe, la

---

[1] Communication de la Commission au Parlement européen, au Conseil européen, au Conseil, au Comité économique et social européen et au Comité des régions – Conférence sur l'avenir de l'Europe – Transformer une vision en actions concrètes, Bruxelles (COM (2022)) 404 final du 17.6.2022.

[2] Rapport de la Commission au Parlement européen, au Conseil, au Comité économique et social européen et au Comité des régions – Rapport 2013 sur la citoyenneté de l'Union – Citoyens de l'Union : vos droits, votre avenir, Bruxelles, (COM (2013)) 269 final, *op. cit.*, p. 22.

cohésion sociale et la construction d'une démocratie participative en sus de la démocratie représentative. Dans cet esprit la Commission européenne s'est félicitée de la volonté du Parlement européen de faire usage, pour la première fois des pouvoirs que lui confère le traité de Lisbonne pour proposer des modifications des traités de l'Union.

Pour y parvenir le Parlement européen a défini un certain nombre de domaines dans lesquels, selon lui les modifications à apporter aux traités devraient être examinées dans le cadre d'une convention. Á cet effet la Commission des affaires institutionnelles a adopté un rapport d'initiative législative sur les projets du Parlement européen tendant à la modification des traités (TUE et TFUE). Raison de plus ce rapport[1] fait suite à la résolution du Parlement européen du 9 juin 2022 sur la demande d'une convention pour la révision des traités. Ledit rapport réitère l'appel du Parlement européen à la modification des traités et invite le Conseil à soumettre sans délibération les propositions du Parlement européen au Conseil européen. Les propositions de révision du traité de Lisbonne visent à remodeler l'Union de manière à accroître sa capacité d'action, à renforcer sa légitimité démocratique et sa responsabilité. Á notre sens une réforme démocratique globale des traités doit se faire au moyen d'une réflexion sur l'avenir de l'Union et d'un accord sur un projet d'avenir pour les générations actuelles et futures de citoyens européens, qui conduiraient à une convention garante de l'ouverture de par sa composition de représentant des Parlements nationaux, des gouvernements de l'ensemble des États membres de l'Union, de la Commission européenne, du Parlement européen et des organes consultatifs de l'Union, comme le Comité des régions et le Comité économique et social européen, pour mener une réflexion et une collaboration avec les citoyens et la société civile.

Il est précisé que les avis du Comité économique et social européen et du Comité des régions contribuent favorablement à accroître la légitimité démocratique de l'Union. Dans le cadre des dispositions de l'article 48 TUE, les traités confèrent au Parlement européen six prérogatives notamment, le droit de proposer des modifications aux traités, le droit d'être consulté par le Conseil européen à propos de la modification des traités, le droit d'insister en vue de la convocation d'une convention contre l'avis du Conseil européen, le droit d'être consulté au sujet d'une décision du Conseil européen portant sur la

[1] Projet du Parlement européen tendant à la révision des traités – 2022/2051(INL) du 07/11/2023 – Rapport déposé de la commission, lecture unique.

modification de l'ensemble ou d'une partie des dispositions de la troisième partie du traité sur le fonctionnement de l'Union européenne (TFUE), le droit de procéder à une redistribution des sièges au Parlement européen entre deux élections et le droit de proposer une procédure électorale uniforme.

Les dispositions de l'article 48 TUE prévoient trois procédures de révision des traités (TUE et TFUE) à savoir la procédure de révision ordinaire applicable à l'ensemble des traités, la procédure de révision simplifiée des politiques internes de l'Union et la clause passerelle. Ces trois procédures de révision prévues par le traité de Lisbonne rendent les traités plus facilement révisables. En conséquence trois éléments facilitent cette révision. Premièrement l'élargissement du droit d'initiative au Parlement européen afin que la procédure de révision ordinaire facilite le dépôt d'un projet de révision. Deuxièmement la procédure simplifiée applicable à la troisième partie du TFUE relative aux politiques internes dispense du recours à une CIG (conférence intergouvernementale). Troisièmement la clause passerelle générale complétée par les clauses passerelles spécifiques prévues pour le cadre financier pluriannuel ainsi qu'en matière sociale, d'environnement, de coopération judiciaire en matière de droit de la famille, de politique étrangère et de sécurité commune et de coopérations renforcées facilitent considérablement le passage de l'unanimité à la majorité qualifiée ou d'une procédure législative spécifique à la procédure législative ordinaire. Tout de même il est difficile de tirer des conclusions catégoriques de cette analyse. Car les États membres de l'Union restent les maîtres des traités.

Le choix opéré par les rédacteurs du traité de Lisbonne n'est pas sans influence d'un point de vue théorique sur la nature de l'Union. Pour avancer sur ce plan la condition *sine qua non* consiste à se poser les bonnes questions pour ensuite recommander les mesures visant à réformer la démocratie de l'Union ou à l'adapter à l'évolution de la société. Après avoir souligné la nécessité d'une révision des traités le deuxième cadre d'analyse fait valoir que, la modification des traités ne devrait pas être une fin en soi. Pour une grande majorité de mesures, beaucoup de choses pourront être faites dans le cadre des traités existants. Tout comme les textes constitutionnels des États membres, les traités de l'Union sont des instruments évolutifs. Suivant ce raisonnement les traités existants recèlent « un potentiel inexploité »[1] qui pourrait contribuer à améliorer le fonctionnement de l'Europe. L'Union est dans l'incapacité de satisfaire aux attentes des citoyens puisque les traités actuels ne sont pas suffisamment exploités.

Ces analyses nous conduisent à conclure qu'une révision du traité de Lisbonne est un impératif pour renforcer la légitimité démocratique de l'Union. Ceci dit le système institutionnel de l'Union a été mis en place dans le sillage des principes de l'État-nation. En conséquence une révision du traité de Lisbonne ne permet pas à l'Union de s'affranchir du modèle institutionnel de l'État-nation. Par contre la révision des traités renforce ce que l'on appelle communément le mimétisme institutionnel.

B. La légitimité démocratique par la méthode de l'Union

Un grand nombre de citoyens européen perçoivent l'Union de manière différente. Ils sont clairement insatisfaits de la manière dont la démocratie européenne fonctionne dans la pratique. Tout d'abord la démocratie est acceptée si elle fonctionne de manière à ce que la souveraineté et le pouvoir suprême appartiennent au peuple. Plus précisément la démocratie par le processus et si elle fournit des résultats à ce peuple. Les citoyens européens souhaitent que la démocratie leur apporte la garantie de liberté, de respect des « droits individuels »[2] et d'égalité dans la représentation politique inhérente à un système démocratique. Comme nous l'avons déjà noté auparavant un débat intellectuel existe aujourd'hui sur la nécessité de substituer la méthode communautaire à une nouvelle méthode.

Les avantages de la méthode communautaire et son importance pour la construction européenne militent en faveur d'une réflexion sur une méthode communautaire renouvelée. Dans ces circonstances les enjeux autour de la méthode portent désormais sur un subtil équilibre entre deux méthodes procédurales fondamentales de l'Union, la méthode communautaire et la méthode intergouvernementale. En réalité les

---

[1] Communication de la Commission au Parlement européen, au Conseil européen, au Conseil, au Comité économique et social européen et au Comité des régions – Conférence sur l'avenir de l'Europe – Transformer une vision en actions concrètes, Bruxelles (COM (2022)) 404 final, *op. cit.*, p. 5.

[2] Rapport de la Commission au Parlement européen, au Conseil, au Comité économique et social européen et au Comité des régions – Rapport 2013 sur la citoyenneté de l'Union – Citoyen de l'Union : vos droits, votre avenir, Bruxelles, (COM (2013)) 269 final, *op. cit.*, p. 25.

choix stratégiques des pères fondateurs de l'Union ont fait de la méthode le moteur de l'intégration européenne, la prémisse d'une construction progressive qui devait se faire pas à pas pour devenir effective. Ainsi placée au cœur de l'identité européenne, la méthode est devenue un révélateur des orientations du projet politique européen. La proposition d'une nouvelle méthode dite méthode de l'Union relance le débat sur la légitimité démocratique de l'Union.

Á ce propos la méthode de l'Union repose d'abord sur le jeu politique et le positionnement institutionnel de chacun des acteurs institutionnels de l'Union, le Conseil, la Commission, le Parlement européen, le Conseil européen et les États membres. D'après une relecture des débats doctrinaux définir une méthode c'est désormais réfléchir à l'équilibre des légitimités politiques de l'Union. Ainsi la réflexion sur les méthodes interroge le positionnement institutionnel et politique des acteurs de la construction européenne. Dans le prolongement de cette analyse en ce qui nous concerne une « Europe à la carte » ne permet pas de renforcer la légitimité démocratique de l'Union. Car à chaque fois que le Conseil européen décide d'appliquer des méthodes intergouvernementales et de court-circuiter la méthode communautaire prévue par les traités, cela entrave l'efficacité de la prise de décision politique, contribue à l'accroissement du manque de transparence et de contrôle démocratique. En examinant au plus près le déploiement des registres de légitimation de l'Union, la méthode de l'Union est la seule méthode démocratique pour légiférer, qui garantisse que tous les intérêts en particulier l'intérêt commun européen soient pris en compte. Clairement la méthode de l'Union est la procédure législative dans laquelle la Commission européenne, dans le cadre de ses compétences en tant que branche exécutive à l'initiative de la législation. Le Parlement européen et le Conseil qui représentent respectivement les citoyens et les États décident conjointement par un vote à la majorité, tandis que les obligations d'unanimité au Conseil deviennent des exceptions absolues. En pareil cas la Cour de justice surveille et exerce un contrôle judiciaire en dernier ressort. L'intention c'est de transformer la Commission européenne en une autorité exécutive ou gouvernement de principe de l'Union, dans le but de renforcer la méthode de l'Union. L'objectif affiché est d'accroître la transparence[1] et d'améliorer l'efficacité et l'efficience des mesures décidées au niveau européen. Pour aller plus loin le Conseil de l'Union européenne et ses configurations spécialisées, en tant que seconde chambre de l'autorité législative de l'Union devrait dans un souci de spécialité, de professionnalisme et de continuité remplacer la pratique de la présidence tournante de six mois par un système de présidents permanents choisis en son sein.

Á cet égard il est pertinent que les décisions du Conseil de l'Union européenne soient prises par un Conseil législatif unique et que les configurations législatives spécialisées du Conseil deviennent des organes préparatoires à l'image des commissions au Parlement. En quelques mots le rôle prépondérant du Conseil européen équivaut finalement à un refus continuel de la méthode communautaire et de la notion de double légitimité de l'Union qu'elle inclut.

Section 2. La Légitimation du Parlement par la Cour de justice

Le Parlement européen est élu démocratiquement au suffrage universel direct. *De facto* il représente une institution incontournable de la légitimité démocratique de l'Union. Au fond c'est le Parlement de toute l'Union d'autant plus que son rôle est essentiel au sein du triangle institutionnel. Car il garantit la légitimité et la responsabilité des décisions de l'Union. Les traités faisaient peu de cas de la possibilité pour le Parlement européen d'agir devant la Cour de justice. Cette possibilité lui a été ouverte que progressivement par la jurisprudence de la Cour de justice et la réforme des traités. Cela étant le Parlement européen peut désormais présenter des recours devant la Cour de justice de l'Union en cas de violation des traités par une institution. L'analyse jurisprudentielle de la Cour de justice (§ 1) permet de mieux comprendre l'approche des registres de légitimation du Parlement européen (§ 2).

§ 1. L'analyse jurisprudentielle de la Cour de justice

La Cour de justice participe à l'effort de légitimation démocratique de l'Union. Face aux difficultés que pose la légitimation du système politique de l'Union européenne, la contribution spécifique de la Cour

[1] Résolution du Parlement européen du 16 février 2017 sur l'amélioration du fonctionnement de l'Union européenne en mettant à profit le potentiel du traité de Lisbonne (2014/ C 252/23) (*JOUE* n° C 252, *op. cit.*, p. 221).

de justice à ce processus est essentielle. Selon l'article 10, paragraphe 3, TUE « tout citoyen a le droit de participer à la vie démocratique de l'Union. Les décisions sont prises aussi ouvertement et aussi près que possible des citoyens »[1]. Comme il a été dit plus haut, sans cesse cet article rappelle que la démocratie européenne repose sur une double légitimité celle des citoyens représentés au Parlement européen et celle des États représentés au Conseil européen et au Conseil.

Mais on doit bien admettre que « le déficit démocratique dans les traités est né du transfert institutionnel de la volonté de la nation au bénéfice des gouvernements »[2]. Assurément le déficit était tel que les traités ne consacraient même pas les droits fondamentaux. L'analyse jurisprudentielle prouve que de nombreux correctifs ont été apportés depuis l'arrêt *Les Verts* mais une déficience marquée subsiste sur le terrain législatif. Par ailleurs la Déclaration de Laeken de décembre 2001 à l'origine du processus de révision des traités aborde en ces termes la question du nécessaire rapprochement entre l'Union et les citoyens « à l'intérieur de l'Union il faut rapprocher les institutions européennes du citoyen. Certes les citoyens se rallient aux grands objectifs de l'Union, mais ils ne voient pas toujours le lien entre ces objectifs et l'action quotidienne de l'Union »[3]. En principe l'arrêt *Les Verts c. /Parlement européen* précité constitue une étape importante de la logique démocratique mise en œuvre par la Cour de justice.

Il marque la volonté de la Cour de justice de mettre en place une Union de droit démocratique. De même depuis cet arrêt les rapports entre la Cour de justice et le Parlement européen sont devenus des éléments essentiels du système constitutionnel de l'Union. Cependant dans le présent contexte les principes de démocratie et de droit, surtout le contrôle de la légalité nous intéresse particulièrement. Tout d'abord le Parlement européen constitue en particulier depuis l'élection directe « l'expression du principe démocratique dans le système constitutionnel de l'Union »[4]. Á la lecture de certains auteurs et de la

---

[1] L. AZOULAI, « La citoyenneté européenne, un statut d'intégration sociale », *in Chemins d'Europe. Mélanges en l'honneur de Jean-Paul Jacqué,* Paris, Dalloz, 2010, p. 14.

[2] O. COSTA, « La Cour de justice et le contrôle démocratique de l'Union européenne », *in RFSP,* n° 6, 2001, p. 882.

[3] S. STRUDEL, « Pratiques de la citoyenneté européenne. Avant-propos », *in RIPC,* vol. 9, 2002, p. 7.

[4] P. MAGNETTE, « Vers une citoyenneté européenne directe ? Pratique du droit de pétition dans l'Union européenne », *in RIPC*, vol. 9, 2002, p. 76.

jurisprudence de la Cour de justice « le principe démocratique est imparfaitement réalisé dans l'Union »[1]. La Cour de justice a retracé « les diverses manifestations de ce principe dans l'interprétation des traités fondateurs »[2]. Certains auteurs du droit européen ont contribué par la suite à l'élaboration du principe démocratique qui a été finalement consacré par la Cour de justice à travers l'arrêt *les Verts* et qui a été évoqué dans l'article 2 du TUE.

De part et d'autre on peut se demander si cette Cour qui a développé le principe démocratique ne le déforme pas en soumettant les actes du Parlement au contrôle judiciaire. Certes on peut dire que « les pays qui connaissent un contrôle de constitutionnalité de l'activité des trois pouvoirs étatiques, n'écartent pas cependant la démocratie »[3]. Mais les Parlements nationaux sont plus puissants que le Parlement européen. Cette hypothèse laisse à penser qu'un contrôle judiciaire des activités du Parlement européen puisse empêcher le déploiement de l'idée démocratique dans l'Union, interrogeant ainsi la logique démocratique du Parlement (A). Dans l'arrêt *Les Verts c. Parlement européen,* la Cour de justice se fonde en revanche sur la fonction générale de gardienne des traités pour justifier le contrôle par celle-ci de la légalité d'actes autres que ceux du Conseil et de la Commission européenne. Une question essentielle de ce contentieux.

D'habitude le système du traité est toutefois d'ouvrir « un recours direct contre toutes dispositions prises par les institutions et visant à produire des effets juridiques »[4]. Pourtant bien avant l'arrêt *Les Verts*, le Parlement européen ne figurait pas parmi les institutions dont les actes peuvent être attaqués. Car le traité dans sa version originaire ne lui conférait que des pouvoirs consultatifs et de contrôle politique. Dans cet arrêt clé la Cour adhère à l'idée d'Union de droit et y subordonne le Parlement européen à un contrôle général de la légalité. Cet acte introduit le Parlement européen dans le système contentieux de l'Union

---

[1] *Ibid.,* p. 78.

[2] CJCE, 10 février 1983, *Luxembourg/Parlement européen* aff. 230/81, *Rec.,* p. 255 (concl. MANCINI, 7 décembre 1982).

[3] S. DUCHESNE, « Citoyenneté, nationalité et vote : une association perturbée », *in Pouvoirs*, n° 120, 2007, p. 79.

[4] J.-J. SUEUR, « L'évolution du catalogue des droits fondamentaux », *in* J. RIDEAU (sous la dir.), *Les droits fondamentaux dans l'Union européenne. Dans le sillage de la Constitution européenne,* Bruxelles, Bruylant, coll. Droit de l'Union européenne – Colloques, 2009, p. 41.

européenne. Ce qui renforce effectivement la légitimité démocratique de la construction européenne (B).

En conséquence l'article 13, paragraphe 1, TUE, établit le cadre institutionnel européen et souligne que les institutions sont au service du projet d'intégration européenne. Aussi il est fait référence à la double légitimité de l'Union, celle des citoyens et celle des États membres. L'apport essentiel de cet article réside dans la consécration du statut du Parlement européen émanation directe des citoyens européens du fait de son élection au suffrage universel direct. Il convient enfin de mentionner le changement d'appellation de la Cour de justice des Communautés qui devient la Cour de justice de l'Union.

A. La logique démocratique du Parlement européen

La participation effective du Parlement européen au processus législatif de l'Union selon les procédures prévues par le traité, représente en effet un élément essentiel de l'équilibre institutionnel voulu par le traité. Cette compétence constitue l'expression d'un principe démocratique fondamental de l'Union selon lequel « les peuples participent à l'exercice du pouvoir par l'intermédiaire d'une assemblée représentative »[1]. En réalité il ne fait pas de doute que l'actualité de ce propos soit flagrante surtout lorsqu'on songe à la nécessité de combler le déficit démocratique. Au regard de plusieurs thèses sur cette question, il est incontestable que la grande cause de ce déficit soit la faiblesse de la position du Parlement européen dans la structure politique de l'Union. L'appréciation de ces hypothèses soulève plusieurs questions. À cet effet dans le but d'enrichir ce débat, la question de la double légitimité du Parlement européen mérite un droit de regard. De la même façon il ne paraît exclu dès lors d'interroger le discours sur le déficit démocratique de l'Union européenne. De tout temps « la thèse révisionniste »[2] et « la thèse progressiste »[3] examinent la crise de légitimité ainsi que le déficit démocratique de l'Union européenne. L'histoire du Parlement européen est marquée par

---

[1] G. JAN BRANDSMA, « L'influence de l'information sur la surveillance : la réponse du Parlement européen à la multiplication des informations sur la comitologie » *in RISA*, vol. 78, 2012, p. 83.

[2] A. LAGELLE, « Le rôle des Parlements nationaux dans le processus législatif européen à l'aune du traité de Lisbonne », *in RFDC*, n° 87, 2011, p. 27.

[3] A. MEYER-HEINE, « La participation des Parlements au fonctionnement de l'Union européenne : quand la subsidiarité renforce la démocratisation de l'Union », *in Droit et société*, n° 80, 2012, p. 35.

l'accroissement continu de ses pouvoirs. Longtemps désigné dans les traités comme « l'Assemblée des Communautés européenne »[1], il décide lui-même de prendre l'appellation de Parlement européen[2] par une résolution du 30 mars 1962. Au fond la notion de légitimité démocratique de l'Union milite en faveur de l'accroissement des pouvoirs du Parlement européen au sein de l'Union européenne.

Selon cette hypothèse les pouvoirs du Parlement européen sont à la fois limités et mal orientés. Cela pose un problème de légitimité de cette institution. La structure de la présente analyse nécessite d'être examinée au regard de la thèse révisionniste. Pour comprendre la thèse révisionniste il est nécessaire de clarifier certains concepts tels que démocratie et légitimité, puis intégration et démocratie. Au préalable lorsqu'on parle du Parlement européen les notions de démocratie et de légitimité au regard de la doctrine sont employées indifféremment. Á ce titre nous admettons qu'un gouvernement ou un régime politique non démocratique pourrait difficilement obtenir ou conserver une légitimité. Mais il est encore possible qu'une structure démocratique n'ait pas de légitimité.

En outre sur le plan de la théorie de la démocratie l'objectif final d'une entité unificatrice est de combler le déficit démocratique initialement lié au processus d'intégration. Ce résultat est atteint quand le tissu et les discours sociaux sont devenus tels que l'électorat accepte la nouvelle frontière comme frontière de l'entité, puis reconnaît sans réserve la légitimité de la règle majoritaire dans un système beaucoup plus large englobant les entités intégrées. Sous cet angle d'approche dans le cadre de l'Union, ce processus peut être long afin de consolider la légitimité sociale et formelle de l'Union. Ceci posé examinons maintenant comment la thèse révisionniste se dégage du contexte de notre analyse, plus particulièrement en ce qui concerne le Parlement européen. Dans cette perspective la thèse révisionniste pose en postulat que l'Union traverse une crise de légitimité. L'Union européenne y compris son Parlement aux pouvoirs limités souffrent d'un effet pervers de « parlementarisation du système institutionnel de l'Union qui a certes renforcé son caractère démocratique, mais a également brouillé

---

[1] Acte portant élection des représentants à l'assemblée au suffrage universel direct (*JOCE* L. 278 du 8.10.1976, p. 5-11).

[2] Décision du bureau du Parlement européen des 19 mai et 9 juillet 2008 portant sur les mesures d'application du statut des députés au Parlement européen (*JOCE* n° C 159, du 13 juillet 2009, p. 1-24).

sa lisibilité »[1] et partant, affecté sa légitimité auprès des citoyens. Á première vue s'il y a crise de légitimité il doit donc s'agir d'une crise de légitimité de fait. Selon la thèse révisionniste « tout renforcement du pouvoir législatif du Parlement européen aux dépens du Conseil contribuerait à surmonter cette crise de légitimité »[2]. De cette constatation il en ressort que cette crise de légitimité tient à une cause qu'il conviendrait d'examiner.

Par conséquent la cause essentielle c'est que l'électorat européen n'accepte qu'à contrecœur l'idée que des domaines cruciaux de la vie politique soient régis par un processus décisionnel dans lequel la voix nationale n'est plus que celle d'une minorité qui peut être battue par une majorité de représentants d'autres pays européens. Ensuite pour la thèse révisionniste le second moyen de renforcer la légitimité d'une entité politique en voie d'intégration comme l'Union européenne consiste à démontrer les bénéfices tangibles que l'intégration apporte en matière de prospérité. C'est la contrepartie positive de l'abandon du contrôle national. Partant de ce fait pour cette thèse c'est de cela en fin de compte que dépend le succès de l'intégration. Á titre d'indication les échecs de l'Union européenne en matière de légitimité doivent être en partie imputés au blocage au sein du Conseil. Sur ce point de l'avis général il convient d'améliorer l'efficacité du système institutionnel et de réduire le déficit démocratique qui s'y attache.

B. La légitimation démocratique de la construction européenne

La Cour de justice fait une consécration jurisprudentielle de la démocratie à travers l'idée d'Union de droit démocratique. Toute analyse relative à la place du Parlement européen dans la structure institutionnelle de l'Union, lorsqu'il s'agit de développer « la dimension politique du processus d'intégration européenne commence par exposer le déficit démocratique »[3] qui caractérise le processus décisionnel de l'Union. Dans ces circonstances la réflexion sur le déficit démocratique mérite d'être éclairée en plusieurs points. Car la notion

---

[1] F. CHALTIEL, « Qu'est-ce qu'un citoyen européen », *in Chemins d'Europe. Mélanges en l'honneur de Jean-Paul Jacqué,* Paris, Dalloz, 2010, p. 180.

[2] V. THEBAULT, « Les paradoxes démocratiques de la construction européenne », *in* S. POILLOT-PERUZZETTO (sous la dir.), *Trajectoires de l'Europe, unie dans la diversité depuis 50 ans*, Paris, Dalloz, coll. Thèmes & commentaires, 2008, p. 161.

[3] O. COSTA, « Le Parlement européen dans le système décisionnel de l'Union européenne : la puissance au profit de l'illisibilité », *in Politique européenne*, n° 28, 2009, p. 132.

de démocratie occupe une place centrale dans la dynamique de la légitimation démocratique de l'Union. Dans une première lecture l'idée d'un déficit démocratique a suscité et mobilisé la tendance pour un changement des pouvoirs du Parlement européen. Selon la thèse progressiste le Parlement européen est le seul dépositaire de la légitimité et de la démocratie dans l'Union européenne. Partant de cette lecture les pouvoirs du Parlement sont limités face à un Conseil déterminé, le pouvoir législatif dont jouit le Parlement européen se réduit. Á la lecture de la thèse progressiste c'est cet ensemble de facteurs qui constitue le déficit démocratique et suscite la crise de légitimité dont souffre la construction européenne.

Dans une deuxième lecture bien que le déficit démocratique soit l'un des grands thèmes de la rhétorique parlementaire, H. Oberdorff reprend la théorie de Joseph Weiler chef de file de la thèse progressiste. Il trouve nécessaire de changer d'approche et s'exprime en ces termes. Il est possible de remédier aux aspects en question au moyen de changements institutionnels qui, d'une part « débloquerait le Conseil en rétablissant le vote à la majorité et qui d'autre part, renforceraient sensiblement le pouvoir législatif et le pouvoir de contrôle du Parlement européen »[1]. En ce qui concerne le processus décisionnel, la thèse progressiste veut qu'au fil des ans le Parlement européen puisse acquérir un esprit dit communautaire qui, si on le laisse s'exprimer concrètement permettrait de dépasser les querelles nationalistes et induirait un dynamisme bien plus conforme aux objectifs déclarés des traités de l'Union. Selon les analyses de la thèse progressiste les parlementaires sont divisés quant à la stratégie la plus propre à conduire à ces changements.

De toute évidence dans la perspective des idées de ce courant de pensée on peut classer les diverses stratégies de cette controverse en deux catégories. D'une part l'approche radicale exceptionnellement incarnée dans le projet de traité prévoit des transformations qui auraient pour effet de changer profondément l'équilibre institutionnel en faveur du Parlement et de réduire les pouvoirs du Conseil. D'autre part l'approche graduelle donne la préférence à une évolution plus modulée et plus progressiste. C'est-à-dire l'exploitation maximale des pouvoirs existants pour des changements ponctuels des règles du jeu. Pour toutes

---

[1] H. OBERDORFF, « La séparation des pouvoirs », *in* J.-B. AUBY (sous la dir.), *L'influence du droit européen sur les catégories du droit public,* Paris, Dalloz, coll. Thèmes & commentaires, 2010, p. 185.

ces raisons cette controverse témoigne de la complexité du système institutionnel de l'Union. Les théories de la thèse progressiste appliquées au système de l'Union ont tout d'abord des vertus explicatives. Á ce titre elles permettent de mieux décrypter le modèle juridique et politique européen qui se met en place et ne répond pas aux catégories du droit constitutionnel. Á cet égard on peut considérer que le modèle de l'Union constitue une réponse à la gestion des difficultés politiques et juridique de l'Union. Au final le Parlement européen est devenu un acteur à part entière du processus législatif européen. Par contre il n'en reste pas moins que le processus de démocratisation de l'Union est lent et complexe.

§ 2. Les registres de légitimation du Parlement européen

La Cour de justice dans le cadre de la légitimation démocratique de l'Union s'est efforcée de donner un poids maximum au Parlement européen. Á ce propos l'interprétation jurisprudentielle de la Cour de justice l'a situé sur le plan institutionnel comme « le mode de participation au processus législatif de l'organe démocratique de l'Union européenne »[1]. Dans ces conditions la Cour de justice va d'ailleurs œuvrer en faveur du renforcement du rôle législatif du Parlement européen. De cette manière dans l'arrêt *Isoglucose*[2], la Cour de justice va élaborer une sorte de Charte constitutionnelle de la consultation parlementaire en développant sa jurisprudence sur la reconsultation du Parlement européen. L'article 294 TFUE reprend en grande partie les termes de l'article 251 TCE, tout en apportant un certain nombre de modifications qui renforcent les prérogatives du Parlement européen, mais demeurent insuffisantes pour l'idée d'une légitimation démocratique de l'Union européenne.

On peut d'ailleurs imaginer que la jurisprudence sur la légitimation active du Parlement européen s'explique dans une large mesure par le souci de donner au Parlement européen le moyen de défendre ses compétences et réduire ainsi le déficit démocratique de l'Union. Dans l'arrêt *Les Verts* le rôle de la Cour de justice, qui consiste à appliquer et interpréter les traités a eu une dimension politique due à l'élaboration d'une jurisprudence constructive destinée à parfaire l'intégration

---

[1] G. LEPESANT, « L'Union européenne et son voisinage : vers un nouveau contrat », *in Politique étrangère*, vol. 69, n° 4, 2004, p. 772. *Cf.* également, M. ROUYER, « La révolution européenne de la démocratie », *in Raison politiques,* n° 10, 2003, p. 5.
[2] CJCE, 29 octobre 1980, *Isoglucose*, aff. jtes, 138 et 139/79, *Rec.*, p. 3393.

européenne et à compenser les insuffisances de la Communauté de droit liées au déficit démocratique. Cet arrêt constitue une étape importante dans le développement par la jurisprudence du contrôle juridictionnel institué par le traité. De surcroît « il marque la volonté de la Cour d'étendre celui-ci au-delà des prescriptions écrites pour l'adapter aux exigences d'une véritable Communauté de droit »[1]. Cette dimension politique du contrôle juridictionnel a connu un nouvel essor sur le plan institutionnel avec l'élection du Parlement européen au suffrage universel direct.

Envisagée de cette manière « la stratégie judiciaire du Parlement européen »[2] est porteuse d'espoir dans la mesure où celui-ci vit en la Cour de justice une alliée objective pouvant faire plier le Conseil. Pourtant pendant une longue période le Parlement ne s'est guère intéressé aux affaires contentieuses. Néanmoins le Parlement a institué depuis les élections de 1984 une commission juridique et des droits des citoyens. Il s'ensuit que la participation du Parlement européen à une meilleure connaissance de l'Union de droit et au renforcement de son efficacité trouve son origine dans le contentieux de l'Union.

Il est essentiel en effet pour le Parlement européen de résoudre les problèmes délicats au regard tant des équilibres institutionnels que de la méthode d'interprétation. Pour cette raison le Parlement accepte formellement le contrôle de la légalité de ses actes ce qu'on appelle désormais par un néologisme dérivé de langue allemande « la légitimation passive »[3]. Il revendique en contrepartie le droit de former à son tour des recours en annulation contre le Conseil et la Commission. C'est-à-dire « la légitimation active »[4]. En effet l'étude de ces diverses modalités de contentieux met en évidence un problème inéluctable, mais à peine résolu. Celui de la justiciabilité des litiges dans lesquels le Parlement européen est impliqué.

Il est nécessaire d'examiner ces hypothèses. Lorsque le Parlement introduit une procédure devant la Cour de justice tendant à contrôler la

---

[1] L. BALMOND, « Les instruments juridiques des relations extérieures », *in* J. RIDEAU (sous la dir.), *De la Communauté de droit à l'Union de droit. Continuités et avatars européens*, Paris, LGDJ, 2000, p. 100.

[2] CJCE, 23 avril 1986, *Parti écologiste Les Verts/Parlement*, *op. cit.*, p. 1339.

[3] F. MARIATE, « Recours en carence », *in* D. SIMON, F. MARIATTE, R. MUNOZ (sous la dir.), *Contentieux de l'Union européenne/2*, Rueil-Malmaison, Lamy, coll. Axe Droit, 2011, p. 40.

[4] L.-CLEMENT-WILZ, *La fonction de l'avocat général près la Cour de justice*, Bruxelles, Bruylant, coll. Droit de l'Union européenne, 2011, p. 199.

légalité des actes délibérés par une autre institution de l'Union on lui reproche de méconnaître sa fonction politique et de se disperser dans des différends juridiques. Dans le cadre de notre analyse nous ne nous rallions pas à ce point de vue. Dans cet esprit le rôle actif du Parlement européen promet et a déjà apporté un enrichissement au système constitutionnel de l'Union. L'évaluation avantageuse de l'intégration judiciaire du Parlement dans l'Union européenne pourrait être moins positive si la jurisprudence de la Cour ne concédait pas un vaste cadre aux activités du Parlement européen[1].

Pourtant la question de la légitimation passive du Parlement a été résolue dans l'arrêt *Les Verts* du 23 avril 1986 (A). Sans cesse l'Union dit la Cour, est une Union de droit. Ceci implique donc un contrôle des actes des institutions et de la cohérence des voies de recours pouvant conduire nécessairement à reconnaître au Parlement européen le droit d'introduire des recours en annulation dans le cadre de sa légitimation active (B). Par son initiative concernant le contrôle de l'application du droit de l'Union et par le développement de ses organes juridiques, le Parlement européen a montré qu'il est prêt à assumer une telle responsabilité.

A. Le registre de la légitimation passive du Parlement européen

La légitimation passive du Parlement européen au titre de l'article 263 TFUE fut mise à l'épreuve pour la première fois dans l'affaire *Grand-Duché de Luxembourg*[2] concernant le siège du Parlement européen. En rappelant l'arrêt *AETR*[3] du 31 mars 1971 la Cour dit que « le système du traité est d'ouvrir un recours contre toutes dispositions prises par les institutions et visant à produire des effets juridiques »[4]. Néanmoins jusqu'à l'Acte unique européen le traité ne confiait à la Cour que le contrôle de la légalité des actes du Conseil et de la Commission. Á tout le moins en 1986 la Cour de justice a déclaré recevable un recours en annulation dirigé contre un acte du Parlement européen. Dès lors l'utilisation du raisonnement de la Cour de justice

[1] Le Parlement a soutenu avec vigueur devant la Cour la recevabilité de son recours contre la décision *Comitologie* de 1987 (voir résolution du 9 octobre 1986, *JOCE,* n° C 283 du 10.11.1986, p. 85, rapport Vayssade, *PE Doc.* A 2-71/86, 18 juillet 1986).

[2] CJCE, 10 février 1983, *Grand-Duché de Luxembourg/ Parlement*, *op. cit.*, p. 225.

[3] CJCE, 31 mars 1971, *Commission des Communautés européennes/ Conseil des Communautés européennes, AETR* (Accord européen sur les transports routiers) *op. cit.*, p. 263.

[4] CJCE, 18 juin 2002, aff. C-398/00, *Espagne/Commission*, *Rec.*, p. I-5643, point 33.

dans l'arrêt *Les Verts* n'est pas sans conséquences. Tout d'abord dans le cadre du traité de Rome, seuls les actes du Conseil et de la Commission étaient attaquables. Pourtant le traité CECA prévoyait un recours contre les délibérations du Parlement, mais dans des conditions restrictives. Selon l'avocat général F. Jacobs, cette situation n'était pas soutenable. Il préconisa l'extension du contrôle judiciaire du Parlement, en se basant sur certains principes juridiques tels « qu'un acte du Parlement ne pourra avoir une efficacité juridique qu'à la condition qu'il soit judiciairement reconnu »[1]. Au cours de l'arrêt *AETR,* la Cour de justice précisa que les actes dérisoires sont susceptibles d'être attaqués en annulation.

À l'occasion de l'affaire *Kadi* le Tribunal en suivant la ligne jurisprudentielle de l'arrêt *Les verts* estima que « la Communauté est une Communauté de droit en ce que ni ses États membres, ni ses institutions n'échappent au contrôle de la conformité de leurs actes à la Charte constitutionnelle de base qu'est le traité »[2]. Par cette formule le Parlement européen est subordonné à un contrôle général de légalité dans le cadre d'une Union de droit. En pratique la légitimation passive du Parlement européen en matière d'annulation a pu constituer un atout pour l'Union de droit. Ensuite l'alignement du Parlement européen sur les autres institutions renforce sa crédibilité. Le Parlement ne devient plus l'objet de controverses juridiques. Depuis l'arrêt *Les Verts* « il agit plutôt comme un sujet qui défend en public sa position de droit »[3]. Á ce titre cela accroît la réputation du Parlement européen et ainsi contribue à sa légitimation et son image au sein de l'Union européenne est consolidée. En d'autres termes la légitimation passive revêt dans l'arrêt *Les Verts* une portée beaucoup plus grande. Elle est directement fondée sur l'esprit du traité tel qu'il est exprimé par l'article 263 TFUE (ex-article 230 CE) « la Cour de justice de l'Union européenne contrôle la légalité des actes législatifs, des actes du Conseil, de la Commission et de la banque centrale européenne, autres que les recommandations et les avis et des actes du Parlement européen et du Conseil ». Du reste après avoir noté qu'une agence telle que l'*AER*[4] ne figurait pas parmi

---

[1] CJCE, 7 juillet 1992, *Parlement/Conseil*, aff. C-295/90, *Rec.,* p. I-4236, point 9.

[2] TPICE, 21 septembre 2005, *Kadi c /Conseil et Commission*, aff. T-315/01, *Rec.,* p. II-3649, points 209-215.

[3] L. BALMOND, « Les instruments juridiques des relations extérieures », *op. cit.,* p. 101.

[4] *Cf.* l'affaire T-411/06, le Tribunal, par un arrêt du 8 octobre 2008, *Sogelma c. AER, Rec.*, 2008, p. II-2771, a jugé recevable le recours en annulation dirigé par la société

les institutions de l'Union européenne énumérées à l'ancien article 230 CE devenu l'article 263 TFUE, et que le règlement fondateur de ladite agence ne donnait pas compétence à la Cour pour statuer contre les décisions en cause de l'*AER*, le Tribunal s'appuie sur l'arrêt *Les Verts* pour en déduire le principe général que, tout acte émanant d'un organisme communautaire destiné à produire des effets juridiques vis-à-vis des tiers doit être susceptible d'un contrôle juridictionnel. Selon cette analyse après une longue période d'isolement le Parlement européen s'est intégré récemment dans le système de légalité de l'Union.

Dans l'arrêt *Les Verts* la Cour de justice a explicitement fait remarquer que, le danger d'un Parlement européen dépassant sa compétence constitutionnelle a été en effet le motif principal pour reconnaître la légitimité passive du Parlement européen.

B. Le registre de la légitimation active du Parlement européen

La légitimation active du Parlement européen mérite une considération particulière. Selon une interprétation jurisprudentielle les exigences de contrôle juridictionnel dans une Union de droit impliqueraient logiquement que lui soit reconnue « la qualité pour agir, en contrepartie de l'acceptation du contrôle de légalité de ses actes »[1]. C'est par la voie du recours en annulation que le Parlement a entamé la quête visant à accroître ses attributions juridictionnelles. Dans ce sens le recours en annulation est donc le long chemin vers une légitimation active complète du Parlement européen. Pour mesurer cette hypothèse on reviendra d'abord sur les problèmes contentieux du Parlement européen. Ensuite on passera à l'examen de l'article 263, alinéa 2, du TFUE qui donne le droit d'agir en annulation au Parlement européen en qualité de requérant privilégié.

S'agissant tout d'abord de la consécration du statut contentieux des actes du Parlement européen et à la lecture de l'arrêt *Les Verts* « les actes du Parlement européen sont susceptibles d'être contestés par la voie de l'annulation »[2]. Ainsi seuls les actes « destinés à produire des effets juridiques à l'égard des tiers sont susceptibles de recours en

---

Sogelma contre des décisions d'annulation d'appels d'offres prises par l'AER (Agence Européenne pour la Construction).

[1] Concl. W. VAN GERVEN, 30 novembre 1989, sous CJCE, 22 mai 1990, *Parlement/Conseil*, *op. cit.*, *Rec.*, p. I-2041, 2052.

[2] CJCE, 25 février 1988, *Les Verts/Parlement*, aff. 190/84, *Rec.*, p. 1017.

annulation »[1]. *A fortiori* à l'origine le recours en annulation était ouvert aux requérants constitutionnels ou privilégiés. En tant que gardiens des objectifs de l'ordre juridique de l'Union ces derniers n'ont pas à invoquer un intérêt à agir. Cependant le Parlement n'était pas mentionné expressément par l'ex-article 173 CEE / 230 CE (actuel article 263 TFUE). Á l'occasion de l'affaire *Isoglucose*, le Parlement adopta alors une stratégie judiciaire pour faire son entrée comme requérant devant la Cour. La méconnaissance par le Conseil de son obligation de consulter le Parlement dans l'affaire *Isoglucose* a donné lieu à une intervention du Parlement et de la Cour de justice.

Pour cette raison les juges eurent recours à une interprétation jurisprudentielle conduisant à reconnaître que « le Parlement européen était naturellement inclus dans l'expression : institutions »[2]. De nouveau la deuxième tentative de la légitimation active du Parlement fut un échec. Le Parlement européen tentait d'obtenir l'annulation de la décision du Conseil du 13 juillet 1987 fixant les modalités d'exercice des compétences d'attribution conférées à la Commission européenne. Mais se démarquant des conclusions de l'avocat général Darmon, la Cour de justice suivit l'exception d'irrecevabilité soulevée par le Conseil et rejeta la légitimation active du Parlement européen.

Une révision des traités fut nécessaire pour que le Parlement puisse agir en annulation. Le second aspect qui est important de souligner est la faiblesse de l'arrêt *Comitologie* rendu en 1988. En toute logique, la Cour reprit le raisonnement de l'avocat général Darmon selon lequel « un recours introduit par le Parlement européen n'est recevable qu'à condition qu'ils ne tendent qu'à la sauvegarde de ses prérogatives et qu'il ne se fonde que sur les moyens tirés de la violation de celle-ci »[3]. Par voie de conséquence en reprenant ce raisonnement, la Cour de justice justifie la légitimation active du Parlement européen non pas sur le principe de la démocratie, mais sur le principe de l'équilibre institutionnel de l'Union qui autorise la Cour de justice à combler la lacune procédurale du traité.

---

[1] TPICE, 26 février 2002, *Rothley/Parlement européen*, aff. T-17/00, *Rec.*, p. II-579, points 74 et 76.

[2] H. GAUDIN, « La procédure de révision des traités », *in* M. BLANQUET (sous la dir.), *La prise de décision dans l'Union européenne*, Bruxelles, Bruylant, coll. Droit de l'Union européenne – Colloques, 2011, p. 248.

[3] Concl. M. DARMON, 26 mai 1988, sous CJCE, 27 septembre 1988, *Parlement/Conseil*, *op. cit.*, p. 5635, point 32.

Tout au plus la légitimation active du Parlement formulée par la Cour de justice a été consacrée par les traités de Maastricht et d'Amsterdam (ex-article 230, al. 3 CE, devenu l'article 263 TFUE) et confirmé par le traité de Nice. On doit bien admettre que « cette avancée avait un goût d'inachevé dans la mesure où le Parlement européen n'était pas considéré comme un requérant privilégié. Par ailleurs le traité de Nice est venu parachever sa légitimation active, faisant de lui un requérant privilégié au même titre que le Conseil et la Commission. Indéniablement l'alignement du Parlement européen sur les autres institutions renforce sa légitimité au sein de l'architecture institutionnelle de l'Union européenne. Tout compte fait cette analyse a permis d'envisagé la problématique de la légitimité du Parlement européen sous les angles jurisprudentiel et normatif.

Conclusion du Chapitre 2

L'Union bénéficie d'une forme de légitimité qui n'apparaît pas suffisante compte tenu des attentes des citoyens européens. Cela étant le traité de Lisbonne affirme la vocation politique de la construction européenne. L'expérience européenne a besoin d'un débat portant sur le fonctionnement légitime de l'Union. Pour avancer sur ce point un dépassement des analyses centrées uniquement sur le niveau étatique est nécessaire. En cette circonstance l'étude des registres de légitimation démocratique de l'Union a permis de revenir sur le procès en déficit démocratique de l'Union et sur le modèle théorique de la légitimation démocratique de l'Union par la Cour de justice.

Après tout la légitimité démocratique est une notion utile dans l'analyse du problème politique de l'Union. Á titre d'indication les principes fondateurs de l'Union participent d'un effort visant à mieux légitimer le pouvoir politique européen. Concrètement les principes fondateurs affirment la légitimité de l'Union au-delà de celle de ses institutions. Décidément il en ressort que la création d'institutions démocratiques ne garantit pas exclusivement la légitimité. La relativisation de l'accusation de déficit démocratique de l'Union est une invitation au dépassement du modèle de l'État-nation pour penser la démocratie en Europe. L'analyse sur la révision des traités prône une réforme en profondeur des traités (TUE et TFUE) pour renforcer la légitimité démocratique de l'Union. Dans ce débat d'idées il y a en filigrane l'approche démocratique de la méthode de l'Union.

Á coup sûr la Cour de justice a joué un rôle essentiel dans la légitimation du Parlement européen. Elle participe ainsi à l'effort de légitimation démocratique de l'Union. La jurisprudence de la Cour de justice a surtout œuvré en faveur du renforcement du rôle législatif du Parlement européen. Ainsi l'arrêt *les Verts/Parlement* constitue une étape importante dans le développement de la logique démocratique mise en œuvre par la Cour de justice. En définitive la discussion autour des registres de légitimation de l'Union ne peut finalement pas être détachée de l'intégration européenne. L'Union n'est pas un État et une solution ne peut pas se trouver dans la copie des institutions étatiques. Ce qui démontre clairement l'essoufflement d'une approche de légitimation par les concepts empruntés au modèle de l'État-nation. Dans les débats autour de la réforme des institutions, il est convenable de distinguer clairement entre l'efficacité des institutions européennes et la possibilité des citoyens de participer à la prise de décisions.

Conclusion du Titre 2

La construction démocratique de l'Union européenne a besoin d'un nouveau souffle. Pour atteindre cet objectif le discours de la remise en cause de la construction démocratique de l'Union propose une réflexion approfondie sur la légitimité démocratique de l'Union. En considération de ces propos l'objet de l'étude est principalement l'analyse du degré de démocratie de l'Union. Ce qu'il convient d'appeler la démocratie de l'Europe. C'est-à-dire une approche qui s'intéresse plus particulièrement au fondement et à l'évolution de l'Union en tant que système politique. En toile de fond il y a le constat récurrent d'une partie importante de la doctrine, selon lequel l'Union souffrirait d'un déficit démocratique. L'émergence de ce discours s'inscrit dans une logique d'approche du modèle de la démocratie parlementaire dans le cadre de l'État-nation.

Dans l'esprit de cette étude sur la légitimité démocratique, l'Union européenne reste une organisation internationale fondée sur les traités. L'accusation du déficit démocratique se fonde sur la non-application à l'échelle de l'Union du régime parlementaire, alors même que l'Union n'est pas un État. L'analyse de la légitimité démocratique de l'Union est un symbole fort qui s'articule autour de deux approches doctrinales antagonistes. La première approche met en avant le discours sur le déficit démocratique de l'Union qui sert le processus de légitimation démocratique du Parlement européen. Selon la deuxième approche à ce jour aucun élément ne permet de remettre en cause la légitimité démocratique des institutions européennes. Un croisement d'analyse de ces deux approches doctrinales a permis de mettre en évidence un nouveau cadre de pensée. Car ces approches ont contribué chacune à sa manière au renforcement de la légitimité démocratique de l'Union.

Sûrement les études sur la légitimation démocratique de l'Union, par les concepts empruntés au registre de l'État-nation analysent les aspects du déficit démocratique au niveau européen et au niveau des États membres de l'Union. En particulier ces études militent en faveur d'une implication plus directe des citoyens au niveau européen. Les registres du renforcement des pouvoirs du Parlement européen appellent la révision des traités (TUE et TFUE) ainsi que la réforme des institutions européennes. Il est question de renforcer la capacité d'action de l'Union en augmentant considérablement le nombre de domaines dans lesquels les actions sont décidées par vote à la majorité qualifiée et par la procédure législative ordinaire.

Conclusion de la Première partie

La réflexion sur la légitimité démocratique de l'Union européenne est incontournable dans le processus d'intégration européenne. L'objet de cette partie est de développer une analyse plus détaillée sur la double légitimité de l'Union et la remise en cause de la construction démocratique du projet d'intégration européenne. La finalité de cette étude est de faire évoluer les modèles cohérents de pensée de l'intégration européenne. Pour mener à bien ces analyses l'objet de cette étude est surtout d'apporter un éclairage à la réflexion sur le concept de légitimité démocratique de l'Union. Dans cette perspective la meilleure façon d'appliquer le concept d'inspiration étatique de légitimité à l'Union consiste à dépasser les approches anciennes de l'État-nation et d'assouplir les habitudes de pensée. Dans cet d'esprit d'analyse de l'Union la problématique cruciale des fondements de la démocratie européenne a été abordée. Dans ce débat d'idées une description des significations de la démocratie européenne permet de démontrer la complémentarité entre le discours de la démocratie représentative et celui de la démocratie participative de l'Union.

Dans la suite de cette étude la réflexion sur la remise en cause de la construction démocratique occupe une place centrale. Ce discours a examiné la problématique du déficit démocratique de l'Union. Sur ce plan selon le constat d'une partie de la doctrine l'Union souffrirait d'un déficit démocratique. Cette position doctrinale s'inscrit dans une logique d'approche du modèle de la démocratie parlementaire dans le cadre de l'État-nation. L'intérêt de l'analyse du syntagme « déficit démocratique » est de contribuer au renforcement de la légitimité démocratique de l'Union. L'étude sur les registres de légitimation démocratique offre plusieurs grilles de lecture pertinentes sur la relativisation du déficit démocratique et la réforme du traité de Lisbonne. Dans ces conditions les registres de légitimation du Parlement européen fournissent les outils précieux d'analyse. Pour porter un regard critique sur cette recherche l'étude sur la légitimité démocratique s'articule autour de deux approches doctrinales antagonistes. La première approche fait valoir l'existence d'un déficit démocratique au sein de l'Union. Selon la deuxième approche, aucun élément ne permet de remettre en cause la légitimité démocratique de l'Union. Dans l'ensemble cette étude cherche à concilier les apports majeurs de ces deux approches. Car chaque approche a contribué au renforcement de la légitimité démocratique de l'Union.

DEUXIÉME PARTIE

La séparation des pouvoirs et la gouvernance de l'Union

La notion de séparation des pouvoirs est d'essence polysémique. Dans la doctrine du droit public en Europe occidentale, l'expression séparation des pouvoirs désigne le plus souvent un principe de politique constitutionnelle, dont la paternité est souvent attribuée à Montesquieu (1689-1755)[1]. Les constitutionnalistes utilisent la théorie de la séparation des pouvoirs pour jauger le degré de liberté dans un pays et la nature de son régime. Á ce titre le principe de la séparation des pouvoirs est étroitement lié à l'émergence du constitutionnalisme moderne et a pour cadre privilégié d'analyse le modèle étatique. Ainsi le principe de la séparation des pouvoirs repose sur un présupposé simple l'État exerce deux ou selon certaines variantes trois fonctions. Il s'agit de la fonction législative, la fonction exécutive et la fonction juridictionnelle parfois appelée judiciaire qui consiste à trancher les litiges. Aux fondements de cette répartition des pouvoirs se trouve une répartition de ces fonctions, entre divers organes ou autorités de l'État. La conception traditionnelle de la séparation des pouvoirs a prédominé dans la pensée politique du 19e siècle. La séparation des pouvoirs est ainsi conçue de manière stricte et se résume à deux principes à savoir, l'indépendance organique des pouvoirs et la spécialisation fonctionnelle. Ce modèle induit donc une séparation des pouvoirs à la fois fonctionnelle et organique. En ce qui concerne la séparation des pouvoirs dans l'Union il existe un particularisme institutionnel de l'Union. Il s'agit d'un système *sui generis* qui n'est pas fondé sur le schéma classique de la séparation des pouvoirs tel que défini par John Locke (1632-1704) et Montesquieu. Pour autant dans le cadre de cette étude et au risque d'enfreindre un prétendu domaine conceptuel réservé au droit constitutionnel national, la doctrine de la séparation des pouvoirs peut être envisagée comme concept d'analyse d'une lecture de la répartition des pouvoirs au sein de l'Union. Pour ce faire mener une étude sur la séparation des pouvoirs dans l'Union témoigne avant tout de la consolidation de l'ordre juridique de l'Union et d'un système de séparation et d'équilibre des pouvoirs.

---

[1] Montesquieu (1689-1755), *L'Esprit des lois,* est un immense ouvrage publié en 1748. Le livre est interdit par la censure royale, ce qui n'empêche pas son succès. Il subit diverses attaques. Rome le met à l'Index en 1751, la Sorbonne le condamne en 1752. Montesquieu est très affecté par cette polémique. L'Esprit des lois est un immense ouvrage, fruit d'un travail de vingt ans et de vastes lectures. L'auteur a lu les philosophies politiques, les historiens anciens et modernes et aussi les auteurs anglais contemporains Mandeville ou Warburton. La méthode de Montesquieu est donc historique et comparative. L'ouvrage comporte six parties et trente et un livres.

La doctrine qui recommande une séparation des pouvoirs à la fois fonctionnelle et organique le fait en vue d'un résultat : préserver la liberté. Selon la formule de Montesquieu généralement citée dans ce contexte si « le pouvoir arrête le pouvoir » aucune fonction ne sera jamais en mesure de devenir despotique. Cette doctrine a fait l'objet de nombreuses critiques. Selon la critique décisive présentée par Raymond Carré de Malberg (1861-1935), les organes spécialisés ne pourraient se faire équilibre que si les fonctions qu'ils exercent leur permettent de s'opposer les uns aux autres. Or ces fonctions n'ont pas le même objet et surtout elles ne sont pas égales mais hiérarchisées. Il s'ensuit que si les organes sont spécialisés ils seront nécessairement hiérarchisés eux aussi. Selon la formule de Carré de Malberg, par la force même des choses, la hiérarchie qui s'établit entre les fonctions entraîne inévitablement une inégalité correspondante parmi les organes[1]. Il est l'opposé d'une séparation des pouvoirs. Finalement la séparation des pouvoirs ne peut constituer le moyen de réaliser cet équilibre dont on attend la garantie de la liberté.

Á cette fin Carré de Malberg estime donc que Montesquieu s'est trompé et avec lui tous les constituants qui ont proclamé le principe de la séparation des pouvoirs. Dans la foulée de cette réflexion les travaux de Charles Eisenmann (1903-1980)[2] conduisent à relire la pensée constitutionnelle de Montesquieu. Comme Charles Eisenmann l'a définitivement démontré, Montesquieu ne préconise nullement la séparation des pouvoirs au sens où l'entendra plus tard la doctrine française du droit public. Pour mieux comprendre il suffit de relire le chapitre VI du Livre XI de *l'Esprit des lois* pour constater que dans la constitution d'Angleterre qu'il décrit, les organes ne sont ni spécialisés, ni indépendants. Rappelons que le roi est chargé de la fonction exécutive, mais participe par la sanction à la fonction législative, tandis que la Chambre des lords investie avec la Chambre des communes du pouvoir législatif, exerce aussi la fonction juridictionnelle et que les deux chambres peuvent contrôler le pouvoir exécutif. Cela dit Montesquieu n'aurait pu imaginer de garantir la liberté par l'organisation d'un équilibre entre le pouvoir législatif et des pouvoirs exécutif et juridictionnel subordonnés.

---

[1] R. CARRÉ DE MALBERG, *Contribution à la théorie générale de l'État spécialement d'après les données fournies par le droit constitutionnel français*, Paris, Dalloz, 2004, t. 2, n° 285, XXXVI, 638 p.

[2] C. EISENMANN, « L'esprit des lois et la séparation des pouvoirs », *in Mélanges Carré de Malberg,* Paris, Duchemin, 1933, pp. 165-192.

Dans le prolongement de cette lecture selon Charles Eisenmann il s'agit de la distribution ou de la répartition plutôt que de la séparation des pouvoirs. En ce sens cette distribution des fonctions conduit à dégager deux principes. Le premier consiste à opérer une dissociation nette entre la fonction et l'organe. Le deuxième principe prohibe la concentration de l'ensemble des fonctions au bénéfice d'un même organe. Dans cette approche aucun organe n'est le titulaire exclusif d'une fonction dans sa plénitude. En somme à la suite des travaux de Charles Eisenmann, le principe de la séparation des pouvoirs est un principe de distinction des fonctions et d'équilibre des pouvoirs, lequel n'exclut pas la participation des organes différents à l'exercice de la même fonction. L'exercice des fonctions de l'État suppose l'intervention conjointe de plusieurs organes. Les organes sont donc contraints de collaborer et d'œuvrer de concert à la même fonction. Dans le fond les travaux de Charles Eisenmann sont particulièrement intéressants pour l'étude épistémologique du principe d'équilibre des pouvoirs appliqué à la structure institutionnelle de l'Union.

La problématique de l'équilibre entre les niveaux de pouvoir dans l'Union européenne est à l'origine de plusieurs tensions. Cette étude est basée sur le principe de l'équilibre des pouvoirs dans l'Union. Á la différence du droit constitutionnel des États membres qui obéit à une logique qui s'insère dans les schémas théoriques proposés par les constitutionnalistes, une autre approche est nécessaire à l'appréciation de la séparation des pouvoirs au sein de l'Union européenne. Au demeurant la notion d'équilibre des pouvoirs a été utilisée par la Cour de justice en 1958 dans l'arrêt *Meroni*[1]. Dans cette affaire la Cour de justice établit un principe général d'équilibre institutionnel. Eu égard à l'interprétation de la Cour de justice, la garantie de l'équilibre des pouvoirs agissant au sein de la Communauté devient alors un moyen opérant permettant de sanctionner le non-respect de la distribution des compétences. Par la suite une étude de la répartition des pouvoirs au sein du système institutionnel de l'Union est donc nécessaire. L'analyse précédente est une invitation à jeter les bases utiles d'une réflexion sur la gouvernance démocratique et la souveraineté dans l'Union. En filigrane il s'agit d'analyser en profondeur ces modèles théoriques d'inspiration étatique pour trouver des solutions au problème de la légitimité politique de l'Union européenne.

---

[1] CJCE, 13 juin 1958, *Meroni & Co., Industrie métallurgique, SpA / Haute autorité de la Communauté européenne du charbon et de l'acier*, aff. 9/56, *Rec.*, p. 11.

Pour dire les choses simplement le cadre analytique de la notion de gouvernance démocratique de l'Union a connu ces dernières années d'importantes évolutions. L'objectif de cette recherche est d'interroger la pertinence de l'usage du concept de gouvernance dans l'étude de la légitimité démocratique de l'Union et de réfléchir au cadre analytique à même d'appréhender ce processus. Il convient de mener une réflexion sur l'évolution et les apports du concept de gouvernance démocratique dans le but d'approfondir l'intégration européenne. Le débat sur la pertinence cognitive du concept de gouvernance reste donc ouvert. La réflexion sur la gouvernance de l'Union pose un sérieux problème analytique aux chercheurs qui conceptualisent le mode de régulation politique dans l'Union. Dans l'optique de cette étude la question de la gouvernance démocratique est étroitement liée à la problématique de la souveraineté dans l'Union européenne.

La souveraineté partage avec l'État le fait d'être la forme moderne du pouvoir intemporel. Elle désigne à partir de l'œuvre de Jean Bodin (1530-1596)[1] un pouvoir unifié. L'objectif de cette étude n'est pas de développer une approche conceptuelle sur la souveraineté de l'État, mais de s'interroger sur la pertinence de son application à l'échelle de l'Union. Selon plusieurs études tout ceci entraîne l'existence d'un système politique difficile à conceptualiser. Dans la perspective de cette recherche l'examen de deux aspects de notre étude permet de mieux aborder cette problématique. Il convient d'abord d'analyser et de retracer les usages récents du concept de la séparation des pouvoirs dans l'Union européenne (Titre 1), pour s'interroger ensuite à la conceptualisation dominante de la gouvernance démocratique et de la souveraineté dans l'Union européenne (Titre 2). L'Union européenne nous invite à repenser les conditions et les attributs de la séparation des pouvoirs, de la gouvernance démocratique et de la souveraineté traditionnellement rattachées aux États-nations. Contrairement à bien des études existantes cette étude propose une nouvelle approche pour mieux comprendre la complexité d'une réflexion sur le principe de la séparation des pouvoirs dans l'Union. En outre l'avenir du principe de souveraineté et sa compatibilité avec l'Union posent problème.

---

[1] Jean BODIN (1530-1596) est né à Anger. Il devient avocat au Parlement de Paris. Dans son ouvrage *La République,* l'un des premiers livres de philosophie politique des temps modernes, Jean Bodin présente une théorie constitutionnelle complète, essentiellement juridique et politique. Sur le fond, *La République* expose les principes sur lesquels peut être fondé un État monarchique. Avec le concept de souveraineté, il a fondé l'État-nation, son autonomie juridique et son indépendance.

Titre 1

La séparation des pouvoirs dans l'Union européenne

Le processus d'intégration européenne n'est pas étranger au débat sur la théorie de la séparation des pouvoirs. Cette théorie est avant tout une méthode un mode d'organisation du pouvoir et tributaire d'une lecture étatique. Il faut souligner que la théorie de la séparation des pouvoirs suppose que les trois fonctions, exécutive, législative et juridictionnelle soient exercées par trois organes différents. Par conséquent la séparation des pouvoirs se trouve dans tout État démocratique et libéral. Compte tenu de ce qui précède, certaines études mettent en lumière l'inconsistance de la théorie classique de la séparation des pouvoirs. Á la suite de ces études et à notre avis, la doctrine de la séparation des pouvoirs est restée non renouvelée pour décrire et expliquer la réalité du fonctionnement des institutions et en particulier des régimes parlementaires contemporains. Ce qui implique la nécessité de réactualiser et de refonder la notion de séparation des pouvoirs. En pareille circonstance, dans un contexte où le pouvoir exécutif a pris le pas sur les autres pouvoirs, la théorie de la séparation des pouvoirs est à la peine pour réaliser son objectif initial. C'est-à-dire limiter le pouvoir pour préserver la liberté.

En réalité « les causes de l'absorption du législatif dans l'exécutif permettent de comprendre les raisons historiques de l'inadaptation de la théorie dite de la séparation des pouvoirs aux faits »[1]. Ces constatations rendent nécessaire une entreprise de redéfinition et de réactualisation de la notion de séparation des pouvoirs. Ce projet a pour but de réconcilier une analyse de droit constitutionnel et de théorie politique. Pour l'essentiel la théorie de la séparation des pouvoirs a été forgée à une époque où le droit et la théorie politique n'était pas clairement distingués. En outre la théorie de la séparation des pouvoirs a été développée sous l'angle de la théorie politique avant d'être constitutionnalisée. Il est donc justifié qu'une étude soit consacrée au principe de la séparation des pouvoirs dans l'Union. En considération de la spécificité de l'ordre juridique de l'Union, pour envisager cette étude la forme spécifique de la séparation des pouvoirs dans l'Union

---

[1] J-P. FELDMAN, « La séparation des pouvoirs et le constitutionnalisme. Mythes et réalités d'une doctrine et de ses critiques », *in RFDC*, n° 83, 2010, p. 487.

européenne a été prise en compte. Elle se caractérise par une dissociation marquée entre l'organe et la fonction.

En clair aucun organe n'a une fonction exclusive et aucune fonction n'est exercée par un seul organe. Car le schéma institutionnel de l'Union ne repose pas sur un socle de légitimité uniforme. En effet la Commission, le Parlement européen, le Conseil de l'Union et le Conseil européen ne représentent pas une seule entité politique mais forment un jeu complexe où sont liés les intérêts de l'Union, ceux des citoyens de l'Union et les intérêts des États membres de l'Union. Le principe de l'équilibre des pouvoirs n'est pas expressément mentionné dans les premiers traités. Dans le silence des traités l'interprétation de la Cour de justice établit un principe d'équilibre institutionnel.

Quelques précisions sont toutefois nécessaires. Á cet égard dans l'arrêt « *Meroni, affaire C-9/56* »[1], la Cour de justice fixe les limites en matière de délégation de pouvoirs par les institutions. Elle fait donc référence au principe de l'équilibre institutionnel. C'est-à-dire de la garantie de l'équilibre des pouvoirs établi par les traités. Dans le même temps les institutions pratiquent entre elles une coopération loyale. L'article 13, paragraphe 2, TUE, confirme ainsi le lien privilégié entre les principes d'équilibre et de coopération loyale. Pour aller plus loin, dans l'arrêt « *Köster* »[2], la Cour de justice précise le statut du principe d'équilibre institutionnel de l'Union.

Dans le contexte de cette analyse le principe de l'équilibre institutionnel tend à garantir une limitation du pouvoir qui vise à préserver les libertés et une organisation du pouvoir en prenant compte la spécificité de l'ordre juridique de l'Union. Dès lors le schéma d'organisation du pouvoir dans l'Union est différent de la théorie classique de la séparation des pouvoirs. Il s'agit plutôt d'une division fonctionnelle du pouvoir. Contrairement à bien des études existantes l'objectif de cette contribution est de consacrer une étude au principe de la séparation des pouvoirs appliqué à l'ordre juridique l'Union (Chapitre 1). Cette question classique inhérente aux concepts de l'État-nation s'ouvre sur une réflexion permettant de comprendre son approfondissement dans les études européennes. Á partir d'une analyse critique notre étude présente des approches abordant le système

---

[1] CJCE, 13 juin 1958, *Meroni & Co., Industrie métallurgique, SpA / Haute autorité de la Communauté européenne du charbon et de l'acier*, aff. 9/56, *op. cit.*, p. 9.

[2] CJCE, 17 décembre 1970, aff. C-25/70, *Köster*, *Rec.*, p. 1161.

spécifique de la séparation des pouvoirs dans l'Union (Chapitre 2). Dans cet esprit ces travaux s'inscrivent dans une démarche d'actualisation du principe de la séparation des pouvoirs.

Chapitre 1

Le principe de séparation des pouvoirs appliqué à l'Union

La séparation des pouvoirs est un principe essentiel du libéralisme politique. Au travers de ses *Deux traités du gouvernement civil*[1], John Locke (1632-1704)[2] est reconnu aujourd'hui comme un des fondateurs du libéralisme politique. Dans ses deux ouvrages il défend les thèmes classiques de la philosophie politique libérale. Dans cette réflexion le refus de l'absolutisme et l'apologie du gouvernement représentatif se fondent sur la thèse de la liberté et l'égalité naturelle des hommes. Sur la base d'un principe exposé par John Locke, Montesquieu développe la théorie selon laquelle la dissociation des pouvoirs dans l'État permet d'éviter leur concentration et donc de protéger les citoyens.

En théorie la séparation des pouvoirs se trouve dans tout État démocratique et libéral sous deux formes principales. En fait le régime présidentiel est un régime de séparation rigide des pouvoirs et le régime parlementaire est un régime de collaboration ou alors de séparation souple des pouvoirs. La notion de régime est donc centrale pour comprendre l'architecture institutionnelle de l'État et de l'Union dans le cadre de cette étude. Dans cette logique la notion de régime est essentielle pour l'articulation des différentes composantes de la vie politique de l'Union. Pour structurer cette analyse l'étude du régime de séparation souple des pouvoirs contribue à la conceptualisation et à l'émergence de nouvelles approches plus adaptées à l'architecture institutionnelle de l'Union. Pour veiller au bon fonctionnement du principe de séparation des pouvoirs dans l'Union « une définition et une compréhension commune de la démocratie parlementaire libérale ainsi qu'une volonté politique de la rendre plus résistante sont nécessaires »[3]. L'évolution de la notion de séparation des pouvoirs dans l'Union (Section 1) s'intéresse davantage à la manière dont ce principe a émergé dans l'ordre juridique de l'Union. Contrairement aux approches théoriques étudiées dans le cadre de l'État, la mise en œuvre

---

[1] Les *Deux traités du gouvernement civil* exposent le cœur de la doctrine de Locke.

[2] John LOCKE (1632-1704) naît en 1632 et passe son enfance près de Bristol. Il prône la limitation du pouvoir politique des gouvernants, la défense de la liberté individuelle et de la propriété, principes fondateurs du libéralisme.

[3] Résolution du Parlement européen du 14 septembre 2023 sur le parlementarisme, la citoyenneté européenne et la démocratie (2023/2017 (INI)) P9_TA (2023)0330.

du principe de la séparation des pouvoirs (Section 2) contribue à la compréhension dudit principe dans l'ordre juridique de l'Union.

Section 1. L'évolution de la notion de séparation des pouvoirs dans l'Union

La théorie de la séparation des pouvoirs admise en Europe occidentale a été adaptée dans le cadre du système institutionnel de la Communauté. Précisons que l'absence de contrepoids institutionnel dessinait un système de confusion des pouvoirs. Progressivement s'est créé un nouvel équilibre modelé avec la transformation du régime de confusion des pouvoirs en un système de séparation des pouvoirs adapté au contexte communautaire. Dans ces conditions la fonction du juge est importante. Le juge interprète et applique le droit existant dans les conflits portés devant lui. C'est en fonction de cette tradition que les auteurs du traité de Rome ont défini la fonction de la Cour de justice. Elle met en œuvre une politique jurisprudentielle dynamique dans le cadre de l'équilibre institutionnel. Dans l'arrêt *Köster*[1] précité, la Cour de justice examine les modalités de mise en œuvre du pouvoir réglementaire délégué par le Conseil à la Commission, au regard de la structure communautaire et de l'équilibre institutionnel.

L'architecture institutionnelle des Communautés est conforme à la conception moderne de la séparation des pouvoirs. Car elle présente trois fonctions juridiques à savoir de direction, d'encadrement et de contrôle judiciaire. Seule la dernière est confiée à un seul organe indépendant, les deux premières sont confiées à trois institutions. En d'autres termes c'est ainsi que la doctrine constitutionnelle décrit les régimes contemporains de séparation des pouvoirs. Effectivement des trois fonctions théoriques de l'État distinguées par Montesquieu seule la fonction judiciaire est tout entière aux mains de l'organe judiciaire. Á la suite de ce raisonnement la valeur du régime communautaire de séparation des pouvoirs doit être recherchée dans les débats entre les deux modes d'organisation, la coopération et l'intégration. La doctrine de la séparation des pouvoirs est à l'origine de l'État constitutionnel et démocratique moderne. Á un autre niveau les nouvelles conceptions structurelles mises en œuvre dans le cadre de l'intégration européenne, pour étudier l'équilibre des pouvoirs au sein de l'Union semblent être à l'origine d'une nouvelle approche de transformation de la société

[1] CJCE, 17 décembre 1970, aff. C-25/70, *Köster*, *Rec.*, p. 1161.

internationale. Ce faisant les traités instituant les Communautés sont la première tentative de créer de véritables pôles structurels en dehors de la représentation des États.

La dynamique institutionnelle des constitutions des États repose sur la séparation des pouvoirs exécutif et législatif ainsi que leur exercice par les organes distincts. Á la différence du droit constitutionnel interne qui obéit à une logique préétablie et qui s'insère dans les grands schémas théoriques proposés par les constitutionalistes, la répartition des pouvoirs dans le système institutionnel de l'Union s'opère en fonction des objectifs poursuivis par les pères fondateurs des traités. L'entrelacement des pouvoirs et des compétences résulte de ce que chacune des institutions exprime un aspect de la légitimité composite de l'Union. La légitimité démocratique pour le Parlement, la légitimité étatique pour le Conseil et la légitimité communautaire pour la Commission gardienne des traités. Afin de présenter plus clairement les évolutions de la question de séparation des pouvoirs dans l'Union, il importe d'étudier le fondement de l'idée de séparation des pouvoirs dans l'Union (§ 1) avant d'analyser la séparation des pouvoirs et la classification des régimes politiques (§ 2).

§ 1. Le fondement de l'idée de séparation des pouvoirs dans l'Union

Le principe de séparation des pouvoirs est au fondement de toutes les constitutions libérales. Á titre d'illustration après John Locke et Montesquieu cette théorie sera reprise par plusieurs penseurs libéraux comme Emmanuel-Joseph Sieyès[1], Jean-Jacques Rousseau, Alexis de Tocqueville et Charles Eisenmann. Dans l'ensemble ils considèrent que la séparation des pouvoirs serait la condition *sine qua non* de leur équilibre. Dans la théorie politique et constitutionnelle l'équilibre des pouvoirs est un principe consubstantiel à celui de la séparation des pouvoirs. Concrètement l'on parle de double principe constitutionnel de la séparation et de l'équilibre des pouvoirs. Á partir d'une analyse dynamique de la notion d'équilibre des pouvoirs dans l'Union cette étude propose de questionner les vertus explicatives de l'équilibre au sein du principe de la séparation des pouvoirs (A). Un moment propice à la réflexion et à la recherche pour l'approfondissement de l'Union. La séparation des pouvoirs constitue alors la solution à la limitation du pouvoir pour garantir les libertés et prôner un gouvernement modéré.

---

[1] Emmanuel-Joseph SIEYES (1748-1836), est né en 1748 à Fréjus. Il se fait surtout connaître par sa brochure, *Qu'est-ce que le tiers État*, éditée en janvier 1789.

En pratique la séparation des pouvoirs est l'approche théorique idéale pour mener une analyse sur l'encadrement des pouvoirs des institutions de l'Union par les traités (B).

A. La garantie de l'équilibre des pouvoirs par la Cour de justice

Le principe de l'équilibre des pouvoirs trouve son fondement dans le grand principe de la séparation des pouvoirs. Ces deux principes complémentaires ont une portée dogmatique et ne sont en réalité que des mécanismes de limitation et de légitimation du pouvoir. L'idéal de la séparation et de l'équilibre des pouvoirs est de garantir les droits et libertés des citoyens dans le cadre de l'État de droit. La doctrine de la séparation et de l'équilibre des pouvoirs en tant qu'instrument de légitimation du pouvoir et de soumission des gouvernés aux institutions qui les incarnent en pratique est plus légitime aux yeux des citoyens européens. Cet instrument de légitimation est présenté comme la seule garantie de leurs droits et libertés contre l'arbitraire de ces institutions. C'est dans ce contexte que deux écoles de pensée ont développées leurs approches pour mieux saisir la prégnance de la notion d'équilibre. La première école de pensée développe une conception statique de l'équilibre des pouvoirs qui a pour but extrême l'égalité. « Cette conception conduit à l'inaction par la neutralisation des forces qui s'opposent et indique d'une certaine manière le retour à l'unité »[1]. Elle fait abstraction du temps. C'est là d'ailleurs son défaut majeur. Envisagé ainsi l'équilibre a pour fonction de rétablir l'unité, d'harmoniser les contraires, de parvenir à une synthèse simplificatrice. Finalement une conception statique de l'équilibre paraît insuffisante pour analyser les phénomènes juridiques qui naissent de la séparation des pouvoirs. Il est donc prudent pour les besoins de l'analyse et de cette recherche de s'écarter de cette définition de l'équilibre.

La deuxième école de pensée développe une analyse dynamique de l'équilibre plus apte à dévoiler les particularités de la théorie de la séparation des pouvoirs. Cette deuxième conception de l'équilibre correspond à ce qu'il convient d'appeler l'équilibre en mouvement. Elle a pour objet non plus la recherche des conditions de l'équilibre mais celle de ses formes et de sa stabilité. L'équilibre conserve ici le pluralisme qu'engendre la séparation des pouvoirs. Envisagée ainsi, la séparation des pouvoirs postule une rupture mais non un isolement entre

[1] C. ALONSO, « L'équilibre dynamique au sein de la séparation des pouvoirs », *in Revue Confluence Sciences & Humanité*, 2022, 2, pp. 21-37.

les pouvoirs. Elle vient former un équilibre mouvant de relations émergentes entre les pouvoirs pourtant séparés. De fait la théorie des équilibres dynamiques au sein de la séparation des pouvoirs permet de mettre en lumière les relations qui jaillissent des pouvoirs séparés.

D'un point de vue méthodologique l'équilibre constitue la matrice d'explication de la séparation des pouvoirs. Dans le cadre de l'Union européenne la Cour de justice veille au respect du principe d'équilibre en prenant pour base juridique l'article 13, paragraphe 2, TUE. Comme il a été dit plus haut la Cour de justice a fait référence au principe d'équilibre institutionnel dès 1958 dans son arrêt *Meroni*[1] puis dans le domaine de la comitologie[2]. En revanche c'est en matière de reconnaissance des prérogatives du Parlement européen que le principe de l'équilibre institutionnel a trouvé ses plus remarquables applications[3]. L'article 13, paragraphe 2, TUE dispose par ailleurs que les institutions de l'Union pratiquent entre elles une coopération loyale. Selon une jurisprudence constante de la Cour de justice, la coopération loyale entre les institutions de l'Union s'exerce dans le respect des limites des pouvoirs conférés par les traités à chaque institution. Cependant l'obligation résultant de cette disposition n'est donc pas de nature à modifier lesdits pouvoirs[4].

La séparation des pouvoirs a avant tout un caractère fonctionnel. Il en va tout différemment en droit de l'Union où règne une grande confusion fonctionnelle. Á la vérité les grandes fonctions étatiques sont partagées entre les trois acteurs du triangle institutionnel. En réalité l'équilibre institutionnel présente essentiellement un caractère organique. Au fond il s'agit de préserver l'autonomie institutionnelle de chaque institution. En effet l'usage que fait la jurisprudence de l'équilibre institutionnel montre que ce principe maintient la stabilité de l'ordre constitutionnel de l'Union et adapte ce dernier aux évolutions et mutation institutionnelles. Le jeu institutionnel de la séparation des pouvoirs dans l'Union peut être traduit par la donnée de l'équilibre. Dans le sillage de la mission de la Cour de justice, la donnée de l'équilibre présente la séparation des pouvoirs comme un principe qui ne s'achemine pas vers un isolement des pouvoirs, mais qui se forme dans leur entrelacement ordonné, de façon qu'il y ait juste assez de

[1] CJCE, 13 juin 1958, *Meroni*, aff. 9/56, *Rec.*, p. 11.
[2] CJCE, 17 décembre 1970, aff. C-25/70, *Köster*, *Rec.*, p. 1161.
[3] CJCE, 29 octobre 1980, *Roquette et Maïzema*, aff. 138 et 139/73, *Rec.*, p. 3333.
[4] CJUE, 14 avril 2015, *Conseil/Commission*, aff. C-409/13, publié (e) au Recueil numérique.

séparation pour que l'équilibre puisse s'exprimer. Les pouvoirs séparés ne s'excluent pas ils forment un tout complexe. Á l'évidence l'équilibre des pouvoirs est un pilier de la démocratie libérale. Il assure un contrôle du pouvoir par le pouvoir.

L'équilibre au sein du principe de la séparation des pouvoirs pourrait se définir comme la relation dynamique entre les pouvoirs. Envisagé de la sorte, il permet de mettre en lumière les relations juridiques qui émergent entre les pouvoirs. L'équilibre des pouvoirs est ainsi érigé en garantie constitutionnelle et institutionnelle des droits et libertés du citoyen contre l'arbitraire et l'absolutisme du pouvoir de l'État. La garantie institutionnelle de ces droits et libertés est consolidée par une indépendance du pouvoir judiciaire qui veille, en dernier ressort au respect de l'État de droit. Á la lecture des travaux de Montesquieu, il soutient deux thèses bien différentes « la thèse négative, qu'il ne faut pas que tous les pouvoirs soient réunis dans les mêmes mains, mais répartis entre plusieurs et une thèse positive qu'il faut que le pouvoir arrête le pouvoir ». Ces deux thèses sont logiquement indépendantes. En résumé le traitement de la séparation des pouvoirs est un bon exemple à la fois des limites d'une théorie normative du droit, des ressources d'une théorie descriptive et des modes de justification des juges. Dans les démocraties les institutions déterminent la répartition du pouvoir. Elles fournissent les outils juridiques nécessaires à l'élaboration des politiques qui revêtent une importance dans le quotidien des citoyens.

Ce constat vaut pour l'Union autant que pour les systèmes politiques de ses États membres. Á notre appréciation de cette lecture des changements majeurs apportés au cadre institutionnel[1] existant peuvent modifier des relations de pouvoir dans l'Union. Deux arrêts[2] sont révélateurs de la volonté de la Cour de justice de donner au principe d'équilibre institutionnel une véritable substance, eu égard à la thématique du respect de la répartition des pouvoirs dans l'Union. En vertu de l'article 13, paragraphe 2, TUE chaque institution de l'Union agit dans la limite des attributions qui lui sont conférées dans les traités.

---

[1] Résolution du Parlement européen du 16 février 2017 sur l'amélioration du fonctionnement de l'Union européenne en mettant à profit le potentiel du traité de Lisbonne (2014/2249 (INI)) (2018/ C 252/23), *op. cit.*, p. 221.

[2] CJUE, 17 mars 2016, *Parlement/Conseil*, aff. C-286/14, publié (e) au Recueil numérique et CJUE, 16 juillet 2015, *Commission/Parlement*, aff. C-88/14, publié (e) au Recueil numérique.

Cette disposition traduit l'équilibre institutionnel lequel implique que chacune des institutions de l'Union exerce ses compétences dans le respect de celles des autres. Cet équilibre des pouvoirs au sein de l'Union est garanti par la Cour de justice.

B. L'encadrement des pouvoirs du système institutionnel de l'Union par les traités

L'article 16 de la Déclaration des droits de l'homme et du citoyen de 1789 affirme que « toute société dans laquelle la garantie des droits n'est pas assurée, ni séparation des pouvoirs déterminée, n'a point de Constitution ». Le principe de la séparation des pouvoirs est donc au fondement de toutes les constitutions libérales. Dans le cadre de l'Union européenne la séparation des pouvoirs s'opère d'une manière assez rudimentaire en fonction des objectifs poursuivis par les pères fondateurs des traités. Á la limite les traités sont très laconiques en ce qui concerne l'équilibre institutionnel de l'Union. En même temps l'évolution du droit de l'Union et les nombreuses révisions opérées depuis l'Acte unique européen[1] ont notamment renforcé l'équilibre institutionnel de l'Union. D'ailleurs les traités initiaux n'apportent pas d'éléments suffisants concernant l'équilibre institutionnel. Cependant les pouvoirs, les responsabilités et les procédures des institutions européennes sont inscrits dans les traités fondateurs.

Á ce propos on trouve une première confirmation constitutionnelle du principe d'équilibre institutionnel au « protocole additionnel n° 7 du traité d'Amsterdam sur l'application des principes de subsidiarité et de proportionnalité »[2]. Dans ce cadre l'équilibre institutionnel sert à préserver la répartition des compétences entre les institutions de l'Union. D'autant plus que la structure institutionnelle de l'Union est unique et son système décisionnel évolue constamment. L'image du système institutionnel a évolué avec le traité de Lisbonne. L'article 13, paragraphe 2, TUE sert de fondement au principe de la compétence d'attribution. Du moins dans le sens horizontal c'est-à-dire entre les institutions de l'Union, pour maintenir l'équilibre institutionnel prévu par les traités. Pour dire vrai il y a surtout la préservation de l'ordre

---

[1] Résolution sur l'Acte unique européen (*JOCE* n° C7 du 12.01.1987, p. 105).

[2] Traité d'Amsterdam modifiant le traité sur l'Union européenne, les traités instituant les Communautés européennes et certains actes connexes - Protocoles annexés au traité instituant la Communauté européenne-Protocole sur l'application des principes de subsidiarité et de proportionnalité (*JOCE*, n° C 340 du 10.11.1997, p. 105).

constitutionnel existant et l'idée de l'accompagnement des mutations institutionnelles. Au bout du compte à l'inverse du principe de la séparation des pouvoirs, qui gouverne le caractère démocratique de toute structure constitutionnelle, les institutions de l'Union se sont vues confier des pouvoirs non exclusifs.

Dans le prolongement de cette lecture leurs pouvoirs peuvent être exercés à un moment donné par d'autres institutions dans le respect et les limites des traités. Cette imbrication des pouvoirs entre les institutions de l'Union a pour intérêt d'intégrer dans le système de l'Union une certaine souplesse dans l'exercice des fonctions. Au terme de cette clarification cette étude a permis de se prémunir de l'exclusivité d'une fonction par une institution en rééquilibrant ainsi le principe démocratique de l'Union. Cet angle d'analyse se justifie pleinement à la relecture de la théorie de la séparation des pouvoirs. L'équilibre au sein de la séparation des pouvoirs ne doit surtout pas être entendu en un sens formel et absolu. Il n'implique pas l'égalité des forces en présence mais seulement un état relativement stable et évolutif résultant d'un ensemble de processus dynamiques d'interdépendances entre les pouvoirs. Pour tout dire l'équilibre des pouvoirs crée de l'ordre au sein des institutions de l'Union.

§ 2. Séparation des pouvoirs et classification des régimes politiques

La théorie de la séparation des pouvoirs est érigée en pierre angulaire de la classification des régimes politiques par certains auteurs et hommes politiques. Dans ce registre la séparation des pouvoirs a donné naissance en droit constitutionnel à une distinction entre régime parlementaire[1] reposant en principe sur une séparation souple ou une collaboration des pouvoirs et le régime présidentiel reposant sur une séparation rigide ou stricte des pouvoirs. Les États membres de l'Union n'ont pas des systèmes politiques uniformes. Cependant par-delà des variantes nationales, le régime parlementaire est aujourd'hui pratiqué dans la quasi-totalité des États européens. C'est la raison pour laquelle cette partie a pour but de s'intéresser plus particulièrement au régime parlementaire. Pour aller plus loin une réflexion approfondie sur la séparation souple des pouvoirs pour mieux comprendre le régime

---

[1] Le régime parlementaire est apparu dans la pratique institutionnelle en Grande-Bretagne au XVIIIe siècle et théorisé en France par des auteurs du XIXe siècle comme Benjamin Constant. Le régime parlementaire est fondamentalement un régime d'équilibre des pouvoirs.

politique de l'Union (A) est nécessaire. L'analyse des caractéristiques du régime parlementaire d'inspiration européenne (B) apparaît d'une grande précision sur ces questions. Certains points souvent peu évoqués dans les manuels de droit de l'Union apportent des éléments de réflexion intéressants.

A. La séparation souple des pouvoirs et le régime politique de l'Union

Le régime parlementaire est un régime de séparation souple des pouvoirs. Il est en effet mis en œuvre dans la plupart des démocraties occidentales à l'exception des États-Unis. La principale caractéristique du régime parlementaire réside dans l'existence de mécanisme de collaboration entre les pouvoirs. Dans le système politique de l'Union, on retrouve l'architecture ; Parlement, Conseil européen, Conseil, Commission. Ces institutions se partagent d'une façon originale les pouvoirs exécutif et législatif. Même si cet équilibre des pouvoirs n'est pas tout à fait le même que celui des États membres de l'Union, quelques traits marquants peuvent toutefois être dégagés. La quête d'identification d'un pouvoir législatif et d'un pouvoir exécutif se révèle vaine. Le pouvoir est plutôt diffus. En effet les expressions fonctions législatives et exécutives conviennent bien à l'idée de séparation de pouvoir dans l'Union. Plus précisément les fonctions législatives et exécutives sont partagées entre plusieurs institutions. Ce qui fait la spécificité du régime politique de l'Union. Dans ce modèle singulier d'équilibre des pouvoirs au sein de l'Union la Cour exerce un véritable pouvoir judiciaire. En examinant au plus près le déploiement et les fondements de la notion de séparation souple des pouvoirs cette réflexion appelle deux clés de compréhension.

En premier lieu l'étude de l'équilibre institutionnel de l'Union met en évidence les trois pouvoirs chers à Montesquieu. Á savoir le pouvoir exécutif, le pouvoir législatif, le pouvoir judiciaire et une ébauche de ce qu'il avait conçu dès 1748 dans « *L'esprit des Lois* », sous la forme d'une séparation souple des pouvoirs. *A priori* pour notre part le traité de Lisbonne a incontestablement un objet constitutionnel puisqu'il vise en priorité et de façon tout à fait nouvelle à instaurer un type particulier de régime politique, le régime parlementaire, soit un régime de séparation souple des pouvoirs ou de collaboration entre les pouvoirs. L'Union a été fondée par les États, les transformations de la responsabilité politique qui s'opèrent en son sein sont généralement des formes accentuées d'évolutions que connaissent aussi les démocraties nationales[1]. En réalité dans l'Union les institutions ne sont pas organisées selon une logique pyramidale.

Contrairement à ce qui prévaut dans les systèmes parlementaires des États membres de l'Union, le Parlement européen n'est pas placé au sommet des institutions, en tant qu'incarnation de la souveraineté du peuple et charger de contrôler le pouvoir exécutif. Dans l'Union le Parlement européen est chargé d'élire le président de la Commission il est totalement indépendant des autres institutions. Si le terme élection remplace celui d'approbation jusqu'à présent mentionné dans les traités le changement n'est que sémantique dès lors que cette élection ne peut se faire que sur la base du candidat proposé par le Conseil européen. Dans cet esprit la Commission est donc loin dans la pratique de s'apparenter à un gouvernement parlementaire. Sur ce plan le contrôle politique dans l'Union, notamment celui que le Parlement exerce sur la Commission se caractérise donc par son caractère diffus dans le temps, les moyens et l'espace institutionnel. De cette manière à titre d'indication l'absence de distribution des pouvoirs entre les institutions conduit à une coexistence inédite de ces institutions dont chacune ne prédomine. Á propos cette configuration institutionnelle et politique particulière explique la spécificité du contrôle politique dans l'Union qui a pour caractéristique principale d'être permanent.

En deuxième lieu contrairement à bien des études qui existent sur la notion de régime politique de l'Union, cette étude tente de dépasser le cadre des conflits interinstitutionnels pour adopter une perspective plus large sur le paradigme de l'équilibre des pouvoirs dans l'Union. Á la lecture des traités qui tiennent lieu à l'Union de Constitution l'on a l'impression que l'Union emprunte aux régimes parlementaires[2] européens leur conception de la responsabilité politique. Les pratiques institutionnelles sont directement inspirées des traditions nationales. Il s'agit de l'inclination au mimétisme des acteurs du système politique européen qui tendent à projeter sur l'Union les mécanismes politiques de leurs ordres internes. Ces instruments de contrôle politique sont utilisés dans l'Union mais dans une approche qui diffère de l'esprit classique de la responsabilité politique. En effet la fonction exécutive

---

[1] Avis du Comité économique et social européen sur la communication de la Commission au Parlement européen, au Conseil, au Comité économique et social européen et au Comité des régions relative au plan d'action pour la démocratie européenne (*JOUE*, n° C 341 du 24.8.2021, p. 56).

[2] Résolution du Parlement européen du 14 septembre 2023 sur le parlementarisme, la citoyenneté européenne et la démocratie (2023/2017 (INI)) – P9_(2023)0330.

est du ressort de la Commission et relève également du Conseil européen. Le Parlement européen et le Conseil exercent conjointement la fonction législative. La Cour de justice exerce le pouvoir judiciaire. Ainsi la séparation souple entre ces pouvoirs est néanmoins consacrée. Le régime de l'Union est donc plus proche d'un régime parlementaire.

B. Les caractéristiques du régime politique de l'Union

L'Union européenne s'est construite bien longtemps après que les États européens se furent constitués. Comme tout régime politique l'Union reste marquée par les circonstances de sa naissance c'est-à-dire « les compromis fondateurs »[1]. Á la lumière de ce propos les théoriciens contemporains examinent l'expérience européenne à l'aune de ces précédents historiques. Le régime politique de l'Union est un régime hybride. Au préalable la notion de régime parlementaire est plus la systématisation d'une réalité historique et évolutive qu'un concept abstrait. En clair il n'y a pas un régime parlementaire mais des régimes parlementaires dont la forme a évolué avec le temps. Pour dire vrai la construction européenne brouille les références classiques du régime parlementaire. En substance le système institutionnel de l'Union opère un syncrétisme de traditions et de références différentes. Là où l'on avait l'habitude de distinguer les pouvoirs législatifs et de contrôle des assemblées on voit des parlementaires européens détourner et croiser ces instruments au point que les classifications traditionnelles des pouvoirs deviennent inopérantes.

Par la suite selon un auteur qui qualifie le régime politique de l'Union de régime semi-parlementaire, l'originalité de ce régime tient à ce que « le jeu des gouvernements est encadré par les institutions supranationales qui, sans se substituer aux gouvernements canalisent leur négociation et veillent au respect de leurs obligations »[2]. En insistant sur le jeu complexe de négociations interinstitutionnelles le régime politique de l'Union institut de fait un pluralisme. Á notre avis le régime politique de l'Union doit être regardé comme un dispositif gouvernemental en cours de parlementarisation. Á plus d'un titre voir dans l'Union européenne un régime parlementaire serait dissimulé la prédominance persistante des gouvernements. Dans le même temps « ne pas relever le poids du schéma parlementaire dans les réformes des

---

[1] P. MAGETTE, *L'Europe, État et la démocratie*, *op. cit.*, pp. 25-41.

[2] P. MAGNETTE, *Le régime politique de l'Union européenne,* Paris, Les presses de Sciences Po, 2e éd., 2006, p. 22.

institutions et dans l'exercice du pouvoir législatif »[1] serait faire l'impasse sur un mouvement en cours depuis plus de vingt ans. Il en ressort clairement que le régime politique de l'Union est hybride. C'est-à-dire intergouvernementale et parlementaire. La logique même du système institutionnel de l'Union favorise cette tendance.

Probablement l'élaboration doctrinale faite au sujet du régime politique de l'Union a permis de mieux saisir les caractéristiques de ce régime. Pour concilier les différentes positions doctrinales et afin que la notion de régime politique de l'Union corresponde à la réalité qu'elle entend exprimer dans l'Union, on se propose de considérer le régime de l'Union comme un régime de séparation souple des pouvoirs. Le régime parlementaire ne se vérifie pas uniquement, loin s'en faut à la séparation souple des pouvoirs du point de vue institutionnel. Il faut en outre que les pouvoirs collaborent entre eux. En d'autres termes encore que la collaboration fonctionnelle existe. Ce qui est le cas de l'Union européenne. Pour ce faire « une réforme des traités »[2] est nécessaire pour améliorer le fonctionnement du système institutionnel de l'Union conformément au principe de la séparation des pouvoirs. Ce qui est pertinent pour notre propos c'est que l'Union est soumise à des pressions contradictoires qui expliquent l'évolution paradoxale qu'elle connaît. D'un côté les dirigeants politiques sont tentés de simplifier le système institutionnel, de le doter des traits parlementaires qui sont plus familiers aux citoyens européen pour donner à l'Union une apparence conforme à leurs habitudes.

En revanche d'un autre côté conscients de l'inadéquation de cette matrice à un substrat politique éminemment plus complexe, ils ne cessent d'inventer des modes de responsabilité politique qui continuent d'obscurcir le modèle européen. Pour tout dire le régime politique de l'Union est hybride à la fois proche et très différent de la matrice parlementaire dont elle s'inspire. Ces développements donnent à voir des dimensions souvent moins connues de la construction européenne davantage étudiée en droit constitutionnel des États membres de l'Union. Les différentes lignes de partages de cette grille de lecture fournissent des éléments permettant d'alimenter une réflexion politique sur l'évolution de la notion de séparation des pouvoirs dans l'Union. Le champ des études européennes connaît un développement important

[1] *Ibid.*, p. 25.

[2] Résolution du Parlement européen du 16 février 2017 sur les évolutions et adaptations possibles de la structure institutionnelle actuelle de l'Union européenne (2014/2248 (INI)) (*JOUE*, n° C 252 du 18.7.2018, p. 201).

reflété notamment par la parution de différentes contributions sur la notion d'équilibre des pouvoirs dans l'Union. Cette étude s'inscrit logiquement dans ce mouvement. En définitive l'Union européenne doit renforcer et développer davantage la démocratie parlementaire y compris le parlementarisme.

Section 2. La mise en œuvre du principe de séparation des pouvoirs dans l'Union

La théorie de la séparation des pouvoirs est un mode d'organisation du pouvoir né de l'observation des États. Contrairement à ce qui s'observe dans la plupart des États cette théorie reste tributaire d'une lecture étatique incompatible avec le système original de pouvoirs mis en place au sein de l'Union. Ainsi dans le contexte des discussions académiques cette étude permet de mettre en évidence la forme spécifique de séparation des pouvoirs qui se caractérise par une dissociation marquée entre l'organe et la fonction. Aucun organe n'a une fonction exclusive. Aucune fonction n'est exercée par un seul organe. La forme originale de séparation des pouvoirs dans l'Union est souvent qualifiée de collaboration fonctionnelle. Elle résulte de la nécessité de permettre la représentation de plusieurs légitimités au sein de l'Union. Partant du constat de la montée en puissance des exigences de contrôle et de responsabilité dans le système politique de l'Union, cette partie s'efforce à analyser deux problématiques centrales. Il s'agit de la théorie de la séparation des pouvoirs appliquée aux institutions européennes (§ 1) et les rapports problématiques entre l'Union et le parlementarisme (§ 2).

§ 1. La séparation des pouvoirs appliquée aux institutions européennes

L'organisation du pouvoir dans l'Union diffère de celle d'un État. Raison pour laquelle, la notion de séparation des pouvoirs propre aux fonctions étatiques doit prendre en compte les spécificités[1] de l'ordre juridique de l'Union qui dépasse largement le cadre national[2]. Cette étude a pour objet de mener une réflexion sur l'inadaptation de la théorie classique de la séparation des pouvoirs dans l'Union (A) et sur

---

[1] CJCE, 15 juillet 1964, *Costa/ENEL*, aff. 6/64, *Rec.*, p. 1141.

[2] Résolution du Parlement européen du 7 mai 2009 sur le développement des relations entre le Parlement européen et les parlements nationaux en vertu du traité de Lisbonne (2008/2120(INI)) (*JOUE*, n° C 212 E, *op. cit.*, p. 94).

le pouvoir judiciaire qui apparaît comme le seul qui puisse être analysé à l'aune d'une approche organique de la séparation des pouvoirs (B). Cette partie vise à mieux comprendre l'inadaptation des grilles de lecture étatiques au modèle original de l'Union. Au-delà des divergences théoriques, il est mis en avant la contribution de la Cour de justice à la légitimation du système politique de l'Union.

A. L'inadaptation de la théorie classique de la séparation des pouvoirs dans l'Union

La base organisationnelle de l'ordre constitutionnel interne est le principe de la séparation des pouvoirs. Par contre l'Union ne fonctionne pas sur le modèle classique de la séparation des pouvoirs. En effet aucune transposition de la théorie classique de la séparation des pouvoirs n'est possible au niveau européen. De plus la structure institutionnelle de l'Union présente davantage de complexité que celle de l'ordre juridique interne. Cependant il existe au sein de l'Union un système d'équilibre institutionnel dont le fonctionnement obéit à une autre logique qui est celle de l'efficacité institutionnel. Au fond le principe qui régit ce système doit effectivement permettre un équilibre des pouvoirs. Toutefois il n'en reste pas moins que chaque institution de l'Union n'entretient pas avec les autres les relations d'intensité comparable. D'ailleurs les relations entre les institutions évoluent avec le temps et la révision des traités. Deux raisons peuvent expliquer ces développements sur la théorie de la séparation des pouvoirs.

Dans un premier temps la pensée libérale à son origine est guidée par des motivations politiques. L'objectif des premiers libéraux est de protéger les libertés contre le pouvoir arbitraire de l'État. Á cet égard les premières théories politiques libérales sont encore largement imprégnées par le souci de protéger l'homme contre les abus du pouvoir. C'est essentiellement grâce à une nouvelle organisation de l'État, privilégiant le pluralisme et la séparation des pouvoirs que les auteurs du libéralisme constitutionnel entendent protéger les libertés civiles et politiques. Montesquieu figure en bonne place au panthéon des grands théoriciens libéraux. Ces précisions étant faites il convient de souligner que le schéma institutionnel de l'Union ne repose pas sur un socle de légitimité uniforme. Á ce titre si l'objectif de la séparation des pouvoirs est l'organisation la plus efficace du travail afin que les organes accomplissent leurs missions dans les meilleures conditions possibles, dans le cadre de l'Union en vertu des dispositions de l'article

13, paragraphe 2, TUE, chaque institution agit dans la limite des attributions qui lui sont conférée dans les traités. Cette disposition traduit le principe de « l'équilibre institutionnel de l'Union »[1] lequel implique que chacune des institutions exerce ses compétences dans le respect de celles des autres.

De ce point de vue il n'y a pas dans le mécanisme institutionnel de l'Union de séparation des pouvoirs, mais plutôt un partage de ceux-ci entre trois principales institutions qui permet l'instauration d'un relatif équilibre des pouvoirs. Ce qui explique en partie l'inadaptation de la théorie classique de la séparation des pouvoirs dans l'Union. Selon une appréciation de ces propos, la réflexion sur la théorie classique de la séparation des pouvoirs et le principe d'équilibre des pouvoirs dans l'Union a pour souci de défendre la liberté. Dans ce contexte l'idée de liberté vise à protéger le citoyen européen contre les abus du pouvoir. Dans cette démarche la protection de la liberté par les lois civiles suppose un gouvernement stable et modéré. Á ce sujet Montesquieu a cette intuition majeure que le pouvoir est intrinsèquement dangereux. Selon ses propos « c'est une expérience éternelle que tout homme qui a du pouvoir est porté à en abuser ; il va jusqu'à ce qu'il trouve des limites (XI, 4) ». Á la rigueur pour que les libertés politiques soient préservées il convient donc d'imposer aux dirigeants des limites qui les empêchent de verser dans l'arbitraire. Dans cette analyse nous insistons à cet égard sur le respect de la loi qui permet aux citoyens de ne pas vivre dans l'insécurité et la crainte perpétuelle du pouvoir européen. Les hommes n'étant pas naturellement vertueux, le respect de la loi n'est envisageable s'il existe un équilibre des forces dans la société et une répartition de la puissance entre différents pouvoirs.

Dans un deuxième temps à la suite de ce qui précède Montesquieu est persuadé que l'agencement des institutions politiques est une garantie essentielle pour la préservation des libertés. Selon *l'Esprit des lois* « la Constitution » doit être aménagée de façon à poursuivre un double objectif. Le premier rôle de la Constitution est d'assurer la stabilité et l'application effective des lois. Le deuxième rôle est d'empêcher toute concentration excessive de la puissance de commandement. Cette approche est au cœur de la thèse de *l'Esprit des lois*, la théorie de la séparation des pouvoirs. Á cet égard Montesquieu a confiance dans l'équilibre des pouvoirs. En ce sens la réalisation de

[1] CJCE, 13 juin 1958, *Meroni/Haute Autorité*, aff. 9/56, *Rec.*, p. 11.

cet équilibre des pouvoirs[1] dans l'Union nécessite des aménagements institutionnels. Le principe de l'équilibre institutionnel de l'Union tend à garantir une limitation de la puissance qui vise à sauvegarder les libertés et une organisation du pouvoir dans l'Union.

B. La Cour de justice à l'aune de la séparation des pouvoirs

Le pouvoir judiciaire de l'Union apparaît comme le seul qui puisse être analysé à l'aune d'une vision organique de la séparation des pouvoirs. L'analyse de la Cour de justice est fondée aujourd'hui sur un consensus autour de l'idée selon laquelle, la Cour de justice exerce un pouvoir juridictionnel fort. Pour les besoins de la discussion cette partie est consacrée à la place du pouvoir judiciaire dans le modèle original de séparation des pouvoirs dans l'Union. Autrement dit cela concerne une mise en lumière des traits essentiels de la fonction juridictionnelle. Les traités constitutifs confèrent à la Cour de justice un véritable pouvoir judiciaire qui contraste en particulier avec les approches habituellement retenues en droit international. Trois types d'explication peuvent éclairer ces propos.

En premier lieu dans le cadre des dispositions de l'article 19 TUE, la mission de la Cour de justice est d'assurer le respect du droit dans l'interprétation et l'application des traités. Elle est la gardienne de la répartition des compétences entre les États membres de l'Union et entre les institutions européennes. Ces fonctions la rapprochent d'une Cour suprême. L'activisme jurisprudentiel de la Cour de justice est généralement expliqué par deux raisons principales, l'indépendance de la Cour et son penchant supranational. Cette jurisprudence[2] audacieuse est fréquemment assimilée à un véritable « fédéralisme judiciaire » qui a souvent pallié les difficultés rencontrées par l'intégration européenne. Ce faisant les traités fondateurs ont confié à la Cour de justice un rôle très important dans le fonctionnement institutionnel de l'Union. Pour le mener à bien, la Cour de justice a été conçue comme une institution organiquement indépendante.

En deuxième lieu l'indépendance est le trait institutionnel qui caractérise l'autorité judiciaire dans un État de droit. C'est une qualité

---

[1] Communication de la Commission au Parlement européen, au Conseil, au Comité économique et social européen et au Comité des régions – Rapport 2020 sur l'État de droit – La situation de l'État de droit dans l'Union européenne (SWD (2020) 300-326), Bruxelles (COM(2020)) 580 final du 30.9.2020, p. 24.

[2] CJCE, 23 avril 1986, *Les Verts/Parlement européen*, aff. 294//83, *Rec.*, p. 1339.

conférée aux organes juridictionnels pour qu'ils puissent de manière adéquate, mener à bien la fonction spécifique que l'État leur a confiée à titre exclusif, conformément au principe de la séparation des pouvoirs. En examinant la notion d'autorité judiciaire au sens de l'article 6, paragraphe 1, de la décision cadre 2002/584/JAI, la Cour de justice a affirmé que celle-ci requiert dans toute l'Union « une interprétation autonome et uniforme »[1] et que son sens et sa portée ne sauraient être laissés à l'appréciation de chaque État membre.

Dans son acception commune, le terme « autorité judicaire »[2] se réfère au pouvoir judiciaire, lequel doit être distingué conformément au principe de la séparation des pouvoirs qui caractérise le fonctionnement d'un État de droit, du pouvoir exécutif. Á ce titre les autorités judiciaires s'entendent comme les autorités participant à l'administration de la justice, à la différence notamment des autorités administratives ou des services de police qui relèvent du pouvoir exécutif. Dans la logique de la Cour de justice il y a lieu d'entendre la notion d'autorité judiciaire dans le contexte de la décision cadre « 2002/584/JAI »[3], comme couvrant les autorités participant à l'administration de la justice pénale des États membres à l'exclusion des services de police. Il s'ensuit que la notion d'autorité judiciaire au sens de l'article 6, paragraphe 1, de la décision cadre doit être interprétée en ce sens que les services de police ne relèvent pas de cette notion, de telle sorte que le mandat d'arrêt européen émis par de tels services ne peut être considéré comme étant une décision judiciaire au sens de l'article 1er, paragraphe 1, de la décision cadre 2002/584/JAI. La doctrine construite par la Cour de justice à propos de l'originalité de la séparation des pouvoirs dans l'Union est fondée sur la nécessité de mettre en place un véritable pouvoir judiciaire au sein de l'Union. Á titre d'indication l'originalité de cette forme de séparation des pouvoirs résulte également de la superposition d'une séparation horizontale entre les organes de l'Union et d'une séparation verticale entre l'Union et les États membres.

En troisième lieu compte tenu de ce cadre de pensée la séparation des pouvoirs a été utilisée par la Cour de justice dans plusieurs arrêts. Dans l'arrêt du 27 mai 2019, affaires jointes « C-508/18 et C-82/19

[1] CJUE, 10 novembre 2016, *Poltorak*, aff. C-452/16 PPU, point 32.

[2] CJUE, 16 novembre 2010, *Mantello*, aff. C-261/09, *Rec.*, p. I-11477.

[3] Décision-cadre du Conseil du 13 juin 2002, relative au mandat d'arrêt européen et aux procédures de remise entre États membres (2002/584/JAI) *op. cit.*, p. 1).

PPU »[1], *Minister for Justice and Equality / OG et PI*, ayant pour objet des demandes de décision préjudicielle au titre de l'article 267 TFUE, introduites respectivement par la *Supreme Court* (Cour suprême, Irlande), par décision du 31 juillet 2018, parvenue à la Cour de justice le 6 août 2018 et par la *High Court* (Haute Cour, Irlande), par décision du 4 février 2019, parvenue à la Cour le 5 février 2019, dans les procédures relatives à l'exécution de mandats d'arrêt européens émis à l'encontre de OG et PI.

Effectivement les demandes de décisions préjudicielles portent sur l'interprétation de l'article 6 paragraphe 1, de la décision cadre 2002/584/JAI du Conseil, du 13 juin 2002, relative au mandat d'arrêt européen et aux procédures de remise entre États membres, telle que modifiée par la « décision cadre 2009/299/JAI »[2] du Conseil du 26 février 2009. Les questions préjudicielles libellées par la *Supreme Court* et la *High Court* en des termes identiques sont résumées de manière suivante, les ministères publics du Lübeck et de Zwickau peuvent-ils être qualifiés « d'autorité judiciaire » au sens de l'article 6, paragraphe 1, de la décision cadre 2002/584/JAI. Selon les juridictions de renvoi, le critère pertinent pour répondre à cette question est celui de l'indépendance du ministère public à l'égard du pouvoir exécutif. Souhaitant ainsi savoir quels facteurs sont à même d'avoir une incidence sur l'appréciation de cette indépendance.

Pour la Cour de justice la notion d'autorité judiciaire d'émission n'inclut pas l'institution du ministère public. Dans le prolongement des raisons qui empêchent de qualifier la police ou un organe du pouvoir exécutif d'autorité judiciaire, la Cour de justice a dégagé deux qualités qu'une institution doit cumuler pour mériter d'être considéré comme une autorité judiciaire[3]. D'une part il doit s'agir d'autorités participant à l'administration de la justice, ce qui conformément au principe de la séparation des pouvoirs, suppose d'exclure les autorités administratives ou les services de police. D'autre part ces autorités doivent être en

[1] CJUE, 27 mars 2019, *Minister for Justice and Equality / OG et P,* aff. jtes, C-508/18 et C-82/19 PPU, publié (e) au Recueil numérique.

[2] Acte pris en application du titre VI du TUE – Décision cadre 2009/299/JAI du Conseil du 26 février 2009 portant modification des décisions-cadres 2002/584/JAI, 2005/214/JAI, 2006/783/JAI et 2008/947/JAI, renforçant les droits procéduraux des personnes et favorisant l'application du principe de reconnaissance mutuelle aux décisions rendues en l'absence de la personne concernée lors du procès (*JOUE*, n° L 81 du 27.3.2009, p. 24).

[3] CJUE, 10 novembre 2016, *Poltorak*, aff. C-452/16 PPU, publié (e) au Recueil numérique.

mesure de s'assurer que les décisions relatives au mandat d'arrêt européen bénéficient de toutes les garanties propres à ce type de décisions, notamment de celles résultant des droits fondamentaux, tout en garantissant que toute la procédure de remise entre États membres soit exercée sous contrôle judiciaire. Suivant ce raisonnement l'exigence de participer à l'administration de la justice suffit pour ne pas qualifier d'autorités judiciaires les institutions dont l'appartenance au pouvoir exécutif est notoire. Il s'agit de maintenir une séparation des pouvoirs dans le cadre de cette procédure.

Au vu de l'ensemble des considérations qui précèdent pour la Cour de justice, il y a lieu de répondre aux questions préjudicielles posées que la notion d'autorité judiciaire d'émission[1] au sens de l'article 6, paragraphe 1 , de la décision cadre 2002/584/JAI, doit être interprétée en ce sens qu'elle ne vise pas les parquets d'un État membre qui sont exposés au risque d'être soumis directement ou indirectement à des ordres ou à des instructions individuels de la part du pouvoir exécutif, tel un ministère de la justice dans le cadre de l'adoption d'une décision relative à l'émission d'un mandat d'arrêt européen.

Suivant cette décision de la Cour l'autorité judiciaire correspond à un pouvoir judiciaire c'est-à-dire à un pouvoir indépendant, lorsque l'exercice de la puissance publique peut causer à la liberté individuelle un préjudice considérable, telle que celui que comporte la procédure d'exécution d'un mandat d'arrêt européen. La juridictionnalisation de la procédure de la décision-cadre 2002/584/JAI, qui contraste avec la nature politique de l'extradition classique implique justement qu'elle soit par principe attribuée exclusivement au pouvoir judiciaire. Ce qui par définition suppose de la confier à un pouvoir indépendant.

§ 2. Le régime politique de l'Union en voie de parlementarisation

Les liens complexes unissent le parlementarisme et l'Union. Ainsi l'absence de réflexion générale sur les institutions européennes et sur le devenir politique de l'Union a empêché l'affirmation d'une forme parlementaire pour un éventuel régime politique européen. Dans le fond le choix du terme générique de parlementarisme vise aussi bien les caractéristiques de l'institution parlementaire dans le cadre européen, que les relations qui se sont progressivement établies entre les Parlements nationaux et l'Union. Plusieurs études démontrent que le

---

[1] CJUE, 28 juillet 2016, *JZ*, aff. C-294/16 PPU, publié (e) au Recueil numérique.

parlementarisme ne cadre pas dans le système politique européen, alors que la majorité des régimes politiques des États membres de l'Union est généralement reconnue comme appartenant à la catégorie des régimes parlementaires. Ce faisant les institutions européennes en dépit de certaines énonciations de principe ne présentent pas les mêmes caractéristiques. Contrairement aux institutions parlementaires classiques le Parlement européen ne remplit qu'imparfaitement les trois fonctions que le système représentatif assigne ordinairement à l'institution parlementaire à savoir des fonctions de représentation de décision en matière législative et de contrôle des autres pouvoirs.

Le principe de l'équilibre des pouvoirs de l'Union n'est pas le reflet de la théorie classique de la séparation des pouvoirs. Par ailleurs le régime politique de l'Union est en voie de parlementarisation. Car l'Union tend à se rapprocher du régime parlementaire. Pour autant il n'est pas prudent de qualifier l'Union de régime parlementaire dans le sillage de la théorie d'une séparation souple des pouvoirs. Pour développer ces propos, la réflexion sur le parlementarisme et le projet d'intégration européenne (A) souligne la pertinence de cette notion dans le cadre de notre étude. L'approche d'un parlementarisme dynamique et fonctionnel (B) milite en faveur de l'évolution des paradigmes pour développer le système politique de l'Union.

A. Le parlementarisme et le projet d'intégration européenne

Le traité établissant une Constitution pour l'Europe a été l'occasion pour instaurer un régime parlementaire en Europe. Á ce propos les conventionnels ont clairement fait le choix du régime parlementaire, « régime politique le plus répandu en Europe, mais dont les déclinaisons sont nombreuses et nuancés »[1]. L'élaboration doctrinale faite à ce sujet offre plusieurs analyses. Les difficultés de l'institution parlementaire à trouver sa place dans l'architecture de l'Union conduisent en effet à s'interroger sur l'inadéquation entre le parlementarisme et l'Union. Au fond la question centrale est de savoir si la gouvernance européenne a réellement besoin de l'institution parlementaire classique. Pour mieux cerner cette problématique il est pertinent d'interroger les rapports entre le parlementarisme et la construction européenne. Á titre d'indication l'analyse globale des

[1] C. HISCOCK-LAGEOT, « Le traité établissant une constitution pour l'Europe : une occasion manquée d'instaurer un régime parlementaire », *in RFDC*, n° 66, 2006/2, p. 305.

rapports entre parlementarisme et construction européenne procède de la difficulté à poser un diagnostic consensuel. Le débat académique est lui-même caractérisé par de profondes divergences concernant l'approche de la parlementarisation de l'Union. Le mouvement de parlementarisation de l'Union a été rythmé pour l'essentiel par l'approfondissement ou le recul de l'intégration européenne. Après plusieurs années de lente parlementarisation de l'Union un sentiment d'échec prévaut. Le Parlement européen et les Parlements nationaux ne semblent toujours pas en mesure d'occuper un rôle de premier plan dans le jeu politique européen.

Selon une première approche le Parlement européen et les Parlements nationaux ont certes obtenu de nouvelles prérogatives, mais leur influence décisive serait toujours trop limitée pour qu'ils puissent contribuer à légitimer le projet européen. Une autre approche plus rigoureuse souligne au contraire la profonde incompatibilité entre le parlementarisme et la construction européenne condamnant les assemblées à l'insuffisance de développement ou à l'impuissance dans l'action. Après tout pour mieux saisir la question fondamentale entre parlementarisme et construction européenne cette étude réalisée à partir d'une synthèse de deux courants de recherche, pensés ensemble, les études européennes et le droit constitutionnel des États membres de l'Union a été nécessaire. Le grand intérêt de cette étude tient à l'idée d'une marginalisation du parlementarisme qui semble être consubstantielle au projet d'intégration européenne en raison de son caractère supranational. La force de cette argumentation repose sur une illustration parmi d'autres de l'affaiblissement de l'institution parlementaire dans les principaux régimes politiques occidentaux.

B. L'approche du parlementarisme dynamique et fonctionnel

L'affirmation du Parlement européen et l'octroi de prérogatives en matière européenne au profit des Parlements nationaux s'inscrivent bien dans le mouvement global de parlementarisation de l'Union. Un approfondissement de ces analyses permet de donner encore plus de force à la dynamique de parlementarisation de l'Union. En réalité la situation du Parlement européen et des Parlements nationaux est souvent perçue de façon antagoniste. Il est précisé que les dynamiques qui organisent la légitimité politique de l'Union échappent le plus souvent aux canaux parlementaires. Sur ce plan l'Union se caractérise plutôt par une forme de pluralisme des niveaux et des modes de représentation. Selon nous la démocratie libérale ne peut faire ses preuves qu'en présence d'un « parlementarisme dynamique et fonctionnel »[1] d'où la nécessité d'une compréhension commune. Dans ce contexte le Parlement européen devrait élaborer conjointement avec les Parlements nationaux de l'Union, une Charte sur le rôle des Parlements dans une démocratie libérale qui fonctionne. D'une certaine manière l'intégration européenne semble nourrir la crise de la représentation parlementaire au niveau national.

Plus précisément l'intégration européenne n'est pas parvenue à établir un véritable parlementarisme au sein de l'Union. En toute hypothèse l'Union semble donc réfractaire à l'institutionnalisation et au développement des pratiques parlementaires. En poursuivant dans la même direction la tendance actuelle au sein de l'Union, qui consiste à passer d'une démocratie parlementaire à une démocratie gouvernementale affaiblit tous les Parlements dans le processus décisionnel. Force est de constater avec regret un déséquilibre croissant des pouvoirs au profit du Conseil et du Conseil européen qui érode l'architecture institutionnelle de l'Union telle qu'elle a été établie par les traités. Selon cette situation l'équilibre doit être rétabli en faveur du Parlement européen. Ce qui veut dire une invitation à une approche renouvelée de la pratique parlementaire en Europe. Car dans une démocratie les Parlements doivent participer à chaque processus décisionnel[2]. L'une des idées les plus souvent développées est que le Parlement européen en tant que seule institution de l'Union directement élue, devrait se voir accorder le droit général direct d'initiative législative, le droit d'enquête et l'autorité absolue sur le budget. Dans le même temps le Parlement européen en tant que chambre des citoyens de l'Union devrait être la force motrice des priorités stratégiques du programme législatif européen.

Pour y parvenir une modification des articles 225 et 226 TFUE est nécessaire en faveur du Parlement européen. Á l'évidence le système politique de l'Union reste marqué par une dévalorisation des logiques politiques et démocratiques traditionnelles au profit d'autres modes de régulation et de légitimation politique. Á cet égard la légitimité électorale est concurrencée par une légitimité procédurale, par l'efficacité présumée des politiques et des normes élaborées à l'échelle

---

[1] Résolution du Parlement européen du 14 septembre 2023 sur le parlementarisme, la citoyenneté européenne et la démocratie (2023/2017 (INI) P9_TA(2023)0330.

[2] Résolution du Parlement européen du 22 novembre 2023 sur les projets du Parlement européen tendant à la révision des traités (2022/2051(INL)) P9_TA(2023)0427.

européenne. Au-delà de ces analyses à l'échelle de l'Union, l'influence limitée des institutions parlementaires tient cependant à leur difficulté institutionnelle et pratique à incarner l'électeur. Ainsi l'on peut dès lors considérer que les dynamiques qui organisent la légitimité politique dans le cadre européen échappent le plus souvent aux canaux parlementaires. Ces différentes lignes de partage prouvent que le parlementarisme au niveau européen a besoin d'une approche nouvelle plus adaptée aux attentes des citoyens européens.

Conclusion du Chapitre 1

Au terme de ces analyses approfondies le principe de la séparation des pouvoirs appliqué à l'Union a permis de contribuer aux travaux actuels qui s'intéressent à la séparation des pouvoirs dans l'Union. L'analyse met en lumière la notion de régime une question centrale pour comprendre l'architecture institutionnelle de l'Union. L'enjeu principal de l'étude du régime de la séparation souple des pouvoirs est de faire émerger de nouvelles approches plus adaptées aux grilles de lecture de l'architecture institutionnelle de l'Union. Un autre intérêt de cette étude est surtout la compréhension commune de la démocratie parlementaire libérale en Europe. En réalité la doctrine de l'équilibre des pouvoirs dans l'Union pose donc les jalons d'une réflexion épistémologique de cette recherche. Sous cet angle les nouvelles conceptions structurelles mises en œuvre dans le cadre de l'intégration européenne, pour étudier l'équilibre des pouvoirs dans l'Union sont à l'origine d'une nouvelle approche de transformation de la société internationale. Le modèle d'analyse proposé sur les évolutions de la question de séparation des pouvoirs étudie le fondement de cette notion dans l'Union et la classification des régimes politiques.

Au final le principe de la séparation des pouvoirs dans l'Union est un thème important par ses apports que par les pistes de recherche qu'il ouvre. La séparation des pouvoirs dans l'Union constitue dans ces conditions la solution à la limitation du pouvoir pour garantir les libertés et prôner une gouvernance modérée. Envisagée de cette manière la séparation des pouvoirs constitue une approche théorique intéressante pour mener une analyse sur l'encadrement des pouvoirs dans l'Union. Au fond l'importance de la structuration de ces idées tient à ce qu'elles parviennent à synthétiser un ensemble de problématique pour comprendre le régime politique de l'Union. Cette contribution vise à mieux comprendre l'inadaptation des grilles de lecture étatique de la séparation des pouvoirs au modèle de l'Union. Au final l'organisation des pouvoirs dans l'Union diffère de celle d'un État. D'où la prise en compte de la spécificité de l'ordre juridique de l'Union. L'équilibre des pouvoirs dans l'Union est une garantie essentielle pour la préservation des libertés. Cette étude a démontré que la réalisation de l'équilibre des pouvoirs dans l'Union nécessite des aménagements institutionnels. Le régime politique de l'Union est en voie de parlementarisation. L'importation du modèle parlementaire dans l'Union semble difficile à légitimer aux yeux des citoyens.

Chapitre 2

La spécificité de la séparation des pouvoirs dans l'Union

L'équilibre des pouvoirs dans l'Union est un principe essentiel à la réalisation de l'Union politique conformément à l'aspiration des peuples. La réalisation de la séparation des pouvoirs dans l'Union, c'est-à-dire en dehors du cadre de l'État n'est certainement pas aisée, mais elle est nécessaire et mérite les efforts de tous. Le travail actuel des États membres et des institutions européennes consiste maintenant à définir un consensus politique sur les buts, les caractéristiques du régime politique de l'Union et à renforcer « l'appareil institutionnel »[1] de l'Union pour le mettre à même de faire face aux défis qui l'attendent. Dans ce cadre l'analyse de la séparation des pouvoirs dans l'Union revêt la plus grande importance. En la circonstance il faut replacer l'Europe dans la ligne des préoccupations essentielles des citoyens européens. Cette étude vise donc des objectifs concrets.

Il existe une convergence intellectuelle claire sur l'amélioration de la collaboration fonctionnelle des pouvoirs dans l'Union (Section 1). C'est un aspect décisif qui mène à une plus grande intégration de l'Union. Il faut en effet renouveler les approches de la collaboration fonctionnelle des pouvoirs dans l'Union. La présente étude s'insère dans cette vaste réflexion sur l'équilibre des pouvoirs dans l'Union à un moment de crise et de défiance des citoyens à l'égard de l'Europe. L'idée d'un système parlementaire européen paraît défendable sur la base des premiers mots de l'article 12 du TUE « les Parlements nationaux contribuent activement au bon fonctionnement de l'Union ». Nonobstant la pertinence des approches d'une séparation souple des pouvoirs, il apparaît que l'ordre juridique de l'Union semble s'acclimater d'un droit judiciaire construit à la lisière des systèmes juridiques national et international classique. Le pouvoir créateur de la Cour de justice suscite la question du véritable rôle des juges dans l'Union fondée sur la théorie de l'équilibre des pouvoirs (Section 2). Le statut indépendant des juges assure les libertés individuelles qui sont le présupposé du fonctionnement des mécanismes démocratiques. En

[1] Rapport sur les relations entre le Parlement européen et les parlements nationaux (2013/2185(INI)) – Parlement européen – Commission des affaires institutionnelles. A7-0255/2014 – Rapport du 27.3.2014.

résumé l'indépendance de la fonction juridictionnelle est essentielle dans le régime politique de l'Union.

Section 1. La collaboration fonctionnelle des pouvoirs dans l'Union

La doctrine constitutionnelle s'accorde pour considérer que la collaboration fonctionnelle des pouvoirs exécutif et législatif est une caractéristique essentielle du régime parlementaire. En ce sens cette collaboration entre les pouvoirs d'un point de vue fonctionnel doit en principe être réciproque et équilibrée. Elle implique que le pouvoir exécutif participe à la fonction législative et que le pouvoir législatif soit amené à collaborer à la fonction exécutive. Dans le cadre de l'Union européenne la collaboration entre les pouvoirs a été souhaitée tant au niveau de la mise en place des différentes institutions que de leur fonctionnement. Lorsqu'on assimile la Commission européenne et le Conseil européen au pouvoir exécutif il en ressort clairement que le Parlement européen représente le pouvoir législatif. Le Conseil des ministres, dénommé « Conseil » est une institution originale du point de vue de la séparation des pouvoirs. En effet il s'érige en seconde chambre du pouvoir législatif et en composante du pouvoir exécutif. Eu égard au particularisme institutionnel de l'Union la séparation entre ces pouvoirs est néanmoins consacrée. En revanche les rapports qui existent entre eux d'un point de vue institutionnel laissent entendre que l'on est en présence d'une séparation souple des pouvoirs.

Pour analyser en profondeur l'idée de collaboration fonctionnelle, une lecture plus fine des enjeux de pouvoir dans l'architecture institutionnelle[1] de l'Union est nécessaire. Ces précisions sur la collaboration des pouvoirs appellent logiquement trois axes d'analyse. Dans un tel contexte la collaboration fonctionnelle à l'exercice de la fonction législative (§ 1) est un élément clé entre la collaboration des pouvoirs. La collaboration fonctionnelle à l'exercice de la fonction exécutive (§ 2) repose sur une spécialisation de la fonction exécutive, divisée en tâches fonctionnelles précises et confiée à des organes divers et nombreux. Les réformes introduites par le traité de Lisbonne renforcent le rôle central de la Cour de justice dans le système institutionnel. Á ce titre l'indépendance du pouvoir judiciaire dans ce modèle d'organisation des pouvoirs (§ 3) suscite la question du

---

[1] Accord interinstitutionnel entre le Parlement européen, le Conseil de l'Union européenne et la Commission européenne « Mieux légiférer » du 13 avril 2016 (*JOUE*, n° L 123, *op. cit.*, p. 1).

véritable rôle des juges dans les sociétés démocratiques fondées sur la théorie de la séparation des pouvoirs. Le statut indépendant des juges assure les libertés individuelles dans une Europe démocratique.

§ 1. La collaboration fonctionnelle à l'exercice de la fonction législative

La fonction législative de l'Union est une fonction spécifique qui a ses propres caractéristiques et processus de fonctionnement. Á tout le moins la fonction législative de l'Union est partagée entre plusieurs organes dont le consentement est juridiquement nécessaire pour que l'acte juridique soit adopté. Cet ensemble constitue l'organe législatif complexe de l'Union. En admettant que le législateur de l'Union est pluriel il en ressort clairement que la collaboration entre ces organes est nécessaire à l'exercice de la fonction législative de l'Union. En vérité la fonction législative de l'Union tient sa spécificité dans le fait qu'elle fait intervenir de nombreux acteurs. Dans un premier temps le traité de Lisbonne renforce sensiblement les pouvoirs du Parlement européen. Du point de vue fonctionnel le Parlement européen exerce conjointement avec le Conseil les fonctions législative et budgétaire.

De la sorte le Parlement européen devient d'une certaine façon la chambre basse d'un système parlementaire bicaméral de plus en plus égalitaire. Il représente les citoyens de l'Union tandis que le Conseil, chambre haute, représente les États membres de l'Union. Selon les dispositions de l'article 17 paragraphe 2, TUE « un acte législatif de l'Union ne peut être adopté que sur proposition de la Commission, en dehors du cas où les traités en disposent autrement ». Cette disposition « constitutionnalise la prérogative de la Commission »[1] selon laquelle elle est l'institution dotée en principe du droit d'initiative en ce qui concerne l'adoption d'un acte juridique. La Cour de justice a déjà précisé les contours[2] de ce pouvoir d'initiative reconnu à la Commission par l'article 17, paragraphe 2, seconde phrase, TUE. Á la lumière de cette disposition l'élaboration des lois implique donc la Commission, le Conseil des ministres et le Parlement européen. C'est-à-dire une grande partie du pouvoir exécutif et ce qui s'apparenterait

---

[1] *Cf.* Concl. MACIEJ SZPUNAR, 19 mai 2022, sous CJUE, 22 novembre 2022, *Commission/Conseil (Adhésion à l'acte de Genève),* aff. C-24/20, publié (e) au Recueil numérique, point 68.

[2] CJUE, 14 avril 2015, *Conseil/Commission,* aff. C-409/13, publié (e) au Recueil numérique.

aux chambres du Parlement. En considération de ce qui précède, il y a une collaboration du pouvoir exécutif à la fonction législative de l'Union. Après tout la fonction législative n'est pas réduite à la production des normes législatives.

Sur ce plan cette discussion s'est d'ailleurs apaisée. Pour mieux comprendre il convient d'englober le processus législatif ainsi que l'intervention de tous les autres acteurs qui prennent part à la fabrication des actes législatifs. Á cet égard la fonction législative de l'Union pourrait être définie comme la procédure de fabrication des actes législatifs européens, mais aussi le processus de proposition et d'impulsion qui peut donner lieu à la production de ces actes, ainsi que leur contrôle. Les actes législatifs de l'Union sont associés à un pouvoir la fonction législative confiée à trois institutions de l'Union à savoir la Commission, le Parlement et le Conseil.

Une lecture strictement juridique de la répartition des compétences au sein du système institutionnel de l'Union éloigne la Commission de la qualité de législateur de l'Union. Au titre de son pouvoir il revient en principe à la Commission qui, conformément à l'article 17, paragraphe 1, TUE, promeut l'intérêt général de l'Union et prend les initiatives appropriées à cette fin de décider de présenter ou non une proposition et le cas échéant d'en déterminer l'objet, la finalité et le contenu ainsi que, aussi longtemps que le Conseil n'a pas statué, de modifier sa proposition voire au besoin de la retirer[1].

L'exercice par la Commission de son pouvoir d'initiative est indissociablement lié à la fonction de promotion de l'intérêt général dont elle est investie par l'article 17, paragraphe 1, TUE. Au titre de ce pouvoir, ce droit d'initiative de la Commission, également reconnu à l'article 289 TFUE en ce qui concerne les actes législatifs, implique qu'il revient à la Commission de décider de présenter ou non, une proposition d'acte législatif hormis dans le cas où elle serait tenue de le faire en vertu du droit de l'Union. De nature plus politique, cette faculté d'influence sur l'initiative de la Commission européenne a été formellement consacrée par les traités. Dans cet ordre d'idées l'appartenance des États à l'Union se traduit par une manifestation de leur volonté dans les procédures d'élaboration et d'adoption des actes législatifs. Cette volonté étatique se manifeste dans l'exercice de la fonction législative à travers la participation des représentants des États au Conseil. Chacune des missions du Conseil s'appuie sur des

---

[1] CJUE, 14 avril 2015, *Conseil/Commission*, aff. C-409/13, *op. cit.*, points 70 et 74.

procédures et des instruments juridiques différents. En ce sens la participation des États à la formation du droit de l'Union excède le simple projet politique. Au final le droit de l'Union n'est pas le produit de la volonté des seuls institutions européennes.

Dans un deuxième temps la volonté des États membres est au cœur de l'ordre juridique de l'Union. Cette volonté étatique se manifeste dans l'exercice de la fonction législative à travers la participation des représentants des États au Conseil de l'Union, colégislateur de l'Union qui exerce conjointement avec le Parlement les fonctions législative et budgétaire. Dans cette perspective le Conseil est destiné à assurer la représentation des États membres et intervient à toutes les étapes de formation de la volonté politique de l'Union. Cette institution originale fonctionne de manière satisfaisante à l'échelle de l'Union. Á tout le moins ce fonctionnement peut impacter le principe constitutionnel de la séparation des pouvoirs. Car en garantissant les intérêts des États membres par leur représentation par le Conseil, cela implique un déclassement progressif des Parlements nationaux[1] qui n'ont qu'une petite marge de manœuvre face aux obligations de mise en œuvre du droit européen en droit interne. Suivant cette idée la place secondaire des Parlements a poussé les États à inclure dans le traité de Lisbonne de nouveaux mécanismes de contrôle permettant au Parlement européen d'être ainsi un véritable contrepoids dans ce système institutionnel marqué par la présence exécutive. Compte tenu de ce qui précède les pouvoirs des Parlements nationaux conférés par le principe de subsidiarité sont davantage utilisés par la plupart de ces Parlements comme un moyen d'engager le dialogue politique avec les institutions européennes dans le cadre de la fonction législative.

Dans « l'exercice de leurs pouvoirs »[2] le Parlement, le Conseil et la Commission ont convenu que la législation de l'Union devrait être compréhensible et claire. Suivant cette formulation il s'agit de permettre aux citoyens européens, aux administrations et aux entreprises de comprendre aisément leurs droits et obligations. Entre autres la finalité de cette méthode est d'éviter la réglementation excessive et les lourdeurs administratives. Il faut souligner que la collaboration fonctionnelle à l'exercice de la fonction législative laisse

---

[1] Rapport de la Commission – Rapport annuel 2020 sur l'application des principes de subsidiarité et de proportionnalité et sur les relations avec les parlements nationaux, Bruxelles (COM(2021)) 417 final du 23.7.2021.

[2] Accord interinstitutionnel entre le Parlement européen, le Conseil de l'Union et la Commission « Mieux légiférer » du 13 avril 2016 (*JOUE*, n° L 123, *op. cit.*, p. 1).

une large place au dialogue entre les pouvoirs. En fait le Parlement et le Conseil en leur qualité de colégislateurs exercent leurs pouvoirs sur un pied d'égalité. La Commission assume son rôle de facilitateur en traitant les deux branches de l'autorité législative de la même manière.

Au fil du temps tout au long du processus législatif les trois institutions s'informent mutuellement à intervalles réguliers de leurs travaux, des négociations en cours entre elles et de tout retour d'information qu'elles pourraient recevoir de la part des parties intéressées au moyen de procédures appropriées. Pour ce faire le Parlement européen et le Conseil, en leur qualité de colégislateurs maintiennent des contacts avant les négociations interinstitutionnelles, afin de mieux saisir leurs positions respectives. Á cet effet dans le cadre du processus législatif ils facilitent les échanges de vues et d'informations mutuels, notamment en invitant des représentants des autres institutions à participer régulièrement à des échanges de vues informels. Dans un souci d'efficacité le Parlement européen et le Conseil veillent à une meilleure synchronisation de la manière dont ils traitent les propositions législatives de l'Union. De cette manière l'importance d'une coopération plus structurée entre elles est l'un des piliers pour évaluer l'application et l'effectivité du droit de l'Union en vue de l'améliorer par le biais d'une législature future.

Pour tout dire dans chaque système politique la conception de la séparation des pouvoirs constitue une première approche pour définir et situer la fonction législative. Devant cet impératif l'ordre juridique de l'Union met à profit plusieurs acteurs codétenteurs de la fonction législative. Il faut souligner que pour la tradition libérale dans laquelle l'Union s'inscrit, la question du pouvoir législatif est une question cruciale. C'est l'une des caractéristiques du libéralisme politique dans toutes ses déclinaisons historiques et nationales. Á ce sujet l'étude de la fonction législative de l'Union permet d'améliorer[1] la lisibilité et l'architecture institutionnelle de l'Union. Á cet égard la consolidation du principe de séparation des pouvoirs a une valeur symbolique fondamentale et consubstantielle à la démocratisation de l'Union. Il est pertinent d'améliorer les rapports entre les trois institutions qui exercent la fonction législative. En tout cas il est nécessaire que le Parlement européen réforme ses méthodes de travail, afin de pouvoir répondre aux enjeux de demain, en renforçant l'exercice de ses fonctions de contrôle

[1] Accord interinstitutionnel entre le Parlement européen, le Conseil de l'Union et la Commission « Mieux légiférer » du 13 avril 2016 (*JOUE*, n° L 123, *op. cit.*, p. 1).

politique sur la Commission. Notamment en ce qui concerne la mise en œuvre et l'application de l'acquis dans les États membres. Le Parlement européen devrait davantage recourir aux rapports d'initiative législative en vertu de l'article 225 TFUE.

Pour notre part il faut faire du Conseil une véritable chambre législative en réduisant le nombre de ses configurations au moyen d'une décision du Conseil européen. Ce qui reviendrait à créer un système législatif véritablement bicaméral incluant le Conseil et le Parlement dans lequel la Commission remplirait les fonctions de l'exécutif. Il est fondamental d'inclure les configurations législatives spécialisées actuelles du Conseil en tant qu'instances préparatoires d'un Conseil législatif unique à l'image du fonctionnement des « commissions du Parlement européen »[1]. Au final la Commission, les États membres et le Conseil doivent chacun dans les limites de leurs compétences garantir une bien meilleure application du droit de l'Union et de la Charte des droits fondamentaux de l'Union.

§ 2. La collaboration fonctionnelle à l'exercice de la fonction exécutive

Le pouvoir exécutif de l'Union est complexe et spécifique. Cette particularité découle de la très forte dispersion des organes de l'Union qui concourent à l'exercice de la fonction exécutive. Selon l'esprit du traité de Lisbonne la fonction exécutive renvoie à la disparité des types d'exécution, les capacités de direction et d'impulsion. Cela étant la fonction exécutive est du ressort de la Commission européenne. C'est l'organe exécutif de l'Union. En outre le Conseil européen exerce la fonction exécutive mais il est parfois considéré comme un pouvoir exécutif collectif. La fonction exécutive de l'Union est donc plurielle. Pour développer ces propos sur le pouvoir exécutif de l'Union, trois grilles de lecture méritent d'être prises en compte.

Premièrement la Commission européenne est l'institution de l'Union qui dispose de pouvoirs exécutifs importants. Elle est le principal organe exécutif de l'Union et se compose d'un collège de membres comptant un commissaire par État membre. Les traités confèrent à la Commission d'importants pouvoirs d'exécution qui lui sont soit propres

[1] Résolution du Parlement du 16 février 2017 sur l'amélioration du fonctionnement de l'Union européenne en mettant à profit le potentiel du traité de Lisbonne (2014/2249 (INI)) (*JOUE*, n° C 252, *op. cit.*, p. 215).

ou alors délégués. Dans l'affaire T-562/12[1], *John Dalli / Commission* le Tribunal a eu l'occasion de se prononcer sur les pouvoirs de la Commission en tant qu'organe exécutif de l'Union.

Par décision « 2010/80/UE »[2] du Conseil européen du 9 février 2010, portent nomination de la Commission européenne le requérant M. John Dalli a été nommé membre de la Commission européenne pour la période allant du 10 février 2010 au 31 octobre 2014. Le portefeuille de la santé et de la protection des consommateurs lui a été attribué par le président de la Commission M. José Manuel Barroso. Dans le cadre d'un recours en annulation par requête déposée au greffe du tribunal le 24 décembre 2012, M. John Dalli a introduit ce recours pour demander l'annulation de « la décision verbale du 16 octobre 2012 » de cessation de ses fonctions avec effet immédiat, prise par le président de la Commission européenne, M. José Manuel Barroso, la réparation du préjudice à hauteur de 1 euro symbolique au titre du préjudice moral et à titre provisoire, à hauteur de 1913396 euros au titre du préjudice matériel ainsi que la condamnation de la Commission aux dépens. Á cet égard la Commission quant à elle conclut à ce qu'il plaise au Tribunal de rejeter le recours comme irrecevable en tout ou partie et en tout état de cause, comme dénué de fondement et de condamner le requérant aux dépens.

Pour le Tribunal aux fins d'apprécier si les propos effectivement tenus par le président Barroso lors de la réunion du 16 octobre 2012 constituent comme le soutient le requérant, une demande verbale de démission de ses fonctions au sens de l'article 17, paragraphe 6, TUE, il convient d'avoir égard d'une part à la nature ainsi qu'au contenu des fonctions en cause et d'autre part à la genèse ainsi qu'à la *ratio legis* de la disposition en question. Selon une interprétation de cette prise de position du Tribunal, s'agissant de la nature des fonctions en cause, celles qui relèvent d'un mandat de caractère essentiellement politique dans le sens des dispositions de l'article 17, paragraphe 1, 3 et 8, TUE, conféré par le Conseil européen à l'intéressé, d'un commun accord avec le président de la Commission et après approbation par le Parlement conformément à l'article 17, paragraphe 7, TUE, en ce qui concerne le contenu de ces fonctions de coordination, d'exécution de gestion et de contrôle de la mise en œuvre des politiques de l'Union dans les

---

[1] T., 12 mai 2015, *John Dalli / Commission*, aff. T-562/12, publié (e) au Recueil numérique.

[2] Décision du Conseil européen du 9 février 2010 portant nomination de la Commission européenne (2010/80/UE) (*JOUE*, n° L 38 du 11.2.2010, p. 7).

domaines des compétences attribuées à celle-ci par les traités. Suivant ce raisonnement dans cette affaire, le Tribunal a jugé que la Commission peut être considérée comme l'organe exécutif principal du nouvel ordre juridique de droit international que constitue l'Union.

Ses membres exercent ainsi de façon collégiale des fonctions qui « selon la théorie classique de la séparation des pouvoirs relèvent du pouvoir exécutif »[1]. Dans ce contexte il convient de relever que selon les traditions constitutionnelles communes aux États membres, les personnes investies de telles fonctions dans les exécutifs nationaux peuvent généralement être révoquées de façon discrétionnaire par le chef de l'exécutif ou par l'autorité qui les a nommées. Concernant la genèse et la *ratio legis* de l'article 17, paragraphe 6, TUE, il convient de rappeler que, en dehors des renouvellements réguliers et des décès, les traités ne prévoyaient à l'origine aucune autre possibilité de démission d'un membre de la Commission que celle d'une démission volontaire. Selon le Tribunal il en découle des considérations qui précèdent que, la présente demande en annulation doit être rejetée. Le recours a été rejeté et le requérant condamné aux dépens.

Deuxièmement les traités ont conféré d'importants pouvoirs d'exécution à la Commission européenne. Elle est souvent présentée comme l'embryon d'un futur gouvernement de l'Union. Désormais dans l'exercice de ses fonctions d'exécution, eu égard aux dispositions de l'article 17, paragraphe 1, TUE, la Commission exécute le budget et gère les programmes. Selon les dispositions des articles 317 à 318 TFUE, la Commission fixe les obligations de contrôle et d'audit des États membres de l'Union dans l'exécution du budget ainsi que les responsabilités qui en découlent. Elle a l'obligation de présenter au Parlement européen et au Conseil un rapport annuel d'évaluation des finances de l'Union. L'article 319 TFUE accorde au Parlement européen le pouvoir de donner décharge à la Commission de l'exécution du budget. En revanche en 1984 les députés européens ont refusé d'accorder la décharge budgétaire à la Commission. Ce qui est apparu comme un désaveu politique. Cependant d'un point de vue juridique la Commission n'est toutefois pas tenue de démissionner à la différence de l'adoption d'une motion de censure. Dans les faits le report de la décharge ou la menace de la refuser est utilisé par le Parlement européen comme une arme politique à l'encontre de la Commission. Il convient de préciser que dans l'exercice de ses pouvoirs

[1] T., 12 mai 2015, *John Dalli / Commission*, aff. T-562/12, *op. cit.*, point 134.

d'exécution la Commission est souvent tenue de prendre l'avis des comités composés de fonctionnaires nationaux. Force est de reconnaître que l'élévation du Conseil européen au rang d'institution pourrait fragiliser la Commission sur son efficacité et sa légitimité.

Le Conseil européen est l'institution stratégique et le centre d'impulsion de l'Union dont il fixe le cap et les priorités politiques. Les orientations qu'il définit guident les travaux du Conseil, du Parlement, de la Commission européenne et des États membres. Conformément à l'article 13 TUE, le Conseil européen appartient au cadre institutionnel unique de l'Union. Une définition plus moderne de la fonction exécutive inclut également les capacités de direction et d'impulsion. De ce point de vue une fonction exécutive morcelée ou pluriel ne peut pas être optimale. Á ce sujet précisons que le mode d'organisation de la fonction exécutive est très complexe. Il convient de remarquer que le Conseil ne peut en réalité exercer efficacement la fonction exécutive. Au fond l'examen des modalités de partage de la fonction exécutive montre que la pluralité dans l'exécutif de l'Union pose un véritablement problème au système démocratique européen.

Assurément un exécutif pluriel ne peut ni agir ni décider efficacement, mais de surcroît empêche l'effectivité des mécanismes de responsabilité politique. Pour avoir un véritable pouvoir exécutif européen la création d'un leadership plus légitime et plus responsable est justifiée. Cette nouvelle approche commande de fusionner la présidence de la Commission avec celle du Conseil européen afin de renforcer la lisibilité politique et la légitimité démocratique[1] de l'Union. En filigrane la finalité c'est de permettre à l'Europe de parler d'une seule voix et en particulier d'exercer efficacement la fonction exécutive de l'Union. Troisièmement la participation du pouvoir législatif à la fonction exécutive de l'Union est l'un des paradigmes dominants du régime politique de l'Union. Ces constatations visent à souligner les traits essentiels et uniquement du point de vue de la problématique des relations entre le pouvoir législatif et la fonction exécutive de l'Union. Á titre de rappel le respect de la séparation des pouvoirs dans un régime parlementaire est caractérisé par la responsabilité politique de l'exécutif devant le législatif. Dans ce cas le régime parlementaire est analysé comme un système souple ou de collaboration des pouvoirs. Ce schéma

---

[1] Communication de la Commission au Parlement européen, au Conseil, au Comité économique et social européen et au Comité des régions relative au plan d'action pour la démocratie européenne, Bruxelles (COM (2020)) 790 final du 3.12.2020.

purement juridique est trop connu pour que l'on y insiste. On se bornera à quelques remarques à ce sujet. Comme nous l'avons déjà noté auparavant le contrôle parlementaire est un préalable à la légitimité démocratique de l'Union.

Ce qui est pertinent pour notre propos c'est que les modifications récentes apportées au processus législatif et l'intensification du rôle législatif de l'exécutif[1] imposent de renforcer les procédures de contrôle parlementaire. Ce phénomène n'est pas étranger à la structure institutionnelle de l'Union, comme le montre les pouvoirs législatifs accrus dévolus à la Commission habilitée à adopter des actes délégués, sa politisation renforcée et l'impératif toujours plus pressant de renforcer sa législation. L'objectif de cette lecture est d'analyser le pouvoir de contrôle du Parlement sur la fonction exécutive de l'Union. *A priori* dans tout système politique appliquant le principe de la séparation des pouvoirs, le Parlement en plus de détenir des pouvoirs législatifs et budgétaires exerce également la surveillance et le contrôle de l'exécutif. Pour preuve un contrôle parlementaire efficace est l'un des piliers du bon fonctionnement de la démocratie dans le respect des principes de l'État de droit.

Il joue au même titre un rôle essentiel dans la gouvernance démocratique en contribuant à améliorer la qualité des politiques, des programmes et des pratiques des dirigeants et à conférer « une plus grande légitimité à ces politiques »[2]. Au demeurant les traités ne contiennent pas de définition claire de la notion d'exécutif de l'Union et les institutions responsables varient selon les domaines d'action, selon que l'on considère que ces domaines relèvent des compétences partagées ou exclusives de l'Union. En effet les fonctions de contrôle politique exercées par le Parlement européen recouvrent plusieurs aspects détaillés pour l'essentiel dans le traité sur le fonctionnement de l'Union (TFUE). En substance le Parlement dispose donc d'un ensemble d'instruments pour demander des comptes à la Commission, comme la motion de censure dans le cadre des dispositions des articles

---

[1] Résolution législative du Parlement européen sur le projet du Conseil modifiant la décision 1999/468/CE fixant les modalités de l'exercice des compétences d'exécution conférées à la Commission (10126/1/2006 – C6-0190/2006 – 2002/0298 (CNS)) (*JOUE*, n° C 303 E du 13.12.2006, p. 810).

[2] Résolution de l'Assemblée parlementaire Euronest sur le contrôle parlementaire en tant qu'outil visant à renforcer la démocratie, la responsabilité et l'efficacité des institutions d'État dans les pays du partenariat oriental (2020/C 134/01) (*JOUE*, n° C 134, du 24.4.2020, p. 1).

17 TUE et 234 TFUE, l'aptitude à demander au président de la Commission de retirer sa confiance à un commissaire, selon les dispositions de l'article 118, paragraphe 10 du règlement intérieur du Parlement européen et le droit d'enquête de l'article 226 TFUE.

Á cela s'ajoute la compétence de surveillance des actes délégués et d'exécution définies aux articles 290 et 291 TFUE. L'article 230, paragraphe 2, TFUE reconnaît explicitement au Parlement européen, le droit de poser des questions orales et écrites à la Commission. Pour terminer, le Parlement européen peut aussi engager des procédures juridictionnelles à l'encontre de la Commission pour des questions de légalité ou si elle s'abstient de statuer. Pour ce faire il dispose d'un droit d'intervention c'est-à-dire de se joindre à l'une des parties dans les affaires portées devant la Cour de justice. L'article 263 TFUE confirme ainsi la jurisprudence de la Cour de justice dans les affaires C-320/81[1], C-294/83[2] et C-70/88[3].

En plus de ces moyens de contrôle le Parlement dispose d'un éventail d'instruments pour exercer « un contrôle directif »[4] grâce auxquels il peut influer sur la fixation des priorités politiques de l'Union. Á cela s'ajoute que le processus des « Spitzenkandidaten »[5] reflète effectivement l'équilibre interinstitutionnel entre le Parlement et la Commission. Cette approche a considérablement amélioré et renforcé le lien entre les deux institutions et partant, entraîné une politisation accrue de la Commission. Ce qui devrait déboucher sur un contrôle parlementaire intensifié de ses fonctions exécutives. En principe les traités donnent au Parlement le droit d'adopter une motion de censure contre la Commission dans son ensemble, mais pas de retirer sa confiance à un commissaire individuel. Dans les faits en dépit de la responsabilité collective du collège des commissaires, le Parlement doit

---

[1] CJCE, 7 mars 1990, *Acerbis e.a. / Commission*, aff. C-320/81, *Rec.*, p. I-563.

[2] CJCE, 23 avril 1986, *Les Verts /Parlement*, aff. C-294/83, *Rec.*, p. I-1339.

[3] CJCE, 4 octobre 1991, *Parlement /Conseil*, aff. C-70/88, *Rec.*, p. I-4529.

[4] Résolution du Parlement européen du 12 février 2019 sur la mise en œuvre des dispositions du traité relatives au pouvoir de contrôle politique du Parlement sur la Commission (2018/2113 (INI)) (*JOUE*, n° C 449 du 23.12.2020, p. 22).

[5] Décision du Parlement européen du 7 février 2018 sur la révision de l'accord-cadre sur les relations entre le Parlement européen et la Commission européenne (2017/2233 (ACI)) P8_TA(2018)0030. Le terme allemand de *Spitzenkandidat* est utilisé depuis 2014 pour désigner la personne tête de liste lors de la campagne des élections européennes, susceptible de présider la Commission. L'introduction du système des Spitzenkandidaten à l'échelle de l'Union est généralement liée aux élections européennes de 2014, mais le débat remonte aux années 1970.

garantir un contrôle politique effectif du travail effectué à titre individuel par chaque commissaire. Par la suite le traité de Lisbonne a étendu l'influence du Parlement au contrôle des politiques extérieures de l'Union européenne.

Dans ces circonstances le Parlement européen a obtenu le pouvoir d'approuver la conclusion des accords internationaux et le droit d'être immédiatement et pleinement informé par la Commission à toutes les étapes de la négociation desdits accords dans le cadre des articles 218 TFUE et 50 TUE. Dans la ligne de mire du contrôle du Parlement, la portée du droit de regard du Parlement varie largement selon qu'il s'agit d'actes délégués ou d'accès d'exécution. De la sorte le Parlement dispose du droit de faire objection à un acte délégué et de révoquer la délégation, mais sa marge de manœuvre est nettement plus restreinte pour les actes d'exécution. Toutefois le Parlement n'utilise pas pleinement tous les instruments de contrôle politique de l'exécutif dont il dispose pour des raisons diverses. Il faut donc renforcer la capacité de contrôle des actes délégués et des actes d'exécution.

Certaines raisons étant inhérentes à la structure institutionnelle de l'Union et d'autres par exemple étant le résultat de l'évolution de la dynamique interinstitutionnelle de l'Union. Ce qui a rendu difficile l'application de certains instruments ou a limité leur efficacité. Par ailleurs l'exercice des compétences d'exécution par la Commission était régi par la décision « 1999/468/CE du Conseil »[1]. Le traité sur le fonctionnement de l'Union européenne (TFUE) prévoit désormais que le Parlement et le Conseil établissent les règles et principes généraux relatifs aux modalités de contrôle, par les États membres de l'exercice des compétences d'exécution par la Commission. Pour cette raison le contrôle que le Parlement exerce sur l'exécutif est complété par les compétences équivalentes que les Parlements nationaux exercent sur leur propre pouvoir exécutif concernant les affaires européennes. Á ce propos cette responsabilité est la clé de voûte du rôle des chambres

---

[1] Règlement (CE) n° 1137 du Parlement européen et du Conseil du 22 octobre 2008 portant adaptation à la décision 1999/468/CE du Conseil de certains actes soumis à la procédure visée à l'article 251 du traité, en ce qui concerne la procédure de réglementation avec contrôle. Adaptation à la procédure de réglementation avec contrôle – première partie (*JOUE*, n° L 311 du 21.11.2008, p. 1) – Règlement (CE) n° 219/2009 du Parlement européen et du Conseil du 11 mars 2009 portant adaptation à la décision 1999/468/CE du Conseil de certains actes soumis à la procédure visée à l'article 251 du traité, en ce qui concerne la procédure de réglementation avec contrôle. Adaptation à la procédure de réglementation avec contrôle – deuxième partie (*JOUE*, n° L 87 du 31.3.2009, p. 13).

parlementaires nationales au sein de l'Union. Dans cet ordre de réflexion il est tout à fait opportun de mettre en place un système législatif réellement bicaméral qui associe le Conseil et le Parlement, et dans lequel la Commission exerce la fonction exécutive.

Selon une analyse de ces différentes lignes de partage il en ressort clairement que l'absence d'un catalogue clair des compétences et politique de l'Union ainsi que la fragmentation des compétences entre les pouvoirs exécutifs européen, national et régional ont rendu difficile sinon parfois impossible le contrôle que le Parlement exerce sur l'exécutif en vertu de l'article 14 TUE. Il est nécessaire que le Parlement réforme ses méthodes de travail afin de renforcer l'exercice de ses fonctions de contrôle politique sur la Commission européenne. Les citoyens européens ont besoin d'une Europe forte et responsable. Au sens strict le principe de responsabilité implique que le pouvoir législatif puisse contrôler le pouvoir exécutif dans ses actes. L'existence de ce principe dans les traités doit donc pousser les pouvoirs à s'entendre entre eux et à travailler ensemble.

Selon les dispositions de l'article 17, paragraphe 8, TUE « la Commission, en tant que collège est responsable devant le Parlement européen. Le Parlement européen peut adopter une motion de censure de la Commission conformément à l'article 234 TFUE ». Cet article consacre le principe de responsabilisation[1] politique de la Commission devant le Parlement qui est un principe fondamental pour le bon fonctionnement du système politique de l'Union. Il expose en même temps le critère du régime parlementaire soit le principe de responsabilité en l'occurrence ici, la règle de la responsabilité de la Commission devant le Parlement. Comme nous l'avons déjà noté auparavant, la logique d'ensemble du régime parlementaire a été respectée selon laquelle le gouvernement définit librement sa politique mais doit la mettre en œuvre et ne peut rester au pouvoir que s'il a la confiance du parlement. La Commission fixe les grandes orientations de l'Union. À cet effet elle doit s'assurer du soutien du Parlement européen pour pouvoir les mettre en œuvre. Pour terminer en ce qui concerne la fonction diplomatique de l'Union, le haut représentant de l'Union pour les affaires étrangères et la politique de sécurité commune est responsable devant le Conseil européen et le président de la

---

[1] Résolution du Parlement européen du 13 mars 2014 sur la mise en œuvre du traité de Lisbonne en ce qui concerne le Parlement européen (2013/2130 (INI)) (*JOUE*, n° C 378 du 9.11.2017, p. 218).

Commission ainsi que devant le Parlement. Cela étant le Parlement a le devoir et la responsabilité d'exercer son contrôle démocratique sur la politique étrangère et de sécurité commune (PESC) et la politique de sécurité et de défense commune (PSDC).

§ 3. La Cour de justice gardienne de la collaboration fonctionnelle entre les pouvoirs

L'importance du pouvoir judiciaire en Europe est basée sur la grande autorité qu'il détient traditionnellement. Dans cet esprit la Cour de justice indépendante et impartiale est l'interprète des traités et la gardienne au côté de la Commission européenne de leur mise en œuvre. En toute logique la Cour assure le respect du droit dans l'interprétation et l'application des traités. En d'autres mots elle joue un rôle central dans le fonctionnement des institutions européennes. Pour ce faire la Cour s'érige en gardienne d'une collaboration fonctionnelle entre les pouvoirs. Sur le plan sémantique les notions d'indépendance et de l'autonomie du pouvoir judiciaire ouvrent un dialogue qui marque clairement le rôle important de la Cour de justice.

Dans un premier temps si l'on dépasse la célèbre maxime de Montesquieu sur les juges « bouche de la loi », on découvre qu'il propose une doctrine prescriptive en faveur de l'autonomie du pouvoir judiciaire. En clair Montesquieu a innové en établissant le principe de l'indépendance absolue des juges par rapport à toute autre institution gouvernementale. Á la différence de Locke Montesquieu envisage les juges comme les premiers protecteurs de la liberté. Il paraît certain que Montesquieu entendait préserver les juges de la dynamique de balance des pouvoirs et des mécanismes de contrôle réciproques établis entre l'exécutif et le législatif. La dimension de l'indépendance de la justice en l'occurrence la Cour de justice est une question centrale de cette réflexion. Á ce sujet la complexité de la séparation des pouvoirs ouvre plusieurs analyses. En considération de ce qui précède « l'indépendance de la justice »[1] est incontestablement une composante essentielle du principe de l'État de droit. L'article 2 TUE reconnaît ce principe comme étant l'une des valeurs fondatrices de l'Union. L'exigence de l'indépendance de la justice est consacrée, bien qu'implicitement dans trois dispositions du droit primaire de l'Union aux articles 267 TFUE, 19, paragraphe 1, TUE et l'article 47 de la Charte des droits

[1] CJUE, 27 février 2018, *Associação Sindical dos Juízes Portugueses,* aff. C-64/16, publié (e) au Recueil numérique.

fondamentaux de l'Union. D'après nous la garantie d'indépendance des juridictions est inhérente à la mission de juger, s'impose non seulement au niveau de l'Union pour les juges de l'Union et les avocats généraux de la Cour de justice mais également au niveau des États membres pour les juridictions nationales.

Au demeurant cette multiplication des fondements juridiques du principe de la justice reflète son importance constitutionnelle et son caractère transversal dans une Union fondée sur l'État de droit. L'article 19, paragraphe 1, TUE exige des États membres, notamment qu'ils « établissent les voies de recours nécessaires pour assurer une protection juridictionnelle effective ». Il s'agit donc d'une disposition principalement consacrée aux éléments structurels et systémiques des cadres juridiques nationaux. Ce qui importe en vertu de l'article 19, paragraphe 1, TUE, c'est de savoir si le système juridictionnel d'un État membre respecte le principe de l'État de droit consacré à l'article 2 TUE. Selon cet objectif les principaux éléments de l'analyse de la Cour concernent la structure institutionnelle et constitutionnelle globale du pouvoir judiciaire national. Cela étant dans l'article 267 TFUE la notion de juridiction a un caractère fonctionnel.

En substance elle permet d'identifier les organismes nationaux qui, dans la mesure où ils exercent des fonctions juridictionnelles peuvent devenir les interlocuteurs de la Cour de justice dans le cadre d'une procédure préjudicielle[1]. Cette procédure constitue la clé de voûte du système juridictionnel institué par les traités qui, en instaurant un dialogue entre la Cour de justice et les juridictions nationales a pour but d'assurer l'interprétation du droit de l'Union. Dès lors s'agissant du critère d'indépendance au sens de l'article 267 TFUE, la Cour a de manière constante considéré que ce critère postule l'existence de règles notamment en ce qui concerne la composition de l'instance, la durée des fonctions ainsi que les causes d'abstention, de récusation et de révocation de ses membres, qui permettent d'écarter tout doute légitime dans l'esprit des justiciables quant à l'imperméabilité de cette instance à l'égard d'éléments extérieurs et à sa neutralité par rapport aux intérêts qui s'affrontent. Au fond l'accent a toujours été mis sur la question de savoir si l'organisme de renvoi est structurellement[2] indépendant des deux parties au litige pendant devant lui. Après tout dans sa fonction

---

[1] CJUE, 23 octobre 2012, *Emeka Nelson e.a. contre Deutsche Lufthansa AG et TUI Travel plc e.a. contre Civil Aviation Authority,* aff.jtes, C-581/10 et C-629/10, publié (e) au Recueil numérique.

[2] CJCE, 19 septembre 2006, *Wilson,* aff. C-506/04, *Rec.*, p. I-08613, point 49.

juridictionnelle, la Cour de justice demeure pleinement indépendante et dispose des moyens nécessaires pour assurer la mission centrale qui lui est confiée. Ceci étant les juges européens ont dessiné les contours d'une juridiction bénéficiant d'une autonomie renforcée et d'une véritable autorité.

Dans un deuxième temps en se situant dans le champ de l'épistémologie et en accordant une attention particulière à la notion de séparation des pouvoirs dans l'Union, la Cour de justice a engagé une profonde réflexion sur la problématique de l'équilibre des pouvoirs au sein de l'Union. Dans « l'affaire C-413/11 »[1], la demande de décision préjudicielle porte sur l'interprétation de diverses dispositions du règlement (CE) n° 261/2004[2] du Parlement européen et du Conseil du 11 février 2004, établissant des règles communes en matière d'indemnisation et d'assurance des passagers en cas de refus d'embarquement et d'annulation ou de retard important d'un vol et abrogeant le règlement (CEE) n° 295/91 (*JO* L 46, p. 1), à la lumière de la séparation des pouvoirs au sein de l'Union. Cette demande a été présentée dans le cadre d'un litige opposant la compagnie aérienne Germanwings GmbH à Monsieur Amend.

Le Landgericht Köln (Juridiction de renvoi, Allemagne) a décidé de surseoir à statuer et de poser à la Cour de justice une question préjudicielle. Par sa question la juridiction de renvoi demande en substance quelle incidence, au regard du principe de la séparation des pouvoirs au sein de l'Union est susceptible d'avoir l'interprétation du règlement n° 261/2004 donnée par la Cour en ce sens que les passagers de vols retardés disposent d'un droit à indemnisation lorsqu'il atteignent leur destination finale trois heures ou plus après l'heure d'arrivée initialement prévue. Alors même que d'une part, l'article 6 de ce règlement relatif aux retards, prévoit seulement la mise en œuvre de mesures d'assistance et de prise en charge, et d'autre part il n'est pas fait référence à l'article 7 dudit règlement, relatif au droit d'indemnisation, que dans les situations de refus d'embarquement et d'annulation d'un vol. Selon la Cour de justice il convient de relever que le principe de la séparation des pouvoirs régissant les relations entre

---

[1] CJUE, ord. du 18 avril 2013, *Germanwings GmbH / Amend*, aff. C-413/11, publié (e) au Recueil numérique.

[2] Règlement (CE) n° 261/2004 du Parlement européen et du Conseil du 11 février 2004 établissant des règles communes en matière d'indemnisation et d'assistance des passagers en cas de refus d'embarquement et d'annulation ou de retard d'un vol, et abrogeant le règlement (CEE) n° 295/91 (*JOUE*, n° L 46, du 17.2.2004, p. 1).

différentes institutions de l'Union, caractérise le fonctionnement de cette dernière en tant qu'Union de droit. Ce principe étant consacré à l'article 13, paragraphe 2, TUE en vertu duquel chaque institution agit dans la limite des attributions qui lui sont conférées dans les traités.

Après avoir procédé à l'interprétation des dispositions pertinentes du règlement n° 261/2004, la Cour est parvenue à la conclusion que, les passagers de vols retardés peuvent être assimilés aux passagers de vols annulés aux fins de l'application du droit à indemnisation. Ils peuvent ainsi invoquer le droit à indemnisation prévu à l'article 7 de ce règlement lorsqu'ils subissent en raison d'un vol retardé, une perte de temps égale ou supérieure à trois heures. C'est-à-dire qu'ils atteignent leur destination finale trois heures ou plus après l'heure d'arrivée initialement prévue par le transporteur aérien[1]. Dans ces conditions l'interprétation des dispositions précitées du règlement (CE) n° 261/2004 est sans incidence au regard du principe de la séparation des pouvoirs au sein de l'Union.

Á la suite de cela ladite solution a été confirmée à deux reprises par la Cour de justice saisie à titre préjudiciel dans les arrêts du 23 octobre 2012, Nelson e. a. « affaires jointes C-581/10 et C-629/10 »[2] et dans « l'affaire C-11/11 »[3]. Dans ces arrêts la Cour de justice a en outre mis en exergue que ladite solution s'avérait d'une part conforme à d'autres principes généraux du droit de l'Union et d'autre part compatible avec les dispositions du droit international applicable en la matière. En résumé par l'ordonnance du 18 avril 2013, *Germanwings GmbH c. /Amend* « affaire C-413/11 » la Cour de justice de l'Union confirme l'existence du principe de la séparation des pouvoirs au sein de l'Union. Ce principe est consacré à l'article 13, paragraphe 2, TUE.

Dans une troisième analyse la Cour de justice contrôle l'équilibre des pouvoirs entre les fonctions législative et exécutive. On parle du principe d'attribution des compétences établi à l'article 13, paragraphe 2, TUE. Dans « l'affaire C-660/13 »[4], *Conseil/Commission*, le Conseil de l'Union européenne demande à la Cour de justice l'annulation d'une décision de la Commission européenne du 3 octobre 2013, relative à la

---

[1] CJCE, 19 novembre 2009, *Sturgeon e.a.* aff.jtes. C-402/07et C-432/07, *Rec.*, p. I-10923, point 69.

[2] CJUE, 23 octobre 2012, *Nelson e.a.* aff.jtes, C-581/10 et C-629/10, publié (e) au Recueil numérique.

[3] CJUE, 26 février 2013, *Folkerts*, aff. C-11/11, publié (e) au Recueil numérique.

[4] CJUE, 28 juillet 2016, *Conseil/Commission*, aff. C-660/13, publié (e) au Recueil numérique.

signature d'un addendum au mémorandum d'entente (MdE) du 27 février 2006 sur une contribution financière de la Suisse aux nouveaux États membres. Le MdE de 2006 est un accord entre l'Union européenne et la Confédération Suisse.

Cet accord traduit l'engagement politique de la Confédération Suisse de payer une contribution financière aux États devenus membres de l'Union le 1er mai 2004, en échange de l'accès de la Confédération Suisse au marché intérieur élargi. Le recours en annulation de la décision litigieuse introduit par le Conseil se fonde sur l'article 263 TFUE et comporte deux moyens. Á l'appui de son recours le Conseil soulève deux moyens. Le premier moyen est tiré d'une violation du principe d'attribution des compétences[1] énoncé à l'article 13, paragraphe 2, TUE ainsi que le principe de l'équilibre institutionnel. Le second moyen est tiré de ce que le comportement de la Commission ayant abouti à l'adoption de la décision litigieuse et à la signature de l'addendum de 2013, viole le principe de coopération loyale prévu à l'article 13, paragraphe 2, TUE.

La Commission européenne demande à la Cour de justice de rejeter le recours. Dans ses écritures elle fait valoir que la décision litigieuse a été adoptée dans le respect total des limites des compétences attribuées par les traités et qu'elle a agi en pleine conformité avec le principe de coopération loyale. Dans cette affaire la Cour de justice est une nouvelle fois appelée à examiner la répartition des compétences entre les institutions européennes s'agissant d'une forme d'action extérieure de l'Union, pour laquelle les traités ne semblent pas prévoir de règles de procédures distinctes. En effet le recours du Conseil soutenu par l'ensemble des États membres intervenants, invite la Cour de justice à déterminer les règles du droit de l'Union à respecter pour que l'Union devienne partie à un accord non contraignant avec un État tiers. La Cour est invitée à trancher une question de principe « qui est compétent pour agir : le Conseil ou la Commission ? ». Á cet effet une précision relative aux pouvoirs du Conseil et de la Commission est nécessaire. D'une part en ce qui concerne les pouvoirs du Conseil l'article 16, paragraphe 1, seconde phrase, TUE dispose que celui-ci exerce des fonctions de définition des politiques et de coordination conformément aux conditions prévues par les traités. S'agissant de l'action extérieure de

---

[1] CJUE, 6 octobre 2015, *Conseil/Commission,* aff. C-73/14, publié (e) au Recueil numérique.

l'Union l'article 16, paragraphe 6, troisième alinéa, TUE prévoit que le Conseil des affaires étrangères élabore l'action extérieure de l'Union selon les lignes stratégiques fixées par le Conseil européen et assure la cohérence de l'action de l'Union.

D'autre part eu égard aux pouvoirs de la Commission, l'article 17, paragraphe 1, première, cinquième et sixième phrase, TUE prévoit que celle-ci promeut l'intérêt général de l'Union et prend les initiatives appropriées à cette fin, exerce des fonctions de coordination, d'exécution et de gestion conformément aux conditions prévues par les traités et assure la représentation extérieure de l'Union à l'exception de la politique étrangère et de sécurité commune. Il est précisé que « la Commission exerce ses responsabilités en pleine indépendance »[1]. Sur le premier moyen selon la Cour il résulte des considérations qui précèdent que la signature par la Commission au nom de l'Union de l'addendum de 2013 nécessitait l'autorisation préalable du Conseil. De plus en signant l'addendum de 2013 au nom de l'Union sans autorisation préalable du Conseil[2], la Commission a violé le principe d'attribution des compétences[3] visé à l'article 13, paragraphe 2, TUE ainsi que le principe de l'équilibre institutionnel. Le premier moyen étant fondé pour la Cour de justice, il y a lieu d'annuler la décision attaquée sans qu'il y ait besoin d'examiner le second moyen invoqué par le Conseil au soutien de son recours.

Dans cette circonstance la décision C(2013) 6355 final de la Commission du 3 octobre 2013 relative à la signature de l'addendum au mémorandum d'entente sur une contribution financière de la confédération suisse est annulée. En revanche les effets de la décision C(2013) 6355 final de la Commission sont maintenus jusqu'à l'entrée en vigueur dans un délai raisonnable d'une nouvelle décision appelée à la remplacer. La Commission est condamnée aux dépens. En résumé la Cour de justice est investie de la mission d'assurer le respect du droit dans l'interprétation et l'application des traités. Elle remplit cette mission dans le respect du principe de la séparation des pouvoirs régissant les relations au sein de l'Union. Progressivement un véritable pouvoir judiciaire indépendant a émergé au sein de l'Union. En clair la

[1] Décision du Parlement européen du 7 février 2018 sur la révision de l'accord-cadre sur les relations entre le Parlement européen et la Commission européenne (2017/2233 (ACI)) P8_TA(2018)0030.

[2] CJUE, 6 octobre 2015, *Conseil/Commission*, aff. C-73/14, publié (e) au Recueil numérique.

[3] CJCE, 22 mai 1990, *Parlement/Conseil*, aff. C-70/88, *Rec.*, p. I-2041, point 21.

Cour de justice s'est érigée en moteur de l'intégration européenne. Pour atteindre cet objectif de manière prétorienne elle a façonné l'ordre juridique de l'Union autour d'un axe majeur celui de l'approfondissement de la construction européenne.

Section 2. Le gouvernement des juges à l'aune de la séparation des pouvoirs

Dans la perspective de Montesquieu l'autorité des juridictions reste liée à l'inachèvement de l'ordre libéral. Cette évolution de la pensée moderne est liée à l'expérience politique des régimes libéraux. Á la lumière de cette approche le juge joue déjà un rôle important dans la mécanique des *« checks and balances »* (freins et contrepoids). Il doit avoir des moyens de protection de sa sphère propre contre les empiètements des deux autres pouvoirs. Du moins sa collaboration est indispensable à la perfection de l'œuvre législative. Car c'est lui qui, en l'interprétant dégage le sens de la loi. Ce contexte institutionnel contribue à expliquer comment la doctrine s'est intéressée au concept de gouvernement des juges. Á la suite de ce raisonnement on imagine l'intérêt suscité par ce concept dans l'Union.

Cette étude analyse de façon sérieuse et méthodique la véracité de la thèse selon laquelle les juges de l'Union se comportent comme des juges qui gouvernent. L'approche de l'analyse se veut scientifique et entend déterminer le sens que revêt ce concept tant pour les juristes que pour les politistes. Dans cette acception la réflexion sur le concept de gouvernement des juges n'a de sens que rapportée à la question de « la séparation des pouvoirs dans l'Union »[1]. D'où une articulation entre le gouvernement des juges et la séparation des pouvoirs. Tout cela est intéressant pour savoir si les juges de l'Union constituent un système dit de « gouvernement des juges ». L'approche en termes de gouvernance permet de situer la Cour dans son environnement et de saisir ses interactions avec les autres acteurs que sont les institutions européenne, les États membres et les juridictions nationales. Après avoir présenté la thèse du concept de gouvernement des juges et le pouvoir judiciaire (§ 1) on analysera le rôle des juges de l'Union dans la séparation des pouvoirs (§ 2). Par conséquent la recherche sur l'Union est confrontée à la question de savoir comment construire un système politique de plus en plus intégré au niveau supranational. Les

[1] CJUE, ord. du 18 avril 2013, *Germanwings GmbH / Amend*, aff. C-413/11, *op. cit.*, publié (e) au Recueil numérique.

travaux de science politique ont particulièrement mis en avant l'idée selon laquelle la Cour, loin d'être seulement la voix du droit est aussi un acteur politique dont les choix ont grandement affecté le système politique de l'Union. Pour ce faire la Cour de justice a modelé la gouvernance de l'Union à travers sa jurisprudence de niveau législatif.

§ 1. Le concept de gouvernement des juges et le pouvoir judiciaire

L'expression gouvernement des juges quel que soit son contexte d'utilisation est à l'évidence connotée négativement et remplit avant tout une fonction rhétorique de dépréciation. *A fortiori* elle suggère principalement une dérive actuelle du système juridictionnelle. Malgré tout à notre appréciation « gouvernement des juges » renferme un réel concept scientifique, dont l'absence d'une définition unique et consensuelle précise s'explique *a priori* par l'importance des enjeux de pouvoirs. La paternité de l'expression revient au juge américain Walter Clart et date de 1914. Il s'inscrit dans la lignée d'une formule célèbre, celle de « *Congressional Government* » forgée par Woodrow Wilson en 1884 pour exprimer la suprématie du congrès. La question du troisième pouvoir présente en réalité un intérêt majeur dans la compréhension de la pensée constitutionnelle de Woodrow Wilson et de celle de son temps, marqué par le développement des mouvements du « constitutionnalisme progressiste » et de la « *sociological jurisprudence* ». Une approche qui sera nourrie par la critique du « gouvernement des juges ». En France la formule américaine franchit l'Atlantique en 1921 sous la plume d'Édouard Lambert[1] qui va lui donner des allures de spectres. Mais la paternité de l'expression, tout comme sa réalité sont américaines. En revanche pour certains, le point de départ de la réflexion sur le gouvernement des juges se situe dans le « Livre des juges » de l'Ancien Testament. Pour d'autres au contraire le problème est moderne et n'apparaît qu'avec la séparation des pouvoirs de Montesquieu. Ce n'est en effet qu'à la lumière de la définition restrictive du rôle du juge, réduit à n'être que « la bouche de la loi » ou un législateur doté d'une légitimité démocratique, que se pose le problème d'un dépassement par le juge de ses compétences et dont d'un gouvernement des juges. De là découle la question fondamentale de l'activité des juges de l'Union au regard de l'équilibre

---

[1] E. LAMBERT, *Le gouvernement des juges et la lutte contre la législation sociale aux États-Unis. L'expérience américaine du contrôle judiciaire de la constitutionnalité des lois*, Paris, Giard, 1921, rééd. préf. F. Moderne, Paris, Dalloz, 2005, 276 p.

de la séparation des pouvoirs au sein de l'Union. Pour développer cette réflexion l'analyse de la Cour de justice de l'Union dans le sillage du gouvernement des juges (A) est décisive. Dans cette perspective le gouvernement des juges est réalisé dès que les juges ont trop de pouvoir dans une Union qui se veut démocratique (B).

A. La Cour de justice dans le sillage du gouvernement des juges

Les juges européens jouent un rôle majeur dans l'ordre juridique de l'Union au travers de leur activisme jurisprudentiel. Á titre de précision le régime politique de l'Union est complexe et fondé sur une pluralité de niveaux de pouvoir et de subtils équilibres entre les institutions européennes. Ce qui offre un cadre particulièrement propice au développement d'une activité jurisprudentielle audacieuse. En raison de ce qui précède, la dynamique d'intégration européenne et ses équilibres contemporains sont intimement liés à l'action de la Cour de justice. L'un des acteurs privilégiés de l'interprétation[1] en droit européen est bien sûr le juge et notamment la Cour de justice de l'Union. En tant que juge communautaire de droit commun, chacun des juges nationaux des États membres de l'Union est l'interprète communautaire de droit commun. Il demeure cependant qu'en vertu de l'article 19, paragraphe 1 TUE, la Cour de justice est chargée du respect du droit dans l'interprétation des traités.

Selon cette disposition ceci implique non seulement la priorité de l'interprétation judiciaire sur l'interprétation par les autorités législatives ou exécutives de l'Union, mais aussi la priorité de l'interprétation par la Cour de justice sur les interprétations nationales du droit de l'Union lorsque de telles interprétations sont soumises à son contrôle[2]. On peut même étendre cette priorité sur d'autres autorités d'interprétation internationale en vertu de l'article 344 TFUE. Comme l'interprétation comporte toujours un certain degré d'appréciation et donc de création, le juge de l'Union participe *de facto* au développement du droit européen.

En conséquence ce pouvoir créateur des juges européens suscite particulièrement des interrogations. Dans ces conditions le concept de gouvernement des juges est précisément employé lorsqu'une décision juridictionnelle suprême va à l'encontre du choix législatif. Dans ce cas précis le pouvoir législatif emploie alors ce concept pour dénoncer avec

---

[1] CJCE, 15 décembre 1995, *Bosman*, aff. C-415/93, *Rec.*, p. I-4921.
[2] CJUE, 21 octobre 2010, *Albron Catering*, aff. C-242/09, *Rec.*, p. I-10309.

une forte connotation péjorative l'utilisation d'un pouvoir par les juges, pouvoir jugé excessif et antidémocratique. En raison de ce qui précède, il faut tout de même prendre une précaution théorique dans la construction du concept de gouvernement des juges. Afin de mieux saisir ces développements sur les juges de l'Union il convient de mettre en exergue deux clés de lecture.

Dans une première lecture en observant la réalité le gouvernement des juges est un concept. Il correspond à une réalité incontestable. Cela étant pour certains auteurs les juges ne sauraient gouverner en raison des multiples contraintes juridiques qui s'imposent à eux. Ces contraintes sont justement des arguments renforçant la thèse de l'interprétation-volonté et non de l'interprétation-connaissance. Après tout nul besoin ici de revenir sur la distinction entre l'interprétation-connaissance et l'interprétation-volonté que nous connaissons bien. Pour autant la philosophie du droit classique a d'abord forgée deux figures successives du juge. D'une part le juge peut être vu comme un magistrat institué par la communauté pour dire le droit. C'est-à-dire la filiation *jus naturaliste* héritière de l'Antiquité grecque. D'autre part le juge a été un organe du souverain selon la tradition libérale héritière des modernes. La question de la légitimité du juge a toujours constitué un objet de recherche fondamentale dans la philosophie et la dimension politique de l'office judiciaire.

Dans le cadre de cette étude l'approche post-moderne d'essence interprétative visant à démontrer que le juge parachève l'œuvre législative semble refléter la réalité de l'office judiciaire de l'Union. Le contexte spécifique de la figure du juge établi, il s'agira dans ce qui suit de présenter la pratique interprétative dynamique de la Cour de justice à la lumière du concept de gouvernement des juges. En l'absence de règles générales d'interprétation en droit primaire la Cour de justice en tant qu'interprète authentique, dispose d'une grande liberté quant à la méthode choisie. L'étude de la jurisprudence démontre que la Cour de justice tend à combiner toutes les méthodes d'interprétation[1] du droit de l'Union, à tour de rôle selon le résultat visé. Il s'agit des méthodes d'interprétation dynamique, littérale, systématique, téléologique, historique et le droit comparé. La méthode téléologique est fondée sur la finalité poursuivie par l'acte juridique interprété. En droit primaire la finalité découle souvent du contexte de la norme. La Cour de justice joue un rôle comparable aux cours constitutionnelles dans les États

[1] CJCE, 5 février 1963, *Van Gend en Loos*, aff. C-26/62, *Rec.*, p. I-00003.

fédéraux. Ce rôle n'était pas garanti par les traités. Soulignons que sa jurisprudence a fortement contribué à ce développement. Pour cette raison dans la mesure où elle a fait avancer l'intégration européenne par la voie prétorienne, certains auteurs lui ont reproché d'avoir outrepassé son rôle de juridiction et d'avoir agi comme un gouvernement des juges.

Á vrai dire eu égard à ces critiques la Cour de justice est regardée comme une institution qui a pris des décisions réservées au législateur démocratiquement élu. Le rôle créateur de la Cour de justice suscite au moins autant d'interrogation que celui des cours suprêmes nationales. En effet ce ne sont donc pas seulement ses interprétations extensives[1], mais aussi des interprétations[2] strictes du droit de l'Union appliquées de manière restrictive qui font débat. Dans une deuxième lecture le syntagme « gouvernement des juges » évoque une question académique. Celle de l'étendue et de la nature des pouvoirs des juges. Dans le cadre de l'Union le débat doctrinal de l'existence à côté du pouvoir législatif et du pouvoir exécutif, d'un pouvoir judiciaire a toute sa place. On s'interroge sur le caractère politique des fonctions exercées par le juge de l'Union. Dans cette réflexion la question est de savoir si le juge de l'Union exerce ou non un pouvoir politique.

Dans l'idéologie commune il y a une opposition entre la politique vue comme partisane, passionnée, sale et la juridiction activité sereine, neutre, impartiale et juste. En même temps les juristes ont fortement contribué au succès de la théorie du syllogisme judiciaire. Selon cette théorie les jugements sont les produits de raisonnement syllogistiques dont les lois sont les prémices majeures et les faits particuliers les mineures. Il n'y aurait donc dans le fait de juger que la mise en œuvre d'une activité mécanique sans aucune liberté d'appréciation pour le juge. C'est en ce sens que Montesquieu écrivait que « la puissance de juger est en quelque sorte nulle » se limitant à l'application stricte de la loi, subordonnée à la souveraineté populaire qui s'exprime dans la fonction législative. Cependant à la lecture de la jurisprudence de la Cour de justice il est démontré que l'interprétation n'est pas un acte de connaissance mais de volonté. La détermination de la norme applicable par le juge résulte donc de la volonté du juge lui-même. Á l'évidence cette réfutation de la théorie selon laquelle le jugement n'est que le résultat d'une application mécanique de la loi est bien connue. Elle a

---

[1] CJCE, 19 juin 2008, *Commission / Luxembourg*, aff. C-319/06, *Rec.*, p. I-04323.

[2] Directive 2010/64/UE du Parlement européen et du Conseil du 20 octobre 2010 relative au droit à l'interprétation et à la traduction dans le cadre des procédures pénales (*JOUE*, n° L 280 du 26.10.2010, p. 1).

naturellement été rappelée que pour mémoire. *In fine* il en résulte incontestablement qu'il faut admettre que le juge dispose d'une grande liberté d'appréciation, donc d'un véritable pouvoir de décision. Le débat sur le pouvoir politique des juges de l'Union a donc toute sa place dans cette étude.

Dans le prolongement de cette analyse il ne suffit pas d'établir que l'exercice d'une activité quelconque comporte une grande liberté d'appréciation et de décision pour établir par là même qu'elle est politique. Á ce propos le juge de l'Union exerce librement sa volonté. Il produit des règles générales et son activité présente un caractère politique. Force est de constater que si son activité juridictionnelle est bien politique, ce n'est pas en raison de son objet ni de son auteur ni de sa forme, mais seulement en raison du pouvoir d'interprétation qu'elle implique. La problématique de l'existence d'un pouvoir judiciaire dans l'Union et de son caractère politique est donc bien complexe. Sur ce point il est intéressant de noter que les américains avaient doté dans leur Constitution les juges d'une mission politique. Car les américains avaient conscience que « l'application du droit n'était pas un acte neutre parce qu'il suppose toujours une marge d'interprétation et qu'en donnant sens à la loi les juges exercent un pouvoir normatif complémentaire de celui du législatif »[1].

En Europe les États membres de l'Union ont voulu doter la Cour de justice de larges pouvoirs. Ils ont compris que les traités poseraient des problèmes d'interprétation et que cette tâche ne pouvait incomber qu'à la juridiction commune. D'une manière générale les États membres ont peu contesté les décisions de la Cour de justice. Cette considération très respectueuse à l'égard de la Cour s'explique en partie par le fait que, le formalisme qui irrigue la culture politique européenne et le prestige dont jouit la doctrine de la séparation des pouvoirs les incitent à respecter les instances judiciaires. L'attitude bienveillante des États à l'égard de la Cour de justice s'explique sans doute par le fait que leurs dirigeants trouvent un intérêt dans son œuvre normative. Pour cette raison leur volonté commune de soumettre leurs différends au droit et aux procédures judiciaires s'avère plus forte que les inquiétudes qu'ils ont pu manifester à l'égard du gouvernement des juges. Néanmoins les États ont veillé à éviter la judiciarisation des domaines politiques[2] qui

---

[1] P. MAGNETTE, *L'Europe, l'État et la démocratie,* éd. Complexe, *op. cit.*, p. 77.

[2] Résolution du Parlement européen du 15 janvier 2020 sur la mise en œuvre de la politique étrangère et de sécurité commune – rapport annuel (2019/2136 (INI)) P9_A(2020)0008 (*JOUE*, n° C 270 du 7.7.2021, p. 41).

restent éminemment diplomatiques dans leurs méthodes. Ils relèvent de ce qu'ils continuent de considérer comme des domaines régaliens et exclusifs de leurs souverainetés. Mais la Cour devrait s'inspirer des échanges politiques afin de déterminer l'intention du législateur.

Finalement l'activité juridictionnelle est politique en raison du pouvoir d'interprétation qu'elle implique. Ce propos n'implique pas toutefois que la Cour de justice échappe à la politique. Sans doute une forme de gouvernance s'est très tôt mise en place dans l'Union. D'autant plus que la Cour a modelé la gouvernance européenne à travers sa jurisprudence, tant au niveau constitutionnel qu'au niveau législatif. Surtout dans la période forte de l'intégration par le droit. Ce phénomène est dénommé « activisme jurisprudentiel ». Raison pour laquelle les modalités de cette gouvernance semblent inciter la Cour à maintenir son activisme jurisprudentiel. Compte tenu de cette lecture la redéfinition politique de l'Union est un enjeu majeur pour le concept de gouvernement des juges. La preuve en est que la notion de déficit exécutif de l'Union renforce d'une certaine manière l'idée d'un gouvernement des juges. De manière plus explicite avec la crise de leadership politique et les faiblesses du pouvoir exécutif européen, l'Union européenne a besoin d'un pouvoir judiciaire fort.

B. Les rapports entre gouvernement des juges et démocratie

Les fondements classiques du droit sont la démocratie législative et la séparation des pouvoirs. Á tout égard les juges de la Cour de justice se comportent comme des juges[1] qui gouvernent. *De facto* l'on est obligé d'admettre à leur propos cette idée de gouvernement des juges. Dans cet ordre d'idées les conceptions du gouvernement des juges les plus exigeantes s'appliquent à la réalité juridictionnelle européenne. Cette partie de l'étude s'intéresse plus particulièrement aux rapports entre gouvernement des juges et la démocratie[2]. Pour l'essentiel lorsque le vocable gouvernement des juges se trouve confronté à la démocratie, le sens général qu'on entend donner au gouvernement des juges revient à le dénoncer fermement et à l'identifier comme étant contraire à la

[1] Avis de la Commission sur le projet de modification du Protocole n° 3 sur le statut de la Cour de justice de l'Union européenne, présenté par la Cour de justice le 30 novembre 2022, Bruxelles (COM(2023)) 135 final du 10.3.2023.

[2] Communication de la Commission au Parlement européen, au Conseil, au Comité économique et social européen et au Comité des régions relative au plan d'action pour la démocratie européenne, Bruxelles (COM (2020)) 790 final du 1.12.2020.

démocratie. Dans ce cadre d'analyse la question des rapports entre le droit et la démocratie se pose sérieusement. Á cet effet la dogmatique juridique classique d'où découle une certaine conception de ce que doit être la fonction juridictionnelle repose sur la conviction que le droit découle du principe démocratique.

Á vrai dire il n'y a pas de démocratie sans droit. Suivant cette idée le droit s'impose à la démocratie. Pour mieux apprécier ces propos deux points de cette réflexion appellent quelques développements. D'une part le noyau sémantique universellement admis du concept de démocratie est le *démos* source de légitimation du pouvoir étatique. La démocratie apparaît donc comme un système politique basé sur des libertés fondamentales nécessaires pour promouvoir le pluralisme, la tolérance et pour assurer le respect de la personne humaine. Effectivement la protection de ces libertés fondamentales s'avère possible grâce à un système politique fondé sur la séparation des pouvoirs et sur le respect du principe de la prééminence du droit. Comme nous l'avons déjà noté auparavant l'indépendance de la Cour de justice joue un rôle essentiel dans le régime démocratique de l'Union. Dans la mesure où la Cour de justice a fait avancer l'intégration européenne par la voie prétorienne, les États membres n'hésitent pas à lui faire le reproche d'avoir agi comme un gouvernement des juges. Par contre les institutions européennes semblaient jusqu'ici plus réticentes à critiquer publiquement la Cour de justice. Car la légitimité démocratique de ses décisions n'avait jamais été remise en question au sein des institutions européennes.

Cependant le reproche de gouvernement des juges est apparu dans le cadre du débat au sein du Parlement européen. Certains députés ont manifesté leur opposition dans « un rapport d'initiative »[1] analysant les conséquences de plusieurs arrêts[2] de la Cour. Il a été constaté que différentes vues et interprétations existaient au sein de la Cour de justice et entre la Cour de justice et ses avocats généraux. Dans les arrêts *Laval* et *Rüffert* la Cour a fait primer la liberté d'établissement et la libre prestation de service au détriment des droits collectifs des travailleurs et de l'égalité de leur traitement. Ces arrêts ont engendré de vives inquiétudes quant à la manière d'interpréter les directives d'harmonisation minimale. Lesdits arrêts s'opposent à la volonté de la

---

[1] Résolution du Parlement européen du 22 octobre 2008 sur les défis pour les conventions collectives dans l'UE (2008/2085 (INI) P6_TA(2008)0513.

[2] *Cf.*, CJCE, 18 décembre 2007, *Laval*, aff. C-341/05, *Rec.*, p. I-11767 et CJCE, 3 avril 2008, *Rüffert*, aff. C-346/06, *Rec.*, p. I-01989.

majorité des députés qui les contestent ouvertement en se fondant sur l'argument démocratique. Malgré l'argument démocratique compte tenu de la complexité du processus décisionnel de l'Union, il est permis d'affirmer que les institutions européennes ont besoin du pouvoir créateur de la Cour pour faire fonctionner le système.

D'autre part deux approches systémiques relatives à la relation entre gouvernement des juges et démocratie ont retenu notre attention. La première approche veut que ce soit le pouvoir politique élu démocratiquement qui pose seul le droit. Selon cette approche le droit serait ontologiquement subordonné au politique. Cependant une telle approche s'oppose radicalement à la dogmatique contemporaine de l'État de droit qui entend justement subordonner l'État au droit. Car conformément aux postulats de l'État de droit le juge est considéré comme meilleur garant des libertés. La deuxième approche entend que le droit se tienne entièrement dans le texte posé par le pouvoir démocratique. Cette approche veut que l'interprétation du droit n'emporte pas nécessairement création du droit. Au regard d'une certaine conception du droit, la deuxième approche paraît de plus en plus contestée par la doctrine. Pour mieux comprendre, au niveau européen les textes des traités de l'Union font l'objet d'interprétations jurisprudentielles constructives[1]. De ce point de vue eu égard à l'activisme jurisprudentiel[2] de la Cour de justice, le droit tend à devenir un impératif catégorique substantiel qui commande à la démocratie. Ces considérations conduisent à affirmer que le droit présente par rapport à la démocratie une certaine autonomie. Il s'autodétermine en son contenu par ses propres procédés juridiques.

Après tout dans le débat sur le gouvernement des juges, la lecture sur le droit et la démocratie appelle quelques développements. Ce qui est pertinent dans ce propos c'est que le principe démocratique se tient bien au cœur du droit. Toutefois il n'est plus à son fondement en ce sens que, tout ce que la volonté populaire aurait démocratiquement décidé n'est plus nécessairement acceptable en droit. Cependant dans l'Union le principe démocratique continue de se tenir au cœur du droit. En ce sens que le droit pour être considéré comme tel, doit être au moins globalement accepté démocratiquement. Sûrement la démocratie est tributaire du droit à plusieurs égards. Il ne peut y avoir de démocratie dans l'Union si dans l'adoption de la norme démocratique, certaines

---

[1] CJCE, 6 octobre 1982, *CILFIT*, aff. C-283/81, *Rec.*, p. I-03415.

[2] CJCE, 5 février 1963, *Van Gend en Loos*, aff. C-26/62, *op. cit., Rec.*, p. I-00003.

règles de droit, de procédure et de fond ne sont pas respectées. Au final contrairement à ce que la critique du gouvernement des juges au sein de l'Union pourrait laisser penser, à notre avis il n'y a pas d'opposition entre droit et démocratie, mais une dépendance réciproque dans la perspective d'une Europe plus forte.

§ 2. Le rôle des juges de l'Union dans la séparation des pouvoirs

La notion de gouvernement des juges n'a de sens que rapportée à celle d'une séparation ou de l'équilibre des pouvoirs dans l'Union. Dans l'ordre juridique européen la problématique du gouvernement des juges est liée à la séparation des pouvoirs et en particulier à la fonction législative de l'Union. Chemin faisant la critique du gouvernement des juges peut s'apprécier à l'aune d'une lecture de la représentation du pouvoir sous la forme du schéma ternaire, exécutif, législatif et judiciaire. C'est dans ce contexte d'équilibre des pouvoirs que s'inscrit le débat sur le gouvernement des juges. Ainsi la dénonciation du gouvernement des juges pose les bases utiles de la réflexion sur la séparation des pouvoirs dans l'Union (A). Cela étant la fonction législative de l'Union face au gouvernement des juges (B) appelle la question fondamentale de la légitimité d'une interprétation de la Cour de justice par rapport aux choix du législateur de l'Union.

A. La séparation des pouvoirs et le gouvernement des juges

Les États membres de l'Union étaient conscients que les traités ne pouvaient tout prévoir d'où la nécessité d'établir une Cour de justice propre aux Communautés puis à l'Union. Probablement les conflits[1] opposant les gouvernements entre eux et aux institutions européennes étaient donc inévitables. Pour continuer le concept de gouvernement des juges est utilisé dans l'Union, chaque fois que l'on redoute la propension des juges de l'Union à se substituer au pouvoir politique constituant, législatif ou exécutif, dans l'exercice du pouvoir normatif. Si l'expression présente à l'origine un caractère péjoratif il s'agit simplement ici de partir de l'hypothèse selon laquelle, il existe un gouvernement au sens du pouvoir normatif exercé par les juges de l'Union. Ce gouvernement précisément parce qu'il se présente malgré tout comme celui d'institutions juridictionnelles emprunte des formes originales. En cette circonstance partons du fait que, le principe de

[1] CJUE, 30 avril 2024, *Lettonie /Suède*, aff. C-822/21, non encore publié (e).

séparation des pouvoirs implique d'une façon générale une sorte de limitation des pouvoirs du juge quel qu'il soit. Il signifie que toute monopolisation, même au nom du droit est dangereuse pour les autres autorités. D'après l'ensemble des considérations qui précèdent, même l'universalité y compris celle des droits de l'homme peut devenir dangereuse lorsqu'elle couvre une pratique uniformisante.

Dans ces conditions le principe de la séparation des pouvoirs doit être regardé comme une déclinaison du principe de limitation. Il est d'ailleurs compris comme une manifestation particulière du principe de limitation, de sorte que ce dernier continue de s'appliquer même dans l'ordre supranational où les compétences sont moins délimitées. De même la séparation des pouvoirs implique une limitation des pouvoirs juridictionnels. C'est au nom de cette séparation qu'est conduite la critique du gouvernement des juges. Cependant dans l'Union la séparation des pouvoirs peut être comprise d'une multitude de façons. Cette logique donne aux juges des pouvoirs d'une étendue extrêmement variable. Une lecture nouvelle de l'office du juge fait de ce dernier l'architecte de l'identité de l'Union. La question peut dès lors se poser de savoir si le juge en se faisant architecte d'une identité n'usurpe pas un pouvoir qui ne lui appartient pas. Une telle interrogation nous renvoie toujours au même défi celui de fonder légitimement le titre de compétence du juge. Pour cette raison on peut considérer que l'office du juge s'auto-légitime par sa nécessité.

En cette circonstance le juge de l'Union comble les lacunes d'un pouvoir constituant européen défaillant. Par la consécration des principes de primauté[1] et « d'effet direct »[2] du droit de l'Union, la Cour de justice s'est attachée à affirmer l'autonomie de l'ordre juridique de l'Union. Le système complet des voies de recours dont cette juridiction dispose lui a en effet permis d'asseoir l'autorité du droit communautaire originaire, tant à l'égard des institutions qu'à l'encontre des États membres. Ce pouvoir créateur de la Cour autorisé par les États fondateurs a été renforcé par l'utilisation des méthodes d'interprétation téléologique et systématique mises au service de l'approfondissement de l'intégration européenne. Plus encore le principe de prééminence du droit est le plus fécond des principes de la Cour de justice. Il s'impose

---

[1] Résolution du Parlement européen du 21 octobre 2021 sur la crise de l'État de droit en Pologne et la primauté du droit de l'Union (2021/2935(RSP)) (*JOUE*, n° C 184 du 5.5.2022, p. 154).

[2] CJUE, 10 octobre 2017, *Elaine Farell / Allan Whitty e.a,* aff. C-413/15, publié (e) au Recueil numérique.

aux ordres juridiques nationaux et au sein de ces ordres juridiques nationaux. La notion de prééminence du droit forme avec celle de la démocratie et des droits de l'homme le triple socle sur lequel repose l'Union européenne. Cette notion existe à l'échelon national et international. Pour ce faire il existe plusieurs composantes essentielles de la prééminence du droit.

Á proprement parler il s'agit de la légalité qui suppose l'existence d'une procédure d'adoption des textes de loi transparente, responsable et démocratique. Ce qui suppose la sécurité juridique l'interdiction de l'arbitraire, l'accès à la justice devant des juridictions indépendantes et impartiales qui procèdent notamment à un contrôle juridictionnel des actes administratifs, le respect des droits de l'homme, la non-discrimination et l'égalité devant la loi. Parmi les défis qui devraient être relevés à l'avenir par le juge de l'Union figurent la préservation et le renforcement des acquis de la prééminence du droit. Cela signifie que le principe de prééminence du droit permet de limiter la portée de tous les autres. À savoir le principe démocratique et le principe de séparation des pouvoirs. Á titre d'indication il emporte la prééminence des droits fondamentaux sur toute autre considération d'ordre formel ou organisationnel comme la séparation des pouvoirs ou la limitation des pouvoirs du juge. Au final dans cette analyse ce n'est pas le gouvernement des juges qu'il faut dénoncer, c'est le gouvernement du droit qu'il faut reconnaître.

B. La fonction législative dans le sillage du gouvernement des juges

La civilisation de la souveraineté législative par le droit et les juridictions est le signe d'un changement majeur de culture politique qui s'opère en Europe. Suivant cette idée l'équilibre qui s'établit entre les juges et les législateurs n'est pas une limitation de la souveraineté populaire mais une manière plus complexe de l'institutionnaliser. Probablement la Cour de justice de l'Union a été créée dans l'objectif de résoudre les problèmes liés à la mise en œuvre insuffisante[1] de la législation de l'Union. C'est pourquoi la Cour de justice joue un rôle majeur dans l'équilibre des pouvoirs au sein de l'Union. Pour dire vrai la transformation de l'équilibre des pouvoirs a vu les instances judiciaires s'immiscer dans les domaines constitutionnel et législatif dont les gouvernements avaient longtemps gardé le monopole. Ce

---

[1] Résolution du Parlement européen du 22 octobre 2008 sur les défis pour les conventions collectives dans l'UE (2008/2085 (INI)) *op. cit.*, P6_TA(2008)0513.

mouvement est régulièrement interprété comme un glissement vers un gouvernement des juges. Ces constats nous conduisent à dire que la Cour de justice fait preuve de beaucoup d'indépendance et peut poursuivre l'intégration européenne beaucoup plus loin que les intérêts agrégés des États membres ne semblent le permettre. Elle a pu mener à bien cet exercice à de nombreuses reprises.

Ceci posé l'axe porteur du concept de gouvernement des juges dans l'Union autorise à mettre en lumière deux points. Dans une première analyse il convient de préciser la différence entre l'activité du juge et celle du législateur avant de développer le propos sur le gouvernement des juges et la fonction législative de l'Union. Pour notre part le juge est soumis à des limites procédurales et substantielles que le législateur ne connaît pas. Une Cour ne peut pas s'autosaisir et doit résoudre les cas qui sont portés devant elle. Le recours judiciaire leur donne la possibilité de rouvrir le débat sur une législation particulière[1]. Malgré les spécificités procédurales et les limites substantielles qui différencient l'activité judiciaire et celle du législateur, il en ressort clairement que l'activité judiciaire n'est pas une sphère séparée de la sphère politique. Malgré tout le rôle créateur de la Cour de justice suscite beaucoup d'interrogation de la part des acteurs de l'Union qui exercent la fonction législative.

De cette manière la question de la légitimité d'une interprétation de la Cour de justice par rapport au choix du législateur est apparue au sein du Parlement européen. Á titre de précisions les institutions européennes ont été absentes dans le débat sur le gouvernement des juges. Cependant les explications relatives à la réaction du législateur pourraient être trouvées dans l'évolution de la jurisprudence de la Cour et du contexte politique. Ainsi une analyse de l'évolution de la jurisprudence de la Cour pourrait expliquer la réaction des institutions européennes par rapport à la problématique du gouvernement des juges. Par conséquent les caractéristiques particulières de la fonction législative et de l'équilibre institutionnel renforcent le rôle central que joue la Cour de justice dans l'ordre juridique de l'Union.

Dans une deuxième analyse aucune des institutions de l'Union ne représente une majorité politique cohérente sur laquelle, elle pourrait s'appuyer pour opposer sa forte légitimité au pouvoir d'interprétation de la Cour de justice. Dans ce contexte particulier le lien étroit entre une majorité politique dont provient le législateur élu, sur lequel s'appuie

[1] CJCE, 3 avril 2008 *Rüffert*, aff. C-346/06, *Rec.*, p. I-01989.

normalement le questionnement par les politiques de la légitimité démocratique d'une jurisprudence s'opposant au choix du législatif est absent au niveau de l'Union. Au niveau des États membres lorsque l'interprétation des traités par la Cour restreint la souveraineté nationale à l'encontre de la volonté du législateur national, les États reprochent la Cour de gouvernement des juges.

Conclusion du Chapitre 2

La réflexion sur la séparation des pouvoirs revêt une grande importance pour le régime politique de l'Union. Cette étude traite de la collaboration fonctionnelle des pouvoirs dans l'Union et du rôle des juges dans une Union fondée sur la théorie de l'équilibre des pouvoirs. Les textes réunis dans cette étude traduisent des préoccupations très diverses dans les rapports de pouvoir. Selon les approches d'une séparation souple des pouvoirs, l'Union semble s'acclimater d'un droit judiciaire construit à la lisière des systèmes juridiques nationaux et internationaux. Á cet égard la collaboration fonctionnelle des pouvoirs exécutif et législatif est une caractéristique essentielle du régime parlementaire. Une lecture des enjeux de pouvoir dans l'Union laisse entendre que l'on est en présence d'une séparation souple des pouvoirs. La collaboration fonctionnelle à l'exercice de la fonction législative laisse une large place au dialogue entre les pouvoirs. Á ce titre les actes législatifs de l'Union sont associés à un pouvoir, la fonction législative confiée à trois institutions. La collaboration fonctionnelle à l'exercice de la fonction exécutive prend une dimension particulière dans l'Union. La fonction exécutive de l'Union renvoie à la disparité des types d'exécution, de capacités de direction et d'impulsion. Il en ressort que la Commission européenne est l'institution de l'Union qui dispose des pouvoirs exécutifs importants.

Elle est le principal organe exécutif de l'Union. Les membres de la Commission exercent de façon collégiale, des fonctions qui selon la théorie de la séparation des pouvoirs relèvent du pouvoir exécutif. Le pouvoir de contrôle du Parlement européen sur la fonction exécutive de l'Union est un point essentiel de cette étude. Les fonctions de contrôle politique exercées par le Parlement recouvrent plusieurs aspects. Il dispose de plusieurs instruments pour exercer un contrôle directif et son influence sur la fixation des priorités politiques de l'Union. En effet le contrôle parlementaire intensifié des fonctions exécutives a entraîné une politisation accrue de la Commission. Enfin notre étude analyse la thèse selon laquelle les juges de l'Union se comportent comme des juges qui gouvernent. La réflexion sur la notion de gouvernement des juges de l'Union n'a de sens que rapportée à la question de la séparation des pouvoirs. Compte tenu du régime politique de l'Union, la collaboration de la Cour de justice est indispensable à la perfection de l'œuvre législative de l'Union malgré les rapports complexes entre gouvernement des juges et démocratie.

Conclusion du Titre 1

Le regain d'intérêt pour la théorie de la séparation des pouvoirs trouve dans le régime politique de l'Union une expression nouvelle. Cette étude repose sur des travaux intéressants relatifs à l'équilibre des pouvoirs dans l'Union. Elle montre de plus l'intérêt que la doctrine et la jurisprudence de la Cour de justice portent à la conception moderne de la séparation des pouvoirs dans l'Union. Á ce propos l'architecture institutionnelle de l'Union est conforme à la conception dite moderne de la séparation des pouvoirs. Á titre d'illustration le système institutionnel de l'Union présente indéniablement trois fonctions juridiques, notamment de direction, d'encadrement et de contrôle judiciaire. Selon une analyse détaillée et précise de la théorie constitutionnelle, la doctrine de la séparation des pouvoirs est à l'origine de l'État constitutionnel et démocratique moderne.

Á cet égard le principe de la séparation des pouvoirs est au fondement de toutes les constitutions libérales. Eu égard à ce registre, la théorie de la séparation des pouvoirs reste tributaire d'une lecture étatique incompatible avec le régime politique de l'Union. Dans le cadre de l'Union le principe de l'équilibre des pouvoirs trouve son fondement dans le principe de la séparation des pouvoirs. Á la lumière de cette acception l'équilibre constitue la matrice de la séparation des pouvoirs. Il s'agit d'un mécanisme de limitation et de légitimation du pouvoir dans l'Union. Dans les discussions académiques la forme originale de séparation des pouvoirs dans l'Union est qualifiée de collaboration fonctionnelle. Aucun organe n'a une fonction exclusive.

Il faut bien reconnaître que le pouvoir judiciaire de l'Union est le seul qui puisse être analysé à l'aune d'une vision organique de la séparation des pouvoirs dans l'Union. La réflexion sur la spécificité de la séparation des pouvoirs dans l'Union permet de jeter les bases utiles d'une analyse sur l'indépendance de la fonction juridictionnelle de l'Union. Les outils précieux d'analyse de cette étude mettent en évidence la problématique de l'indépendance du pouvoir judiciaire dans ce modèle particulier d'organisation des pouvoirs. En filigrane il y a la question fondamentale du véritable rôle des juges dans le régime politique de l'Union. Le débat académique sur le gouvernement des juges de l'Union est complexe. Il est au centre de l'équilibre subtil entre la Cour de justice et le législateur de l'Union. En fin de compte dans la rhétorique du gouvernement des juges le pouvoir législatif dénonce le pouvoir excessif des juges à l'encontre du choix législatif.

Titre 2

La gouvernance et la souveraineté dans l'Union européenne

Le projet européen a permis à tout un continent de connaître la période de paix la plus longue de son histoire, a donné lieu à une prospérité et un développement social sans précédent. La dignité humaine et les droits de l'homme, la justice sociale, l'égalité, la séparation des pouvoirs et l'état de droit sont des valeurs qui ont toujours sous-tendu la construction européenne. Tous ces aspects garantissent aux citoyens européens un niveau de vie nettement plus élevé par rapport à la plupart des régions du monde. Á une époque où l'incertitude est grande il faut une vision à long terme de l'Union européenne. La gouvernance et la souveraineté européenne offrent un cadre global qui permet à l'Union de se renforcer en parvenant davantage à parler d'une seule voix à l'échelle internationale.

Les européens appellent de leurs vœux une Europe sûre et stable. Une Europe performante sur le plan économique, respectueusement de l'environnement, une Europe politique avec des institutions fortes. Pour atteindre ces objectifs une réorganisation en profondeur de l'Union est nécessaire pour rendre l'Union plus efficace plus facile à comprendre. Á la lumière de ce constat ce regain d'intérêt pour une Union européenne forte s'accompagne d'une réflexion sur « la bonne gouvernance »[1] et sur une Europe souveraine, unie et démocratique. De ce point de vue cette partie de notre étude est consacrée à la gouvernance européenne et à la souveraineté de l'Union. Ces propos appellent deux niveaux de lecture. Le premier s'intéresse à la notion de gouvernance européenne, un paradigme pertinent pour étudier le système politique de l'Union européenne. Cependant la recherche sur l'Union européenne est confrontée à la question fondamentale de savoir comment penser et construire un système politique de plus en plus intégré au niveau supranational. Dans ces conditions au début des années 1990 la concomitance de l'épuisement progressif de l'intégration européenne par les marchés après l'Acte unique et de l'européanisation croissante des ordres juridiques nationaux appelait un profond changement. Progressivement s'affirme une théorie alternative

[1] Avis du Comité économique et social sur le thème « Gouvernance européenne – un Livre blanc » (COM (2001)) 428 final (*JOCE*, n° C 125 du 27.5.2002, p. 61).

pour démocratiser et développer les structures de décision de l'Union européenne en partant du concept de gouvernance.

Les partis pris théoriques et méthodologiques sur la gouvernance ne manquent pas d'attraits. On peut dès lors s'interroger sur le concept de gouvernance. Il est déjà présent dans l'œuvre d'Aristote où la bonne gouvernance est mentionnée dans la description d'un État dirigé par un gouverneur éthique et juste. Depuis peu le terme de gouvernance a de plus en plus été utilisé pour désigner le processus décisionnel et l'application des décisions dans divers contextes, tels que la gouvernance de l'entreprise, la gouvernance internationale, nationale et locale. L'introduction de la notion de gouvernance dans le domaine des relations internationales doit être comprise comme une réaction aux processus de mondialisation économique[1]. Dans les relations internationales le concept de gouvernance émerge après la guerre froide. L'accent est mis sur la capacité des systèmes de gouvernance à trouver des solutions à des problèmes de politique internationale, contrairement à des situations plus complexes dans lesquelles le jeu politique à l'intérieur de l'État brouille les pistes. Par sa polysémie le concept de gouvernance permet de répondre à une pluralité d'attentes. Comme théorie la gouvernance renvoie à un nouveau modèle d'exercice du pouvoir. Bien que l'acception actuelle du terme gouvernance soit sur le point de s'assurer une place de choix dans le vocabulaire politique moderne, une définition plus précise semble utile. Á notre appréciation la gouvernance est la capacité des sociétés humaines à se doter de systèmes de représentation, d'institutions fortes, de processus et de corps sociaux pour se gérer elles-mêmes. En fait la gouvernance évoque le plus souvent une définition plus flexible de l'exercice du pouvoir reposant sur une plus grande ouverture du processus de décision. Dans le cadre de l'Union, la publication du Livre blanc sur la gouvernance européenne est l'occasion d'offrir une première définition officielle de ce concept. Les éléments d'une bonne gouvernance sont désormais organisés de manière rationnelle dans le cadre d'une approche privilégiant la procédure et traduisant une philosophie participative. La Commission soucieuse de constater que les institutions européennes sont encore mystérieuses, lointaines et donc peu légitimes aux yeux de nombreux citoyens, s'est engagée pour

---

[1] Avis du Comité économique et social européen sur « Le renforcement de la gouvernance économique – La réforme du pacte de stabilité et de croissance » (*JOUE*, n° C 88 du 11.4.2006, p. 68).

une nouvelle gouvernance qui vise à améliorer l'efficacité et la visibilité des institutions européennes.

Selon le document de travail de la Commission « la gouvernance désigne l'ensemble des règles, processus et comportements touchant à la qualité de l'exercice des pouvoirs au plan européen, en particulier la responsabilité, la lisibilité, la transparence, la cohérence, l'efficience et l'effectivité ».[1] Pour aller plus loin la gouvernance européenne peut être à certains égards considérée comme une tentative de concevoir un ordre politique et un système institutionnel capables d'exercer sans gouvernement. C'est-à-dire sans centralité et sans usage de moyens de coercition matériels d'exécution. Les approches par la gouvernance éclairent comment peut émerger un paradigme théorique susceptible de renouveler la question du gouvernement de l'Union.

Le deuxième niveau de lecture s'intéresse particulièrement à la notion de souveraineté européenne. Sans doute l'étude du vocabulaire indique une étroite parenté entre souveraineté et puissance. Les juristes français usent des termes de souveraineté et puissance dans leur sens étatique depuis « *Les six Livres de la République* » de Jean Bodin (1530-1596). En France à la suite des travaux de Jean Bodin, naît le concept de souveraineté étroitement lié à celui de l'État. De nos jours la relation entre la souveraineté et le pouvoir semble avoir perdu de son évidence. D'un côté la sociologie politique préfère au terme de souveraineté ceux de pouvoir et de domination, comme l'emploie Max Weber (1864-1920) lorsqu'il définit « *les trois types idéaux* » de domination. En effet ce recul sémantique de la souveraineté au profit du pouvoir et de la domination s'explique socialement par la concurrence faite à la souveraineté de l'État par divers phénomènes de domination propres à la société civile.

Plusieurs théories ont été confrontées pour faire une distinction claire entre le souverain lui-même source du pouvoir et les organes chargés d'exercer le pouvoir. Notamment la souveraineté populaire a été théorisée par Rousseau au 18e siècle. Cette conception selon laquelle le peuple est le seul titulaire de la souveraineté a été reprise en compte par plusieurs travaux de recherche. Pour autant la souveraineté est inaliénable et indivisible comme l'écrit Rousseau. Dans cette perspective la réflexion de certains théoriciens relative à la source du pouvoir s'accompagne d'une analyse approfondie portant sur les conditions d'exercice du pouvoir.

---

[1] Avis du Comité économique et social sur « La société civile organisée et la gouvernance européenne – contribution à l'élaboration du Livre blanc » (*JOUE*, n° C 193 du 10.7.2001, p. 118).

Selon la théorie de la souveraineté populaire les organes chargés d'exercer le pouvoir doivent émaner du peuple souverain. En ce qui concerne la souveraineté nationale l'invention du concept au 18e siècle par l'Abbé Sieyès à partir des écrits de Montesquieu, pose le postulat de la nation souveraine. Selon cette théorie c'est la nation qui est la source du pouvoir politique dans l'État. Eu égard aux principaux axes de réflexion, avec la construction européenne les postulats de la souveraineté nationale sont mis à l'épreuve. Ce qui est frappant quand on analyse les différentes théories de la souveraineté c'est qu'elles varient au gré des circonstances historiques. Prendre conscience de la relativité des conceptions de la souveraineté permet d'accueillir avec moins de scepticisme les approches européennes de la notion de souveraineté de l'Union. Dès lors l'État membre peut prétendre à la fois à la souveraineté et à l'appartenance à l'Union européenne. Il n'est donc pas contradictoire d'être à la fois un État souverain et un État membre de l'Union européenne. Car les deux qualités sont compatibles. Á titre de précision la participation de l'État membre à la construction européenne repose sur un acte de souveraineté.

L'analyse des rapports entre État souverain et État membre, État membre et l'Union européenne conforte le postulat selon lequel, la construction européenne a une dimension étatique et la réalité européenne n'est pas extérieure aux États. Au fond la volonté des États occupe une place fondamentale dans la structuration de l'Union. Pour terminer la présente étude vise à examiner la gouvernance de l'Union européenne (Chapitre 1). Dans le contexte européen l'Union a ouvert une carrière formidable au terme de gouvernance[1]. Ce qui a permis de repenser les définitions classiques liées à la souveraineté. L'Union européenne offre la possibilité de penser une souveraineté renouvelée. Il est pertinent ensuite de mener une réflexion sur le concept de souveraineté à l'épreuve de la volonté de puissance de l'Union (Chapitre 2). Dans cette démarche l'étude tend à montrer que l'intégration européenne n'affecte pas tant l'État dont la souveraineté est davantage remodelée qu'atteinte dans sa substance. L'Union existe parce que ses États l'ont voulu en définissant souverainement le cadre. Compte tenu de la situation géopolitique actuelle une Union forte est une condition *sine qua none* dans le monde d'aujourd'hui pour que ses États membres puissent préserver leur souveraineté.

---

[1] Rapport de la Commission sur la gouvernance européenne, Bruxelles (COM (2002)) 705 final du 11.12.2002.

Chapitre 1

La gouvernance dans l'Union européenne

Le concept de gouvernance de l'Union est un projet pour la société européenne dans son ensemble, qui lui permet d'améliorer le fonctionnement de ses institutions et de pouvoir faire face aux défis d'un monde globalisé. L'Union européenne est par conséquent un espace de gouvernance en construction. Développé par l'analyse des politiques publiques le concept de gouvernance s'est avéré utile pour désigner d'une part les politiques publiques européennes et d'autre part, un mode d'exercice du pouvoir qui répond aux changements profonds des structures et fonctions de l'État et au transfert de pouvoir à un niveau supranational. Cette approche est concomitante avec l'inclusion d'un nombre d'acteurs non-étatiques à différents niveaux de décision qui correspond au caractère *sui generis* de l'Union.

Le vocable gouvernance a ensuite été repris par les institutions européennes qui l'utilisent désormais de manière récurrente. En outre la circulation du terme de gouvernance dans les espaces politiques et scientifiques appelle d'autres précisions. D'une part la gouvernance est devenue un outil méthodologique de mesure d'efficacité des programmes et un outil idéologique pour une politique de l'État. D'autre part les études des relations internationales utilisent le concept de gouvernance en l'associant à la réflexion sur les régimes et sur l'ordre mondial[1]. Les études en termes de gouvernance s'intéressent davantage aux politiques européennes. Dans cet esprit la spécificité institutionnelle de l'Union européenne, qui a largement dépassé le cadre d'une organisation internationale sans devenir pour autant un État fédéral invite à décrire les processus politiques en matière de gouvernance. En ce sens à défaut de vouloir bouleverser les équilibres institutionnels et politiques de l'Union européenne, le Livre blanc de la Commission sur la gouvernance européenne du 25 juillet 2001, propose de refonder la légitimité des institutions européennes. Toutefois cette

---

[1] Règlement (UE) 2021/947 du Parlement européen et du Conseil du 9 juin 2021 établissant l'instrument de voisinage, de coopération au développement et de coopération internationale – Europe dans le monde, modifiant et abrogeant la décision n° 466/2014/UE du Parlement européen et du Conseil et abrogeant le règlement (UE) 2017/1601 du Parlement européen et du Conseil et le règlement (CE, Euratom) n° 480/2009 du Conseil (*JOUE*, n° L 209 du 14.6.2021, p. 1).

refondation institutionnelle ne va pas sans susciter quelques interrogations fondamentales.

Le défi qui se pose actuellement à l'Union est de renouveler le processus politique européen. Les questions soulevées par le Livre blanc et les réponses qu'il propose sont liées à ce renouvellement. Á l'évidence l'utilisation du concept de gouvernance par la Commission européenne paraît à certains égards marquer les limites de l'influence du modèle parlementaire en tant que modèle approprié d'analyse pour assurer le devenir de l'Union. Les usages politiques du Livre blanc[1] sur la nouvelle gouvernance européenne sont largement déterminés par des enjeux majeurs. Dans cette acception le Livre blanc est un instrument permettant de relancer « la méthode communautaire »[2] en affirmant le statut politique de la Commission. Le lancement de cette initiative par le président de la Commission apparaît néanmoins comme une tentative de reprise en main du jeu politique européen par la Commission. Décidément le pari consiste à repenser radicalement la manière de faire l'Europe, à concevoir une forme tout à fait nouvelle de gouvernance pour le monde de demain.

Le paradigme de la gouvernance de l'Union est l'une des clés principales du processus d'intégration européenne. Dans son discours la Commission prône une Europe forte avec des institutions légitimes et des politiques efficaces. L'idée c'est que les citoyens européens se sentent impliqués et concernés. L'approche du mode de gouvernance de l'Union garantit la coopération entre les différents niveaux de pouvoir pour mettre en œuvre l'agenda de l'Union et répondre aux défis globaux. Á ce sujet les problèmes de fond de la gouvernance européenne surviennent en raison de la diversité de l'Union, source de complexité, mais aussi de l'absence d'élites capables de dépasser les intérêts de leur propre pays pour le bien de l'Union et de la communauté international. Un retour sur les fondements de la gouvernance européenne permet de mieux saisir les contours de ce concept (Section 1). Dans le même temps le Livre blanc sur la gouvernance européenne a mis l'accent sur l'amélioration du rôle de la Commission, pilier de la gouvernance européenne en tant qu'initiateur politique et organe exécutif (Section 2). Á cela s'ajoute son rôle en qualité de fonction publique européenne et administration publique. En fin de compte le

---

[1] Avis du Comité économique et social sur le thème « Gouvernance européenne – un Livre blanc » (COM (2001)) 428 final (*JOCE*, n° C 125, *op. cit*, p. 62).

[2] Communication de la Commission « Gouvernance européenne : Mieux légiférer », Bruxelles (COM (2002)) 275 final/2 du 6.6.2002.

Livre blanc a été conçu comme une contribution pour développer la gouvernance européenne.

Section 1. Les fondements de la gouvernance européenne

Le concept de gouvernance peut s'avérer utile à l'étude de l'intégration européenne, si on le circonscrit en tant qu'outil analytique permettant de prendre en compte la complexité et les tensions inhérentes à ce processus ainsi que la pluralité des acteurs. Á ce propos le Livre blanc sur la gouvernance européenne pose « la gouvernance »[1] en véritable théorie d'institution. Ce texte célèbre les vertus de la participation comme l'un des grands principes d'une gouvernance plus démocratique de l'Union européenne. Il s'agit d'une mise en pratique de la théorie de la gouvernance formulée en 2001[2] par la Commission. Comme théorie la gouvernance renvoie à un nouveau modèle d'exercice du pouvoir en société. Elle implique une visée de participation publique et une vision du pouvoir en réseau.

L'usage du concept de gouvernance n'est pas neutre. Derrière la terminologie et les discussions sémantiques il y a des enjeux concrets qui ont une grande importance pour l'intégration européenne. En poursuivant ce raisonnement il est précisé que le Livre blanc sur la gouvernance européenne, publié par la Commission européenne le 25 juillet 2001, fait une série de propositions pour remédier à la crise de confiance des citoyens européens à l'égard de l'Union européenne. Pour nombre d'observateurs, intellectuels et universitaires engagés, le Livre blanc sur la gouvernance européenne et sa thématique d'une participation accrue de la société civile semblent évidents et parfaitement intégrés au projet originel d'édification d'une Europe politique. Cette étude analyse tout d'abord les principes de la bonne gouvernance dans l'Union (§ 1). Le Livre blanc fait écho à la volonté de construire une Europe en partenariat et fixe deux grands objectifs stratégiques à savoir favoriser la participation au processus européen et renforcer l'efficacité de l'action de l'Union. Ensuite la gouvernance multiniveaux (§ 2) est considérée comme l'action coordonnée de l'Union, des États membres, des autorités régionales et locales, fondée

---

[1] Avis du Comité des régions 80e session plénière 17 et 18 juin 2009 – Livre blanc du Comité des régions sur la gouvernance à multiniveaux (*JOUE*, n° C 211 du 4.9.2009, p. 1).

[2] Communication de la Commission « Gouvernance européenne : Mieux légiférer », Bruxelles (COM (2002)) 275 final/2 *op. cit.*, p. 2.

sur le partenariat. La méthode communautaire doit rester la pierre angulaire de la gouvernance européenne (§ 3). Elle produit des règles applicables dans chaque contexte national.

§ 1. Les principes de la bonne gouvernance dans l'Union

La gouvernance supranationale de l'Union occupe une place centrale dans le débat sur l'avenir de l'Europe. Pour cette raison le concept de gouvernance de la Commission implique de relever plusieurs défis. Au fond la finalité est de renforcer et de développer la conscience européenne en veillant à ce que l'activité et les décisions des institutions européennes soient plus proches des citoyens. Pour l'instauration d'une gouvernance plus démocratique cinq principes essentiels sont à la base d'une bonne gouvernance (A). L'Union a indéniablement avancé à pas de géant. Toutefois de nombreux européens se sentent tenus à l'écart de ces travaux pour toutes les raisons avancées à juste titre dans le Livre blanc. Les défis au niveau des objectifs et des mesures politiques de l'Union ont également leur part de responsabilité dans le scepticisme de l'opinion publique. Á vrai dire compte tenu des enseignements tirés du Livre blanc sur la bonne gouvernance européenne (B) l'Union doit réussir la réforme de sa gouvernance interne afin d'être crédible à l'échelle internationale.

A. Les principes essentiels de la bonne gouvernance européenne

Dans l'Union la bonne gouvernance revêt une importance particulière pour la Commission qui définit les politiques communes au niveau européen. Dans son Livre blanc sur la gouvernance européenne, la Commission a identifié cinq principes[1] de la bonne gouvernance à savoir l'ouverture, la participation, la responsabilité, l'efficacité et la cohérence. Il est vital que ces principes soient mis en œuvre de manière efficace et responsable. Au moyen de ces principes, la Commission propose de renforcer la légitimité de l'Union sur des instruments plus techniques. En d'autres termes la gouvernance européenne porte sur l'amélioration des procédures et se légitime par un processus de participation le plus ouvert possible. Ce qui devrait normalement conduire à une plus grande efficacité en raison de la circulation de l'information et l'intérêt supposé des acteurs non étatiques de respecter

[1] Commission – Gouvernance européenne – Un Livre blanc (COM (2001)) 248 final (*JOCE*, n° C 287 du 12.10.2001, p. 1).

des règles qu'ils ont contribué à mettre en place. Selon notre étude le Livre blanc paraît partager et vouloir remédier au constat selon lequel le fonctionnement institutionnel de l'Union européenne souffre de deux vices structurels.

Selon ces propos le système institutionnel de l'Union n'est pas conçu pour explorer les avis des sociétés. Il évalue également très mal les impacts de ses choix. Dans cette perspective grâce à la société civile organisée participant en amont à la délibération en aval à l'évaluation et à la rétroaction, on pourrait en empruntant les voies de procéduralisation précitées traiter des deux défauts. Á la lumière de cette lecture selon nous, l'un des grands défis de la gouvernance européenne consisterait à garantir la participation efficace de la société civile organisée. La mise en œuvre de ce nouveau concept précisant comment l'Europe doit être gouvernée et administrée doit s'accompagner d'une réforme institutionnelle appropriée. Á juste titre la gouvernance est définie comme une culture de gouvernement et d'administration supposant un consensus sur un certain nombre de notions, de principes, règles et procédures. Il est donc utile dans le cadre de cette réflexion d'examiner les cinq principes essentiels de la bonne gouvernance, auxquels il est sans cesse fait référence dans le contexte du Livre blanc sur la gouvernance européenne.

Le principe d'ouverture est synonyme de transparence et s'adresse principalement aux institutions de l'Union qui doivent faire preuve d'un fonctionnement plus transparent, à la fois vis-à-vis des États membres et du grand public. Les institutions européennes devraient pratiquer une communication active au sujet de ce que fait l'Union européenne et des décisions qu'elle prend. Cette approche revêt notamment une importance particulière pour améliorer la confiance dans les institutions européennes. L'Union est à la fois un projet politique et une forme d'organisation juridique supranationale. De cette manière le projet politique reflète la volonté des États membres de l'Union de créer une Union des peuples de l'Europe sans cesse plus étroite dans laquelle les décisions sont prises dans le respect du « principe d'ouverture »[1] et au plus près des citoyens. Ces mesures ont pour but de rendre le fonctionnement des institutions européennes plus transparent et d'améliorer la communication. Plus grande sera l'ouverture du processus décisionnel au niveau de l'Union, plus il sera facile aux

---

[1] CJUE, 5 mars 2024, *Public.Resource.Org et Right to Know / Commission e.a.,* aff. C-588/21 P, non encore publié (e) au Recueil général.

citoyens et aux acteurs politiques des États membres de collaborer à l'élaboration et à la réalisation des objectifs de l'Union. Dans cet esprit la Commission et le Parlement ont adopté ce principe pour mettre en œuvre une coopération transparente et coopérative.

En revanche le manque de transparence des travaux du Conseil est une source de préoccupation. Á titre de précision l'exactitude de l'information, l'ouverture et l'amélioration de la communication au niveau des politiques de l'Union ne concernent pas seulement les institutions européennes. Les acteurs de la société civile des États membres de l'Union doivent également participer à ce processus. Les institutions de l'Union doivent par conséquent s'efforcer de se « conformer aux normes les plus strictes possibles en matière de transparence »[1] et de responsabilité. D'autant plus que ces principes sont des éléments essentiels et complémentaires pour promouvoir la bonne gouvernance au sein des institutions européennes, pour faire en sorte que le mode de fonctionnement de l'Union et son processus décisionnel soient plus accessibles aux citoyens européens.

La participation des citoyens à tous les stades de l'élaboration des politiques de l'Union est l'une des préoccupations principales du Livre blanc. Pour la Commission l'amélioration de la participation devrait accroître la confiance dans le résultat final et dans les institutions qui produisent les politiques. Entre autres la Commission fait valoir que l'influence des citoyens doit s'exercer à travers les organisations de la société civile agissant dans le cadre de procédures de consultation structurées. Il convient donc d'impliquer de façon plus systématique les citoyens dans l'élaboration et la mise en œuvre des politiques de l'Union. Pour bien apprécier cette approche il est intéressant de promouvoir une culture de dialogue et de participation.

Selon cette démarche la participation est la possibilité d'intervenir activement dans un processus de formation de l'opinion et de prise de décision reposant sur des principes démocratiques. Pour atteindre cet objectif la condition fondamentale et la base de légitimation du droit de participation est en tout cas une représentativité suffisante des représentants de la société civile. La représentativité quantitative doit effectivement s'accompagner d'une représentativité qualitative, c'est-à-dire la capacité de participer avec compétence et de manière

[1] Résolution du Parlement européen du 14 septembre 2017 sur la transparence, la responsabilité et l'intégrité au sein des institutions européennes (2015/2041 (INI)) P8_TA (2017) 0358 (*JOUE*, n° C 337 du 20.9.2018, p. 120).

constructive au processus de formation de l'opinion et de prise de décision. Pour notre part les institutions européennes devraient vérifier la représentativité des organisations de la société civile qu'elles consultent sur la base de critères de représentativité.

En effet une représentativité opaque et unilatérale des intérêts peut engendrer un risque de corruption. Á titre d'indication la corruption peut constituer une menace grave, un défi de taille pour l'intégrité des législateurs et la perte de confiance des citoyens dans les institutions de l'Union. Pour tout dire la corruption représente sans aucun doute une menace grave pour la démocratie, l'état de droit et les investissements publics. Le principe de responsabilité invite chaque acteur institutionnel ou non à expliciter clairement et à assumer son rôle dans le processus de décision politique. Une clarification du rôle de chacun dans le processus législatif et exécutif est nécessaire. Á ce titre chaque acteur concerné doit ensuite assumer la responsabilité du rôle qui lui est dévolu. En d'autres mots chaque institution de l'Union doit expliquer son action au sein de l'Europe et en assumer la responsabilité. En cette circonstance le débat sur la gouvernance européenne revêt la plus grande importance compte tenu des défis[1] que l'Union est appelée à affronter. Il est vrai que l'Union est une réussite. Cependant toute une série de problèmes reste à traiter afin de faire en sorte que cette réussite se poursuive. Il s'agit là d'un fait qui est reconnu par les institutions européennes, les États membres et les collectivités locales. Les avantages de la bonne gouvernance et son importance pour la construction européenne représentent selon nous, un moyen novateur pour élaborer des propositions en vue d'aller de l'avant. Ce faisant les citoyens européens ont besoin de comprendre clairement les ambitions et les objectifs de l'Union.

En ce qui concerne le principe d'efficacité, le Libre blanc définit comme efficace les mesures politiques qui produisent les résultats requis à partir d'objectifs clairs et d'une évaluation de leur impact futur et de leur expérience antérieure. L'efficacité demande également que les politiques de l'Union soient appliquées de façon proportionnée et que les décisions soient prises au niveau le plus approprié. Pour créer plus de démocratie et d'efficacité dans l'Union, les chefs d'État et de gouvernement ont évoqué à plusieurs reprises la nécessité de réformer le fonctionnement des institutions européennes ainsi que les processus

---

[1] Avis du Comité des régions sur le thème « Davantage de démocratie, de transparence et d'efficacité dans l'Union européenne » (*JOUE*, n° C 73 du 26.3.2003, p. 68).

décisionnels de l'Union, afin de les rapprocher des citoyens européens. Chaque institution a un rôle à jouer afin que les citoyens européens soient effectivement partie prenante au projet européen.

La cohérence est requise en raison d'une triple hétérogénéité caractéristique de l'Union. Il y a la diversité des États membres, les différents domaines d'activité politique et les différents niveaux d'espace politique géographique, du niveau local à l'échelle transnationale. Selon la Commission dans son Livre blanc de 2001, « la cohérence passe par la capacité d'imprimer une direction politique et par une responsabilité affirmée de la part des institutions afin de garantir une approche intégrée dans un système complexe »[1]. Á l'évidence les politiques menées par l'Union sont extrêmement diverses et nécessitent un effort soutenu de cohérence. Pour preuve les politiques européennes fonctionnent trop souvent selon une logique sectorielle. Il convient donc de les intégrer dans un ensemble cohérent, de prendre en compte leur incidence territoriale afin d'obtenir un aménagement plus durable et plus équilibré du territoire de l'Union. Á cette condition dans la ligne de mire du discours de la Commission, il est intéressant d'élaborer des indicateurs permettant de déceler principalement les domaines dans lesquels la cohérence est davantage nécessaire. Au terme de cette lecture sur les cinq principes de la bonne gouvernance de l'Union on peut se féliciter de la publication du Livre blanc. Il revient ainsi à la Commission de mettre en œuvre les réformes nécessaires préconisées dans ce document, de les adapter à l'évolution du droit de l'Union et de la situation international afin d'améliorer la gouvernance européenne.

B. Les enseignements du Livre blanc sur la bonne gouvernance

Le Livre blanc sur la gouvernance européenne est un document déterminant au renforcement de la confiance des citoyens européens dans le projet et l'approfondissement de l'Union. L'application des cinq principes de la bonne gouvernance renforce les principes de proportionnalité[2] et de subsidiarité[3]. Le Livre blanc sur la gouvernance

---

[1] Commission – Gouvernance européenne – Un Livre blanc (COM (2001)) 248 final (*JOCE*, n° C 287 du 12.10.2001, *op. cit.*, p. 8).

[2] CJUE, 24 février 2022, *Agenzia delle dogane e dei monopoli et Ministero dell'Economia e delle Finanze,* aff. C-452/20, non encore publié (e) au Recueil général.

[3] CJUE, 16 février 2022, *Pologne / Parlement et Conseil,* aff. C-157/21, non encore publié (e) au Recueil général.

européenne pose en conséquence les fondements pour le débat sur l'avenir de l'Union. Il est nécessaire de réformer la gouvernance européenne pour avoir les institutions fortes et démocratiques.

Les prises de positions relatives au Livre blanc sur la gouvernance européenne invitent à approfondir le débat sur les enseignements tirés de ces analyses. Pour aller plus loin cette réflexion appelle deux grilles de lecture. Dans la première grille de lecture on note l'émergence de deux problématiques. Tout d'abord les réactions publiques à la consultation de la Commission étaient favorables à la définition donnée par le Livre blanc des principes qui sous-tendent la gouvernance européenne. Du fait de ces réactions il a été proposé d'ajouter d'autres principes tels que, la légitimité démocratique[1] et la subsidiarité. Les contributions reçues par la Commission européenne ont également révélé une grande diversité dans la manière dont la gouvernance européenne est perçue par les citoyens européens.

Pour dire les choses simplement les sujets et les approches proposés dans le Livre blanc ont été traités en fonction du prisme à travers lequel les auteurs des contributions comprennent le thème de la gouvernance européenne. La Commission se réjouit du fait que la consultation publique avait appuyé plusieurs approches fondamentales en matière de gouvernance. Tout de même les propositions du Livre blanc concernant le renforcement de la participation et à l'implication de la société civile ont de loin suscité davantage d'intérêt que tout autre thème. En outre la Commission est confortée dans sa conviction de posséder des instruments politiques plus diversifiés et plus souples dans la législation traditionnelle. D'ailleurs un cadre politique et réglementaire amélioré établit les conditions dans lesquelles les approches législatives et « la méthode ouverte de coordination »[2] peuvent être utilisées de façon tout à fait appropriée et efficace.

Ensuite il est regrettable que le concept de gouvernance défendu par la Commission soit perçu comme limité. Rappelons que le Livre blanc insiste essentiellement sur l'efficacité et la pertinence du système décisionnel européen. Il néglige les aspects relatifs à la légitimité démocratique et à la notion du déficit démocratique de l'Union

---

[1] Communication de la Commission au Parlement européen, au Conseil, au Comité économique et social européen et au Comité des régions – Relative au plan d'action pour la démocratie européenne, Bruxelles, (COM (2020)) 790 final du 3.12.2020.

[2] Avis du Comité économique et social européen sur « la méthode ouverte de coordination et la clause sociale dans le contexte de la stratégie Europe 2020 » (Avis exploratoire) (*JOUE*, n° C 44 du 11.2.2011, p. 23).

considérés comme plus importants par les citoyens européens. Malgré tout le Livre blanc sur la gouvernance européenne énonce des propositions-clés de changement dans quatre grands domaines.

Ces engagements consistent à accroître la participation des acteurs, mettre en place de meilleurs politiques, de meilleures réglementations et de meilleurs résultats. La contribution de l'Union à la gouvernance mondiale permet de redéfinir la stratégie politique des institutions. Un recentrage politique est nécessaire pour que les citoyens européens comprennent mieux le projet politique de l'Union. Á juste titre l'Union doit identifier plus clairement ses objectifs à long terme. Dans une deuxième grille de lecture il est pertinent de se pencher sur le projet d'une réforme de la gouvernance européenne. Effectivement l'Union a besoin de nouvelles règles de gouvernance adaptées aux défis à venir. Á première vue dans un monde en perpétuel changement l'Union ne peut pas prétendre qu'après avoir conclu le traité de Lisbonne, elle ne modifierait plus jamais les traités européens.

Á terme le système politique et institutionnel sur lequel repose le fonctionnement de l'Union a fait l'objet d'ajustements importants à la faveur de l'entrée en vigueur du « traité de Lisbonne »[1]. En revanche ces ajustements ont eu un impact limité. Afin que les politiques de l'Union soient effectivement mises en œuvre et produisent des effets attendus en recueillant la confiance des citoyens, les institutions doivent aujourd'hui s'efforcer d'améliorer la qualité de la législation ainsi qu'un contrôle efficace de son application. En cette circonstance la réflexion entamée par le Livre blanc sur la gouvernance européenne s'attache à la qualité des normes communautaires et à l'amélioration de leur contrôle. En ce qui nous concerne ces deux objectifs sont à l'évidence liés. Dans ce but la qualité de la rédaction des actes législatifs, qui fait l'objet de la communication de la Commission « Mieux légiférer »[2] est un élément essentiel influençant à la fois la capacité des États membres à mettre à jour le droit de l'Union et son contrôle par l'administration de l'Union. Dans le contexte du Livre blanc sur la gouvernance européenne, les institutions européennes reconnaissent qu'elles ont la responsabilité d'élaborer une législation

---

[1] Résolution du Parlement européen du 16 février 2017 sur l'amélioration du fonctionnement de l'Union européenne en mettant à profit le potentiel du traité de Lisbonne (2014/2249 (INI)) (*JOUE*, n° C 252, *op. cit.*, p. 215).

[2] Accord interinstitutionnel entre le Parlement européen, le Conseil de l'Union européenne et la Commission européenne « Mieux légiférer » du 13 avril 2016 « Mieux légiférer » (*JOUE*, n° L 123, *op. cit.*, p. 1).

de l'Union de haute qualité et de veiller à ce que cette législation se concentre sur les domaines où sa valeur ajoutée est la plus importante pour les citoyens européens.

En définitive le Livre blanc a souligné que la gouvernance de l'Union requiert un effort collectif de tous les acteurs. Dans le cadre des initiatives de la Commission européenne en matière de meilleure réglementation, il est rappelé que l'objectif premier de l'idée de gouvernance de l'Union est d'améliorer la qualité et l'efficacité de la législation[1] européenne. La finalité est d'élaborer des réglementations simples, compréhensibles et cohérentes, sans remettre en question les objectifs stratégiques des politiques de l'Union déjà établis, ni agir au détriment de la protection des citoyens. En réalité la réglementation européenne est un facteur d'intégration essentiel. Elle constitue un gage de protection et de sécurité juridique important pour tous les acteurs et les citoyens européens. La manière d'envisager et de traiter la gouvernance européenne ne peut pas se limiter au Livre blanc de la Commission européenne. Dans cette perspective le Livre blanc n'est qu'une contribution qui pose les bases fondamentales de l'idée de gouvernance européenne. Dans les faits il n'y a pas de doute sur la pertinence des questions soulevées au moment et aux circonstances de sa présentation. Compte tenu de l'évolution de l'Union, des attentes des citoyens et du contexte géopolitique actuel un changement des cadres de pensée de la gouvernance européenne est nécessaire.

§ 2. La gouvernance multiniveaux dans l'Union européenne

Les principes structurants qui guident l'action de l'Union, conditionnent son modèle de protection des droits fondamentaux, parmi lesquels figurent l'autonomie régionale et locale ainsi que le respect de la diversité. Dans ce but la promotion et la défense de ce modèle suppose la responsabilité partagée entre tous les niveaux de pouvoir. Á cette fin la notion de gouvernance multiniveaux sert en effet les objectifs politiques de l'Union européenne. Cette approche de la gouvernance renforce la dimension démocratique de l'Union et accroît l'efficacité de ses processus. En 2001 dans son Livre blanc sur la gouvernance européenne, la Commission avait identifié cinq principes

---

[1] Avis du Comité économique et social européen concernant l' « Analyse de la transparence, de la méthodologie et des ressources des analyses et évaluations d'impact que la Commission européenne lance en vue d'améliorer la qualité de la législation européenne » (*JOUE*, n° C 434, du 15.12.2017, p. 11).

à la base d'une bonne gouvernance. En substance la gouvernance multiniveaux à l'échelle de l'Union garantit la mise en œuvre de ces principes fondamentaux et les complète.

La gouvernance multiniveaux est un processus dynamique de l'Union doté d'une dimension horizontale et verticale qui ne dilue pas la responsabilité politique. Mais elle favorise l'appropriation de la décision et de la mise en œuvre commune. La mise en place d'une gouvernance multiniveaux en Europe doit être la priorité stratégique de la Commission. Effectivement c'est une condition de la bonne gouvernance européenne. Dans la ligne de mire de cette approche stratégique, notre étude traduit cette priorité en proposant des options politiques claires pour améliorer la gouvernance européenne. En même temps la mise en œuvre de la gouvernance multiniveaux repose sur le respect du principe de subsidiarité, qui évite que les décisions soient concentrées en un seul niveau de pouvoir. Il garantit que les politiques seront conçues et appliquées au niveau le plus approprié.

La meilleure façon de faire prévaloir l'intérêt général européen des États membres et des collectivités territoriales consiste par conséquent à considérer « le principe de subsidiarité comme le corollaire de la valeur ajouté européenne »[1], et la gouvernance multiniveaux comme un mode de gouvernance participatif qui conforte les valeurs de l'Union. Le respect du principe de subsidiarité et la gouvernance multiniveaux sont donc indissociables. L'un a trait aux compétences des différents niveaux de pouvoir. L'autre met l'accent sur leur interaction. Finalement toute réflexion sur la gouvernance européenne permet de restituer la question essentielle du respect du principe de subsidiarité. Suivant ces propos il est possible d'aller plus loin dans cette réflexion. De fait situer « la subsidiarité et la proportionnalité »[2] dans le contexte de la gouvernance à multiniveaux, conduit à reconnaître la nécessité de la transversalité et du décloisonnement de l'action politique de l'Union. Á la vérité la réussite des stratégies globales qui sont aujourd'hui au cœur de l'agenda européen dépend en effet de plus en plus de la qualité de la gouvernance partagée en Europe et du strict respect du principe de subsidiarité. Finalement l'émergence d'une gouvernance multiniveaux dans l'Union se caractérise par plusieurs enjeux et défis (A). Il convient de remarquer que le modèle de la gouvernance

---

[1] Livre blanc du Comité des régions sur la gouvernance à multiniveaux (*JOUE*, n° C 211 du 4.9.2009, p. 1).

[2] Protocole sur la coopération entre la Commission européenne et le Comité européen des régions (*JOUE*, C, C 2024/2478 du 4.4.2024).

multiniveaux permet de trouver d'autres solutions en dehors des approches de l'État-nation au problème de la légitimité politique de l'Union (B).

A. Les enjeux de la gouvernance multiniveaux

La gouvernance multiniveaux vise à renforcer l'action de l'Union dans les domaines qui sont au cœur des préoccupations des citoyens européens. En fait dans un espace aussi intégré que l'Union, toute intervention communautaire a un impact direct sur les territoires et sur les citoyens européens. L'adéquation entre les objectifs de l'Union et l'impact territorial de ces politiques est donc essentielle. La définition de la gouvernance multiniveaux qui nous semble la plus intéressante se dégage des travaux du Comité des régions sur la gouvernance multiniveaux. Il conçoit la gouvernance multiniveaux comme un principe qui résulte de l'action coordonnée de l'Union, des États membres, des autorités régionales et locales « fondée sur les principes de subsidiarité et de proportionnalité et sur le partenariat qui se concrétise par une coopération fonctionnelle et institutionnalisée, visant à élaborer et à mettre en œuvre les politiques de l'Union »[1].

L'enjeu de la gouvernance multiniveaux se situe par conséquent dans la complémentarité et l'articulation entre la gouvernance institutionnelle et la gouvernance partenariale[2]. Ces constats conduisent à dire que les niveaux de gouvernance de l'Union peuvent être classés en quatre grandes catégories notamment supranational, national, régional et local. La gouvernance multiniveaux dans l'Union implique par conséquent des interactions des négociations et une coordination entre ces différents niveaux. Une évolution de la culture politique et administrative au sein de l'Union doit dès lors être encouragée et stimulée. Le traité de Lisbonne a indéniablement ancré la gouvernance multiniveaux dans le fonctionnement de l'Union, en confortant son statut dans l'architecture institutionnelle et en consacrant l'objectif de la cohésion territoriale. Dans ce registre la gouvernance multiniveaux ne se résume pas à traduire des objectifs européens ou nationaux. Elle

---

[1] Avis du Comité des régions sur le thème « Bâtir une culture européenne de la gouvernance à multiniveaux : le suivi du Livre blanc du Comité des régions (*JOUE*, n° C 113 du 18.4.2012, p. 62).

[2] Résolution du Parlement européen du 21 octobre 2008 sur la gouvernance et le partenariat aux niveaux national et régional, et une base pour des projets dans le domaine de la politique régionale (*JOUE*, n° C 15 E du 21.1.2010, p. 10).

doit être aussi comprise comme un processus d'intégration des objectifs des collectivités régionales et locales dans les stratégies de l'Union. Afin de mieux appréhender ces subtilités plusieurs éléments méritent d'être examinés.

Dans un premier temps la gouvernance multiniveaux renforce l'efficacité de l'action de l'Union. Pour preuve elle instaure une nouvelle culture de coopération interinstitutionnelle[1] et politique favorisant la participation au processus européen des élus de tous les niveaux. La concrétisation d'une véritable culture de la gouvernance multiniveaux en Europe passe par trois préalables. D'une part l'accent est mis sur la consolidation des fondements et les principes sous-tendant ce mode de gouvernance dans le cadre institutionnel et politique européen ainsi que national. D'autre part il y a la mise en œuvre de la gouvernance multiniveaux par le truchement de mécanismes et instruments pertinents. Enfin assurer les conditions d'une autonomie financière des différents niveaux de gouvernance. Á la suite de ce propos au niveau européen l'approche de la gouvernance multiniveaux pose les postulats de base d'une nouvelle compréhension du « principe de l'équilibre institutionnel »[2] de l'Union.

Selon ces orientations il est nécessaire de corriger les déséquilibres institutionnels qui sont apparus au fil du temps et d'accroître la responsabilité de l'exécutif à l'égard du législatif, en conférant au Parlement des pouvoirs de contrôle sur le Conseil européen et en renforçant la responsabilité politique de la Commission à l'égard du Parlement. Á ce sujet dans toute l'acception du terme, la gouvernance multiniveaux suppose la loyauté réciproque entre tous les niveaux de pouvoir et entre les institutions européennes pour atteindre les objectifs communs. Le cadre institutionnel est fondamental mais n'est toutefois pas suffisant pour garantir une bonne gouvernance dans l'Union. Du moins la bonne coopération entre différents niveaux de pouvoir politiques et les institutions est indispensable. Cette coopération est basée sur la confiance et non sur la confrontation des différentes légitimités politiques et démocratique de l'Union. En conséquence la démocratie de l'Union se trouve ainsi renforcée par une coopération interinstitutionnelle plus inclusive et une coopération politique plus

[1] Accord interinstitutionnel entre le Parlement européen, le Conseil de l'Union européenne et la Commission européenne « Mieux légiférer » (*JOUE*, n° L 123, du 12.5.2016, *op. cit.*, p. 1).

[2] CJUE, 22 novembre 2022, *Commission/Conseil*, aff. C-24/20, non encore publié (e) au Recueil général.

soutenue entre les différents niveaux de pouvoirs. Après tout l'approche de la gouvernance multiniveaux est nécessaire. Car elle apporte une réponse adéquate aux défis à l'échelle de l'Union. Elle devrait donc être appliquée verticalement et horizontalement.

Dans un deuxième temps pour être satisfaisante une gouvernance multiniveaux doit se fonder sur une approche ascendante[1] avec une prise en compte de la diversité administrative existant dans chaque État membre. Dans ce cadre il revient aux États membres de l'Union de déterminer les méthodes les plus efficaces pour mettre en place cette gouvernance aux différents niveaux. En outre d'intensifier leur coopération tant avec les autorités régionales et locales qu'avec l'administration de l'Union. Pour cette raison le Parlement européen invite les États membres à développer dans les plus brefs délais, les actions concrètes du premier programme d'action pour « la mise en œuvre de l'agenda territorial de l'Union »[2]. La finalité de cette démarche est de renforcer la gouvernance multiniveaux. Dans cette volonté affichée de bonne gouvernance l'accent est mis sur la nécessité de privilégier ce que les citoyens attendent de l'Union.

Le principe de la gouvernance multiniveaux est un principe structurant pour toutes les politiques et stratégies européennes à fort impact territorial. L'architecture proposée pour la gouvernance de l'Union a pour but de garantir un double changement de paradigme. La gouvernance multiniveaux doit d'abord être pleinement intégrée dans les dispositions législatives et réglementaires des politiques à fort impact territorial et en priorité pour la politique de cohésion. Ensuite le principe du partenariat doit être renforcé dans sa mise en œuvre. Probablement les solutions pratiques attendues par les citoyens européens ne peuvent être obtenues qu'avec une bonne gouvernance, comprenant deux systèmes complémentaires à savoir le système institutionnel et le système de partenariat. Une gouvernance qui réunit tous les acteurs publics et privés. L'initiative prise d'analyser la gouvernance et le partenariat aux niveaux national, régional et local est

---

[1] Résolution du Parlement européen du 14 décembre 2010 sur la bonne gouvernance en matière de politique régionale de l'UE : procédure d'aide et de contrôle par la Commission européenne (2009/2231(INI)) P7_TA(2010)0468 (*JOUE*, n° C 169 E du 15.6.2012, p. 23).

[2] Résolution du Parlement européen du 21 octobre 2008 sur la gouvernance et le partenariat aux niveaux national et régional, et une base pour des projets dans le domaine de la politique régionale (2008/2064 (INI)) P6_TA (2008)0492 (*JOUE*, n° C 15 E, du 21.1.2010, p. 10).

accueillie très favorablement par les citoyens européens. Á ce titre la bonne gouvernance implique une gouvernance multiniveaux et des partenariats avec la société civile organisée aux niveaux national, régional et local en privilégiant des solutions sur mesure.

Autant dire que la dimension du partenariat dans la gestion de la politique régionale est nécessaire. Le renforcement du partenariat doit être regardé comme une réussite pour parvenir à une politique plus durable. Pour terminer la gouvernance multiniveaux a été présentée comme une conceptualisation alternative de la construction des décisions dans l'Union. Elle est considérée comme une approche permettant aux analystes de l'intégration européenne de dépasser le débat classique entre les traditions fonctionnaliste, supranationale et intergouvernementale.

B. Les stratégies de légitimation de la gouvernance multiniveaux

La confiance des citoyens dans les institutions européennes est indispensable à la démocratie et à la bonne gouvernance. Á cet effet les institutions européennes doivent s'efforcer de se conformer aux normes les plus élevées possibles en matière de transparence, de responsabilité et d'intégrité. La prise en compte de ces préoccupations constitue une bonne réponse à l'idée du déficit démocratique de l'Union, qui découle de la perception d'un manque de participation au processus décisionnel[1] de l'Union de la part des citoyens européens. L'Union est en évolution continue. Elle a besoin d'une gouvernance multiniveaux dans laquelle les institutions européennes, les pratiques nationales et supranationales s'entremêlent. Ce faisant le modèle de la gouvernance multiniveaux se réfère ainsi au chevauchement des compétences fonctionnelles de nombreux acteurs publics et privés à différents niveaux d'échelle territoriale. Á proprement parler c'est cette dissociation croissante entre les circonscriptions territoriales et les compétences fonctionnelles au niveau de l'Union qui fait l'originalité de la gouvernance multiniveaux. Au demeurant l'analyse de la gouvernance multiniveaux reprend le débat sur la légitimité de l'Union dans des termes plus généraux. Puisqu'elle sépare le concept de légitimité de celui de l'État-nation. Les normes de la légitimité politique appliquées à l'Union se réfèrent ici à un type d'accord territorial et

[1] Avis du Comité des régions sur le thème « Réflexions sur l'Europe : la voix des collectivités locales et régionales pour redonner confiance dans l'Union européenne (*JOUE*, n° C 461 du 21.12.2018, p. 5).

fonctionnel beaucoup plus flexible entre les États membres de l'Union. En fin de compte cette conception flexible permet de considérer en même temps les différentes sources et les différents mécanismes de légitimation de l'Union.

A fortiori la conception pluraliste de la légitimité est indispensable dans le cas de l'Union. Le modèle de gouvernance multiniveaux fait donc la preuve de sa pertinence eu égard au type de légitimité pluraliste qu'il préconise. En mettant l'accent sur les multiples aspects du pouvoir dans l'Union, il réussit à atténuer les tensions entre la légitimation indirecte de l'Union par les élites et sa légitimation populaire directe. Cette approche de gouvernance laisse entrevoir les liens essentiels qui unissent ces deux formes de légitimation. De la sorte le processus de légitimation de l'Union ne fait pas intervenir seulement les élites des États, mais un ensemble extrêmement divers de centres et de réseaux infranationaux, d'associations supranationales et la société civile. Tout au plus la réussite de la gouvernance multiniveaux dépend de sa capacité à produire des résultats tangibles au profit des États participants et de toute leur population. La gouvernance multiniveaux de l'Union peut être considérée comme un type d'organisation fonctionnelle destiné à promouvoir les intérêts des États membres et le bien-être de leurs citoyens.

Dans l'idéal le modèle de gouvernance multiniveaux est ainsi porteur d'un nouveau mode de spécification et d'administration de « l'intérêt général »[1]. Les opportunités de ce nouveau modèle résident dans son aptitude à refonder l'intérêt général sur la base d'un schéma pluraliste. Dans la sémantique de l'Union ce modèle trouve aussi sa justification dans le besoin de mener une gouvernance de proximité, pour assurer une meilleure prise en compte de l'intérêt des citoyens sur les territoires. La proximité des collectivités locales ou régionales vis-à-vis des aspirations formulées sur leur territoire a essentiellement vocation à promouvoir l'efficacité. Dans une perspective dynamique, la gouvernance multiniveaux est une représentation stratifiée, qui résulte d'un emboîtement d'identités régionales, nationales et supranationales compatibles entre elles. Dans ce système politique à plusieurs niveaux, la légitimation de l'Union par le processus se fonde sur l'émergence d'une identité civique européenne qui ne modifie pas les liens d'identité nationaux. Pour terminer le système politique européen repose sur des

---

[1] Avis du Comité des régions sur le « Livre vert sur les services d'intérêt général en Europe » (*JOUE*, n° C 73 du 23.3.2004, p. 7).

structures relativement récentes. Il est donc dans l'ensemble plus accessible que la plupart des systèmes des États membres. Dans un tel contexte la gouvernance européenne doit avant tout assurer la représentation efficace des intérêts de citoyens.

§ 3. La méthode communautaire pilier de la gouvernance européenne

La méthode communautaire constitue une révolution dans l'histoire des relations internationales. En raison de son expérience Jean Monnet a fait passer l'Europe de « l'ordre post-westphalien »[1] à un univers post-national. Par cette démarche il a inventé le concept et la pratique de la supranationalité. Pour mémoire les traités de Westphalie (1648) ont posé les premiers éléments d'un droit public européen. Depuis l'origine de la construction européenne la méthode communautaire a su démontrer son efficacité et sa capacité d'adaptation à l'évolution des Communautés puis de l'Union. « La méthode communautaire »[2] est mieux à même de garantir la mise en œuvre de la gouvernance multiniveaux (A). Toutefois sans remettre en cause sa prédominance le recours à « la méthode ouverte de coordination »[3] vise à compléter la méthode communautaire (B) basée sur le triangle institutionnel et l'initiative exclusive de la Commission. Á cet égard pour encourager les méthodes de gouvernance innovantes et partenariales, la méthode communautaire mérite d'être enrichie de pratiques innovantes qui bénéficient de l'expertise des élus locaux et régionaux. Puisque ces élus sont le plus souvent amenés à mettre en œuvre les politiques communes et à appliquer la législation de l'Union. La méthode communautaire est à la base de tout ce qui existe aujourd'hui sous le terme « d'acquis

---

[1] Les traités de Westphalie (1648) mirent fin à la guerre de trente ans qui ensanglanta l'Allemagne. Á l'origine celle-ci était autant religieuse que politique. Á partir de 1635, cette guerre s'orienta vers une lutte d'influence entre la maison de France et celle d'Espagne à laquelle devaient participer d'autres nations. La guerre se termina par la conclusion de deux traités, les 14-24 octobre 1648, celui d'Osnabrück et celui de Münster qui constituent les traités dits de Westphalie.

[2] Avis du Comité économique et social européen sur « La rénovation de la méthode communautaire (lignes directrices) » (avis d'initiative) (*JOUE*, n° C 51 du 17.2.2011, p. 29).

[3] Avis du Comité économique et social européen sur « La méthode ouverte de coordination et la clause sociale dans le contexte de la stratégie Europe 2020 » (avis exploratoire) (*JOUE*, n° C 44 du 11.2.2011, p. 23).

communautaire »[1]. Au bout du compte la méthode communautaire consiste à faire discuter les institutions européennes pour améliorer la gouvernance de l'Union. Ces institutions constituent un édifice interactif qui représente à la fois les intérêts généraux des citoyens européens, les intérêts démocratiques et nationaux.

A. La rénovation de la méthode communautaire

Les recommandations du Livre blanc de la Commission visent à mieux adapter la finalité de l'Union aux réalités concrètes et diverses, auxquelles les élus locaux et régionaux sont confrontés dans la mise en œuvre des politiques majeures de l'Union. Le choix d'instruments pertinents est le critère primordial pour garantir l'efficacité de la méthode communautaire et pour faire évoluer les standards de la gouvernance européenne. En effet l'articulation de ces instruments entre différents niveaux de pouvoirs devient par conséquent une garantie de la cohérence de l'intervention de l'Union. D'après une appréciation de ces analyses de la Commission « la crédibilité de l'Union sera jugée, en dernière analyse par sa capacité à apporter une valeur ajoutée aux politiques nationales et à mieux répondre aux préoccupations des citoyens aux niveaux européen et mondial »[2]. Á ce propos la méthode communautaire apparaît par ailleurs très pertinente à l'égard de la promotion de la bonne gouvernance européenne.

Au demeurant pour bien gouverner l'Union il faut rénover et relancer la méthode communautaire. Cette méthode peut redevenir le levier de la relance de l'intégration européenne. Selon cette acception la rénovation de la méthode communautaire n'aura de sens que si elle s'accompagne d'une révision de la notion de subsidiarité. Cette notion n'a été interprétée qu'à sens unique, c'est-à-dire comme un instrument pour freiner l'application de la méthode communautaire et la mise en place de nouvelles politiques de l'Union. Á plus forte raison c'est en s'appuyant sur cette méthode que l'essentiel des progrès européens a été assuré. Pour mieux comprendre au cours de ces dernières années, la méthode communautaire a perdu de sa vigueur et de sa force d'entraînement. La Commission européenne n'a pas toujours semblé

[1] Communication de la Commission au Conseil, au Parlement européen, au Comité économique et social européen et au Comité des régions, Bruxelles (COM (2003)) 71 final du 11.2.2003.

[2] Commission – Gouvernance européenne – Un Livre blanc (COM (2001)) 428 final (*JOCE*, n° C 287, *op. cit.*, p. 6).

avoir ni les moyens ni la volonté de prendre des initiatives nécessaires à la hauteur des enjeux et des attentes. Pour l'heure l'Union est confrontée à de nouveaux défis avec une mondialisation impitoyable. Dans ces circonstances face à la mondialisation, l'Union apparaît bien lente et empêtrée dans ses contradictions. Á cette fin la rénovation de la méthode communautaire devient donc un impératif pour réussir une relance indispensable, afin que l'Union trouve sa place sur la scène internationale. La réussite de l'approche communautaire va de pair avec l'approfondissement du processus d'intégration européenne.

En matière de gouvernance de l'Union l'Europe des 27 États membres ne peut plus se gouverner comme l'Europe des années 1950. Á la limite on ne relancera pas la méthode communautaire sans affirmer davantage l'identité commune européenne. Ainsi face à la globalisation seule une Europe ressoudée sur ses objectifs communs essentiels sera en mesure d'atteindre ceux-ci. Ceci suppose la détermination d'un intérêt général européen. Il semble de plus en plus difficile pour la Commission européenne de définir et de représenter cet « intérêt général européen »[1]. Face au fossé grandissant entre citoyens et institutions européennes, il importe que l'Union détermine de nouveaux domaines d'application de la méthode communautaire correspondant aux attentes fortes des citoyens européens.

En la matière il est temps de développer des services européens d'intérêt général dans les domaines où l'évolution des situations et des enjeux les rend désormais nécessaire. Entre autres la protection civile, l'aide d'urgence internationale, les services des douanes, les transports et les centres de recherche. Á notre point de vue l'Union européenne doit investir davantage sur le triangle de la connaissance c'est-à-dire sur l'éducation, la recherche et l'innovation. Á la faveur de cette lecture l'éducation dont on sait qu'elle est un élément clé pour le redressement de l'Europe, ne peut rester étrangère à l'Union. En matière de gouvernance l'Union doit également assurer de façon plus active, le principe d'égalité entre hommes et femmes en permettant à celles-ci d'accéder en position d'égalité aux centres de décision. Dans cet esprit pour rénover la méthode communautaire il est opportun de mettre l'accent sur la nécessité de privilégier ce que les citoyens européens attendent véritablement de l'Union.

---

[1] Avis du Comité des régions sur la « Communication de la Commission au Parlement européen, au Conseil, au Comité économique et social européen et au Comité des régions concernant le Livre blanc sur les services d'intérêt général » (*JOUE*, n° C 164 du 5.7.2005, p. 53).

Á ce sujet la réforme des traités est nécessaire si l'on veut engager une rénovation ambitieuse du fonctionnement de l'Union pour relever les défis à venir, renforcer la transparence et la responsabilité dans le processus décisionnel de l'Union. L'idée c'est de doter les citoyens, les collectivités locales et régionales de moyens d'action appropriés. L'une des manières d'y parvenir consiste à réformer l'architecture institutionnelle de l'Union ainsi que ses processus législatifs et décisionnels. Il existe un grand nombre de réformes possibles que l'on devrait envisager pour rénover la méthode communautaire.

D'une part la subsidiarité active et la gouvernance à plusieurs niveaux constituent des principes essentiels de l'Union. Á ce titre l'appel en faveur d'un recours systématique à une définition commune de la subsidiarité, approuvée par toutes les institutions européennes permet de définir plus clairement le niveau auquel les décisions doivent être prises. De toute évidence ces propositions relatives à la subsidiarité devaient normalement conduire à une révision de l'article 5, paragraphe 3, du TUE, du protocole n° 1 sur le rôle des Parlements nationaux dans l'Union et du protocole n° 2 sur l'application des principes de subsidiarité et de proportionnalité. Dans le cadre de ce réexamen il conviendrait de placer le principe de proportionnalité sur un pied d'égalité avec celui de subsidiarité[1], en donnant au Comité de régions un rôle dans la phase *ex ante* du contrôle de la subsidiarité. Par voie de conséquence il est de bon sens d'appliquer le plus souvent et de manière efficace, les principes de subsidiarité et de proportionnalité aux processus de gouvernance de l'Union.

D'autre part au début de la construction européenne l'importance de l'opinion publique a été sous-estimée. Á cet égard la méthode Monnet consiste à prendre les problèmes d'en haut. Dans l'esprit de Jean Monnet (1888-1979), l'unificateur et l'un des pères fondateurs de l'Union européenne, la méthode communautaire c'est beaucoup de pragmatisme, une manière d'avancer par petit pas. Ce discours illustre les difficultés de la gouvernance au sein de l'Union. Par conséquent une réflexion sur les mesures d'approfondissement de la gouvernance de l'Union est nécessaire. Á cette fin il faut donner aux européens les moyens de jouer ensemble un rôle moteur, sans lequel il n'y aura pas de rénovation possible de la méthode communautaire. Ce changement de paradigme consiste à promouvoir l'engagement de la société civile.

---

[1] Avis du Comité des régions sur le « Livre vert sur les services d'intérêt général en Europe (*JOUE*, n° C 73 du 23.3.2004, p. 7).

Du reste l'adhésion des citoyens au processus européen est un enjeu de crédibilité pour la démocratie européenne. Dans cette dynamique la citoyenneté européenne se construit et la gouvernance européenne s'organise sur la participation. Celle-ci revêt deux dimensions à savoir la démocratie représentative qui est son fondement et la démocratie participative qui la complète. En définitive une bonne gouvernance implique que les autorités élues et les acteurs de la société civile coopèrent pour le bien commun. Á terme les autorités régionales et locales sont dépositaires de la légitimité démocratique.

B. La gouvernance par la méthode ouverte de coordination

La promotion de nouvelles formes de gouvernance est un objectif stratégique de l'Union. Elle concerne tous les niveaux de pouvoirs publics, les institutions européennes, les États membres ainsi que les collectivités régionales et locales. La publication en juillet 2001 du Livre blanc sur la gouvernance illustre la nécessité pour l'Union européenne, de parvenir à un mode de gouvernance qui assure l'efficacité des décisions politiques tout en veillant à leur légitimité. Pour améliorer la gouvernance de l'Union le recours à la méthode ouverte de coordination vise à compléter la méthode communautaire. La méthode ouverte de coordination de l'Union peut être décrite comme une forme de « droit souple ». C'est une forme d'élaboration des politiques intergouvernementales, qui ne débouchent pas sur des mesures législatives contraignantes européennes et qui n'exige pas que les pays de l'Union introduisent de nouvelles lois pour modifier leurs lois. Selon cette définition la méthode ouverte de coordination est un outil moderne de gouvernance. Elle a été définie comme un instrument de « la stratégie de Lisbonne (2000) »[1].

La Commission européenne est confortée dans sa conviction qu'il faut posséder plusieurs instruments pour répondre aux défis de la gouvernance de l'Union. En partant de ce constat l'influence décisive de la méthode ouverte de coordination se situe à deux niveaux. Premièrement la méthode ouverte de coordination est appliquée dans des domaines qui relèvent de la compétence des pays de l'Union tels que l'emploi, la protection sociale, l'inclusion sociale, l'éducation, la jeunesse et la formation professionnelle. Cette méthode est regardée par les citoyens comme une innovation de la nouvelle gouvernance

[1] Avis du Comité économique et social européen sur le thème « Gouvernance efficace de la stratégie de Lisbonne renouvelée » (*JOUE*, n° C 175 du 28.7.2009, p. 13).

publique européenne. Á ce titre la méthode ouverte de coordination se base principalement sur l'identification et la définition en commun d'objectifs à remplir, des instruments de mesure définis en commun ainsi que sur le « *benchmarking* ». C'est-à-dire la comparaison des performances des États de l'Union européenne et l'échange des meilleures pratiques. Au vu des éléments précédents il existe de fortes différences en matière de gouvernance entre les États membres. Suivant cette réflexion dans certains États membres les procédures de consultation et d'information sont très bien organisées.

Dans d'autres cas des améliorations considérables sont nécessaires. En conséquence il convient de promouvoir l'échange de pratiques. Á la faveur de cette lecture la méthode ouverte de coordination a fourni un nouveau cadre de coopération entre les États membres de l'Union, dont les politiques nationales peuvent ainsi viser certains objectifs communs. Dans cette méthode intergouvernementale les États de l'Union sont évalués par d'autres États de l'Union. En théorie la Commission européenne se limite à un rôle de surveillance. En effet ces dialogues permanents entre États de l'Union pourraient, dans les États où cela est considéré comme nécessaire servir d'instrument de la gouvernance efficace à plusieurs niveaux. Selon cette perspective la méthode ouverte de coordination encourage les convergences entre États membres via la rédaction des lignes générales, tout en leur laissant une marge d'application nécessaire pour mettre en œuvre des mesures concrètes et efficaces. Dans cette approche un dispositif de « *benchmarking* » substitue à la sanction directe un dispositif d'évaluation et de surveillance mutuelle, souple et flexible.

Étant donné ce qui a été exposé la méthode ouverte de coordination peut être mieux utilisée et de manière plus efficace. Il est possible d'y parvenir en recourant à l'approche des principes communs et en permettant « la participation de la société civile »[1] à la formulation des objectifs de la stratégie de Lisbonne à l'échelle européenne. La mission des acteurs concernés est d'élaborer de nouvelles méthodes pour l'échange de bonnes pratiques. De la sorte la mise en réseau à plusieurs niveaux impliquerait un échange d'information réciproque entre divers niveaux de gouvernance. En vertu du traité de Lisbonne le modèle de la méthode ouverte de coordination possède une base

---

[1] Avis du Comité économique et social sur « La société civile organisée et la gouvernance européenne – contribution du Comité à l'élaboration du Livre blanc » (*JOUE*, n° C193, du 10.7.2001, *op. cit.*, p. 117).

juridique pour certains domaines politiques. Il s'agit notamment des dispositions de l'article 149 TFUE du Titre IX « Emploi », des articles 153 et 156 TFUE du Titre X « Protection sociale », de l'article 168 TFUE du Titre XIV « Santé publique », de l'article 173 TFUE du Titre XVII « Industrie » et de l'article 181 TFUE du Titre XIX « Recherche et développement technologique et espace ». Á terme la Commission et les États membres doivent réformer la méthode ouverte de coordination pour la rendre plus inclusive en développant des indicateurs territoriaux et de gouvernance participative.

Deuxièmement la méthode ouverte de coordination n'a toutefois pas encore, au regard de ses objectifs initiaux, apporté la valeur ajoutée escomptée. Elle ne s'est pas avérée satisfaisante pour les autorités régionales et locales, qui ne se sont pas suffisamment impliquées. Le fondement est que la méthode ouverte de coordination devienne plus inclusive à d'autres domaines d'intervention. En fait le contexte dans lequel a été imaginé ce modèle de gouvernance diffère sensiblement de celui au sein duquel évolue l'Union aujourd'hui. Dans le même temps la stratégie de Lisbonne manque indéniablement de coordination et continue de s'inscrire dans une démarche exclusivement descendante. Le paradoxe de Lisbonne mis en lumière par le Comité des régions démontre que le niveau d'association des autorités régionales et locales a été insuffisant. Pour aller plus loin il est intéressant d'examiner les pistes de réflexion pour une méthode ouverte de coordination territorialisée. Dans ce but il est impératif de déterminer en particulier les domaines d'intervention communautaire envers lesquels la méthode ouverte de coordination serait la plus appropriée pour les autorités régionales et locales. L'appel pressant lancé par « les représentants locaux et régionaux doit être pris en compte dans la définition et la mise en œuvre du projet européen »[1].

Sur ce plan le premier impératif est la mise en place d'une « méthode ouverte de coordination renforcée »[2] afin que l'emploi, la protection sociale et l'inclusion sociale ne soient pas marginalisés dans le contexte actuel de l'intégration européenne. Pour cette raison la méthode ouverte de coordination devrait normalement acquérir une dimension plus

---

[1] Avis du Comité des régions sur le thème « Réflexions sur l'Europe : la voix des collectivités locales et régionales pour redonner confiance dans l'Union européenne (*JOUE*, n° C 464 du 21.12.2018, p. 8).

[2] Avis du Comité économique et social européen sur « La méthode ouverte de coordination et la clause sociale dans le contexte de la stratégie 'Europe 2020' » (avis exploratoire) (*JOUE*, n° C 44 du 11.2.2011, *op. cit.*, p. 23).

locale et se rattacher aux actions ciblées menées sous la houlette du Fonds social européen. Ce qui permettrait de refléter l'approche participative ascendante et la coordination entre les partenaires et les politiques, notamment avec le soutien des fonds structurels. Le fait de décentraliser ainsi la méthode renforcera la visibilité de l'intégration politique. Selon un éclairage des analyses du Comité économique et social européen, l'adoption d'un code de bonnes pratiques pour la gouvernance participative de la méthode ouverte de coordination est fortement recommandée.

La notion de bonne gouvernance de la Commission implique en conséquence un approfondissement de la gouvernance participative de la méthode ouverte de coordination. Il est pertinent d'associer la société civile organisée et de faire régulièrement des évaluations comparatives fondées sur des indicateurs, l'apprentissage mutuel et les échanges de bonnes pratiques. Une telle évaluation doit être conçue comme un code de bonne pratique par la Commission en coopération avec les principaux acteurs concernés. Dans l'intérêt de la bonne gouvernance de l'Union prônée par la Commission, il est de bon ton de renforcer la méthode ouverte de coordination en définissant des objectifs contraignants au niveau national. Dans cette logique il convient d'établir un lien clair entre les propositions fondées sur des principes communs et la méthode ouverte de coordination. Les principes communs sont « des recommandations adressées aux États membres et ont par exemple été utilisés dans le cadre des politiques de l'Union qui portaient sur les stratégies thématiques relatives à la flexicurité, à l'inclusion active et au vieillissement actif »[1].

En définitive ces analyses traduisent des préoccupations relatives à la bonne gouvernance de l'Union. En tout cas la méthode ouverte de coordination est un outil de gouvernance fondé sur des objectifs et des indicateurs communs. Elle complète les instruments législatifs et financiers de la politique sociale, en participant à la mise en œuvre du processus de coordination des politiques sociales, notamment dans le cadre de la stratégie de Lisbonne renouvelée. Pour ce faire le renforcement de la méthode vise à consolider les pratiques existantes et à définir de nouvelles orientations. Depuis 2001 la gouvernance occupe de plus en plus le devant de la scène à cause de la nécessité d'améliorer

[1] Avis du Comité économique et social européen sur « La méthode ouverte de coordination et la clause sociale dans le contexte de la stratégie 'Europe 2020' » (avis exploratoire) (*JOUE*, n° C 44 du 11.2.2011, *op. cit.*, p. 26).

le processus décisionnel de l'Union. Le Livre blanc propose de recourir davantage à la méthode ouverte de coordination. Par contre cette méthode ne doit pas cependant être confondue avec la procédure législative. Il doit bien être clair que son utilisation se limite aux domaines dans lesquels la responsabilité première est du ressort des États membres. Pour terminer précision que la méthode ouverte de coordination suppose un nouvel équilibre entre les mesures législatives et non législatives, en participant à l'effort d'amélioration de la gouvernance de l'Union.

Section 2. Le rôle de la Commission dans la gouvernance de l'Union

La Commission européenne est une institution originale chargée de promouvoir l'intérêt général européen. Compte tenu de son pouvoir d'initiative elle est l'élément central de la méthode communautaire[1]. Avec le Libre blanc sur la gouvernance européenne de juillet 2001, la Commission a lancé un débat important pour poursuivre les objectifs fondamentaux qui sont à la base de la bonne gouvernance de l'Union. Dans cette initiative elle est convaincue de l'importance d'améliorer la gouvernance européenne et estime que les approches du Livre blanc sont justifiées. Pour ce faire le contexte géopolitique actuel justifie d'une certaine manière la démarche de la Commission pour améliorer la gouvernance de l'Union. Pour y parvenir les différentes approches fondamentales du Livre blanc mettent l'accent d'une part sur la nécessité d'améliorer la participation de la base au sommet à la conception et à la mise en œuvre des politiques de l'Union. D'autant plus que « l'approche de gouvernance multiniveaux et la subsidiarité active »[2] constituent des instruments importants pour concevoir et mettre en œuvre les politiques de l'Union.

D'autre part il y a l'impératif d'élargir le choix des instruments de régulation pour répondre aux défis de la gouvernance et de disposer d'institutions européennes recentrées avec les responsabilités plus claires. L'objectif est de redéfinir la stratégie politique des institutions européennes. Un recentrage politique c'est-à-dire la redéfinition claire d'une stratégie politique globale pour l'Union est nécessaire, pour que

[1] Avis du Comité économique et social sur « La rénovation de la méthode communautaire (lignes directrices) » (avis d'initiative) (*JOUE*, n° C 51, du 17.2.2011, *op. cit.*, p. 29).

[2] Protocole sur la coopération entre la Commission européenne et le Comité européen des régions (*JOUE*, C, C 2024/2478 du 4.4.2024, *op. cit.*, p. 1).

les citoyens comprennent mieux le projet politique de l'Union. En d'autres termes le recentrage politique signifie que l'Union doit identifier plus clairement ses objectifs à long terme. Pour cette raison la Commission fournit déjà des efforts de planification stratégique, grâce à plusieurs initiatives. En même temps les citoyens européens ont besoin d'une Europe renforcée, puissante, prospère et humaniste sur la scène internationale. Pour y parvenir l'Union doit d'abord réussir la réforme de sa gouvernance interne si elle veut être plus convaincante en plaidant le changement à l'échelle internationale. Car les tensions géopolitiques actuelles justifient ces propos.

Selon cette approbation les crises mondiales actuelles soulignent la pertinence d'une bonne gouvernance, notamment au niveau européen. Il est donc essentiel de doter l'Union d'un mode de gouvernance qui réponde à la fois à l'affirmation de la mondialisation et l'émergence d'un monde multipolaire, qui détermine les enjeux que l'Union doit relever. De surcroît l'Union doit ensuite appliquer « les principes de bonne gouvernance »[1] à sa responsabilité mondiale en s'ouvrant davantage aux acteurs gouvernementaux et non gouvernementaux. Á la lumière des grands changements géopolitiques qui s'opèrent actuellement l'Union a besoin de redéfinir et d'actualiser sa stratégie de politique étrangère. Il est donc raisonnable de définir les politiques et les actions communes pour préserver la paix, prévenir les conflits, développer les actions de stabilisation, renforcer la sécurité internationale dans le respect des principes de la Charte des Nations unies, consolider et étayer la démocratie, l'État de droit, les droits fondamentaux de l'homme et les principes du droit international.

Á cet égard l'Union peut jouer un rôle de chef de file au sein de l'organisation des Nations unies (ONU), à qui appartient la responsabilité première du maintien de la paix internationale. L'action de la Commission à la gouvernance de l'Union a été consolidée au cours des réformes institutionnelles successives (§ 1). L'entrée en vigueur du traité de Lisbonne constitue une étape significative dans la reconnaissance institutionnelle de la gouvernance multiniveaux dans le fonctionnement de l'Union. En promouvant au niveau international les principes de gouvernance auxquels elle adhère sur son territoire, l'Union contribue à un agenda de la mondialisation plus solidaire et à

[1] Communication de la Commission au Conseil, au Parlement européen et au Comité économique et social européen – Gouvernance et développement, Bruxelles, (COM (2003)) 615 final du 20.10.2003.

la gouvernance mondiale (§ 2). Elle est l'un des acteurs bénéficiant d'une panoplie complète d'instruments lui permettant de soutenir ses partenaires à travers le monde. Les propositions contenues dans le Livre blanc consacré à la gouvernance européenne ont été élaborées dans la perspective de mieux gouverner l'Union. Elles apportent aussi une contribution utile à la gouvernance mondiale. Assurément les objectifs stratégiques de bonne gouvernance poursuivis à l'intérieur de l'Union doivent aussi être promus à l'extérieur, si l'on veut qu'ils soient effectivement atteints, tant au niveau européen qu'à l'échelle mondiale. L'action de l'Union renforce son identité internationale.

§ 1. La contribution de la Commission à la gouvernance de l'Union

La Commission européenne joue un rôle majeur dans la réforme de la gouvernance de l'Union. Elle a placé au début de l'année 2000 la gouvernance européenne parmi ses quatre objectifs stratégiques. Il faut bien reconnaître que la réforme de la gouvernance concerne la manière dont l'Union utilise les pouvoirs qui lui sont confiés par ses citoyens. Á ce sujet l'Union ne se gouverne pas aujourd'hui comme l'on gouvernait la Communauté des pères fondateurs. Selon le raisonnement de la Commission, l'idée c'est de changer ce qui peut l'être sans nécessairement attendre une réforme préalable des traités de l'Union. En conséquence les propositions du Livre Blanc de la Commission ne demandent pas nécessairement de nouveaux traités. Il s'agit essentiellement d'une affaire de volonté politique exigeant l'engagement de l'ensemble des institutions de l'Union et des États membres. Pour démontrer sa détermination, la Commission a inscrit le renforcement de la gouvernance de l'Union au rang de ses priorités[1].

Ce qui suppose dans le contexte européen l'association de plusieurs types d'acteurs et une forte connotation normative. Parler de gouvernance de l'Union permet de souligner les bons usages administratifs comme la concertation ou la transparence. Dans le cadre de cette démarche, les qualificatifs, bonne gouvernance, nouvelle gouvernance, gouvernance multiniveaux employés par les institutions européennes, les États membres et les hommes politiques circulent en principe pour irriguer les travaux universitaires. D'un point de vue méthodologique en poursuivant ce raisonnement, l'approche de l'Union par la gouvernance se distingue des théories classiques de l'intégration

[1] Communication de la Commission, du 25 juillet 2001, « Gouvernance européenne – Un Livre blanc » (COM (2001)) 428 final (*JOCE*, n° C 287 du 12.10.2001).

européenne. Dans ces conditions utiliser le concept de gouvernance comporte le risque commun à l'usage de tout concept à la mode de se laisser porter par l'apparent pouvoir explicatif, au détriment de l'approfondissement de son contenu. En somme l'intérêt de la recherche portée sur la gouvernance européenne dépend d'une certaine manière des temporalités spécifiques de l'actualité politique. Force est de reconnaître que l'influence de la Commission dans la gouvernance de l'Union (A) est décisive. Les partis théoriques et méthodologiques des recherches sur la gouvernance s'intéressent à l'articulation entre gouvernance et gouvernement de l'Union (B).

A. L'influence de la Commission dans la gouvernance européenne

Le Livre blanc sur la gouvernance de l'Union systématise le sens que donne la Commission à cette notion dans ses propres travaux. Conformément à ce qui précède la notion de bonne gouvernance a été particulièrement liée au débat sur l'idée d'un déficit de légitimité de l'Union. L'approche de la Commission centrée sur la gouvernance européenne a apporté un nouveau souffle aux recherches sur la légitimité du système politique de l'Union. Dans ces conditions la Commission offre une définition de cette gouvernance, expression qui désigne les règles, les processus et les comportements qui influent sur l'exercice des pouvoirs au niveau européen. Elle assume ainsi la spécificité institutionnelle de l'Union. En outre la Commission propose d'encourager les solutions de contrôle démocratique encore inédites au niveau national, mais déjà développées en Europe.

La bonne gouvernance dans l'Union revêt une importance particulière pour la Commission, qui définit les politiques au niveau européen. Selon son axiome de base le Livre blanc indique qu'il importe de renforcer la participation à l'élaboration et à la mise en œuvre des politiques de l'Union, dans le cadre d'un mode de fonctionnement plus transparent. Pour y parvenir la Commission a renforcé ses liens avec les régions et la société civile. Cette démarche permet de mettre en place une culture renforcée de la consultation et du dialogue. En effet pour comprendre et relayer les perceptions des citoyens par rapport à l'Union, en élaborant son Livre blanc sur la gouvernance la Commission a pris en compte les contributions[1] des élus

[1] Avis du Comité économique et social sur « La société civile organisée et la gouvernance européenne – Contribution du Comité à l'élaboration du Livre blanc » (*JOCE,* n° C 193 du 10.7.2001, *op. cit.,* p. 117).

régionaux et locaux. Elle s'est efforcée de créer un climat de confiance entre l'Union et sa population grâce à des dialogues citoyens ouverts à la participation du grand public. Dans le cadre du Livre blanc un document de travail visant à encadrer le processus dynamique des échanges entre la Commission et la société civile organisée autour de la gouvernance a été élaboré. Le collège des commissaires a débattu d'un document sur les orientations de la gouvernance. Ce document contribue à une clarification des thématiques traitées dans le Livre blanc, lesquelles se concrétisent dans quatre grandes orientations. Au fond la Commission intensifie son dialogue avec les acteurs gouvernementaux et la société civile.

Il s'agit concrètement de comprendre le sens de l'Europe, le défi de la participation et de l'efficacité, la tension entre décentralisation et unité européenne, la sélectivité, la subsidiarité et la proportionnalité. Le Comité économique et social en tant que représentant de la société civile organisée au sein du système politique et institutionnel de l'Union a apporté une valeur ajoutée aux travaux de la Commission dans le cadre du Livre blanc sur la gouvernance européenne. Dans son approche la Commission est convaincue que la mise en œuvre d'un nouveau concept précisant comment l'Europe doit être gouvernée, doit s'accompagner non seulement d'une réforme institutionnelle appropriée, mais aussi prendre en compte les contributions et les avis de la société civile organisée. Conformément à cette lecture, Monsieur Busquin, membre de la Commission, dans son discours prononcé le 18 septembre 2000 à Santander a donné une définition de la gouvernance européenne en ces termes « la gouvernance est l'administration de la chose publique par l'interaction des autorités publiques traditionnelles et de la société civile, acteurs privés, organisations publiques, citoyens »[1]. Dans ces conditions les citoyens européens veulent un projet européen fondé sur la solidarité, la cohésion et la proximité.

La Commission est consciente que le sentiment des citoyens européens de ne pas être suffisamment pris en considération au cours du processus décisionnel provoque souvent différentes formes de méfiance à l'égard des institutions démocratiques, y compris celles de l'Union européenne. Cependant la confiance dans les niveaux locaux et régionaux de gouvernance est en moyenne plus élevée qu'à l'égard des

---

[1] Avis du Comité économique et social sur « La société civile organisée et la gouvernance européenne – Contribution du Comité à l'élaboration du Livre blanc » (*JOCE*, n° C 193 du 10.7.2001, *op. cit.*, p. 118).

gouvernements nationaux. Dans la plupart des États membres la confiance est également plus élevée que dans l'Union. Pour restaurer la confiance dans le processus décisionnel de l'Union, le Comité des régions souligne « l'importance de clarifier pour les citoyens qui est responsable en dernier ressort des décisions prises au niveau de l'Union »[1]. Il plaide dès lors en faveur d'un renforcement de la responsabilité démocratique. Dans le cadre du renforcement de la gouvernance de l'Union, la Commission reconnaît que le terme gouvernance évoque une architecture institutionnelle décentralisée.

Ce n'est pas un seul centre de pouvoir qui agit, comme c'est le cas dans les États membres. Mais une pluralité d'acteurs tant au niveau gouvernemental que non gouvernemental qui coopèrent pour atteindre les objectifs auxquels ils souscrivent. En fin de compte l'examen approfondi de ce nouveau style de pouvoir européen vise à comprendre comment le Livre blanc sur la gouvernance européenne s'est progressivement imposé comme la nouvelle norme des processus décisionnels mis en œuvre par la Commission. Il serait envisageable que le parachèvement de l'adhésion et les évolutions consécutives de la gouvernance européenne aboutissent à un regain d'intérêt pour la transformation du système[2] institutionnel de l'Union qui en découle. S'il n'est pas aisé de prédire les évolutions à venir il est désormais possible de s'interroger sur les conséquences à moyen terme de la gouvernance de l'Union. Á l'état actuel de la réflexion on voit dans la gouvernance promue par le Livre blanc, la substance d'un concept véritablement construit avec un dessein politique de promotion de l'autorité politique de la Commission vis-à-vis des États membres. Pour terminer la circulation du terme gouvernance européenne dans les espaces politiques et scientifiques conduit à étendre davantage l'influence de la Commission dans le processus décisionnel européen.

B. De la gouvernance au gouvernement de l'Union

Les pères fondateurs de l'Union ont fait le choix éclairé d'une intégration européenne par le marché. Á mesure que les champs

---

[1] Avis du Comité européen des régions sur le thème « Réflexions sur l'Europe : la voix des collectivités locales et régionales pour redonner confiance dans l'Union européenne (*JOUE*, n° C 461 du 21.12.2018, *op. cit.*, p. 7).

[2] Résolution du Parlement européen du 16 février 2017 sur l'amélioration du fonctionnement de l'Union européenne en mettant à profit le potentiel du traité de Lisbonne (*JOUE*, n° C 252 du 18.7.2018, *op. cit.*, p. 215).

d'action souveraine de l'Union se multiplient, se pose avec une acuité nouvelle la question de la légitimité de la gouvernance européenne. L'une des difficultés majeures de la construction européenne s'énonce aujourd'hui en termes de définition du modèle de gouvernance le mieux adapté au projet européen et au développement international de l'Union. L'avenir de la gouvernance européenne, mais aussi le rôle et la compatibilité de ce principe avec l'échelle européenne de réflexion ne cessent de poser problème. Depuis son projet initial l'Union s'est construite sans gouvernement grâce à une subtile combinaison entre différentes négociations intergouvernementales et les approches communautaires. En considération de ce processus se pose alors la question de la gouvernementalité de l'Union.

Compte tenu des tensions géopolitiques et du déficit de leadership en Europe le débat sur la gouvernance de l'Union refait surface. Les déséquilibres qui caractérisent la gouvernance européenne actuelle appelle une réflexion sur les conditions susceptibles de favoriser l'émergence d'un véritable pouvoir exécutif européen. Cette lecture met en lumière le besoin de réformer la gouvernance européenne afin de bâtir un véritable gouvernement européen. Avant de développer ce propos une attention particulière est portée sur le sens du concept de gouvernement. De nos jours le concept de gouvernement s'entend dans un triple sens. Dans une première acception il désigne la forme d'organisation d'un État, son régime constitutionnel. C'est en ce sens issu de la notion grecque de *politeia*, que Montesquieu distinguait trois espèces de gouvernement à savoir, républicain, monarchique et despotique. Aujourd'hui on parle de gouvernement démocratique. Dans une deuxième acception il désigne l'organe du pouvoir politique au sein de l'État. Dans un sens plus large le gouvernement synonyme d'autorité publique ou la plus étroite, le gouvernement comme fonction spéciale de l'exécutif. Dans une troisième acception le gouvernement désigne enfin la conduite des affaires publiques.

C'est avec Rousseau que le mot qui signifiait jusqu'alors l'exercice de la souveraineté s'est appliqué au seul pouvoir exécutif. Rousseau marque une rupture décisive avec le concept absolutiste du gouvernement, tout en continuant à s'inscrire au sein de l'espace juridique de la souveraineté. Le concept de gouvernement revient actuellement sur le devant de la scène en Europe. Dans ce cadre le concept de gouvernement postule l'exercice d'un leadership clair, la capacité à déterminer souverainement les buts, les politiques de l'État et de diriger l'État vers la réalisation de ces buts. Par ailleurs dans un régime démocratique un gouvernement dispose en outre d'une légitimité unitaire de nature politique qui repose en démocratie sur un mandat populaire. Par opposition « la gouvernance européenne renvoie à l'ensemble de règles »[1] et des institutions qui permettent la coordination entre les gouvernements nationaux. Dans l'état actuel de la réflexion sur la gouvernance, l'Union se situe inconfortablement à la frontière entre la simple gouvernance administrative et l'aspiration à une véritable forme de constitutionnalisme supranational. Le projet d'un gouvernement de l'Union est toujours dans l'agenda européen.

Pour atteindre cet objectif une volonté politique des États membres de l'Union est nécessaire. La plupart des citoyens européens regrettent que le concept de gouvernance du Livre blanc soit perçu comme limité. En raison des griefs formulés, l'approche par la gouvernance de la Commission insiste essentiellement sur l'efficacité et la pertinence du système décisionnel européen en négligeant les aspects relatifs à la légitimité démocratique dans l'Union. Dans la réalité actuelle la difficulté pour l'Union est de répondre aux exigences des citoyens européens qu'elle est en devoir de satisfaire. Selon un éclairage de ce propos la démocratie européenne n'est réalisée qu'en partie, non parce qu'il manque un *démos* européen mais plutôt parce qu'il manque un véritable *Krátos* européen. *In fine* dans l'orientation de cette analyse, la dynamique de création d'un gouvernement européen fait donc émerger de nouveaux thèmes de recherche. Le glissement sémantique de la gouvernance au gouvernement de l'Union permet de définir les conditions susceptibles de favoriser l'émergence d'un véritable pouvoir exécutif européen.

§ 2. La contribution de l'Union à la gouvernance mondiale

L'Union est née pour consolider la paix en Europe. Son objectif essentiel dans sa stratégie globale est de promouvoir la paix, la bonne gouvernance, la démocratie et l'État de droit. Forte de sa tradition diplomatique préventive et multilatérale, l'Union est une puissance normative et constructive qui encourage une gouvernance inclusive en misant sur la participation des économies émergentes au sein des institutions internationales. Les crises majeures qui frappent notre monde désormais multipolaire mettent en évidence la nécessité d'une

[1] Rapport de la Commission sur la gouvernance européenne, Bruxelles, (COM (2002)) 705 final du 11.12.2002.

« nouvelle gouvernance »[1] et d'une légitimité renforcée des institutions internationales. Á la faveur de cette lecture, accroître l'intégration politique européenne est indispensable pour viser la souveraineté dans un monde globalisé. Le but c'est de prendre des décisions qui relancent l'enthousiasme pour le projet européen. Dans le même temps l'effervescence accrue de la concurrence géopolitique et géoéconomique a une incidence sur le modèle européen. Ce qui nécessite une adaptation de ce dernier. Ces changements ont affecté l'ordre mondial multilatéral ainsi que les institutions internationales.

Dans ces conditions il faut repenser le rôle de l'Union dans le monde. La nouvelle stratégie impose de revoir l'analyse que l'Union a faite du contexte mondial et du rôle qu'elle entend jouer dans l'avenir. Dans cette perspective la gouvernance est un élément clé des réformes en faveur de la démocratisation et de la sécurité mondiale. Raison pour laquelle le renforcement des capacités institutionnelles notamment dans le domaine de la bonne gouvernance et de l'État de droit est l'un des domaines prioritaires des « politiques de développement de l'Union »[2]. En ce qui concerne les organisations internationales, il est dans l'intérêt de l'Union de promouvoir des actions coordonnées et efficaces dans les instances internationales en favorisant une transformation en profondeur de celle-ci afin de les rendre plus fonctionnelle. Dans cette logique le soutien de l'Union à la gouvernance démocratique (A) est fondamental pour coordonner le soutien apporté aux projets en faveur de la gouvernance dans les pays partenaires du monde entier. L'appui aux réformes des organisations internationales, des agences des Nations unies et des institutions de Bretton Woods (B) est un axe majeur de la politique internationale de l'Union. La promotion et la protection de la paix dans le monde constituent la pierre angulaire de l'action extérieure de l'Union.

---

[1] Avis du Comité économique et social européen sur le thème « La nouvelle stratégie pour la politique étrangère et de sécurité de l'Union européenne (avis d'initiative) (*JOUE*, n° C 264 du 20.7.2016, p. 1).

[2] Communication de la Commission au Conseil, au Parlement européen et au Comité économique et social européen et au Comité des régions – La gouvernance dans le consensus européen pour le développement – Vers une approche harmonisée au sein de l'Union européenne, Bruxelles (COM (2006)) 421 final du 30.8.2006.

A. Le soutien de l'Union à la gouvernance démocratique

L'Union doit jouer un rôle déterminant en faveur de la gouvernance démocratique dans un contexte mondial qui évolue rapidement. Au fond les structures et la qualité de la gouvernance sont des facteurs déterminants de la cohésion sociale ou des conflits sociaux. Pour cette raison la gouvernance exerce une influence sur le développement. Cela étant face à la nouvelle configuration géostratégique mondiale, l'Union n'a pas d'autre choix que de développer une gouvernance démocratique en phase avec le contexte international. Cela requiert inévitablement un renouvellement de cadre de pensée. Dans le cadre ce propos une bonne gouvernance à tous les niveaux est essentielle pour atteindre un développement durable, une croissance économique soutenue et l'éradication de la pauvreté. Cela étant la gouvernance démocratique n'implique pas un modèle institutionnel unique.

Sous cet angle d'approche la gouvernance, la démocratisation et le développement se rejoignent aussi dans les objectifs généraux de l'Union définis dans les traités ainsi que dans le Livre blanc de la Commission sur la gouvernance. De cette façon la gouvernance est devenue une priorité dans les politiques de développement. Dans un contexte d'accroissement des engagements pris pour assurer l'efficacité de l'aide internationale et d'interdépendance économique, l'émergence dans les pays en développement d'une gouvernance à la hauteur des attentes de la communauté internationale est un enjeu majeur. Á titre de précision il n'existe pas de définition agréée de la gouvernance démocratique sur le plan international.

En revanche un consensus se dégage progressivement sur la pertinence d'une approche plus large[1], renforcée et innovante. Il s'agit d'une approche fondée sur des principes universels et des aspirations communes qui doivent s'appliquer aux grandes fonctions régaliennes de l'État. La bonne gouvernance est avant tout un problème national. Dans de nombreux pays et pas seulement dans les pays en développement, des politiques nationales inadaptées ont contribué à creuser l'écart entre pauvres et riches. Raison pour laquelle la gouvernance multiniveaux est cruciale pour garantir un système de gouvernance mondiale qui soit à la fois légitime, efficace et cohérent. Ces idées de départ appellent quelques analyses.

[1] Communication de la Commission au Conseil, au Parlement européen et au Comité économique et social européen et au Comité des régions, Bruxelles (COM (2006)) 421 final du 30.8.2006, *op. cit.,* p. 5.

Tout d'abord la rhétorique ambitieuse de l'Union en matière de gouvernance démocratique fait l'objet d'un dialogue entre les institutions européennes et certains États. Ces dernières années les efforts continus de l'Union ont été faits pour pallier le déficit mondial en matière de gouvernance par le biais de diverses initiatives et de dialogues instaurés au niveau multinational. Conformément à ce cadre une approche renforcée et innovante de la gouvernance démocratique est nécessaire. Deux sortes de considérations sont à développer sous cet angle. D'une part la bonne gouvernance ne peut être réduite à la lutte contre la corruption. Par contre à notre point de vue la corruption constitue un obstacle majeur pour atteindre les objectifs de développement. Il faut bien reconnaître que la corruption est l'un des résultats de mauvaises pratiques de gouvernance, de l'absence de système de gestion et de contrôle transparent.

Cependant la lutte contre la corruption ne doit donc pas être considérée de manière isolée. Mais doit être intégrée dans les stratégies de développement, de réduction de la pauvreté et dans l'appui aux processus de gouvernance démocratique. Ceci implique notamment un renforcement du rôle de la société civile et des médias, la protection du pluralisme politique et de la concurrence électorale, un système transparent de financement des partis politiques, le soutien au contrôle parlementaire et aux institutions judiciaires. D'autre part le caractère multidimensionnel de l'idée de gouvernance dans les programmes de coopération est important. Pour dire vrai une approche des questions de gouvernance au travers des catégories distinctes et isolées doit être évitée. Une approche privilégiant les interactions entre les aspects politiques, économiques, sociaux, environnementaux est d'ailleurs plus intéressante. Á titre indicatif la bonne gouvernance des institutions de l'État et le respect de l'État de droit contribuent à un environnement favorable à la croissance économique soutenable et aux investissements privés. Par contre la mauvaise gouvernance des ressources naturelles et énergétiques peut entraîner des violations des droits de l'homme, de l'État de droit et mener à des conflits violents.

Dans l'ensemble l'Union soutient les processus de gouvernance démocratique selon une approche partenariale à travers le dialogue avec les autorités des pays partenaires et en tant que bailleur de fond avec ses « instruments financiers »[1]. Dans cette démarche seule une approche

[1] Rapport de la Commission au Parlement européen, au Conseil, au Comité économique et social européen et au Comité des régions sur l'aide de l'Union à la

concertée permettra à l'Union de faire entendre sa voix dans le débat international sur la gouvernance. Cela étant l'Union fait souvent face aux partenaires difficiles et aux situations postconflits. En effet les partenaires difficiles se caractérisent par un manque d'engagement en faveur de la bonne gouvernance. Ils se différencient des cas de faible gouvernance où malgré les efforts et l'engagement du gouvernement, les capacités et les résultats sont limitées. De toute manière l'Union européenne et les bailleurs de fonds ne peuvent se permettre de complètement abandonner les partenaires difficiles pour trois raisons. Premièrement les raisons de solidarité militent en faveur d'une approche selon laquelle, les populations ne doivent pas payer le prix d'un manque d'engagement de leurs dirigeants. Ce qui implique beaucoup d'humanité et de bon sens.

Deuxièmement pour des raisons de sécurité liées aux dangers que représente le fait d'isoler un pays et de laisser l'extrémisme et le terrorisme s'installer dans les États faillis qui ne parviennent plus à assumer leurs fonctions régaliennes. Ce point est particulièrement important. Il devrait normalement être la principale préoccupation de la communauté internationale en situation de crise politique ou de conflit armé de haute intensité. Troisièmement pour des raisons d'efficacité de l'aide à plus long terme, compte tenu des risques et des coûts potentiellement élevés associés à l'abandon durable d'un pays. Dans ce cas l'impératif pour l'Union et la communauté internationale c'est de ne jamais abandonner un pays regardé comme difficile. Parce que l'abandon durable d'un pays favorise l'augmentation de la pauvreté, l'effondrement des institutions, la paralysie du secteur privé et des risques de contagion. C'est-à-dire une extension du conflit à la communauté internationale. Pour toutes ces raisons plutôt que de se retirer d'un pays, l'Union et la communauté internationale ont intérêt à mettre en place des approches alternatives relatives à la coopération[1] avec ces pays au travers d'initiatives au niveau international.

Dans une situation postconflictuelle, la gouvernance démocratique peut s'appréhender sous des angles différents selon les situations propres à chaque pays. Dans ce cas précis les institutions de l'État fonctionnent mal ou alors sont inexistantes. Le plus souvent leurs

---

gouvernance démocratique, axé sur l'initiative relative à la gouvernance, Bruxelles, (COM (2013)) 403 final du 11.6.2013.

[1] Rapport de la Commission au Parlement européen et au Conseil – Rapport annuel 2012 relatif à la mise en œuvre des instruments de l'action extérieure de l'Union européenne en 2021, Bruxelles (COM (2022)) 578 final du 8.11.2022.

capacités à fournir des services publics sont fortement limitées. Pour faire progresser la gouvernance démocratique, un mécanisme de dialogue entre les représentants du pays et la communauté des donateurs est généralement mis en place. Dans le cadre de l'approche européenne, les principales priorités dans un contexte postconflictuel sont généralement les suivantes, l'identification des causes profondes du conflit, l'aptitude et la volonté du gouvernement, des autorités parlementaires, judiciaires, des partis politiques et de la société civile à s'attaquer aux causes profondes du conflit. Á cela s'ajoute la volonté des autorités de prendre en compte les questions fondamentales liées à la gouvernance, qui très souvent se sont trouvées à l'origine du conflit. Au final le processus de gouvernance démocratique est fondé sur les principes universels. L'évaluation de la gouvernance est nécessaire. Elle a pour but d'identifier les réformes les plus appropriées.

B. La réforme des institutions internationales

L'Union aspire à être une puissance exerçant une action normative et constructive. Dans ce sens elle doit poursuivre sa traditionnelle diplomatie préventive et multilatérale. L'un des traits caractéristiques qui forgent l'identité de l'Union dans le concert international est la défense d'un ordre mondial ouvert et fondé sur des règles. Ainsi la promotion des actions coordonnées et efficaces dans les instances internationales favorise une transformation en profondeur de celles-ci. Il s'agit de les rendre plus fonctionnelles par rapport aux nouvelles tâches et aux nouveaux besoins qui sont les leurs. Il apparaît donc opportun de revoir la stratégie européenne afin de répondre à un contexte international qui a profondément changé. Pour preuve l'Union est actuellement confrontée à plusieurs crises dont les caractéristiques principales sont la désintégration du tissu social, l'interdépendance, l'affaiblissement des institutions internationales et la généralisation des inégalités. Á l'évidence nous sommes entrés dans « une période où l'exclusion sociale est une cause de conflits »[1].

Dans ces circonstances il est vital de développer de nouvelles visions basées sur la réforme des institutions internationales. Une participation active à l'avènement de l'égalité entre les citoyens sous l'angle de la sécurité, de la liberté et de la prospérité. Á cette fin il est

---

[1] Avis du Comité économique et social européen sur le thème « la nouvelle stratégie pour la politique étrangère et de sécurité commune de l'Union européenne » (avis d'initiative) (2016/C 264/01) (*JOUE*, n° C 264 du 20.7.2016).

raisonnable de repenser le rôle de l'Union dans le monde. Á ce propos l'Union doit renforcer une gouvernance démocratique et inclusive en favorisant la participation des économies émergentes aux institutions multilatérales afin d'alléger pacifiquement les tensions. Le leitmotiv c'est de contrer l'émergence de modes de gouvernance alternatifs ou hostiles à ceux qui existent aujourd'hui. Á cette fin la réforme des organisations internationales, des agences des Nations unies et des institutions de Bretton Woods est cruciale. Dans ce cadre les pays émergents et en voie de développement doivent jouer un rôle plus important dans la gouvernance des organisations internationales. Une restructuration plus approfondie de la Banque mondiale et du Fonds monétaire international (FMI) est nécessaire pour accroître la représentation de ces pays. Dans le même sens la gouvernance des organisations internationales devrait reposer sur la Charte des Nations unies et la Déclaration universelles des droits de l'homme.

L'Union défend la coopération multilatérale. Cette position est soutenue par les institutions internationales et la société civile. Toutefois l'environnement qui entoure la promotion des valeurs multilatérales a changé. Dès lors il est intéressant d'envisager un changement de paradigme dans le système de gouvernance des organisations internationales. Á cet égard même si les organisations internationales ont des objectifs clairs, elles manquent néanmoins d'efficacité faute de mécanismes appropriés pour assurer le suivi des décisions et l'évaluation de leur impact. Compte tenu de ce qui précède, il convient de préciser que l'Union a développé des systèmes de monitorage qui constituent des exemples de bonnes pratiques et pourraient être adoptés à l'échelle internationale pour suivre les interventions complexes à plusieurs niveaux. Il apparaît indispensable d'encourager l'Union à introduire ces systèmes de suivi auprès des organisations internationales. Au fond l'enjeu est d'accroître l'autorité des organisations internationales pour renforcer la réglementation au niveau européen et international dans plusieurs domaines.

Dans un premier temps les principes de la nouvelle gouvernance des organisations internationales devraient reposer sur les principes et valeurs de l'organisation des Nations unies (ONU). Dans ce but bien que les organisations internationales aient leur propre structure de gouvernance, il conviendrait que leur fonctionnement repose sur la

Charte des Nations unies « les droits de l'homme et la démocratie »[1], la dignité humaine et l'égalité de droits entre les hommes et les femmes, la justice, le respect des normes et des traités internationaux ainsi que la promotion du progrès social. Dans cette perspective la nouvelle approche de gouvernance des organisations internationales doit effectivement promouvoir le développement durable[2], l'inclusion sociale et permettre de traiter efficacement les principaux problèmes mondiaux. Pour atteindre ces objectifs l'adoption du programme de développement durable des Nations unies à l'horizon 2030 marque une transition historique vers un nouveau modèle, qui s'attaque aux disparités économiques, sociales et environnementales dans le cadre d'une démarche universelle et intégrée.

Á titre d'indication ce programme unique reflète pleinement les valeurs européennes de la justice sociale, de la gouvernance démocratique, de l'économie sociale de marché et de la protection de l'environnement. Pour mémoire en septembre 2015, les dirigeants mondiaux ont adopté un document des nations unies intitulé « Transformer notre monde : le programme de développement durable à l'horizon 2030 »[3]. Ce document est un ensemble d'objectifs de développement durable visant à éradiquer la pauvreté, à protéger la planète, à veiller à la protection des droits de l'homme et à garantir la prospérité de tous. Il faut bien reconnaître que le programme des Nations unies à l'horizon 2030 reflète les valeurs de l'Europe ainsi que son modèle de justice sociale et de gouvernance démocratique. Les principes contenus dans la Charte des Nations unies et de la Déclaration universelle des droits de l'homme constituent également des valeurs de l'Union et de ses États membres.

Dans un deuxième temps il revient à la Commission européenne et à d'autres institutions européennes de promouvoir les principes de la nouvelle gouvernance des organisations internationales. En substance, les organisations internationales en particulier l'ONU et ses agences ont

---

[1] Résolution du Parlement européen du 18 janvier 2023 sur les droits de l'homme et la démocratie dans le monde et la politique de l'Union européenne en la matière – rapport annuel 2022 (2022/2049 (INI)) (*JOUE*, n° C 214 du 16.6.2023).

[2] Avis du Comité économique et social européen sur « Le développement durable – Recensement des politiques intérieures et extérieures de l'Union européenne (*JOUE*, n° C 487 du 28.12.2016).

[3] Avis du Comité économique et social européen sur « Le développement durable – Recensement des politiques intérieures et extérieures de l'Union européenne (*JOUE*, n° C 487 du 28.12.2016, *op. cit.*, p. 43).

des objectifs clairs mais elles manquent parfois d'efficacité. Pour dire vrai malgré l'existence d'objectifs formalisés dans des normes et des traités internationaux leur mise en œuvre est souvent inadéquate. Au bout du compte les organisations internationales peuvent être plus efficaces si elles renforcent mutuellement leurs objectifs. Certaines disposent des mécanismes de plaintes et d'arbitrage à titre d'exemple l'organisation mondiale du commerce (OMC). D'autres ont mis en place des mécanismes de supervision développés sans toutefois bénéficier de pouvoirs leur permettant de veiller au respect des normes qu'elles édictent. C'est le cas de l'organisation internationale du travail (OIT). Du reste les politiques des organisations internationales ne devraient pas se contredire mutuellement. Ce faisant pour que les objectifs des Nations unies, des institutions financières internationales et de l'Union européenne puissent être atteints, ces organisations doivent œuvrer de concert pour promouvoir leurs normes respectives. Á ce titre la gouvernance des institutions financières internationales est au cœur des débats sur la gouvernance mondiale de l'économie.

Á la suite de cela la nécessité de réglementer les marchés financiers et de les rendre plus transparents est aujourd'hui plus urgente. Car il n'est désormais plus possible de prendre des mesures adéquates uniquement au niveau national. Á notre point de vue pour que les organisations internationales puissent être plus efficaces dans la prévention des crises futures, il faut accroître équitablement leur autorité dans la réglementation des marchés financiers au niveau international, tout en évitant un environnement réglementaire trop restrictif, étouffant et bureaucratique. Cette démarche consiste à renforcer la réglementation au niveau international dans plusieurs domaines tels que l'accroissement des réserves, la réglementation des fonds spéculatifs, le démantèlement des paradis fiscaux, la lutte contre les rémunérations excessives, la réduction des risques liés à l'effet de levier financier ainsi que la consolidation au niveau des organes supranational. Pour finir il importe que la gouvernance des institutions financières internationales soit renforcée. L'Union a d'ailleurs un rôle particulier à jouer à cet égard sur la scène internationale[1].

Dans un troisième temps l'enjeu de la réforme des institutions internationales est la prise en compte des intérêts des pays en voie de

[1] Résolution du Parlement européen du 18 janvier 2023 sur les droits de l'homme et la démocratie dans le monde et la politique de l'Union européenne en la matière – rapport annuel 2022 (2022/2049(INI)) (*JOUE*, n° C 214 du 16.6.2023).

développement et des pays émergents. Ils doivent jouer un rôle important dans les nouvelles structures de la gouvernance mondiale qui seront adoptées par les organisations internationales. Cependant leur intégration doit se faire sur les règles de l'ONU et le respect des droits de l'homme. Suivant cette idée la Banque mondiale et le Fonds monétaire international (FMI) doivent particulièrement faire l'objet d'une restructuration plus approfondie, pour accroître la représentation et la puissance des pays plus pauvres au sein de leurs institutions et dans leurs processus. Il est nécessaire de soutenir les pays en voie de développement pour faciliter leur participation effective aux processus décisionnels des organisations internationales. La nouvelle structure de gouvernance des organisations internationales prend forme dans les sommets diplomatiques de haut niveau, suivant un processus peu transparent. Précisons que les organisations de la société civile et les partenaires sociaux ont un accès très limité à l'information sur ce processus. Toutefois il est de bon sens et pertinent d'institutionnaliser leur participation à ce processus pour le rendre efficace.

Dans une dernière analyse il est nécessaire de faire respecter le droit international humanitaire, de lutter contre l'impunité et de renforcer la justice pénale internationale. D'une part le mépris croissant pour le droit international humanitaire et le droit international des droits de l'homme en particulier dans le cadre des conflits en cours dans le monde est l'une des préoccupations majeures des organisations internationales. Pour ce faire les organisations humanitaires et caritatives sont souvent à la peine pour pouvoir prêter une assistance complète aux populations vulnérables lors des conflits armés. Soulignons que la mise en place systématique de couloirs humanitaires dans les régions en guerre est un impératif, afin de protéger les civils menacés ainsi que le personnel humanitaire, médical, journalistique et enseignant. Dans le prolongement de cette lecture le droit humanitaire guide les politiques de l'Union en ce qui concerne les situations d'occupation ou d'annexion de territoire.

D'autre part il est juste de lutter contre l'impunité et de renforcer la cour pénale internationale (CPI) en améliorant son fonctionnement. Il faut donc une réforme profonde de la CPI. Les violations des droits de l'homme, l'impunité généralisée, l'absence d'obligation de rendre des comptes dans les régions et pays touchés par des conflits armés sont des violations graves du droit international. La CPI a donc besoin du soutien constant de l'Union européenne, des organisations internationales et des États membres pour qu'elle puisse faire son travail. La CPI a besoin de ce soutien pour rendre la justice dans toutes les affaires dont elle est saisie. Dans le même temps il faut lutter contre les efforts constants visant à saper la légitimité et le travail de la CPI. Á long terme il faut que l'Union renforce son aide au procureur de la CPI en matière d'enquête, de poursuite des auteurs présumés de crimes de guerre, de crime contre l'humanité et d'éventuels génocides en garantissant un appui politique. L'Union devrait affecter au budget général de la CPI des ressources financières propres à garantir son indépendance et son impartialité. Il est de l'intérêt de l'Union et ses États membres d'encourager leurs pays partenaires à ratifier « le traité de Rome »[1] afin d'étendre la compétence de la CPI et de renforcer sa légitimité. Ces propos visent à promouvoir un soutien universel du statut de Rome de la CPI.

Les principes du « statut de Rome »[2] ainsi que ceux qui régissent le fonctionnement de la CPI sont parfaitement conformes aux principes et objectifs de l'Union. Certainement les crimes graves qui relèvent de la compétence de la CPI touchent l'ensemble de la communauté internationale ainsi que l'Union et ses États membres. Selon l'Union l'adhésion universelle au statut de Rome est essentielle pour que la CPI soit pleinement efficace. Dans le passé l'Union a joué un rôle secondaire dans le domaine de la politique extérieure. Cette situation a évolué. Aujourd'hui l'Union doit faire face à d'innombrables défis mondiaux qui exigent une cohésion accrue et une volonté commune d'affronter des menaces de plus en plus complexes qui modifient l'équilibre géopolitique dans le sens d'un monde multipolaire.

D'autres facteurs extrêmement importants sont devenus source d'instabilité et de révolte comme la sécurité alimentaire, la croissance démocratique, les inégalités sociales qui tendent à s'aggraver et les déséquilibres commerciaux. Ce sont autant de problèmes importants qu'il conviendrait de traiter dans la réforme des organisations internationales. De fait pour l'Union il convient d'agir dans l'intérêt réciproque, à travers des réformes de partenariat avec des pays ou des régions, aux fins d'un développement équilibré, qui place la personne au centre de l'intérêt commun. Á titre de précision la discussion sur le

---

[1] Décision 2011/168/PESC du Conseil du 21 mars 2011 concernant la Cour pénale internationale et abrogeant la position commune 2003/444/PESC (*JOUE*, n° L 76 du 23.3.2011).

[2] Décision 2011/168/PESC du Conseil du 21 mars 2011 concernant la Cour pénale internationale et abrogeant la position commune 2003/444/PESC (*JOUE*, n° L 76 du 23.3.2011, *op. cit.*, p. 57).

système de gouvernance des organisations internationales n'est certes pas nouvelle. Toutefois les crises mondiales majeures et l'extension rapide de nouvelles menaces ont mis en évidence les faiblesses du système de gouvernance des organisations internationales. Le monde est confronté à des crises mondiales majeures, seule une réponse au niveau mondiale permettra d'apporter des réponses efficaces. Dans ce contexte le rôle de l'Union apparaît essentiel pour mener à bien une bonne réforme des organisations internationales. Les changements géopolitiques qui sont intervenus au cours des vingt dernières années ont gravement affecté l'ordre mondial libéral et fortement affaibli d'importantes organisations internationales. En définitive il est du devoir de l'Union et de ses États membres de faire tout leur possible pour être à l'avant-garde au niveau mondial de la réforme des organisations internationales. La préférence affichée de l'Union pour cette réforme souligne l'importance de la bonne gouvernance.

Conclusion du Chapitre 1

La gouvernance est un concept utile à l'étude de l'intégration européenne. Par la suite l'Union est un espace de gouvernance en construction. Du fait des spécificités de l'ordre juridique de l'Union, la gouvernance s'est avérée très utile pour désigner les politiques publiques européennes. C'est un mode d'exercice du pouvoir qui répond aux changements profonds des structures et fonctions de l'État. Dans cet esprit le paradigme de la gouvernance de l'Union n'est pas neutre. Au-delà des terminologies et discussions sémantiques il y a des enjeux concrets tels que les principes de la bonne gouvernance, la volonté de construire une Europe forte en partenariat pour favoriser la participation des citoyens et de la société civile au processus décisionnel européen. Cette partie tente d'apporter des réponses claires à ces questions importantes. Le Livre blanc de la Commission sur la gouvernance européenne met en évidence cinq principes essentiels de la bonne gouvernance. Il s'agit des principes d'ouverture, de participation, de responsabilité, d'efficacité et de cohérence.

L'application des cinq principes de la bonne gouvernance renforce les principes de proportionnalité et de subsidiarité. Dans l'ensemble il n'y a pas de doute sur la pertinence des problématiques soulevées. Selon cette approche la promotion et la défense du modèle européen supposent la responsabilité partagée entre tous les niveaux de pouvoir. Á cet égard la gouvernance multiniveaux à l'échelle de l'Union est regardée comme un mode de gouvernance participatif qui conforte les valeurs de l'Union. Désormais le respect du principe de subsidiarité et la gouvernance multiniveaux sont indissociables dans toute réflexion sur la gouvernance européenne. Dans cette logique l'approche de la gouvernance multiniveaux permet de trouver d'autres solutions en dehors des approches de l'État-nation au problème de légitimité politique de l'Union. Le Livre blanc sur la bonne gouvernance européenne s'est finalement imposé comme la nouvelle norme du processus décisionnel mis en place par la Commission. Sur le plan international les crises majeures et en particulier l'exacerbation des tensions géopolitiques affectent l'ordre mondial multilatéral. L'Union doit donc jouer un rôle de premier plan pour mettre en place une réforme en profondeur des organisations internationales. Compte tenu de la configuration géostratégique mondiale l'Union a développé une gouvernance démocratique sur le plan international.

Chapitre 2

La souveraineté et la volonté de puissance de l'Union

La philosophie politique et l'analyse juridique offrent un spectre assez large du principe de la souveraineté. La construction européenne replace le thème de la souveraineté au centre de ce débat. En effet la variété des visions de la souveraineté en Europe n'est pas sans conséquence sur l'intégration européenne. Ce faisant le principe de la souveraineté de l'État est aussi ancien que l'État lui-même. Á l'origine son rôle était essentiellement de consolider l'existence des États qui s'affirment en Europe contre la double tutelle du Pape et du Saint-Empire romain germanique. Jusqu'au 18e siècle, approuvés et encouragés par Jean Bodin, Emmerich Vattel[1] et les grands philosophes de leurs temps, les monarques y puisèrent la justification de leur absolutisme. Á la faveur de cette lecture l'idée de souveraineté était généralement définie comme un pouvoir suprême et illimité.

Cette conception trouvait au 19e siècle une éclatante consécration dans la science juridique allemande qui, sous l'influence de Hegel liait étroitement la notion de souveraineté à la toute-puissance de l'État. Georg Jellinek[2] la définissait comme « la compétence de la compétence » entendant par là qu'elle constituait le pouvoir originaire, illimité et inconditionné de l'État. Cet état des lieux sémantiques révèle une nationalisation du vocabulaire juridico-politique. Si l'on passe des mots aux choses, on peut se demander ce que les notions de souveraineté, de puissance et de pouvoir ont de commun pour être légitimement associées. Comme la souveraineté exprime l'idée d'un pouvoir ou de puissance de commander que détient un État, elle est le critère de l'État. En tant que pouvoir spécifique, la souveraineté évoque la qualité d'un pouvoir suprême à l'intérieur de son ressort et ne connaissant que des égaux hors de son ressort. Inventée par Jean Bodin dans ses *Six Livres de la République (1576)*, elle constitue une théorie

---

[1] Vattel Emmerich (1714-1767) jurisconsulte suisse, un des fondateurs du droit international public. Il a forgé les clefs de l'intelligence du droit international positif en mettant au cœur de son analyse une conception moderne de l'État.

[2] Jellinek Georg (1851-1911) est le fils d'un rabbin. Jurisconsulte allemand, il suit les enseignements de droit et de philosophie à Heidelberg où il est influencé par Bluntschli (1808-1881), théoricien de l'État et du droit international.

juridique du pouvoir à la différence de la notion politique de pouvoir théorisée par Machiavel (né à Florence en 1469).

Relire l'histoire de la notion de souveraineté à la lumière du caractère inédit de l'idée de souveraineté européenne est instructif. La question de la souveraineté se pose avec une acuité plus grande en Europe. Le modèle historique sur lequel s'appuient les relations entre souverainetés est ancien, reposant sur le système westphalien[1] à travers lequel a été établi un système international fondé sur la pluralité d'États indépendants. Selon ce discours la problématique de l'intégration européenne consiste à savoir comment ces différentes souverainetés traitent entre elles et surtout comment un nouvel État peut naître dans un système par définition aussi fermé.

C'est donc dans cet esprit que l'on va aborder le principe de la souveraineté dans le contexte européen. Dans cette analyse trois visions de ce que devrait être l'Union soulèvent des interrogations plus profondes. Soit prendre les États-nations pour modèles et devenir un super État ou bien sortir du cadre national pour penser un nouveau type d'organisation politique dans lequel la souveraineté ne serait plus descendante mais transversale. Enfin admettre que l'Union ne serait qu'une organisation internationale dont l'intégration de ses États serait plus avancée. Cependant lorsqu'on essaie de transposer la notion de souveraineté à l'échelle européenne de multiples obstacles se lèvent. En fin de compte l'Union nous invite à repenser les conditions et les attributs de la souveraineté rattachée aux États-nations. Cette étude propose une analyse à partir des différentes définitions de la souveraineté et une réflexion sur les aspects internes et externes de la souveraineté. Pour tout dire il est utile d'examiner le caractère inédit de la notion de souveraineté européenne (Section 1). Dans ce cadre un renouvellement des catégories classiques de la pensée politique semble nécessaire pour donner sens à l'Union. Cette question de la souveraineté nous conduit à nous interroger sur la volonté de puissance de l'Union (Section 2). Á plus forte raison le contexte international réintroduit l'Union et ses États membres dans la géopolitique et donc dans la puissance au sens politique du terme. Nous sommes entrés dans un monde où l'Union est condamnée à la puissance et à se penser en tant

[1] Traités de Westphalie (1648), nom de deux traités qui mirent un terme en 1648, à la guerre de Trente ans. L'un fut signé à Münster pour les catholiques, l'autre à Osnabrück pour les protestants.

qu'entité politique. L'Union doit donc faire des efforts pour s'affirmer comme la réponse la plus crédible au défi stratégique d'articulation de plusieurs souverainetés.

Section 1. Le caractère inédit de la notion de souveraineté européenne

Les modèles historiques de l'État reconnus par la science juridique ne résument pas l'Union. Elle n'est ni un État unitaire ni une confédération d'États. En ce sens l'Union dessine une structure politique qui n'a jamais existé parce qu'elle correspond à une situation elle-même sans précédent. L'Union est bien un modèle *sui generis*, une organisation supranationale. C'est-à-dire une structure dépassant les limites des États. Elle est plus qu'une organisation internationale. Unique en son genre, la supranationalité de l'Union a été définie par les traités et par la jurisprudence[1]. Á vrai dire l'Union offre une approche renouvelée du concept supranational dans une finalité d'intégration. Dans toute l'acception du mot la doctrine favorable à l'existence du concept supranational implique la création d'un ordre juridique complet qui se superpose à celui des États membres et qui exprime la volonté d'autonomie de l'entité européenne. Certainement l'ordre supranational doit être regardé comme le marqueur de la volonté de vivre ensemble qui se développe entre européens.

Les États-nations membres de l'Union européenne se caractérisent par un double mouvement antagoniste qui tend à distendre les liens entre l'État et ses éléments constitutifs, tout en préservant l'effectivité de sa souveraineté. L'essence de l'Union est interétatique. Penser l'Union c'est donc mener une réflexion sur ses États membres. La quête de sens politique de l'intégration européenne concerne d'abord les États dont le postulat de souveraineté est mis à l'épreuve. Á ce propos le modèle apparu après le traité de Westphalie dans lequel l'État personnifie juridiquement la nation ne semble plus être l'objectif ultime. La conviction que l'État ne connaît pas de puissance supérieure ou concurrente est elle-même soumise à débat. Néanmoins l'Union se constitue progressivement par l'intégration d'États-nations qui se sont solidement constitués dans le cadre de la construction européenne. L'impact de l'intégration européenne sur la souveraineté de l'État se situe à plusieurs niveaux. Pour saisir les prémisses de cette réflexion il est précisé que le concept de souveraineté semble avoir évolué en même

[1] CJCE, 5 février 1963, *Van Gend en Loos*, aff. 26/62, *Rec.*, p. 3 et CJCE, 15 juillet 1964, *Costa c/ Enel*, aff. 6/64, *Rec.*, p. 1141.

temps que le modèle westphalien sur lequel reposaient les relations entre les États. Au fond dans l'Union une redéfinition post-westphalienne de la souveraineté est justifiée.

La toute-puissance de la volonté souveraine est relativisée par le système international depuis la signature des traités de Westphalie. Si ceux-ci consacrent le principe de souveraineté nationale, ils limitent en même temps les droits des États souverains dans l'ordre international. La tension entre l'attachement des peuples à la nation et le choix d'une souveraineté partagée est au centre de tous les débats qui ont accompagné les fondements de l'Union. La réflexion entre la souveraineté des États et celle de l'Union est au cœur de la construction européenne. En raison des équilibres de l'Union la création de cet espace public supranational n'a pas pour ambition d'effacer l'importance de l'État et de la nation. Certes l'imbrication étroite des ordres juridiques supranational et étatique produite par l'existence d'un phénomène d'intégration constitue une menace réelle d'altération au principe d'unité de l'État. Dans la mesure où elle rompt le monopole de celui-ci dans les domaines institutionnel et normatif. En revanche le renforcement de la supranationalité ne s'accompagne pas de la disparition de l'État. Tout d'abord parce que l'État prend soin par le biais des traités de se réserver une influence déterminante dans le fonctionnement de l'ordre juridique supranational.

C'est ensuite de la collaboration que l'État offre à l'ordre juridique supranational que dépend l'efficacité de ce dernier à produire une volonté qui lui est propre et en obtenir l'exécution. L'analyse de la supranationalité et la souveraineté juridique de l'Union (§ 1) est une invitation au renouvellement du rapport à la souveraineté dans le cadre de la construction européenne. Dans cette logique d'approche le réaménagement de la souveraineté étatique et populaire reste une donnée essentielle (§ 2). Plusieurs facteurs laissent penser que l'idée d'une souveraineté européenne pourrait émerger. Selon ce décryptage le contexte international est déterminant. Le monde[1] a profondément changé et des tendances se sont affirmées. Face à ces évolutions les européens ont multiplié les initiatives qui peuvent laisser penser que

---

[1] Règlement (UE) 2021/947 du Parlement européen et du Conseil du 9 juin 2021 établissant l'instrument de voisinage, de coopération au développement et de coopération internationale – Europe dans le monde, modifiant et abrogeant la décision n° 466/2014/UE du Parlement européen et du Conseil et abrogeant le règlement (UE) 2017/1601 du Parlement européen et du Conseil et le règlement (CE, Euratom) n° 480/2009 du Conseil (*JOUE*, n° L 209 du 14.6.2021, p. 1).

l'heure est favorable à l'émergence d'une souveraineté européenne. Enfin il est légitime de traiter de front la question de la souveraineté de l'Union pour faire face aux défis qui s'imposent à l'Union.

§ 1. La supranationalité et la souveraineté juridique de l'Union

L'affirmation de la souveraineté juridique de l'Union lui a permis de devenir un acteur majeur de la régulation mondiale. Elle reste cependant tributaire de la souveraineté des États membres dans l'exercice des compétences régaliennes. Le monde d'aujourd'hui a besoin d'une Europe forte et unie. Parce que seule une Europe forte et unie peut protéger les citoyens européens des menaces intérieures et extérieures, du terrorisme et du changement climatique. En tenant compte de la géopolitique l'heure de la souveraineté européenne a définitivement sonné. Sans doute la souveraineté européenne provient de la souveraineté nationale des États membres. Elle ne remplace pas ce qui est propre aux nations. Les européens doivent donc rester unis face au contexte[1] international en tension. Dans la perspective de construire cette souveraineté européenne, il nous semble crucial de rappeler l'importance de la cohésion de l'Union et des européens. La nature supranationale de l'Union n'a pas été imposée aux États membres (A). Ils ont transféré volontairement et librement une partie de leur souveraineté au profit de l'Union. Dans ce cadre d'analyse la création de l'ordre juridique de l'Union et l'affirmation de la souveraineté juridique de l'Union (B) ont pour effet de limiter le champ de la souveraineté juridique des États membres.

A. La nature supranationale de l'Union européenne

La doctrine favorable à l'existence du concept de supranationalité constate que celui-ci implique la création d'un ordre juridique complet qui se superpose à celui des pays membres. Cet ordre juridique exprime une volonté autonome de l'entité européenne. Ce n'est pas seulement un principe juridique. Profondément dynamique dans son essence la supranationalité de l'Union recouvre aussi une dimension politique et sociologique. Construit sur une forte intégration entre ses membres dont

---

[1] Communication de la Commission au Parlement européen et au Conseil-Rapport de prospective stratégique 2022-Garantir le couplage des transitions verte et numérique dans le nouveau contexte géopolitique, Bruxelles (COM (2022)) 289 final du 29.6.2022.

l'intensité est modulable en fonction des domaines concernés, le concept supranational exprime une philosophie de vie en commun. En ce sens la supranationalité est porteuse d'avenir en Europe parce que les relations s'internationalisent chaque jour.

Á vrai dire un État-membre ne peut se prétendre parfaitement indépendant. Á la faveur de cette lecture la supranationalité apparaît comme une nouvelle forme d'organisation politique profondément respectueuse de l'État-nation et du principe d'unité qui est à son fondement. Par contre la création de l'espace public supranational n'a pas pour ambition d'effacer l'importance de l'État et de la nation. D'ailleurs la nature supranationale de l'Union a été établie dans deux arrêts fondamentaux de la Cour de justice. D'abord dans l'affaire « *Van Gend en Los* »[1] rendue le 5 février 1963, la Cour de justice a affirmé que la Communauté constituait un nouvel ordre juridique de droit international, au profit duquel les États ont limité leur droit souverains et dont les sujets sont non seulement les États-membres, mais aussi leurs ressortissants. Cette jurisprudence de la Cour de justice met en évidence la fonction première de la reconnaissance de l'effet direct du droit de l'Union. Ensuite dans l'affaire « *Costa c/ Enel* »[2] rendue le 15 juillet 1964, la Cour a reconnu que le traité instituait un ordre juridique propre intégré au système juridique des États-membres et la primauté du droit communautaire.

Selon cette interprétation le droit de l'Union prime sur les droits nationaux. De cette façon l'arrêt *Costa* est apparu d'une grande importance dans la jurisprudence de la Cour de justice. Il conserve indéniablement le statut d'une décision majeure. Pour la Cour de justice la prééminence du droit de l'Union est une nécessité. Dans la mesure où les États ayant librement limité leurs droits souverains ils ont également renoncé à opposer à l'ordre juridique de l'Union des dispositions nationales ultérieures contraires. Au-delà des termes du traité il y a aussi son esprit qui fait de la primauté[3] une exigence existentielle pour l'Union. Dans le prolongement de cette lecture la supranationalité consacrée par les traités et la jurisprudence de la Cour de justice fait toute la spécificité de l'Union. Sur ce point essentiel il est vraiment intéressant de rappeler que l'Union est une organisation supranationale, qui ne peut agir que dans la limite des compétences qui

[1] CJCE, 5 février 1963, *Van Gend en Loos*, aff. 26/62, *Rec.*, p. 3.
[2] CJCE, 15 juillet 1964, *Costa c/ Enel*, aff. 6/64, *Rec.*, p. 1141.
[3] CJCE, 9 mars 1978, *Simmental*, aff. 106/77, *Rec.*, p. 629.

lui sont attribuées par les États-membres pour atteindre les objectifs fixés par les traités. Malgré tout, les limites inhérentes à l'organisation supranationale liées au fait qu'elle ne constitue pas un État maintiennent le lien privilégié de la nation à l'État.

La persistance de cet attachement constitue même une condition existentielle à l'effectivité de l'entité supranationale. L'ordre juridique supranational ne détient pas la plénitude de la souveraineté et notamment la compétence de la compétence. Il ne se confond pas avec un ordre fédéral. L'Europe constitue pour les individus un nouveau lieu d'expression[1] de leurs besoins et un cadre de réalisation adapté à la dimension européenne de leurs exigences. Concomitamment l'État continue dans son territoire à prendre en compte et à répondre aux besoins de protée nationale. Dans ces conditions la construction d'une Europe supranationale n'altère pas l'unité politique de l'État, dans la mesure où les pouvoirs constituants nationaux à l'origine de sa création ne peuvent s'exprimer que par l'intermédiaire de leur État. Désormais bien que conservant le monopole de la représentation de la nation au niveau supranational, l'État partage de plus en plus l'exercice de la souveraineté de celle-ci avec l'entité supranationale. Par voie de conséquence un équilibre entre les dimensions nationale et supranationale doit être trouvé. Car il ne s'agit pas pour l'Europe de remettre totalement en cause l'État-nation.

Cela étant la supranationalité de l'Union agit comme révélateur de la conscience profonde de l'intégration. En fait l'ordre juridique supranational doit être ordonné de telle sorte qu'il est lui-même facteur de société et de fait, promoteur de véritables solidarités. Pour cette raison, les individus dont le bien-être est recherché tant au niveau national que supranational ont intérêt au maintien de ces deux entités. Après tout l'idée juridique de supranational paraît se développer en parfaite indépendance des faits métajuridiques, sociologiques ou politiques qui la précèdent. Il est vrai que dans le cas particulier de l'Union le supranational s'affirme déjà comme un principe juridique réel. Il faudra bien admettre qu'il implique lui-même un changement aussi réel dans le fait social, culturel et politique européen. En instituant l'organe supranational, les États-membres lui confèrent un droit de souveraineté particulier qui dépasse la portée territoriale de la

[1] Rapport de la Commission au Parlement européen, au Conseil, au Comité économique et social européen et au Comité des régions évaluant la mise en œuvre et les réalisations du programme « Droits, égalité et citoyenneté » 2014-2020, Bruxelles (COM (2022)) 118 final du 22.3.2022.

souveraineté des États. Finalement dans l'Union on assiste ainsi à la production d'une authentique souveraineté *sui generis* qui finit par achever la physionomie de la supranationalité de l'Union.

B. L'affirmation de la souveraineté juridique de l'Union

La construction européenne est avant tout une Union de valeurs et de droit. Sans doute les États ont choisi librement de partager leur souveraineté nationale. Autrement dit la définition même de l'Union. C'est grâce à cette imbrication des ordres juridiques nationaux et européen que l'Union existe, fonctionne et avance pour créer une Union sans cesse plus étroite entre les peuples de l'Europe. Dans ce cadre la dialectique entre la souveraineté juridique des États et celle de l'Union est au cœur de l'intégration européenne. Par rapport aux organisations classiques d'États-nations, l'Union découle du concept d'intégration sans qu'il y ait eu fusion des souverainetés nationales. Les États membres n'ont pas renoncé à leur souveraineté au profit d'un État fédéral européen. En cette circonstance l'Europe s'est construite par compromis successifs entre les souverainistes et les fédéralistes qui posent à chaque fois la question décisive du droit de véto des États membres. Au fur et à mesure des transferts de souveraineté s'intensifie le débat entre l'Union et ses États membres sur les règles de vote pour les prises de décisions[1] communautaires.

Dans la perspective de construire cette souveraineté juridique de l'Union il nous semble essentiel de rappeler l'importance de l'ordre juridique de l'Union. La création de l'ordre juridique de l'Union a conduit à la reconnaissance de la primauté du droit de l'Union et à un dialogue[2] original entre les juges nationaux et le juge européen. L'extension des compétences communautaires a très vite généré un débat sur l'articulation entre le droit européen et les droits nationaux. En même temps les développements du marché commun rendaient inéluctable l'affirmation du primat des règlements[3] de l'Union sur les

[1] Règlement (UE) 2018/1725 du Parlement européen et du Conseil du 23 octobre 2018 relatif à la protection des personnes physiques à l'égard du traitement des données à caractère personnel par les institutions, organes et organismes de l'Union et à la libre circulation de ces données, et abrogeant le règlement (CE) n° 45/2001 et la décision n° 1247/2002/CE (*JOUE*, n° L 295 du 21.11.2018).

[2] CJUE, 6 octobre 2021, *Consorzio Italian Management c/ Catania Multiservizi,* aff. C-561/19, publié (e) au Recueil numérique.

[3] Règlement (UE) 2023/2411 du Parlement européen et du Conseil du 18 octobre 2023 relatif à la protection des indications géographiques pour les produits artisanaux et

normes en vigueur dans les États membres dans l'intention de garantir l'harmonisation des règles et la circulation des produits.

Les deux caractéristiques majeures du droit de l'Union définies par la Cour de justice « l'effet direct »[1] et « la primauté »[2] permettent aux justiciables de mettre en cause devant les juridictions nationales toute règle nationale contraire à une règle de l'Union. L'extension du domaine du droit de l'Union et surtout la portée qui lui a été donné par la jurisprudence de la Cour aboutissent à ce constat. L'originalité de la construction de l'Union a conduit à la qualifier d'organisation supranationale. L'institution supranationale ne possède pas les caractéristiques d'un État. Mais elle détient et exerce certains pouvoirs souverains. L'évolution de l'intégration européenne confirme dans les domaines aussi décisifs, par exemple la monnaie que l'Union exerce bien des pouvoirs souverains sans être pour autant souveraine et sans pour autant que les États membres cessent de l'être. Selon ces axes de réflexion la suprématie du droit de l'Union n'aboutit pas à la disparition de la souveraineté juridique des États membres.

Tout d'abord seuls les États membres disposent du pouvoir de contrainte indispensable à l'effectivité du droit. Ensuite selon la jurisprudence constante de la Cour de justice c'est aux juridictions des États-membres qu'incombe la mission de mettre en œuvre le droit de l'Union. Cela étant il faut rappeler que l'Union est née de la volonté des États et que tout transfert de souveraineté juridique est subordonné à une ratification par les États membres de l'Union. Cela dit le concept de souveraineté juridique de l'Union s'inscrit dans une approche globale. L'idée selon laquelle un État peut à lui seul à l'échelle nationale régler un problème global s'appuie sur une vision moderne voire prémoderne de la souveraineté, alors que le sens postmoderne prend en compte la nécessité de la coopération et de l'intégration pour faire face à des problèmes dépassant largement le cadre national. À l'heure où la souveraineté semble devenir la capacité à résister aux pressions extérieures, c'est-à-dire à ne pas souffrir des conséquences négatives de la mondialisation, l'Union a l'avantage d'être un cadre permettant à ses membres de se protéger des dangers extérieures par sa puissance

---

industriels et modifiant les règlements (UE) 2017/1001 et (UE) 2019/1753 (*JOUE,* L 2023/2411 du 27.10.2023).

[1] CJUE, 10 mars 2020, *« Grossmania » Mezőgazdasági Termelő és Szolgáltató Kft. c/ Vas Megyei Kormányhivatal,* aff. C-177/20, publié (e) au Recueil numérique.

[2] et CJUE, 5 avril 2016, *Puligienica Facility Esco SpA (PFE) c/ Airgest SpA,* aff. C-689/13, publié (e) au Recueil numérique.

normative et diplomatique. Enfin la souveraineté par définition implique aussi l'élaboration d'une stratégie à la fois externe et interne capable d'identifier un intérêt commun.

§ 2. Le réaménagement de la souveraineté étatique

Le développement de l'intégration européenne s'est manifesté par l'élargissement continu des missions que les États membres ont confié à l'Union. Dans cette dynamique ces missions confiées à l'Union développent indubitablement un étroit encadrement européen sur des éléments fondamentaux de la souveraineté des États membres. Les États de l'Union n'ont pas échappé non plus à la globalisation. Pourtant la globalisation se révèle être un facteur d'érosion des souverainetés. Bien sûr les flux de toute sorte qui la caractérisent se jouent de l'exclusivité de la compétence territoriale de l'État qui caractérise sa souveraineté. Pour être tout à fait précis en tenant compte de l'extension du domaine du droit de l'Union et surtout la portée qui lui a été donnée par la jurisprudence de la Cour de justice, il n'y a tout simplement pas de noyau de souveraineté que les États membres puissent invoquer comme tel contre l'Union. En raison de ce qui précède un réaménagement de la notion de souveraineté étatique et populaire est un impératif dans l'Union.

La création des Communautés ensuite de l'Union a amené un véritable réaménagement des souverainetés. Une redistribution des fonctions dans le cadre d'un ensemble qui dépasse les États membres. Sous ce rapport la création d'un système institutionnel bien équilibré dans l'Union a ouvert une perspective entièrement nouvelle. Elle a montré que les atteintes à la souveraineté nationale perdent leur aiguillon dès lors que l'opération prend le caractère d'une mise en commun des pouvoirs entre les mains d'institutions indépendantes. Ainsi la création d'institutions communes rend acceptables les limitations apportées à la souveraineté nationale par l'adhésion à un système relavant du droit de l'intégration. Pour ce faire la Cour de justice fait appel aux limitations acceptées[1] par les États membres en vue de fonder la prééminence du droit de l'Union. La même doctrine inspire les juridictions nationales des États membres pour marquer la limite de leur propre pouvoir et reconnaître l'autorité sur leur territoire national des actes émanés de l'Union. Ce discours pose les conditions

[1] Voir sur ce point les arrêts, CJCE, 5 février 1963, *Van Gend en Loos*, aff. 26/62, *Rec.*, p. 3 et CJCE, 15 juillet 1964, *Costa c/ Enel*, aff. 6/64, *Rec.*, p. 1141.

du réaménagement de la souveraineté étatique (A). La question de la mutualisation du territoire et de la souveraineté de l'Europe (B) rend possible une dynamique de transformation.

A. Les conditions du réaménagement de la souveraineté étatique

Dans son œuvre *Les six livres de la République* écrite en 1576 Jean Bodin précise les principes et les caractéristiques de la souveraineté et du bon fonctionnement de l'État. Traditionnellement la souveraineté de l'État est présentée comme pouvant être de deux sortes. C'est-à-dire la souveraineté externe et la souveraineté interne. D'une part la souveraineté interne désigne le pouvoir exclusif de l'État d'imposer ses décisions sur tout le territoire et l'État dispose aussi du monopole de la contrainte légitime. D'autre part la souveraineté externe désigne le pouvoir de l'État de s'imposer sur le plan international en tant qu'égal de tous les autres États et d'affirmer son indépendance vis-à-vis d'eux. Elle se rattache à la personnalité juridique de l'État dans l'ordre du droit international. Pour une meilleure compréhension de cette lecture un réaménagement de la notion de souveraineté étatique s'impose. En réalité l'Union est constituée par des États souverains. Á l'intérieur de l'Union la souveraineté signifie que les États membres transfèrent certaines compétences aux institutions européennes.

En conséquence selon la conception développée dans les traités et la jurisprudence de la Cour de justice sur la souveraineté, l'Union est fondée sur des valeurs[1] communément admises dans tous les États membres et a pour objectif permanent de préserver la paix. Selon ce discours l'Union doit impérativement avoir un rôle important et une influence dans le cadre des relations internationales. D'autant plus que les acteurs non étatiques jouent désormais un rôle de plus en plus important sur la scène internationale. Dans ce nouveau schéma géostratégique de l'ordre mondial, les citoyens européens ont besoin d'une Europe souveraine et forte. Ce faisant l'adhésion des États à l'Union et l'autolimitation qui en découle consolident leur capacité d'autodétermination et donc renforcent *in fine* leur souveraineté. Ce renforcement et le transfert de souveraineté vers l'Union consolident la position de l'Union sur la scène internationale. Toutefois l'Union n'est

[1] Règlement (UE) 2021/692 du Parlement européen et du Conseil du 28 avril 2021 établissant le programme « Citoyens, égalité, droits et valeurs » et abrogeant le règlement (UE) n° 1381/2013 du Parlement européen et du Conseil et le règlement n° 390/2014 du Conseil (*JOUE*, n° L 156 du 5.5.2021).

pas une fédération. Á cet effet les États membres de l'Union disposent d'une souveraineté bien plus importante que des États fédérés. La souveraineté de l'Union en tant qu'instance supranationale est bien moindre que celle d'un État fédéral.

Les attributs de la souveraineté européenne ne répondent pas aux critères d'absoluité ou d'indivisibilité de la tradition classique. Pour ne parler que de l'ordre international[1] si l'État a le droit de s'attribuer librement ses compétences, plus rien à part sa propre volonté d'autolimitation ne l'empêche d'empiéter sur la volonté des autres États. Dans ces conditions la doctrine de l'autolimitation a des limites. En réaction contre ces thèses l'école sociologique n'a pas hésité à proposer de bannir complètement la notion de souveraineté de la théorie du droit. Selon cette école il ne devrait exister qu'un déterminateur unique des compétences, commun à tous les États, qui ne pourrait être que l'ordre juridique international titulaire exclusif de la souveraineté. Pour être précis la doctrine de l'autolimitation et l'école sociologique ont apporté une contribution non négligeable pour avancer dans ce débat. Á notre avis le principe de souveraineté étatique est solidement ancré dans le droit positif. Il est à la base des relations entre les Nations unies. Selon les termes de l'article 2, paragraphe 1 de la Charte des Nations unies « l'organisation est fondée sur le principe de l'égalité souveraine de tous ses membres ». Dans le cadre de cette recherche sur la souveraineté de l'Union il n'est pas nécessaire pour autant d'adhérer à la conception absolutiste de la souveraineté, ne serait-ce que par ce que dans la société internationale contemporaine largement interétatique, la souveraineté de chaque État se heurte à celles concurrentes et égales de tous les autres États. Á partir de ce moment contrairement à ce qu'écrivent certains auteurs la limitation de la souveraineté ne découle pas de la volonté de l'État, mais des nécessités de la coexistence des sujets de droit international. La souveraineté apparaît dans ces conditions comme la source des compétences que l'État tient du droit international. Á travers l'égalité souveraine c'est l'indépendance de l'État qui est affirmée. Au fond l'indépendance de l'État n'est en rien compromise, ni sa souveraineté atteinte par

---

[1] Règlement (UE) 2021/947 du Parlement européen et du Conseil du 9 juin 2021 établissant l'instrument de voisinage, de coopération au développement et de coopération internationale – Europe dans le monde, modifiant et abrogeant la décision n° 466/2014/UE du Parlement européen et du Conseil et abrogeant le règlement (UE) 2017/1601 du Parlement européen et du Conseil et le règlement (CE, Euratom) n° 480/2009 du Conseil (*JOUE*, n° L 209 du 14.6. 2021).

l'existence d'obligations internationales de l'État. La souveraineté n'implique nullement que l'État peut s'affranchir des règles du droit international. Au contraire l'État n'est souverain que s'il est soumis directement au droit international.

Il en va ainsi y compris à l'égard d'organisations internationales de nature très intégrée comme l'Union. Á ce propos malgré l'étendue des compétences de l'Union et le fait qu'elle porte atteinte dans certains domaines aux conditions essentielles de l'exercice de la souveraineté nationale, la participation à l'Union est compatible avec le maintien d'États souverains. Par conséquent le système politique de l'Union, s'apparente encore à une confédération dont les États membres, tout en renonçant à d'importantes prérogatives de la souveraineté dans leurs rapports mutuels mais aussi dans les relations avec les pays tiers, conservent leur personnalité juridique propre, donc restent soumis au droit international. D'après notre analyse le contexte international pousse de plus en plus les États membres de l'Union à coopérer sur des sujets qui relèvent de leur souveraineté nationale comme par exemple la politique extérieure. Cependant les intérêts restent difficiles à faire converger. Il est raisonnable de préciser que l'Union n'est pas une entité souveraine au sens classique du terme.

Si la souveraineté européenne est effectivement partagée dans certains domaines elle ne s'appuie pas à la différence des États sur un corps constitué et constituant. Ce qui fragilise sa légitimité. La volonté des États membres de conserver leur souveraineté dans les domaines traditionnellement régaliens reste forte. Dans les faits les transferts successifs de souveraineté vers l'Union notamment la création de la « monnaie unique »[1], du « marché intérieur »[2] ont largement contribué au renforcement de la souveraineté de l'Union. L'appartenance et la participation à l'Union ouvre la voie au questionnement classique sur la fin de l'État-nation. L'État est trop souvent regardé comme ne

---

[1] Règlement (UE) du Parlement européen en matière d'échanges, d'assistance et de formation pour la protection de l'euro contre le faux-monnayage pour la période 201-2027 (programme Pericles IV) et abrogeant le règlement (UE) n° 331/2014 (*JOUE*, n° L 186 du 27.5.2021).

[2] Règlement (UE) 2021/690 du Parlement européen et du Conseil du 28 avril 2021 établissant un programme en faveur du marché intérieur, de la compétitivité des entreprises, dont les petites et moyennes entreprises, du secteur des végétaux, des animaux, des denrées alimentaires et des aliments pour animaux et des statistiques européennes (programme pour le marché unique), et abrogeant les règlements (UE) n° 99/2013, (UE) n° 1287/2013, (UE) n° 254/2014 et (UE) n° 652/2014 (*JOUE*, n° L 153 du 3.5.2021).

subissant que des contraintes politiques et juridiques du fait de son appartenance à l'Union. Cette perception donne lieu à un décalage entre la réalité de l'Union et les analyses d'une partie de la doctrine.

Pour terminer l'analyse des rapports dialectiques entre l'Union et les États devrait contribuer à lever certains malentendus sur l'identité étatique dans l'Union. Sans doute l'Union dispose aujourd'hui une souveraineté politique particulière démontrant l'extension de la souveraineté supranationale. La construction européenne, l'évolution postnationale et postdémocratique du continent conduisent à une sérieuse remise en cause de la souveraineté des États. L'affirmation de l'article 4 TUE, selon laquelle « l'Union respecte l'égalité des États membres devant les traités ainsi que leur identité nationale, inhérente à leurs structures fondamentales politiques et constitutionnelles (…) », ne suffit pas à couvrir la remise en cause tout à la fois du modèle westphalien de souveraineté de l'État et du modèle démocratique de souveraineté dans l'État. Parmi les approches de la souveraineté les plus récentes, celle proposée par le réaménagement de la souveraineté étatique dans l'Union nous paraît être l'une des plus intéressantes parce qu'elle prend justement en compte les mutations en cours.

B. La mutualisation du territoire comme espace d'exercice de la souveraineté

La notion de souveraineté a toujours été associée à l'idée d'un ordre territorialisé, localisé et clos dans l'espace de ses frontières. La souveraineté territoriale est une expression qui est regardée comme facilité de langage plus commode qu'exacte. Il est devenu habituel de dégager les caractéristiques de la souveraineté territoriale à la lumière de la sentence rendue par Max Huber, dans le cadre de la Cour permanente d'arbitrage à propos d'un différend entre les États-Unis et les Pays Bas sur l'Île de Palmas dans le pacifique. L'arbitre unique s'exprime en ces termes « la souveraineté, dans les relations entre États signifie l'indépendance. L'indépendance relativement à une partie du globe est le droit d'y exercer à l'exclusion de tout autre État les fonctions étatiques »[1]. L'organisation nationale des États et comme

[1] Cour permanente d'arbitrage, sentence arbitrale rendue le 4 avril 1928, par M. Max Huber entre les États-Unis et les Pays-Bas, dans le litige relatif à la souveraineté de l'Île de Palmas (ou Miangas). Pour cette sentence, voir Nations unies, Recueil des sentences arbitrales, vol. II, pp. 831-871.

corolaire le développement du droit international ont établi le principe de la compétence exclusive de l'État en ce qui concerne son territoire, de manière à en faire le point de départ du règlement des questions qui touchent aux rapports internationaux.

De cette lecture se détachent les deux caractères fondamentaux de la souveraineté territoriale, la plénitude de son contenu et l'exclusivité de son exercice. Dans sa sentence de 1928 déjà évoquée Max Huber insiste sur ce caractère à deux reprises et le rattache directement au principe d'indépendance. La souveraineté territoriale implique le droit exclusif d'exercer des activités étatiques. L'exclusivité caractérise donc l'exercice de la souveraineté territoriale. Il y a des exceptions à ces principes. Après tout la plupart d'entre elles ne sont pas de véritables exceptions mais plutôt des illustrations de l'idée que, la renonciation par l'État à certaines manifestations de sa souveraineté est une manière d'exercer sa souveraineté. Dans les rapports entre États et organisations internationales, les exceptions à l'exclusivité de la souveraineté territoriale supposent l'accord préalable de l'État.

Le principe d'exclusivité territoriale de l'État est non seulement remis en cause par le transfert de compétences des États à l'Union, mais aussi par l'effet de l'intégration dite horizontale qui impose aux États de reconnaître la validité sur leur territoire de réglementations édictées par les autres États membres de l'Union européenne sur le fondement du « principe de reconnaissance mutuelle »[1]. Dorénavant cette déconstruction du lien entre États membres et leurs territoires s'accompagne également de la reconstruction à l'échelle de l'Union, d'une assise territoriale proprement européenne sur laquelle s'exercent les compétences, dans une autre logique qui n'est pas essentiellement différente de la logique étatique. La construction européenne est donc la modalité prise par les États-nations d'Europe pour se maintenir et s'adapter à une nouvelle donne au sortir des périodes les ayant considérablement affaiblis. Il s'agit d'un renforcement de l'État-nation qui est passé par un réaménagement de la souveraineté étatique et populaire. Effectivement l'analyse des caractéristiques du nouveau territoire forgé par le régime de souveraineté de l'Union appelle quelques commentaires. Contrairement aux affirmations d'une partie de la doctrine le territoire européen se définit comme l'espace sur lequel

---

[1] Règlement (UE) 2019/515 du Parlement européen et du Conseil du 19 mars 2019 relatif à la reconnaissance mutuelle des biens commercialisés légalement dans un autre État membre et abrogeant le règlement (CE) n° 764/2008 (*JOUE*, n° L 91 du 29.3.2019).

s'exercent l'autorité et la juridiction de l'Union. Ce territoire de l'Union est également celui des États membres. Il est considéré comme une portion du territoire de l'Union.

Le territoire de l'Union est l'espace tissé par un partage volontaire du contrôle territorial par les États membres. Chaque État accepte volontairement de prendre part à la souveraineté qui s'exerce sur les autres territoires que le sien et à ce que la souveraineté qui s'exerce sur son territoire soit mutualisée avec les autres États membres. La construction européenne invente donc une nouvelle territorialité de la souveraineté. Cette mutualisation le plus souvent dénommée de façon moins exacte de délégation ou transfert de compétences[1] est parfois présentée comme une facette de l'érosion de la souveraineté de l'État-nation entraînée par la mondialisation. Néanmoins la construction européenne n'est pas un acteur non étatique qui contourne la souveraineté, lui fait contrepoids ou l'amenuise. En clair l'Union comme un État organise, contrôle et régule son territoire par une production législative et juridique. En résumé dans l'Union l'approche de la mutualisation du territoire rend possible la mutualisation de la souveraineté. Avec la construction européenne l'État-nation est entrée dans une nouvelle dynamique de transformation.

Les européens font de l'État-nation le motif mythique avec lequel ils se racontent. L'intégration européenne qu'ils mettent en œuvre est une mutualisation volontaire, librement consentie de leurs territoires nationaux et de la souveraineté qu'ils incarnent. Á la suite de ces propos l'analyse de la question de l'État souverain à l'aune de la construction européenne s'impose à notre étude pour deux raisons. Premièrement la persistance de l'État souverain entraîne celle du système interétatique. Deuxièmement les transformations profondes et successives provoquées dans le monde par des causes qu'il est à peine besoin de rappeler telles que les révolutions politiques, techniques et industrielles, les guerres et tensions géopolitiques, la décolonisation et l'avènement de l'arme nucléaire. Dans l'Union ces transformations ont touché à la vie des peuples et éveillé en eux le sentiment de leur unité et de leur interdépendance. Cette prise de conscience a fait apparaître la nécessité de la coopération et de l'effort collectif au sein de l'Union dans le but

[1] *Cf.* CJUE, 8 septembre 2020, *Recorded Artists Actors Performers Ltd C/ Phonographic Performance (Ireland) Ltd e.a.,* aff. C-265/19, publié (e) au Recueil numérique.

de rechercher des solutions aux problèmes d'intérêt commun. En résumé la notion de souveraineté européenne permet de répondre aux impératifs de la solidarité dans l'Union afin que l'Europe soit unie et forte sur la scène internationale.

Section 2. La volonté de puissance de l'Union européenne

Le discours de la souveraineté européenne est une réponse à des défis multiples. L'approche européenne de la notion classique de souveraineté ne signifie pas la disparition de la volonté de puissance, mais la mutation du concept de puissance et de ses enjeux. C'est-à-dire une évolution du concept de souveraineté du moins une redéfinition de ses enjeux. En d'autres termes il s'agit d'une mutation de la notion de puissance dans le monde globalisé. Toutefois la politique de puissance classique semblait avoir disparu au profit du *soft power* (puissance douce), la capacité de l'Union à influencer et à orienter les relations internationales en sa faveur en mettant en œuvre une stratégie d'influence. La compétition internationale s'intensifie dans de nombreux domaines[1] et semble s'orienter vers un *hard power* (puissance dure) qui est la capacité d'influencer le comportement d'autres acteurs par la contrainte, la coercition, voire par la violence. Selon une approche classique les éléments du *hard power* regroupent essentiellement les moyens économiques et militaires[2].

Au niveau européen *soft power et hard power* vont de pair. La revendication de puissance est depuis assumée par les responsables de l'Union européenne à l'instar de Ursula von der Leyen qui définit en 2019 son collège comme une « Commission géopolitique ». Au-delà de la simple rhétorique ce concept a été utilisé pour désigner la coordination renforcée des aspects extérieurs du travail de la Commission européenne. C'est l'intégration d'objectifs en termes de puissance et de sécurité internationale dans les politiques de la Commission. Sur le fond le concept de Commission géopolitique prolonge le concept de « Commission politique » promu par Jean-

[1] Communication de la Commission au Parlement européen, au Conseil, au Comité économique et social européen et au Comité des régions – Programme de travail de la Commission pour 2023 – Une Union qui montre sa fermeté et son unité, Bruxelles (COM (2022)) 548 final du 18.10.2022.

[2] Résolution du Parlement européen du 15 janvier 2020 sur la mise en œuvre de la politique de sécurité et de défense commune – Rapport annuel (2019/2135 (INI) P9_TA (2020) 0009.

Claude Juncker. Ce concept visait principalement à souligner que, du fait de sa désignation par la procédure du *Spitzenkandidat*, la Commission Juncker comptait s'appuyer sur le Parlement européen pour mettre en œuvre un programme politique ambitieux et ainsi trancher avec le profil plus technocratique des précédentes équipes.

Cela étant le concept de Commission géopolitique est largement perçu comme une réponse adéquate au durcissement de la compétition internationale. Dans cet ordre de lecture les tensions transatlantiques, l'affirmation de la puissance chinoise, les changements géopolitiques[1] profonds et le *Brexit* sont les principaux facteurs cités. Á cet égard face à des acteurs internationaux habitués à défendre leurs intérêts en utilisant tous les outils de la puissance, l'ambition de la Commission est de permettre à l'Union de s'imposer sur la scène internationale. L'Union est un projet de paix et elle se trouve dans un monde de multipolarité désordonnée où tout devient potentiellement une arme. Entre autres l'énergie, les investissements, l'information, l'économie, l'alimentation, les transitions verte et numérique.

Souvent proclamée mais toujours limitée, l'Europe puissance ne se définissait jusqu'à présent que de manière prudente et proportionnée. Eu égard aux tensions géopolitiques[2] majeures, l'Europe puissance est aujourd'hui affirmée et revendiquée. En la matière l'Union doit sortir de ses origines économiques et technocratiques pour assumer et renforcer sa puissance à se mesurer aux rapports de force mondiaux. En défendant une Commission géopolitique Ursula von der Leyen revendique cet appel à la puissance. Pour atteindre cet objectif, l'appellation Europe puissance conduit à l'évidence à un changement subtil de la définition même du concept de puissance. Dans le cadre de l'Union être puissant c'est être porteur d'une vision. Dans ce cas l'Union doit impérativement trouver les moyens pour progresser. Tout compte fait l'Europe puissance ou souveraine doit être logiquement dotée d'un sens et doit être pensée. Le débat sur l'Europe puissance appelle un changement de cadre de pensée. Cela étant l'Union ne peut

---

[1] Communication de la Commission au Parlement européen et au Conseil – Rapport de prospective stratégique 2022 – Garantir le couplage des transitions verte et numériques dans un nouveau contexte géopolitique, Bruxelles (COM (2022)) 289 final du 29.6.2022.

[2] Communication de la Commission au Parlement européen et au Conseil – Rapport de prospective stratégique 2022 – Garantir le couplage des transitions verte et numérique dans le nouveau contexte géopolitique, Bruxelles (COM (2022)) 289 final du 29.6.2022.

en aucun cas rester une organisation économique et financière sans les attributs habituels de la puissance internationale y compris les capacités militaires et la politique étrangère. Pour l'Union la recherche de la puissance comme l'affirmation d'une souveraineté qui lui est souvent associée appelle la multiplicité des regards.

Au regard du reste du monde la puissance européenne dépend plus encore de son incarnation juridique. En cette circonstance il faut doter l'Union des moyens d'une autonomie stratégique poursuivant ses propres intérêts. L'Union possède avant tout des intérêts économiques articulés à la défense d'un modèle politique et social. Cela étant le concept « d'autonomie stratégique »[1] élaboré à l'origine dans le secteur de la défense a longtemps été considéré avec réticence par les États membres. Il fait aujourd'hui partie intégrante de l'approche stratégique poursuivie par la Commission européenne qui voit en lui un moyen essentiel de définir une nouvelle approche envers certains partenaires dont la Chine et les États-Unis. Á propos le Parlement européen reconnait également l'importance pour l'Union de parvenir à l'autonomie stratégique. Faute d'être une Union politique *a fortiori* une Union de défense, l'Europe demeure une Union de régulation.

La capacité à produire des normes juridiques et à s'imposer par le droit reste d'ailleurs sa vocation éminente. Toutefois pour survivre l'Union a intérêt à développer son autonomie stratégique qui pourrait à terme lui permettre de s'ériger en tant que puissance dans le système international. Les réflexions autour d'une Union européenne comme puissance face aux États-Unis et à la Chine connaissent un regain d'intérêt ces dernières années. La preuve en est que l'Union évolue dans un contexte international d'instabilité de complexité et d'interdépendance croissantes. Dans ce contexte particulier divers acteurs internationaux agissent de plus en plus de façon unilatérale. Pour toutes ces raisons l'Union se trouve aujourd'hui à une étape cruciale de sa construction. En réalité la question de sa survie se pose sérieusement. Il est donc pertinent que l'Europe apprenne à parler le langage de la puissance et à devenir un acteur géopolitique. Si l'Union n'entre pas sérieusement dans le jeu géopolitique mondial les européens seront tout simplement contraints de le subir. Pour y parvenir l'idée d'une Europe puissance suppose un certain nombre d'inflexions dans le

---

[1] Communication de la Commission au Parlement européen et au Conseil – Rapport de prospective stratégique 2023 – La durabilité et le bien-être des personnes au cœur de l'autonomie stratégique ouverte de l'Europe, Bruxelles (COM (2023)) 376 final du 6.7.2023.

projet européen tel qu'il a été initialement pensé par les pères fondateurs. Il s'agissait alors de faire la paix entre les européens et de les rassembler dans un monde divisé en deux blocs. Pour l'heure les temps ont réellement changé. Dès lors un changement de cadre épistémologique est primordial.

Face aux défis de notre temps la seule voie qui assure l'avenir de l'Union c'est la refondation d'une Europe puissance, souveraine, unie et démocratique. C'est dans ce nouveau contexte géopolitique que notre étude analyse les conditions d'une Europe souveraine et forte sur la scène internationale (§ 1). Cependant dans ce débat hautement politique il paraît essentiel de mener une réflexion approfondie sur l'Europe puissance géopolitique et normative internationale (§ 2).

§ 1. L'Europe souveraine et forte sur la scène internationale

Dans le contexte mondial actuel l'Union évolue vers un système multipolaire au sein duquel doivent cohabiter des intérêts et des aspirations différentes. Depuis sa création l'Union a montré qu'elle était en mesure de tenir sa promesse de paix et de prospérité. Par contre l'incertitude et l'instabilité croissantes du monde qui nous entoure sont une invitation au changement. L'heure est venue de fixer de nouvelles orientations de nouvelles priorités et une nouvelle dynamique de réforme. Pour maîtriser le monde de demain[1], l'Union doit relever certains défis. En conséquence les citoyens européens ont besoin d'une Europe souveraine et forte sur la scène internationale.

Dans l'Union les relations à la souveraineté sont complexes car les conceptions cohabitent. Le modèle dominant est conçu comme une souveraineté défensive. Il est regardé comme un moyen de se protéger des menaces extérieures. Il semble utile de souligner l'idée d'une autre lecture qui voit plutôt « la souveraineté défense » comme un moyen d'attirer les avantages de l'extérieur en transférant certaines compétences à l'échelle supranationale pour mieux rendre visible et défendre les intérêts de chacun sur la scène internationale, en mettant en commun ces derniers. En Europe l'étude de ce modèle met en

[1] Communication de la Commission au Parlement européen, au Conseil européen, au Conseil, au Comité économique et social européen et au Comité des régions. L'Europe en mai 2019 : poser les jalons d'une Union plus unie, plus forte et plus démocratique dans un monde de plus en plus incertain. *Contribution de la Commission européenne à la réunion informelle des dirigeants de l'UE à 27 à Sibiu (Roumanie) le 9 mai 2019*, Bruxelles (COM (2019)) 218 final du 30.4.2019.

évidence l'idée selon laquelle la souveraineté semble ne pas être une notion uniforme. Elle oppose ceux qui la voient comme une ouverture à ceux qui la considèrent comme une fermeture tant au niveau national qu'européen. Il est remarquable de replacer ces visions de la souveraineté dans le contexte actuel de l'équilibre des puissances.

En clair l'équilibre des puissances qui se dessine en ce début du 21e siècle ne sera pas tendre à l'endroit des Européens. Notamment en raison de leur incapacité à façonner l'Union comme un véritable acteur stratégique sur la scène internationale. Dans ces conditions parler d'une véritable Union politique et une souveraineté européenne n'est pas un choix innocent. Si les européens se détournent des idées de souveraineté européenne et politique de puissance ils seront de plus en plus vulnérables à l'égard de l'action[1] de puissances extérieures. Cette réflexion appelle l'élaboration d'une grande stratégie qui permettrait à l'Union de s'assurer une place de choix dans le nouvel ordre multipolaire. Tout de même chez les européens on constate encore une forte polarisation des points de vue sur les chances de succès de cette ambition. Cette polarisation se structure entre les tenants d'une Europe jugée capable de se doter d'un statut de puissance grâce à sa singularité historique, culturel et politique et ceux qui considèrent qu'une telle possibilité ne constitue qu'un mirage loin de toute réalité présente et future. D'une certaine manière ces deux visions de l'Europe permettent d'avancer dans ce débat.

Cependant pour exister l'Europe devrait se poser en contrepoids stratégique aux États-Unis et à la Chine. Dans le cadre de cette hypothèse l'absence d'une légitimité politique européenne rend cet objectif complexe. Pour l'heure l'Union ne peut aspirer qu'à être une petite puissance à cause de ses divisions internes et de sa dépendance envers les autres puissances en l'occurrence les États-Unis. De plus la difficulté de l'Union de se hisser au rang de puissance sur la scène internationale n'est pas simplement due à la montée de nouvelles puissances comme la Chine, mais à sa propre dévitalisation exprimée dans un déclin démographique. Á cette condition la discussion doctrinale sur la souveraineté européenne dans le contexte du 21e siècle permet de mieux se saisir de cette problématique. En fait la souveraineté est aussi une question de capacité qui varie selon la richesse la taille ou la situation géographique. En vertu de cette lecture les États européens

[1] Document de réflexion sur la maîtrise de la mondialisation, Bruxelles (COM(2017)) 240 final du 10.5.2017.

ne peuvent individuellement garder intacte leur souveraineté. Au demeurant il n'existe pas de souveraineté nationale totale face aux problèmes globaux tels que le réchauffement climatique, le terrorisme, l'ordre mondial multipolaire, la sécurité et la défense, l'économie verte et la dépendance énergétique.

Les questions relatives à la place de l'Europe dans l'ordre international sont généralement articulées avec celles concernant la nature politique et institutionnelle de l'Union. Pour les théoriciens attentifs au rôle de l'Union sur la scène internationale, la dimension qui structure le débat théorique a trait au concept de puissance. Dans cette dynamique la dure réalité d'un ordre mondial multipolaire confirme la nécessité d'intensifier les efforts d'une Europe unie. Face à ces réalités l'apparente renaissance des discours souverainistes, les revendications populistes d'une souveraineté idéaliste divisent l'Union et l'affaiblissent au niveau international. Sur ce plan l'affirmation de la souveraineté de l'Union dans le monde est une réponse crédible aux défis extérieurs (B). Dans cet esprit la volonté politique est essentielle dans la recherche de l'autonomie stratégique (B). Car tous acteurs, États membres et institutions de l'Union doivent agir à partir d'une définition commune de l'autonomie stratégique pour atteindre cet objectif. Au final l'Union se trouve dans une situation où ses rivaux[1] stratégiques sur la scène internationale pourraient chercher à exploiter les divergences d'opinions des États membres dans leur propre intérêt.

A. L'affirmation de la souveraineté de l'Union dans le monde

La construction d'une souveraineté européenne offre la perspective d'un avenir commun. La souveraineté européenne c'est l'ambition d'être plus unis et donc plus fort sur la scène internationale. Il s'agit d'une perspective d'un monde dans lequel les européens pourraient vivre conformément à leurs valeurs, dans leur diversité et dans lequel ils ne sont pas réduits à être les spectateurs de l'histoire. L'Europe doit apprendre à parler le langage de la souveraineté et à devenir un acteur géopolitique. Autant dire que l'idée d'une souveraineté européenne a le potentiel de redonner un souffle à cette aventure collective et démocratique unique qu'est la construction européenne. Les clés de la souveraineté européenne sont la défense, la protection des frontières, la

[1] Résolution du Parlement européen du 12 septembre 2018 sur l'état des relations entre l'Union européenne et les États-Unis d'Amérique (2017/2271 (INI) (*JOUE*, n° C 433 du 23.12.2019, p. 89).

politique étrangère, l'écologie, le numérique, l'économie avec l'industrie et la monnaie. Cette liste peut être complétée en ajoutant la souveraineté alimentaire, la souveraineté technologique ainsi que la souveraineté sanitaire. Néanmoins il est essentiel que la souveraineté européenne puisse s'appuyer sur une Europe unie.

En même temps si la souveraineté apporte du sens à la cohérence de l'Union celle-ci est gage de crédibilité de cette souveraineté. Dans cette relation toute menace sur la cohésion des européens peut impacter sérieusement l'ambition de la souveraineté européenne. En tenant compte de la montée en puissance des mouvements politiques et des rhétoriques nationalistes la cohésion de l'Union paraît fragile. D'une certaine manière le retour des logiques de puissance au niveau international menace aussi directement la cohésion des européens. Pour preuve les tentatives des puissances de fracturer l'unité des européens sont observées, mais ne menacent pas encore la cohésion de l'Europe. Entre autres l'Union a déjà les difficultés à exprimer une volonté commune et à la faire appliquer dans le cadre des affaires internes. Á l'aune de cette lecture le contexte actuel oblige l'Union et ses États membres à se constituer en une Europe puissance.

La stratégie du *soft power* n'a pas permis à l'Union de s'imposer sur la scène internationale. Cette politique a trop souvent conduit l'Union à adopter une position neutre vis-à-vis du reste du monde. Probablement l'Union fait le choix de défendre des principes et des valeurs universelles[1] mais d'une façon qui tend à en faire des généralités passives. L'article 3 TUE précise que « l'Union a pour but de promouvoir la paix, ses valeurs et le bien-être de ses peuples ». L'Union qui a commencé comme un projet visant à garantir la paix est devenue le plus grand marché unique au monde qui permet la libre circulation des capitaux, des produits et des services et surtout de ses citoyens. Ceci étant ce rêve a pris forme sur les cendres de deux guerres mondiales et a assuré le développement de l'ensemble du continent, marquant le début de la plus longue période de paix de son histoire. Cependant cette rhétorique représente désormais une menace pour la crédibilité de l'Union aussi bien à l'extérieur qu'en son sein. D'autant plus que le contexte international actuel est peu propice à ce genre de démonstration de puissance. Pour avancer dans ce débat il est important

---

[1] Avis du Comité économique et social européen sur « l'avenir de l'UE : avantages pour les citoyens et respect des valeurs européennes » (avis exploratoire à la demande de la présidence romaine du Conseil de l'Union européenne) (*JOUE*, n° C 228 du 5.7.2019, p. 57).

pour l'Union de prendre en compte les changements majeurs qui affectent aussi bien l'ordre international que son ordre interne et les États membres. Dans tous les cas la pression exercée par le contexte internationale sur l'Union a contribué au renforcement de la coopération en matière de politique étrangère.

Dans cette mutation profonde la notion de souveraineté européenne est le moyen pour l'Union de surmonter ses faiblesses, de réduire ses dépendances et d'accroître sa puissance. Cette approche signifie que la voie vers l'indépendance pour les États membres de l'Union ne passe pas par la souveraineté nationale, mais la coopération européenne. Il est crucial pour l'Union de dépasser son horizon resté longtemps purement économique pour se saisir des questions de souveraineté comme la défense, la sécurité, la gestion des frontières[1] et la sophistication progressive de ses outils diplomatiques. De fait il se révèle que la souveraineté, qu'elle soit nationale, transnationale ou supranationale consiste toujours dans l'association entre volonté politique et la capacité de la mettre en pratique, en interne et surtout sur la scène internationale. Á ce titre pour ceux qui croient au projet européen, la souveraineté européenne est aussi un moyen de retourner la souveraineté contre les souverainistes, de montrer que l'Union n'est pas une perte de contrôle, mais au contraire le moyen de retrouver le contrôle. Pour la plupart des États membres de l'Union le concept de souveraineté européenne fait peur et n'est pas approprié.

Dans les conclusions du Conseil sur la sécurité et la défense de juin 2020 les États membres ont évité d'utiliser le terme de souveraineté et lui ont préféré celui d'indépendance, qui est inscrit dans le traité de Lisbonne. Après tout la principale faiblesse est bien que l'Union peine encore à se percevoir comme un acteur à part entière sur la scène internationale. Loin de partager une conception commune sur ce que devrait ou pourrait être le rôle de l'Union dans le monde, les États membres nourrissent à ce sujet des points de vue opposées, compte tenu de leur passé ou de leurs influences politiques, diplomatiques ou économiques dans le monde. Face à tant de divisions l'Union apparaît sur la scène internationale comme un acteur trop souvent absent. Pour ce faire l'Union est souvent absente des négociations politiques et

[1] Règlement (UE) 2018/1861 du Parlement européen et du Conseil sur l'établissement, le fonctionnement et l'utilisation du système d'information Schengen (SIS) dans le domaine des vérifications aux frontières, modifiant la convention d'application de l'accord de Schengen et modifiant le règlement (CE) n° 1987/2006 (*JOUE*, n° L 312 du 7.12.2018, p. 14).

géopolitiques qui prennent la forme d'une sorte de dialogue exclusif entre les grandes puissances. Ce qui questionne la nature d'acteur international de l'Union. Finalement il faut admettre une persistance du modèle westphalien sur la scène internationale.

Le débat sur le rôle de l'Europe dans le monde met face à face des positions qui reposent sur des postulats radicalement différents. Ces postulats peuvent être utilement éclairés à travers le prisme des principales approches théoriques en relations internationales, soit le réalisme, le libéralisme et le constructivisme. Á proprement parler il semble ainsi difficile de proposer une théorie objective du rôle de l'Europe dans le système international qui ne soit pas fondée sur une vision en partie subjective de l'Union. Pour ce faire dans un monde où le renforcement de l'interdépendance mondiale et la persistance du modèle westphalien se côtoient, l'Union qui symbolise cette dualité doit s'adapter pour s'affirmer dans une compétition internationale qui demeure multipolaire. En somme les européens ont commencé à percevoir la nécessité de se doter des moyens d'une action politique à la hauteur de leur position dans le monde. En cette circonstance la fragmentation du monde, l'accélération de l'affrontement entre les États-Unis et la Chine oblige les européens à changer de paradigme.

L'exercice de la souveraineté européenne, souveraineté d'exception est l'occasion pour les États membres et les peuples de prendre conscience qu'individuellement ils sont vulnérables dans un contexte marqué par « les changements géopolitiques »[1]. Car c'est par l'action collective qu'ils pourront exercer pleinement leur souveraineté. L'Union doit dès maintenant se poser la question de ce que sont la souveraineté et la puissance européenne au regard des autres acteurs économiques, diplomatiques et stratégiques. Finalement les citoyens européens ont besoin d'une Europe souveraine et démocratique sur la scène internationale. Il s'agit d'un véritable enjeu de civilisation. Les européens doivent donc refonder leur union pour se projeter dans un monde où plusieurs centres de pouvoir influent et se concurrencent dans les relations internationales. Á cette fin les idées mêmes de souveraineté et de puissance doivent être complétement repensées. Dans tous les cas l'Union est appelée à faire preuve d'une nouvelle capacité d'adaptation,

---

[1] Communication de la Commission au Parlement européen et au Conseil – Rapport de prospective stratégique 2022 – Garantir le couplage des transitions verte et numérique dans le nouveaux contexte géopolitique, Bruxelles (COM (2022)) 289 final du 29.6.2022.

comme cela a été le cas dans d'autres moment de l'histoire. Le besoin d'affirmation d'un contrôle européen est aussi l'occasion de libérer les notions de souveraineté et de puissance du contexte de l'État-nation. Une Union politique est plus pertinente.

B. L'Union politique et l'autonomie stratégique européenne

Les défis sans précédent attendent l'Europe. L'Union a tardé à réagir et à s'adapter politiquement, diplomatiquement et militairement aux nouvelles crises dans un contexte international d'instabilité. Il est plus efficace de relever ces défis ensemble que de laisser chaque État y faire face seul. Pour cette raison il est essentiel que l'Union y réponde rapidement de manière cohérente, efficace et d'une seule voix. En effet de vieilles tensions ont refait surface et de nouveaux phénomènes ont fait irruption dans la vie des européens. Par exemple, le changement climatique et la préservation des ressources naturelles, la sécurité dans un monde de plus en plus instable aux menaces multiples et qui peine à trouver un équilibre entre les puissances émergentes. Eu égard à toutes ces problématiques qui se jouent sur la scène mondiale, les européens trouveraient un grand intérêt à mener une action commune dans le cadre d'une nouvelle Union politique.

Ces principaux enjeux internationaux auxquels une Union politique doit apporter des réponses adaptées, démontrent que le développement des moyens de défense de l'Union est un élément indispensable pour garantir la souveraineté européenne. D'un certain point de vue, l'Union souffre chez les souverainistes de la comparaison avec son propre passé. Laissant les États-Unis prendre en charge la sécurité du continent, l'Union semblait avoir définitivement écarté de son vocabulaire toute référence à la puissance. D'autant plus que le contexte international dans lequel s'inscrit la politique de défense de l'Union n'a rien à voir avec la situation de 1949 lors de la création de l'OTAN. La construction européenne répond dès son origine à un besoin de survie. En 1945 la victoire des alliés sur les forces de l'axe enclenche la réforme de l'ordre international inopérant. En réalité la création de l'Organisation des Nations unies (ONU)[1] marque l'avènement d'un nouveau système international. L'objectif est alors de construire un ordre mondial fondé sur des règles permettant de préserver la paix et la sécurité

[1] Réforme des Nations unies et objectifs du Millénaire pour le développement – Résolution du Parlement européen sur le sommet mondial de l'ONU (du 14 au 16 septembre 2005) (*JOUE*, n° C 227 E du 21.9.2006, p. 582) P6_TA (2005) 0362.

internationale. Il importe de partir du constat que, après les deux guerres mondiales les États européens avaient perdu la mainmise sur le système international. Cependant la création de l'Union leur a permis de rester dans la course des nations et de ne pas être victimes des politiques d'autres puissances.

Á la suite de cela la chute du mur de Berlin a engendré une grande instabilité du système international. Ce nouveau paradigme est venu multiplier les effets des crises en plaçant le système international dans un contexte permanent de crise. Dans cet environnement l'Union n'est pas parvenue à s'illustrer comme une puissance en capacité de résoudre les grandes crises internationales. Pour replacer l'Union au centre de la communauté internationale d'une part l'Union doit se repenser elle-même politiquement. D'autre part elle doit construire l'autonomie stratégique européenne en tant qu'objectif capable de la guider vers le statut de puissance. De toute évidence la présente étude montre que la volonté politique et la capacité d'agir sont des conditions préalables surtout essentielles à la réalisation d'une réelle autonomie stratégique. La structuration de ces différentes lignes de partage sur l'Union appelle quelques développements.

Premièrement les intérêts stratégiques européens sont visibles de tous. Mais leur impact sur les affaires du monde reste singulièrement limité par rapport au poids théorique de l'Europe sur la scène internationale. Cela étant le syntagme autonomie stratégique constitue le paradigme organisationnel de l'Union pour peser dans les relations internationales. L'autonomie stratégique de l'Union est sa capacité à agir de manière autonome et à choisir quand agir, dans quels domaines et avec quels partenaires. La capacité d'agir de manière autonome va de pair avec l'aptitude à prendre des décisions et à les mettre en œuvre de manière autonome. Pour ce faire l'autonomie stratégique ne vise pas l'autosuffisance mais plutôt des moyens et des outils permettant de réduire les dépendances extérieures qui compromettent l'autonomie dans des domaines[1] réputés stratégiques, sans pour autant cesser de collaborer avec des partenaires dans un cadre multilatéral. Dans cette optique la volonté politique, une vision commune et la capacité d'agir constituent les conditions de fond et préalables à une réelle autonomie stratégique. Au demeurant la question de la capacité de l'Union à agir

[1] Rapport annuel sur la mise en œuvre de la politique de sécurité et de défense commune – Résolution du Parlement européen du 15 janvier 2020 sur la mise en œuvre de la politique de sécurité et de défense commune – rapport annuel (2019/2135 (INI)) P9_TA(2020)0009.

de manière autonome se pose sérieusement. Á la lecture du processus décisionnel de l'Union un mélange complexe de vulnérabilités internes et externes gêne la capacité de l'Union à agir de manière autonome. Par exemple la lenteur de son processus de prise de décision et son incapacité à parvenir à un consensus.

Raison pour laquelle l'Union se trouve donc dans une situation où ses principaux rivaux stratégiques sur la scène internationale, les États-Unis et la Chine pourraient chercher à exploiter les divergences d'opinions des États membres dans leur propre intérêt. Selon une interprétation des débats doctrinaux pour limiter ce risque, l'Union pourrait améliorer l'efficacité de la prise de décision actuelle en procédant au vote à la majorité qualifiée sur un plus grand nombre de questions, en l'occurrence « la politique étrangère »[1]. Le monde est confronté à un changement des rapports de force sur la scène internationale. En conséquence la politique étrangère est placée sous le signe de la concurrence géopolitique qui nécessite la mise en œuvre de mécanismes et de capacités de réaction rapides. En raison du manque d'unité entre les États membres, l'Union est la grande absente de ce changement des rapports sur la scène internationale et de cette concurrence géopolitique. Dès lors l'environnement stratégique de l'Union se détériore. Ce qui signifie que la nécessité d'une Europe plus forte agissant de manière uniforme en matière de relations internationales est plus urgente que jamais, afin de relever les défis qui affectent la sécurité de ses États membres et de ses citoyens.

Les principales questions qui concernent la sécurité des citoyens européens comprennent, les conflits armés aux frontières orientales et méridionales du continent européen, le terrorisme, les cyberattaques, l'ingérence étrangère dans les processus politiques et électoraux européens, la prolifération d'armes de destruction massives, l'exacerbation des conflits régionaux qui ont entraînés l'augmentation des déplacements forcés et des flux migratoires, les tensions sur l'approvisionnement énergétique des États membres, la montée de la criminalité organisée aux frontières de l'Europe, la dépendance énergétique et le changement climatique. L'Union parvient parfois à trouver rapidement une position commune sur certains sujets. Mais elle éprouve des difficultés à protéger et à défendre ses intérêts à l'échelle

[1] Rapport annuel sur la mise en œuvre de la politique étrangère et de sécurité commune – Résolution du Parlement européen du 15 janvier 2020 sur la mise en œuvre de la politique étrangère et de sécurité commune – rapport annuel (2019/2136 (INI) (*JOUE*, n° C 270 du 7.7.2020, p. 41) P9_TA(2020)0008.

internationale. En définitive une Union stratégiquement autonome devrait pouvoir inspirer confiance et se montrer capable de protéger ses intérêts. Il est donc intelligent d'engager une réflexion en profondeur sur les moyens nécessaires pour parvenir à cette finalité.

Dans ces conditions l'Union peut renforcer sa capacité d'agir et favoriser son autonomie stratégique, en libérant sur l'ensemble de ses politiques le potentiel des dispositions du traité de Lisbonne[1]. Utiliser le plein potentiel du traité de Lisbonne peut favoriser une meilleure intégration dans certains domaines tout en renforçant l'autonomie stratégique de l'Union. Pour y parvenir le cadre institutionnel de l'Union peut favoriser son autonomie stratégique. Mais il peut tout aussi se révéler un obstacle à celle-ci. La formule actuelle qui mélange éléments intergouvernementaux et « méthode communautaire »[2] rend l'objectif de l'autonomie stratégique difficile à atteindre pour l'Union, notamment dans les domaines d'action où prédomine la dimension intergouvernementale et où le consensus des États membres est nécessaire. Suivant cette idée plus les États membres se replient sur l'intergouvernementalisme, plus ils freinent la poursuite de l'autonomie stratégique de l'Union pour des raisons de souveraineté nationale. Au contraire l'idée de renforcer le processus d'intégration de l'Union en exerçant leur souveraineté en commun pourrait permettre aux États membres d'y parvenir plus rapidement.

En la circonstance afin de réduire sa dépendance à l'égard du reste du monde et de protéger sa souveraineté, l'Union a intérêt à renforcer son autonomie stratégique dans de nombreux domaines dont « le secteur industriel »[3]. Á titre d'illustration la stratégie industrielle de l'Union devrait permettre à l'industrie européenne de favoriser les transitions écologiques et numériques. Dans le même temps de défendre son autonomie stratégique ouverte, de préserver sa compétitivité sur le marché mondial, de maintenir un niveau élevé d'emploi et d'emplois

---

[1] Résolution du Parlement européen du 16 février 2017 sur l'amélioration du fonctionnement de l'Union européenne en mettant à profit le potentiel du traité de Lisbonne (2014/2249 (INI)) (*JOUE*, n° C 252 du 18.7.2018, p. 215).

[2] Résolution du Parlement européen du 16 février 2017 sur les évolutions et adaptation possibles de la structure institutionnelle actuelle de l'Union européenne (2014/2248 (INI)) (*JOUE*, n° C 252 du 18.7.2018, p. 201).

[3] Résolution du Parlement européen du 16 février 2023 sur une stratégie industrielle de l'Union pour stimuler la compétitivité industrielle, les échanges commerciaux et la création d'emplois de qualité (2023/2513 (RSP)) (*JOUE*, n° C 283 du 11.8.2023).

de qualité en Europe. Á une époque où les puissances en compétition remettent de plus en plus en question l'ordre mondial fondé sur des règles, il incombe aux européens de favoriser la construction d'une réelle autonomie stratégique. Ce débat hautement politique est essentiel pour l'intégration européenne.

Deuxièmement l'Union a vocation à favoriser une autonomie stratégique efficace pour plusieurs raisons. En particulier pour réduire les dépendances existantes, assurer une meilleure promotion des intérêts et les valeurs de l'Union dans le monde, élargir le champ des possibilités économiques[1] tout en limitant les risques. Ce faisant précisons que l'Union évolue dans un contexte mondialisé qui se caractérise par l'interdépendance de ses acteurs. Une notion qui fonde « sa politique étrangère »[2]. Dans cet environnement instable certains événements transforment les interdépendances en dépendances. Ce qui provoque des déséquilibres. Or à notre sens cela pourrait être évité en construisant une réelle autonomie stratégique. Selon une clarification sémantique de ce discours plus la dépendance est grande dans certains domaines d'action stratégiques, plus l'Union est vulnérable et incapable de préserver ses intérêts sur la scène internationale.

Pour éviter de devenir le terrain de jeu pour les puissances globales, l'Union peut s'offrir l'occasion unique de parvenir à un consensus politique sur l'autonomie stratégique et d'en faire le fondement du processus de relance. C'est pourquoi il faut agir dans plusieurs secteurs tels que le climat et l'énergie « la politique industrielle »[3], la politique étrangère, la politique monétaire, la défense, le commerce international, l'intelligence artificielle, l'innovation et la recherche. Chacun de ces domaines revêt une importance stratégique pour l'Union. Dans un monde géopolitique en mutation il est essentiel de renforcer la compétitivité industrielle européenne, de réduire la dépendance de l'Europe à l'égard des pays tiers en ce qui concerne les matériaux et technologies critiques. Ainsi pour renforcer l'autonomie stratégique de

---

[1] Communication de la Commission au Parlement européen et au Conseil – Rapport de prospective stratégique 2023 – La durabilité et le bien-être des personnes au cœur de l'autonomie stratégique ouverte de l'Europe

[2] Rapport de la Commission au Parlement européen et au Conseil – Rapport annuel 2022 relatif à la mise en œuvre des instruments de l'action extérieure de l'Union européenne en 2021, Bruxelles (COM (2022)) 578 final du 8.11.2022.

[3] Règlement (UE) 2024/1735 du Parlement européen en vue de renforcer l'écosystème européen de la fabrication de produits de technologie « zéro net » et modifiant le règlement (UE) 2018/1724 *(JOUE*, n° L 2024/1735 du 28.6.2024).

l'Union il convient de combiner différentes solutions. La stratégie industrielle de l'Union devrait créer les conditions de concurrence équitables à l'intérieur et à l'extérieur de l'Europe. Une approche adaptée à la stratégie industrielle de compétitivité et à l'expansion des technologies stratégiques dans l'Union.

Troisièmement pour avancer vers une réelle autonomie stratégique, certains domaines comme le climat, la politique économique, les marchés financiers et la défense sont importants. Historiquement le manque de volonté politique de l'Union a restreint le rôle qu'elle joue dans le monde. Au préalable l'ambition de l'Union en matière d'action pour le climat se trouve au cœur du projet innovant qu'elle entend mettre en œuvre dans les années à venir. Elle doit entreprendre une transformation en profondeur de son économie et de sa société pour parvenir à « la neutralité climatique »[1]. La menace existentielle que pose le changement climatique exige de la part de l'Union et des États membres d'accroître le niveau d'ambition en intensifiant l'action pour le climat. Dans sa communication du 11 décembre 2019 intitulée « le pacte vert pour l'Europe »[2], la Commission européenne a défini une nouvelle stratégie de croissance qui vise à transformer l'Union en une société juste et prospère, dotée d'une économie moderne, efficace dans l'utilisation des ressources et compétitive.

Le pacte vert pour l'Europe réitère l'engagement contracté par la Commission européenne de relever les défis climatiques et ceux liés à l'environnement. Depuis plusieurs années l'atmosphère se réchauffe et le climat change. Les forêts et les océans sont en train d'être pollués et détruits. Le pacte vert pour l'Europe est regardé comme une réponse à ces défis. Il fait partie intégrante de la stratégie de la Commission visant à mettre en œuvre le programme des Nations unies à l'horizon 2030 et ses objectifs de développement durable. Les États membres ont un rôle essentiel à jouer pour réaliser les objectifs ambitieux de l'Union en matière d'action climatique à l'horizon 2050[3]. Le pacte vert pour

---

[1] Règlement (UE) 2021/1119 du Parlement européen et du Conseil du 30 juin 2021 établissant le cadre requis pour parvenir à la neutralité climatique et modifiant les règlements (CE) n° 401/2009 et (UE) 2018/1999 (« loi européenne sur le climat ») (*JOUE*, n° L 243 du 9.7.2021, p. 1).

[2] Communication de la Commission au Parlement européen, au Conseil européen, au Conseil, au Comité économique et social européen et au Comité des régions « Le pacte vert pour l'Europe », Bruxelles (COM(2019)) 640 final du 11.12.2019.

[3] Communication de la Commission au Parlement européen, au Conseil, au Comité économique et social européen et au Comité des régions – Garantir notre avenir objectif climatique de l'Europe pour 2040 et voie vers la neutralité climatique à

l'Europe est la stratégie à long terme de l'Union en faveur de la croissance économique, de l'investissement et de l'innovation.

Sa mise en place renforce notamment l'indépendance énergétique de l'Union à l'égard des combustibles fossiles. Pour réaliser l'objectif à long terme de neutralité climatique d'ici 2050, l'Union a décidé de remettre en cause les objectifs intermédiaires en matière de réduction des émissions de gaz à effet de serre. Á cet égard une action climatique efficace nécessite un engagement continu en faveur des enceintes multilatérales à travers le monde où l'Union peut de façons concertée et unifiée encourager fermement un changement positif dans ce domaine. L'action pour le climat est bien entendu, une entreprise collective qui demande une collaboration internationale. Toutefois l'Union peut jouer un rôle stratégique moteur dans son voisinage européen. Au demeurant en ce qui concerne la politique économique et les marchés financiers, la nécessité de s'engager résolument sur la voie d'un plus grand partage des risques et d'une autonomie stratégique accrue fait de plus en plus l'objet d'un vif débat au niveau européen. Selon les analystes les objectifs prioritaires qui ne sont pas accompagnés des ressources financières nécessaires ne sont pas crédibles et ne seront pas atteints.

En tout cas il faut en effet disposer des moyens appropriés pour pouvoir prétendre à un niveau ambitieux d'autonomie stratégique. L'unification monétaire réussie et l'adoption de l'euro ont constitué des étapes décisives pour l'Union sur la route vers une autonomie stratégique accrue. En plus de constituer un symbole de l'aspiration européenne à l'autonomie, l'euro agit comme un puissant outil de cohésion interne qui bénéficie d'un soutien public. Il apparaît donc nécessaire dans ce contexte de renforcer le rôle international de l'euro et de développer « les marchés financiers »[1] de l'Union. D'un point de vue économique, l'autonomie stratégique consiste à élargir le champ des possibles afin d'atteindre un taux de croissance potentielle plus élevé sur le long terme. Cela suppose que l'Union continue à s'ouvrir au monde en anticipant dans une approche dynamique, les mouvements

---

l'horizon 2050 pour une société plus durable, juste et prospère, Bruxelles (COM (2024)) 63 final du 6.2.2024.

[1] Règlement (UE) n° 1095/2010 du Parlement européen et du Conseil du 24 novembre 2010 instituant une Autorité européenne de surveillance (Autorité européenne des marchés financiers), modifiant la décision n° 716/2009/CE et abrogeant la décision 2009/77CE de la Commission (*JOUE*, n° L 331 du 15.12.2010, p. 84).

de ses partenaires et de ses concurrents internationaux pour continuer à en tirer profit. Elle doit donc tenir compte du comportement des autres acteurs mondiaux.

En ce qui concerne la défense le concept d'autonomie stratégique est devenu l'une des priorités de l'Union sur la politique de sécurité et de défense. Il fait partie des objectifs assignés à la création du « Fonds européen de la défense »[1] proposé par la Commission européenne pour renforcer la base industrielle de l'Europe. Sous les coups d'une mondialisation déstabilisante à bien des égards, les citoyens européens soutiennent la relance de « la défense européenne »[2]. Car selon une partie importante de la doctrine, cette relance témoigne d'une prise de conscience collective de l'impératif stratégique que les citoyens demandent à l'Union. Á cet égard nous assistons aujourd'hui à un retour d'une vision du monde plus réaliste, motivée par des considérations géopolitiques où les puissances mondiales, voire régionales essaient de tirer le meilleur parti de leur influence et de bousculer l'ordre international en vigueur. Dans ces conditions les États membres sont de moins en moins aptes à agir seuls au niveau international. Á notre avis une action commune profiterait à tous et suppose d'accorder une plus grande importance à la souveraineté européenne et à la politique européenne de défense.

Dans cette vision l'Union doit adopter une conception de la sécurité et de la défense d'une bien plus grande envergure, bien plus large que le simple recours à la force, tout en affirmant qu'une politique de défense est destinée à être utilisée de manière préventive. La politique de défense de l'Union doit également avoir une fonction dissuasive. Elle peut également constituer un instrument de dernier recours, lorsqu'il devient impossible de défendre autrement les intérêts vitaux et d'assumer la responsabilité de se protéger. Par l'excellence de son modèle politique et par sa réussite, l'Union a cru pouvoir modifier son environnement stratégique. En réalité c'est l'inverse qui s'est produit. Pour dire vrai la volonté de l'Union de transformer l'extérieur s'est

---

[1] Règlement (UE) 2021/697 du Parlement européen et du Conseil du 29 avril 2021 établissant le Fonds européen de la défense et abrogeant le règlement (UE) 2018/1092 (*JOUE*, n° L 170 du 12.5.2021, p. 149).

[2] Règlement (UE) 2023/2418 du Parlement européen et du Conseil du 18 octobre 2023 relatif à la mise en place d'un instrument visant à renforcer l'industrie européenne de la défense au moyen d'acquisition conjointes (EDIRPA) (*JOUE*, n° L 2023/2418 du 16.10.2023).

inversée. C'est l'extérieur qui déstabilise et transforme l'Union aujourd'hui de la plus mauvaise des façons. De fait c'est le système démocratique de l'Union qui se trouve en danger. La conséquence de ce constat appelle d'autres considérations.

Ce constat éclaire le fait que la défense européenne n'est pas seulement une affaire de menaces stratégiques d'intervention extérieures de capacités militaires, d'innovations technologiques et d'excellence industrielle. Vu que la plus grande menace qui pèse sur les européens aujourd'hui est la remise en cause de la démocratie européenne. Les responsables politiques et les dirigeants de l'Union ne peuvent pas ignorer cette dimension politique[1] importante, qui mérite une attention particulière. Cette démarche consiste également à faire passer l'Union dans le camp des acteurs stratégiques crédibles. Il convient de souligner que l'autonomie stratégique est par conséquent synonyme pour l'Union d'une meilleure capacité à défendre un engagement de principe envers le multilatéralisme plutôt qu'une aspiration à agir unilatéralement. Á cet effet il convient d'envisager le renforcement de la crédibilité de l'Union en tant qu'acteur géopolitique, à l'aide de l'autonomie stratégique comme une condition préalable pour maintenir le multilatéralisme au rang des principes constitutifs d'une vision renouvelée de l'ordre international. Cela revient à s'adapter au monde d'aujourd'hui. Cette situation donne une valeur à l'action de l'Union en faveur du multilatéralisme un concept qui reste fondamental pour la paix et la sécurité internationale.

L'Union doit donc continuer de s'appuyer sur une vaste gamme d'outils tels que « la puissance douce » (*soft power*), les gestions de crises, les sanctions, le développement, le commerce ou la diplomatie en matière de climat en les renforçant. Elle doit cependant mettre au point des outils plus affirmés sur la scène internationale à savoir « la puissance dure » (*hard power*) si elle veut défendre ses valeurs et ses intérêts dans le monde. Seul un mélange de ces deux types d'outils permettra à l'Union d'agir quand elle le souhaite et de manière autonome. Au terme de cette réflexion il en ressort clairement que, la volonté politique de l'Union et la capacité d'agir ensemble pour un objectif commun sont des conditions préalables essentielles à la réalisation d'une réelle autonomie stratégique. En filigrane construire

---

[1] Résolution du Parlement européen du 15 janvier 2020 sur la mise en œuvre de la politique de sécurité et de défense commune – Rapport annuel (2019/2135 (INI)) P9_TA (2020)0009.

l'autonomie stratégique de l'Union lui permettrait de renforcer son action multilatérale et de réduire sa dépendance envers les acteurs externes, tout en garantissant des règles équitables pour le bien de la communauté internationale.

§ 2. L'Europe puissance géopolitique et normative internationale

Le contexte international a profondément changé et des tendances se sont affirmées. Par conséquent les sources de conflits entre l'Union et les autres puissances sont multiples. En particulier les tensions commerciales, diplomatiques et climatiques. Cette évolution confirme que l'Union a perdu de sa centralité stratégique. Sous cet angle il est judicieux de souligner que l'Europe est à nouveau traversée par des tensions géopolitiques majeures. Toutefois malgré les divergences au sein de l'Union l'idée d'une puissance européenne est devenue une réalité. C'est essentiellement une puissance économique et normative. Pour être plus précis c'est une puissance par la force de son marché et de son droit. En matière diplomatique et militaire l'idée de puissance européenne est complexe et incomplète. Au final l'Europe puissance sera nécessairement une Europe politique. Dans cet esprit l'Union a de sérieuses réformes de son organisation interne à mener.

L'Union doit être à la fois politique et géopolitique. Á vrai dire l'Europe puissance s'entend dans la capacité à se projeter au-delà des frontières et de s'affirmer sur la scène internationale. Ce constat permet à l'Union d'impulser des initiatives fortes sous-tendues par un véritable courage politique. Ce qui implique une vision politique claire et affirmée. Ainsi la revendication de puissance géopolitique semble désormais assumée par les responsables européens. Cette réflexion s'inscrit dans un contexte international marqué par l'apparition de formes nouvelles de compétition de puissance. En clair la place réelle et symbolique des États-Unis en Europe a changé, les mentalités évoluent. Á ce titre pour s'affirmer en tant que puissance géopolitique l'Union veut s'affranchir de l'influence américaine en Europe. Cette question centrale est essentielle en particulier autour de tout ce qui concerne le rôle de l'OTAN (Organisation du traité de l'Atlantique Nord)[1]. En effet c'est du côté américain que l'Europe est de moins en moins perçue comme un intérêt prioritaire, forçant ainsi les européens

---

[1] Résolution du Parlement européen du 15 janvier 2020 sur la mise en œuvre de la politique de sécurité et de défense commune – Rapport annuel (2019/2135 (INI)) P9_TA (2020)0009.

à repenser souvent contre leur gré la relation transatlantique. Ces changements constatés aux États-Unis sur leur vision des relations avec l'Europe sont l'une des raisons qui alimentent le débat sur la puissance géopolitique européenne au sein de l'Union.

Le concept d'Europe puissance normative est devenu central dans le débat sur le rôle de l'Union sur la scène internationale. Il met ainsi en avant la capacité de l'Union à influencer les normes et les valeurs au-delà de ses frontières en s'appuyant sur sa puissance économique[1], son « modèle social »[2] et son engagement en faveur de « la démocratie et des droits de l'homme »[3]. L'Union et ses États membres font tout leur possible pour être à l'avant-garde, au niveau mondial, de la promotion des droits de l'homme, des libertés fondamentales et de la démocratie conformément aux valeurs fondatrices de l'Union. De cette façon l'Europe entend se définir comme une puissance qui s'affirme par l'édiction de normes internationales. Á ce titre l'enjeu normatif est essentiel dans le monde du 21e siècle où les avancées technologiques requièrent de plus en plus de protections juridiques et éthiques. Dans ce cas l'Europe a un rôle capital à jouer pour défendre ses valeurs humanistes. Sur ce plan elle y parviendra à la triple condition de s'intégrer davantage, de renforcer son potentiel industriel et technologique en se dotant d'une capacité stratégique militaire.

Á terme le débat sur l'Europe puissance n'est pas évident. Dans ce cadre la Commission européenne a mis en place de nombreuses communications et initiatives dans les domaines aussi divers que le numérique, l'électronique, la politique industrielle, la politique commerciale, les services financiers et le rôle internationale de l'euro. Pour dire vrai ces initiatives visent à promouvoir une autonomie stratégique ouverte. Cependant pour aboutir à un vrai changement, cette approche appelle un changement de méthodes sous certaines conditions. Le statut de puissance européenne reste à construire. Il passe par les grands enjeux de l'Europe puissance géopolitique (A) et par la

---

[1] Communication de la Commission au Parlement européen et au Conseil – Vers une union économique et monétaire véritable et approfondie. Coordination préalable des projets de grandes réformes des politiques économiques, Bruxelles (COM (2013)) 166 final du 20.3.2013.

[2] Avis du Comité économique et social européen sur « Les relations transatlantiques et la promotion internationale du modèle social européen » (avis d'initiative) (*JOUE*, n° C 51 du 17.2.2011, p. 20).

[3] Résolution du Parlement européen du 18 janvier 2023 sur les droits de l'homme et la démocratie dans le monde et la politique de l'Union européenne en la matière – rapport annuel 2022 (2022/2049 (INI)) (*JOUE*, n° C 214 du 16.6.2023, p. 77).

consolidation de l'Europe puissance normative dans un monde globalisé (B). Cependant l'Europe doit surmonter de nombreux défis pour affirmer son rôle sur la scène internationale.

A. Les grands enjeux de l'Europe puissance géopolitique

La géopolitique considère l'espace comme un enjeu de pouvoir central dans les relations internationales. Le concept de puissance géopolitique est central dans les relations internationales. Il désigne la capacité d'un État à influencer son environnement et à imposer sa volonté sur la scène internationale. De toute évidence la géopolitique est un outil d'analyse indispensable pour comprendre les relations internationales. La question de savoir si l'Europe est une véritable puissance géopolitique est complexe et fait l'objet de recherches scientifiques. Face à un monde en profonde mutation marqué par la montée en puissance des tensions internationales, l'Union se trouve à un tournant de son histoire. Le contexte[1] géopolitique de l'Union a évolué de façon spectaculaire au cours de la dernière décennie. Au sein de l'Union la géopolitique commence à être considérée comme un enjeu important. Ainsi dans leurs discours pour qualifier l'Europe, les responsables politiques européens préfèrent plutôt parler d'acteur géopolitique que de puissance géopolitique.

L'Union est une puissance géopolitique en devenir. Il est opportun de préciser que le projet européen s'est historiquement construit contre l'idée de puissance. Compte tenu de la situation internationale, pour l'Union être une puissance géopolitique c'est être un acteur capable de penser non seulement l'interdépendance économique[2] mais aussi la conflictualité du monde. Nous pouvons considérer que pour devenir une puissance géopolitique, l'Union doit être capable non seulement de gérer la paix et les interdépendances mais aussi penser la guerre. Il ne s'agit pas de renouer avec la vieille tradition impérialiste de l'Europe qui a pu faire tant de mal au monde et à l'Europe. Mais pour empêcher que d'autres puissances pensent que l'Europe est libre sous leurs

---

[1] Règlement (UE) 2021/697 du Parlement européen et du Conseil du 29 avril 2021 établissant le Fonds européen de la défense et abrogeant le règlement (UE) 2018/1092 (*JOUE*, n° L 170 du 12.5.2021, p. 149).

[2] Communication de la Commission au Parlement européen et au Conseil – Vers une union économique et monétaire et approfondie – Coordination préalable des projets de grandes réformes des politiques économiques, Bruxelles (COM (2013)) 166 final du 20.3.2013.

menaces. Á partir de maintenant la dimension et les capacités militaires doivent devenir pour l'Union une composante essentielle de son action. Parce que pour éviter la guerre il faut avoir les moyens de défense pour dissuader l'adversaire.

Pour rendre la lecture de la notion de puissance géopolitique de l'Union compréhensible il est de bon ton d'analyser trois points importants. Le premier point tient aux atouts de l'Europe en tant que puissance géopolitique. Sur le plan économique l'Union représente l'une des plus grandes économies mondiales avec un « marché intérieur »[1] unique et une monnaie commune à savoir l'euro. Le marché intérieur est l'une des pierres angulaires de l'Union. Il est une source majeure de croissance, de compétitivité et d'emplois. Les obstacles réglementaires dans le marché intérieur ont été supprimés pour de nombreux produits industriels grâce à la mise en place de mécanismes de prévention à l'adoption de réglementations communes et grâce au « principe de la reconnaissance mutuelle »[2]. Ces éléments confèrent à l'Union une cohésion économique et une attractivité pour les investissements étrangers. En même temps l'approche du *soft power* utilisé pour qualifier l'Union est souvent mise en avant comme l'un de ses principaux atouts sur la scène internationale.

Au final l'approche du *soft power* consiste à influencer les autres puissances par l'attraction, la persuasion et la coopération. Dans cet ordre de lecture l'Union est reconnue pour ses valeurs démocratiques, les droits de l'homme et les libertés fondamentales ainsi que pour son modèle social qui exercent une influence considérable sur le reste du monde. En plus « la coopération internationale »[3] est un atout

---

[1] Règlement (UE) 2021/690 du Parlement européen et du Conseil du 28 avril 2021 établissant un programme en faveur du marché intérieur, de la compétitivité des entreprises, dont les petites et moyennes entreprises, du secteur des végétaux, des animaux, des denrées alimentaires et des statistiques européennes (programme pour le marché unique) et abrogeant les règlement (UE) n° 99/2013, (UE) n° 1287/2013, (UE) n° 254/2014 et (UE) n° 652/2014 (*JOUE*, n° L 153 du 3.5.2021).

[2] Paquet législatif sur les produits – Proposition de règlement du Parlement et du Conseil relatif à la reconnaissance mutuelle des biens commercialisés légalement dans un autre État membre, Bruxelles (COM(2017)) 796 final du 19.12.2017.

[3] Règlement (UE) 2021/947 du Parlement européen et du Conseil du 9 juin 2021 établissant l'instrument de coopération au développement et de coopération internationale – Europe dans le monde, modifiant et abrogeant la décision n° 466/2014/UE du Parlement européen et du Conseil et abrogeant le règlement (UE) 2017/1601 du Parlement européen et du Conseil et le règlement (CE, Euratom) n° 480/2009 du Conseil (*JOUE*, n° L 209 du 14.6.2021).

important. D'autant plus que l'Union est un acteur majeur de la coopération internationale. Notamment dans les domaines essentiels de l'aide au développement de la lutte contre le réchauffement climatique et de la promotion de la paix dans le monde.

Le deuxième point met en évidence les défis à relever pour faire de l'Union une puissance géopolitique. Ces défis sont nombreux. Au préalable l'Union doit réussir son intégration politique si elle veut devenir une puissance géopolitique. De plus approfondir l'intégration politique de l'Union est essentiel pour renforcer sa capacité à agir de manière cohérente sur la scène internationale. Il faut souligner que les divergences d'intérêts entre les États membres peuvent entraver une action extérieure commune et affaiblir la position de l'Union sur la scène internationale. Par ailleurs la monté des populismes et des nationalismes remettent en cause l'intégration européenne et fragilise principalement l'unité de l'Union. Les inégalités croissantes au sein de l'Union peuvent alimenter le mécontentement et fragiliser la cohésion sociale. Sur le plan énergétique la dépendance de l'Union vis-à-vis des importations d'énergie en provenance des grandes puissances constitue une vulnérabilité stratégique significative.

Á cela s'ajoute le manque de cohésion stratégique. L'Union peine parfois à définir une stratégie extérieure claire et cohérente, notamment en matière de défense et de sécurité. Enfin l'émergence de nouvelles puissances augmente la concurrence pour l'influence sur la scène internationale. Ces puissances géopolitiques complexifient le paysage géopolitique. Ce qui peut réduire la marge de manœuvre de l'Union. Le troisième point fait état d'une analyse des différentes pistes de réflexion pour renforcer le rôle géopolitique de l'Union. La politique de renoncement stratégique qui a permis à l'Union de se concentrer sur l'économie est devenue aujourd'hui le handicap stratégique majeur des européens. L'Union a cru pouvoir modifier son environnement stratégique par l'excellence de son modèle et par l'élargissement[1]. Effectivement c'est l'inverse qui s'est produit. Pour dire vrai l'illusion est celle de l'exemplarité. Malgré tout l'Union dispose de tous les atouts pour devenir une puissance géopolitique de premier plan. L'avenir de l'Union dépendra de sa capacité à s'adapter à un environnement en constante évolution et à trouver un équilibre entre ses intérêts nationaux

[1] Communication de la Commission au Parlement européen, au Conseil, au Comité économique et social européen et au Comité des régions – Communication de 2018 sur la politique d'élargissement de l'UE, Strasbourg (COM (2018)) 450 final du 17.4.2018.

et ceux du projet européen. Si l'Union veut peser sur la scène internationale elle ne peut plus échapper à sa définition comme puissance et à se doter de ses attributs.

Pour aller un peu plus loin dans l'analyse cette réflexion permet de mettre en évidence les critères d'une Europe puissance. Pour qu'une Europe puissance émerge véritablement l'Union doit impérativement revoir sa dépendance vis-à-vis des États-Unis. Car elle reste fortement dépendante des États-Unis pour sa sécurité. En outre développer une défense européenne et faire face aux menaces hybrides. Tout d'abord « le partenariat stratégique entre l'Union et l'OTAN »[1] est fondamental pour relever les défis en matière de sécurité auxquels l'Union et son voisinage sont confrontés. Suivant cette idée la volonté de puissance de l'Union ne représente pas une contestation de l'OTAN et ne sape pas l'actuelle architecture de sécurité de l'Europe. Selon ce discours une Europe plus forte renforce l'OTAN et permet à l'Union d'affronter davantage de défis mondiaux avec l'OTAN. L'ambition de l'émancipation de l'Union vis-à-vis des États-Unis et de l'OTAN repose sur la capacité des européens à agir pour défendre leurs intérêts, soit de façon autonome ou de préférence dans le cadre d'une coopération institutionnelle avec l'OTAN.

Ensuite la création d'une défense européenne permettrait à l'Union de peser davantage sur la scène internationale et de réduire sa dépendance vis-à-vis des États-Unis. Dans le cadre de cette réflexion le leitmotiv c'est de renforcer les capacités militaires européennes et de développer une politique de défense commune. Dans le fond le développement de la défense européenne apparaît nécessaire non pas pour des ambitions de conquête territoriale, mais pour que l'Union puisse peser dans les relations internationales, préserver sa liberté et son mode de vie. Pour obtenir des résultats significatifs, la puissance militaire doit être ici appréhendée non comme un moyen d'ingérence vis-à-vis des tiers, mais comme un moyen de discuter réellement d'égal à égal avec les grandes puissances mondiales. La dimension et les capacités militaires doivent devenir pour l'Europe une composante essentielle de son action en considérant que pour éviter la guerre il faut dissuader l'adversaire de la faire. Cependant le désir de puissance n'est

[1] Rapport annuel sur la mise en œuvre de la politique de sécurité et de défense commune – Résolution du Parlement européen du 15 janvier 2020 sur la mise en œuvre de la politique de sécurité et défense commune – Rapport annuel (2019/2135 (INI)) P9_TA (2020)0009.

pas nécessairement la seule raison qui pourrait conduire les européens à renforcer une défense européenne. Car la défense est en soi une mission essentielle de la puissance publique.

D'un point de vue méthodologique, une défense européenne est aussi nécessaire pour que l'Union puisse participer à la stabilité du monde. L'instabilité géostratégique probable requiert non pas une intervention ou interposition de l'Union mais une capacité crédible de la défense européenne pour tempérer les tensions. C'est sous cet angle qu'il faut envisager la volonté de puissance de l'Union. Il s'agit d'une réponse de sécurité par des moyens militaires pleinement maîtrisés. D'une certaine manière un gage de liberté de choix. Pour tout dire renforcer la défense européenne n'est pas une option. Tout l'enjeu de la défense européenne est la mise en place d'une construction institutionnelle porteuse de sécurité internationale en rupture totale avec les paradigmes d'agression des pays tiers, développés par les puissances militaires. Cette approche de la puissance militaire a pour but de donner à l'Union les moyens de rester maître de son destin, tout en apportant la sécurité internationale aux citoyens européens. Penser la puissance revient même à l'essence du projet européen.

La construction d'une défense européenne constitue donc un enjeu stratégique majeur pour l'Union. Elle vise à renforcer l'autonomie stratégique de l'Union à améliorer sa résilience face aux menaces transnationales et à optimiser l'utilisation des ressources militaires des États membres. L'objectif principal de la défense européenne est de développer une capacité militaire commune capable d'intervenir dans des opérations de gestion de crise de maintien de la paix et de répondre aux menaces hybrides[1]. Selon cette considération la défense européenne ne se substitue pas à l'OTAN mais la complète en développant des capacités spécifiques et en prenant en charge certaines missions. Cependant le maintien de l'OTAN comme pilier de la sécurité euro-atlantique complexifie la définition d'un rôle distinct pour la défense européenne. Toutefois la volonté de certains États membres de préserver leur autonomie décisionnelle en matière de défense freine l'approfondissement de la coopération. Malgré ces difficultés des progrès significatifs ont été réalisés ces dernières années. La politique de sécurité et de défense commune (PSDC) est l'instrument de l'Union

[1] Règlement (UE) 2021/697 du Parlement européen et du Conseil du 29 avril 2021 établissant le Fonds de la défense et abrogeant le règlement (UE) 2018/1092 (*JOUE*, n° L 170 du 12.5.2021, p. 149)

pour développer une politique de défense commune. Elle vise à renforcer la coopération militaire entre les États membres et à développer les capacités militaires européennes.

La coopération structurée permanente (CSP)[1] est un cadre de coopération militaire plus approfondi. Elle permet non seulement de développer des projets communs en matière de défense mais aussi d'améliorer l'interopérabilité des forces armées européennes. C'est une étape essentielle sur la voie d'une coopération renforcée en matière de sécurité et de défense entre les États membres. Cette disposition de l'article 46 TUE du traité de Lisbonne est juridiquement contraignante et comprend un ensemble d'engagement ambitieux pour permettre aux pays européens qui le souhaitent de progresser plus vite sur des projets de défense commune. En même temps le lancement de plusieurs initiatives de coopération industrielle ont permis de renforcer la dimension européenne de la défense. Le contexte géopolitique de l'Union a évolué de façon spectaculaire ces dernières années. Dans ce contexte les perspectives à moyen terme sont marquées par une volonté accrue de renforcer la coopération militaire européenne.

Pour développer une défense européenne dans la perspective de l'Europe puissance géopolitique, il convient d'une part de mettre en place les instruments juridiques et financiers de la politique de défense européenne. D'autre part d'examiner en détail les opérations militaires menées sous la bannière européenne et leur impact sur la construction de la défense commune. De surcroît il est pertinent d'analyser les enjeux liés à la cyberdéfense, à la défense spéciale et à l'intelligence artificielle dans le domaine militaire. La réalisation d'une véritable défense européenne repose nécessairement sur le renforcement d'une base industrielle et technologique de défense européenne. D'où la nécessité d'adapter la base industrielle et technologique de défense européenne (BITDE) aux changements structurels, de renforcer la recherche et le développement de l'Union dans le domaine militaire. Sans aucun doute l'Union peut devenir une puissance géopolitique de premier plan. Cependant elle doit relever de nombreux défis et faire preuve d'une grande ambition politique. L'OTAN et la défense européenne sont deux piliers de la défense en Europe. L'OTAN fournit un cadre de sécurité collective et une dissuasion militaire solide alors

---

[1] Rapport annuel sur la mise en œuvre de la politique de sécurité et de défense commune – Résolution du Parlement européen du 15 janvier 2020 sur la mise en œuvre de la politique de sécurité et défense commune – Rapport annuel (2019/2135 (INI)) P9_TA (2020)0009, *op cit.*, points 73 à 76.

que la défense européenne vise à renforcer l'Europe puissance géopolitique et à développer les capacités militaires spécifiques.

B. L'Europe puissance normative dans un monde globalisé

Le concept d'Europe puissance normative est devenu central dans les débats sur la place de l'Union sur la scène internationale. Il met en avant la capacité de l'Union à influencer les normes et les règles qui régissent les relations internationales, non pas par la force militaire, mais par la promotion de ses valeurs et de son modèle de société. Le projet européen s'est très tôt positionné comme instance normative, une Union de droit c'est-à-dire une expression doctrinale analysée à la lumière des principes de la Communauté de droit[1]. Dans ce cadre d'analyse la construction juridique de l'Union s'est faite par la création d'un système institutionnel créateur de normes. Le concept de puissance normative désigne la capacité de l'Union à imposer ses normes et ses règles non seulement à l'intérieur de ses frontières, mais également à l'échelle internationale. Cette influence est devenue un élément central de la politique étrangère de l'Union.

Par conséquent l'Union s'est affirmée comme un acteur majeur de la scène internationale exerçant une influence significative au-delà de ses frontières. Cette influence qualifiée de puissance normative repose sur la promotion active des valeurs de l'Union, de ses standards et sur sa capacité à façonner les règles du jeu international. Afin de mieux comprendre l'idée de l'Europe puissance normative il convient d'analyser trois points importants de ce concept. Le premier tient dans les fondements de la puissance normative de l'Union. Sur ce point la création d'un marché intérieur a nécessité l'harmonisation de nombreuses législations nationales donnant naissance à un corpus normatif européen dense et cohérent. Ce marché unique par son attractivité économique pousse de nombreuses entreprises du monde entier à se conformer à ces normes pour pouvoir y accéder. Le marché unique européen est donc un levier puissant pour promouvoir les normes européennes à l'échelle mondiale. En plus la législation de l'Union est souvent à l'avant-garde de la régulation dans des domaines tels que la protection de l'environnement et des consommateurs ou encore la lutte contre le changement climatique[2].

---

[1] CJCE, 23 avril 1986, *Les Verts/Parlement*, aff. 294/83, *Rec.*, p. 1339.

[2] Communication de la Commission au Parlement européen, au Conseil, au Comité économique et social européen et au Comité des régions – Garantir notre avenir –

Ces normes élevées servent de référence à de nombreux pays et régions du monde. L'Union est influencée par un héritage historique et idéologique fort. Car elle est construite sur les fondements des Lumières et des idéaux démocratiques incarnant ainsi une vision spécifique de la société et des relations internationales. Ces valeurs inscrites dans les traités fondateurs constituent le socle normatif de l'Union. De la sorte l'Union défend des valeurs universelles telles que la démocratie, les droits de l'homme[1] et l'État de droit. Elle s'efforce de les promouvoir à travers ses relations extérieures en conditionnant l'accès au marché unique au respect de ces principes. Á ce propos l'Union a développé un modèle social fondé sur l'État-providence et la protection sociale. Certes ce modèle bien que contesté exerce une influence sur de nombreux pays notamment en Amérique latine et en Afrique. Après tout l'Union a développé une stratégie cohérente en matière de relations extérieures visant à promouvoir ses valeurs et ses normes à travers le monde. Ainsi elle privilégie principalement une approche multilatérale des relations internationales en s'appuyant sur des organisations internationales comme l'ONU et l'OMC.

Le deuxième point vise les différents domaines d'influence de la puissance normative de l'Union. En ce qui concerne le commerce international les normes européennes en matière de santé, de sécurité et de protection de l'environnement sont souvent incluses dans les accords commerciaux conclus par l'Union. Elles influencent de cette façon les pratiques commerciales des pays partenaires. Par ailleurs au travers de la politique étrangère et de sécurité commune (PESC), l'Union s'engage dans des actions extérieures visant à promouvoir la démocratie, l'État de droit et les droits de l'homme, notamment à travers les missions civiles et militaires. Effectivement les normes européennes en matière de droits fondamentaux servent de référence pour de nombreux pays. Sur le plan environnemental[2] l'Union est à l'avant-garde de la lutte contre le changement climatique. Á cet égard

Objectif climatique de l'Europe pour 2040 et voie vers la neutralité climatique à l'horizon 2050 pour une société durable, juste et prospère, Strasbourg (COM(2024)) du 6.2.2024.

[1] Résolution du Parlement européen du 18 janvier 2023 sur les droits de l'homme et la démocratie dans le monde et la politique de l'Union européenne en la matière – rapport annuel 2022 (2022/2049 (INI)) (*JOUE*, n° C 214 du 16.6.2023).

[2] Décision (UE) 2022/591 du Parlement européen et du Conseil du 6 avril 2022 relative à un programme d'action général de l'Union pour l'environnement à l'horizon 2023 (*JOUE*, n° L 114 du 12.4.2022).

les politiques environnementales ambitieuses de l'Union ont un impact significatif sur les politiques climatiques mondiales. L'action pour le climat menée par l'Union vise à protéger la planète.

Le troisième point s'articule autour des défis et les limites de la puissance normative de l'Union. Malgré ces atouts la puissance normative de l'Union est confrontée à plusieurs défis et limites. D'une part la puissance normative européenne est un atout précieux. Mais elle est confrontée à des défis importants. Parmi ces défis il y a l'unité interne. Les 27 États membres de l'Union ont des intérêts nationaux divergents. Ce qui peut ralentir la prise de décision et affaiblir la cohérence de la position européenne sur la scène internationale. Les réticences à l'idée de souveraineté européenne liées aux transferts de compétences à l'Union limite d'une certaine manière l'ambition des projets normatifs européens. Á cela s'ajoute la question centrale de la compétition avec d'autres puissances. En effet les États-Unis restent une puissance normative supérieure, proposant la plupart du temps des alternatives aux normes européennes. L'ascension de la Chine comme puissance économique et politique mondiale, constitue un défi de plus en plus important pour l'influence normative européenne. D'autres acteurs tels que la Russie, l'Inde ou certains pays émergents peuvent également contester les normes européennes.

La complexité des enjeux mondiaux constitue au même titre un ensemble de défis à relever. Pour ce faire les défis mondiaux tels que le changement climatique, les cyberattaques[1] nécessitent des réponses coordonnées et rapides. Ce qui peut être difficile à mettre en œuvre au sein de l'Union. En conséquence la complexité des institutions européennes et les procédures de décision peuvent parfois limiter la capacité de l'Union à agir rapidement surtout de manière cohérente. De plus le retour de certains courants nationalistes dans plusieurs pays européens peut affaiblir la volonté politique de promouvoir des valeurs et des normes communes au niveau européen. En même temps l'image de l'Union a été entachée par certaines crises en particulier la crise financière et la crise migratoire. Ce qui peut réduire l'influence normative de l'Union sur la scène internationale. Pour terminer sur ce point l'Union doit faire preuve de cohérence entre ses discours en

[1] Communication de la Commission au Parlement européen, au Conseil, au Comité économique et social européen et au Comité des régions relative à la protection des infrastructures d'information critiques – « Protéger l'Europe des cyberattaques et des perturbations de grande envergure : améliorer l'état de préparation, la sécurité et la résilience », Bruxelles (COM (2009)) 149 final du 30.3.2009.

faveur des droits de l'homme, de la démocratie et ses relations avec certains pays tiers dont les pratiques sont contestables. *In fine* ces défis nécessitent une adaptation constante des politiques de l'Union.

Pour s'affirmer en tant que puissance normative l'Union a intérêt à renforcer son unité interne et à adapter ses politiques aux enjeux mondiaux en constante évolution. D'autre part l'Union bien qu'elle soit souvent présentée comme un modèle de puissance normative se heurte à des contraintes et limites inhérentes à sa structure et à son environnement géopolitique. Raison pour laquelle une mise en évidence des facteurs limitants est nécessaire. L'un des facteurs limitants est la complexité institutionnelle de l'Union. Cela dit le système institutionnel de l'Union est caractérisé par une multiplicité d'acteurs et de procédures décisionnelles. Ce qui engendre ce qu'il convient d'appeler des lenteurs et des difficultés de coordinations. D'une certaine manière ces difficultés peuvent entraver l'efficacité de l'action normative de l'Union. En outre le principe de subsidiarité[1], principe fondamental du droit européen peut limiter l'harmonisation des législations nationales et affaiblir la cohérence de la politique extérieure[2] de l'Union. Dans certaines circonstances les divergences d'intérêts nationaux peuvent entraver la formulation d'une proposition européenne commune, notamment dans des domaines sensibles tels que la politique commerciale ou la politique de sécurité et de défense.

La dépendance économique constitue également l'une des limites de la puissance normative de l'Union. L'interdépendance économique de l'Union avec ses partenaires commerciaux, notamment les États-Unis peut limiter sa marge de manœuvre pour imposer des normes divergentes. Á la suite de ces analyses sur les limites de la puissance normative de l'Union il en ressort clairement une mise en évidence de plusieurs conséquences. D'ailleurs ces contraintes se traduisent par une difficulté à imposer des normes européennes sur la scène internationale, notamment dans des domaines tels que les droits de l'homme, l'environnement ou la gouvernance d'entreprise. De plus elles peuvent affaiblir la crédibilité de l'Union en tant qu'acteur normatif et limiter son influence dans les négociations internationales. Au final cette

---

[1] Rapport de la Commission – Rapport annuel 2020 sur l'application des principes de subsidiarité et de proportionnalité et sur les relations avec les parlements nationaux, Bruxelles (COM (2021)) 417 final du 23.7.2021.

[2] Rapport de la Commission au Parlement européen et au Conseil – Rapport annuel 2022 relatif à la mise en œuvre des instruments de l'action extérieure de l'Union européenne en 2021, Bruxelles (COM (2022)) 578 final du 8.11.2022.

analyse a permis de mettre en évidence la complexité du concept de puissance normative et de souligner les enjeux auxquels l'Union est confrontée dans un monde en constante évolution.

Conclusion du Chapitre 2

La souveraineté au sein de l'Union constitue un enjeu central pour l'avenir de l'Europe. L'idée de souveraineté européenne constitue un véritable paradoxe. Traditionnellement associée à l'État-nation, elle se trouve ici déclinée à une échelle supranationale. C'est un concept à la fois novateur et complexe. Car il remet en question les notions classiques de souveraineté et de pouvoir politique. La souveraineté européenne s'éloigne du modèle étatique traditionnel fondé sur la notion de souveraineté absolue de l'État-nation. La souveraineté européenne est un concept novateur, dynamique et complexe qui suscite de nombreux débats et se construit au fil du temps. Elle représente un véritable défi pour les théoriciens du politique et pour les acteurs politiques européens. En même temps la construction européenne repose sur un équilibre délicat entre supranationalité et le respect des souverainetés nationales. La supranationalité de l'Union est une caractéristique fondamentale de sa construction. En tant que moteur de la construction européenne la supranationalité permet de créer un espace juridique commun pour répondre à des défis.

Par ailleurs la question de la volonté de puissance de l'Union suscite de nombreux débats et tensions. Historiquement conçue comme un projet de paix et de coopération, l'Union se trouve aujourd'hui confrontée à un environnement international en constante évolution. Plusieurs facteurs favorisent une plus grande assertivité de l'Union sur la scène internationale. Un environnement international plus compétitif, la montée en puissance de la Chine et les agissements de certaines puissances internationales, le besoin de plus de cohésion dans l'Union et l'autonomie stratégique. Il est impératif pour l'Union de réduire sa dépendance vis-à-vis des États-Unis dans les domaines clés comme la défense et l'énergie. La volonté de puissance de l'Union est marquée par des tensions entre ses valeurs fondatrices et les impératifs de la géopolitique. Sûrement l'Union bien qu'elle soit née dans un contexte de paix et de coopération est de plus en plus amenée à affirmer sa puissance sur la scène internationale. Suivant cette idée le concept d'une « Europe souveraine et forte » sur la scène internationale est un enjeu majeur des politiques de l'Union. Il renvoie à l'ambition de l'Union de renforcer son autonomie décisionnelle. L'objectif d'une Europe souveraine et forte nécessite une volonté politique forte de la part des États membres et une adaptation constante aux évolutions du contexte international.

Conclusion du Titre 2

L'analyse approfondie sur la gouvernance et la souveraineté dans l'Union constitue un point d'entrée pertinent pour une réflexion sur l'architecture institutionnelle et politique de l'Union. Cette analyse met en exergue deux concepts clés qui structurent le processus d'intégration européenne. Sous ce rapport l'approfondissement conceptuel et méthodologique de la gouvernance et de la souveraineté dans le cadre de l'Union offre de nombreuses perspectives d'analyse telles que le partage de souveraineté, la construction institutionnelle, le processus décisionnel et les défis contemporains. Cette lecture ouvre la voie à une réflexion riche sur l'évolution de l'Union et sur les enjeux qui se posent à elle. Dans ce débat la gouvernance de l'Union constitue un système institutionnel complexe, fruit d'un processus d'intégration progressive et de compromis entre les États membres. Ce système est caractérisé par une architecture institutionnelle unique.

Le Livre blanc sur la gouvernance est un document fondamental pour comprendre les orientations et les enjeux de la gouvernance au sein de l'Union. Publié en 2001 il a posé les bases d'un débat essentiel sur l'avenir de l'Europe et a marqué un tournant décisif dans la manière dont l'Union exerce ses pouvoirs. Le Livre blanc a posé les bases d'une gouvernance plus ouverte, plus participative et plus proche des citoyens européens. Selon l'approche de la Commission européenne les principes de la bonne gouvernance sont essentiels pour assurer le bon fonctionnement de l'Union. Ils contribuent à renforcer la démocratie, à promouvoir la transparence et à améliorer l'efficacité des politiques européennes. Cette étude soulève également un point central des débats actuels sur l'avenir de l'Union, en l'occurrence le lien entre l'Union politique et l'autonomie stratégique. L'autonomie stratégique ne peut être atteinte sans une Union politique plus profonde. Á vrai dire l'Union politique et l'autonomie stratégique européenne sont étroitement liées. Une Union politique plus profonde est indispensable pour permettre à l'Union de faire face aux défis du 21e siècle et de jouer un rôle plus actif sur la scène internationale. L'Union en tant qu'entité politique et économique se trouve à un tournant de son histoire. Elle est confrontée à des défis majeurs mais dispose de nombreux atouts. En renforçant sa cohésion interne en affirmant son autonomie stratégique et en jouant un rôle de premier plan sur la scène internationale, l'Union peut devenir une puissance géopolitique. L'Union a donc besoin d'une vision stratégique claire.

Conclusion de la Deuxième partie

Les schémas de lecture sur la notion de séparation des pouvoirs et la gouvernance européenne fournissent un cadre d'analyse clair pour mener une réflexion approfondie du système politique de l'Union. Eu égard à la dynamique de l'intégration européenne, la séparation des pouvoirs au sein de l'Union est un concept qui ne se prête pas à une application stricte du modèle classique. Car le système institutionnel de l'Union est le résultat d'un compromis historique et politique qui vise à concilier les intérêts divergents des États membres. Dans ce cadre la séparation des pouvoirs dans l'Union est un mécanisme essentiel pour garantir la démocratie et l'État de droit. Cependant elle est marquée par une complexité propre à l'organisation unique de l'Union. Le principe de la séparation des pouvoirs est un élément essentiel de l'architecture institutionnelle de l'Union. Après tout la spécificité de l'Union en tant qu'organisation intergouvernementale et supranationale nécessite une adaptation constante des mécanismes de contrôle et d'équilibre des pouvoirs. Á cet égard la collaboration fonctionnelle entre les différents pouvoirs est un concept clé pour comprendre le fonctionnement de l'Union. Son étude permet de saisir les spécificités du système institutionnel de l'Union.

La gouvernance et la souveraineté dans l'Union mettent en lumière deux concepts clés sur un sujet d'une grande actualité. Au préalable la gouvernance de l'Union repose sur un ensemble de principes fondamentaux qui visent à assurer une gestion efficace, transparente et démocratique des affaires publiques au niveau de l'Union. Au fond la gouvernance de l'Union est un enjeu majeur pour l'avenir de l'Union. Elle contribue à renforcer la légitimité démocratique de l'Union en impliquant davantage les citoyens dans les processus décisionnels et en assurant la transparence de l'action publique. Cela étant la question de la souveraineté au sein de l'Union est un enjeu central. Elle soulève des débats récurrents sur la répartition des pouvoirs entre les États membres et les institutions européennes, sur la nature même de l'intégration européenne et sur les tensions entre identité nationale et identité européenne. Au final pour s'affirmer comme une puissance mondiale il faut une Union politique. Ce désir s'est accentué ces dernières années notamment face à l'affirmation de nouvelles puissances mondiales. La volonté de puissance géopolitique de l'Union est un processus en cours marqué par des évolutions des défis majeurs et les tensions géopolitiques internationales.

Conclusion générale

L'Union européenne présente un modèle de démocratie unique où la souveraineté est partagée entre les États membres et les institutions européennes. Ce partage de pouvoir combiné à la complexité des institutions et des procédures décisionnelles de l'Union rend l'analyse de la démocratie et de la séparation des pouvoirs particulièrement intéressante. Cette étude a permis de mieux comprendre les débats suscités par le discours de la double légitimité démocratique de l'Union et les fondements de la démocratie européenne. Pour dire vrai la démocratie et la séparation des pouvoirs dans l'Union sont des thèmes importants et en constantes évolutions. Cette problématique centrale a contribué à l'appréhension de l'ordre juridique de l'Union comme un ordre juridique autonome régi par des règles propres. Si le modèle européen présente de nombreux atouts, il doit également faire face à des défis importants. Probablement cette étude apporte des repères forgés par la pensée juridique européenne en présentant une analyse approfondie sur la légitimité et la souveraineté dans l'Union. Cette réflexion est structurée autour de l'idée selon laquelle pour comprendre le projet européen, il est intéressant de ne pas seulement évaluer l'Union à l'aune des principes démocratiques de l'État-nation.

Selon un éclairage de cette réflexion le modèle d'analyse des fondements de la démocratie européenne est construit autour des paradigmes de l'intégration européenne. En réalité notre analyse met en lumière les intrications complexes entre les concepts de légitimité et de souveraineté, notions fondamentales du droit et de la science politique. Si la souveraineté étatique a longtemps constitué un pilier de l'ordre international, les évolutions contemporaines notamment la globalisation et l'interdépendance croissante des États-nations ont profondément transformé son exercice. La légitimité quant à elle ne se réduit pas à une simple reconnaissance juridique mais repose sur un ensemble de facteurs plus larges tels que l'efficacité, la justice et la représentativité. Les crises politiques et sociales récentes de l'Europe ont souligné l'importance d'une légitimité démocratique solidement ancrée dans le consentement des gouvernés. Finalement les résultats de cette étude invitent à une réflexion approfondie sur les mutations des rapports de pouvoir à l'échelle nationale et internationale. Á cet égard les défis auxquels sont confrontés les États membres de l'Union nécessitent une réévaluation des fondements de leur autorité et une adaptation constante aux aspirations des citoyens européens.

Les crises politiques récentes de l'Europe ont mis en évidence la fragilité des régimes politiques européens et surtout l'importance de la légitimité démocratique. Dans cette perspective les enjeux liés à la légitimité et à la souveraineté sont multiples et complexes. Ce faisant les recherches futures devront approfondir l'étude des interactions entre les différents acteurs politiques, les dynamiques transnationales et les nouvelles formes de gouvernances. Dès lors au terme de cette étude et au regard des évolutions de la construction européenne, l'Union présente un modèle démocratique unique. Ce modèle combine des éléments de démocratie directe comme les élections européennes et de démocratie représentative à travers les institutions européennes et nationales. Toutefois la démocratie européenne est un processus en constante évolution. Si elle a fait de grandes avancées, elle reste confrontée à des défis importants. Ce point de vue est double et essentiel. Á la lumière des réflexions menées dans cette étude, pour renforcer la démocratie européenne il est fondamental d'améliorer la transparence et la responsabilité des institutions européennes, renforcer aussi la participation des citoyens européens aux décisions européennes, simplifier le fonctionnement de l'Union et le rendre plus compréhensible pour les citoyens européens, lutter contre les discours populistes et défendre les valeurs fondamentales de l'Union.

Á l'évidence la démocratie européenne est un chantier permanent qui nécessite un engagement continu de tous les acteurs, tant au niveau européen que national. En effet l'analyse qui précède semble confirmer la thèse de fond soutenue dans notre travail de recherche. Il y a le constat récurrent d'une partie de la doctrine selon lequel l'Union souffrirait d'un déficit démocratique. Á ce propos il ressort clairement que l'émergence de ce discours s'inscrit dans une logique d'approche du modèle de la démocratie parlementaire dans le cadre de l'État-nation. Pour mieux saisir le discours sur le déficit démocratique au niveau européen, un dépassement des concepts empruntés au registre de l'État-nation est nécessaire. Cette approche permet effectivement de prendre de la hauteur. L'idée c'est de bien traiter les grands enjeux de la démocratique de l'Union à travers de nouveaux paradigmes. Les mécanismes de représentation politique ne parviennent pas toujours à assurer un ancrage suffisant auprès des citoyens européens. Ainsi les critiques les plus récurrentes de la légitimité démocratique de l'Union portent essentiellement sur le déficit démocratique perçu, les questions de souveraineté nationale et la représentativité politique.

La question de la légitimité de l'Union intimement liée à celle des principes démocratiques est un enjeu central dans le débat politique contemporain. Si l'Union européenne est souvent présentée comme un projet politique et économique sans précédent, elle fait face à des défis constants en matière de légitimité démocratique. Il est donc pertinent de trouver des solutions pour renforcer le lien entre les citoyens européens et les institutions européennes. En filigrane il s'agit de faire de l'Union un projet politique plus démocratique et plus proche des citoyens européens. L'étude de la démocratie et de la séparation des pouvoirs dans l'Union fait émerger la notion de double légitimité démocratique de l'Union. C'est un concept qui reflète la tension fondamentale entre l'identité nationale des États membres et l'identité supranationale de l'Union. La double légitimité démocratique de l'Union est un défi permanent qui nécessite une réflexion approfondie sur les institutions européennes, les processus décisionnels et la communication. Il est judicieux de trouver un équilibre entre les intérêts nationaux et l'intérêt général de l'Union, tout en assurant une représentation démocratique effective des citoyens européens.

La théorie de la séparation des pouvoirs trouve dans le régime politique de l'Union une expression nouvelle. Pour ce faire la séparation des pouvoirs au sein de l'Union constitue un mécanisme institutionnel inédit, fruit d'un processus d'intégration progressive et d'une construction juridique unique à son genre. Autrement dit ce système inspiré des modèles étatiques traditionnels se démarque par une logique d'articulation spécifique des pouvoirs et une dynamique d'interaction entre les institutions. En dépit de son caractère innovant, le modèle européen de séparation des pouvoirs est confronté à des défis majeurs. La coexistence des logiques intergouvernementale et supranationale, l'évolution constante du cadre juridique et les enjeux d'une gouvernance multiniveaux complexifient considérablement l'exercice des pouvoirs. L'équilibre entre les pouvoirs législatif, exécutif et judiciaire, garanti par un système de freins et contrepoids est essentiel au bon fonctionnement de l'Union. Cependant la répartition des compétences entre les institutions européennes et les États membres ainsi que la question de la responsabilité politique demeurent des sujets de débat. Selon les schémas explicatifs mis en avant dans cette étude, la séparation des pouvoirs au sein de l'Union est un dispositif évolutif appelé à s'adapter aux transformations de la société et aux nouveaux défis de la gouvernance mondiale.

Le principe de la séparation des pouvoirs trouve une application singulière au sein de l'Union. Si l'on trouve les trois pouvoirs classiques à savoir législatif, exécutif et judiciaire, leur application et leur interaction se caractérisent par un modèle hybride fruit d'un compromis entre les États membres et les spécificités de l'Union. Certainement la séparation des pouvoirs au sein de l'Union est un modèle original, fruit d'un processus de construction historique. Si elle présente des avantages indéniables en termes de garantie des droits et de limitation des pouvoirs elle pose également les défis en termes de légitimité démocratique, d'efficacité et en particulier d'équilibre institutionnel. L'avenir de l'Union dépendra en grande partie de sa capacité à adapter ce modèle aux enjeux du 21e siècle.

La réflexion sur la gouvernance de l'Union a finalement contribué à renforcer certains aspects de nos développements sur la construction européenne. En analysant le débat théorique sur la gouvernance de l'Union il en ressert clairement que cette gouvernance constitue un système institutionnel dynamique, fruit d'un processus d'intégration progressive et de compromis entre les États membres. Ce modèle politique particulier présente une architecture unique caractérisée par un partage des compétences, une multitude d'acteurs et une méthode décisionnelle spécifique. Après tout l'avenir de la gouvernance de l'Union dépendra de sa capacité à s'adapter à un environnement international en mutation rapide, à répondre aux attentes des citoyens et à trouver des compromis durables entre les différents intérêts en jeu.

En la circonstance l'intégration européenne a engendré un transfert inédit de compétence instaurant un système politique hybride où la souveraineté est à la fois nationale et supranationale. Tout porte donc à croire que le projet européen est à la croisée des chemins, confronté à l'évolution du paysage géopolitique. La réflexion sur la volonté de puissance de l'Union accorde une place importante sur les atouts et les leviers d'influence de l'Union. La volonté de puissance de l'Union est un processus façonné par les évolutions internes et externes. Dans cette vision pour assurer son avenir l'Union doit parvenir à concilier ses ambitions de puissance avec les exigences d'un monde de plus en plus interdépendant. Toutefois la volonté de puissance de l'Union est assujettie à des contraintes structurelles et à un environnement international en constante mutation. Selon ce cadre de pensée l'Union a intérêt à renforcer sa position sur la scène internationale. Il est donc pertinent et urgent de renforcer l'intégration européenne la résilience et de s'adapter aux nouvelles formes de puissance.

Les analyses doctrinales sur la volonté de puissance de l'Union par rapport aux schémas de pensée jusque-là admis dans le droit de l'Union confirment la nécessité de renforcer le rôle de l'Union sur la scène internationale. Il s'agit d'un objectif politique majeur tant sur le plan politique que géostratégique. Cet objectif nécessite une volonté politique et une adaptation constante aux évolutions géopolitiques. Selon un éclairage de notre étude, l'Union européenne s'est imposée comme un acteur incontournable de la scène internationale en tant que puissance normative. Son statut de puissance normative repose sur un ensemble de facteurs. Entre autres un héritage historique et un projet politique, un cadre institutionnel et juridique solide, une puissance économique et une diplomatie multilatérale active.

En revanche une Europe puissance normative a des limites. Pour peser sur la scène internationale l'Union doit renforcer son autonomie stratégique. L'autonomie stratégique européenne vise à renforcer la capacité de l'Union à agir de manière indépendante et cohérente sur la scène internationale. En particulier dans les domaines de la défense, de la sécurité et de l'économie. Elle implique de concilier les intérêts nationaux, de renforcer la coopération politique et de développer les capacités militaires et industrielles plus autonomes. En pratique l'autonomie stratégique européenne ne signifie pas un affaiblissement du lien transatlantique. Mais plutôt une volonté de renforcer le partenariat avec les États-Unis tout en diversifiant les relations avec les autres partenaires. Les prémices de cette réflexion se fondent aussi sur l'Union politique. En effet la perspective d'une Union politique européenne constitue un enjeu majeur de l'intégration européenne.

Á ce titre elle représente une évolution du processus d'intégration nécessitant une redéfinition des rapports intergouvernementaux et une consolidation du projet européen. Ce travail de recherche met l'accent sur la réussite du projet européen et d'une Europe forte. Ainsi l'Union politique implique une consolidation de la construction européenne. C'est un projet ambitieux qui pourrait transformer en profondeur le paysage politique européen. L'Union politique offre de nombreuses perspectives pour renforcer la cohésion, la solidarité et la puissance de l'Europe sur la scène internationale. La perspective d'une Union politique approfondie au sein de l'Union se positionne comme un enjeu stratégique pour l'avenir du continent. Cette approche témoigne d'une prise de conscience croissante de la nécessité de renforcer l'intégration européenne face aux défis mondiaux actuels.

Bibliographie générale

1- Ouvrages

- AUBY (J.-B.) (sous la dir.), *L'influence du droit européen sur les catégories du droit public,* Paris, Dalloz, coll. Thèmes & commentaires, 2010, 990 p.
- AZOULAI (L.) et BURGORGUE-LARSEN (L.) (sous la dir.), *L'autorité de l'Union européenne,* Bruxelles, Bruylant, « coll. Droit de l'Union européenne », 2006, 274 p.
- BERRANGER (O.), *Constitutions nationales et construction communautaire. Essai d'approche comparative sur certains aspects constitutionnels nationaux de l'intégration européenne,* L.G.D.J, coll. Bibliothèque de droit public, tome 178, Paris, 1995, 564 p.
- BLUMANN (Cl.), PICOD (F.), *Annuaire de droit de l'Union européenne 2022,* Paris, Éditions Panthéon-Assas, 2024, 1488p.
- CASTOR (C.), *Le principe démocratique dans le droit de l'Union européenne,* Bruxelles, Bruylant, 2011, 552 p.
- CARRÉ DE MALBERG (R.), *Contribution à la théorie générale de l'État spécialement d'après les données fournies par le droit constitutionnel français*, Paris, Dalloz, 2004, t. 2, n° 285, XXXVI, 638 p.
- CARRÉ DE MALBERG (R.), *Théorie générale de l'État*, Paris, Sirey, 2e éd., 1922 rééd. CNRS 1962, 2 vol., 837 p et 637 p.
- CLEMENT-WILZ (L.), *La fonction de l'avocat général près la Cour de justice,* Bruxelles, Bruylant, coll. Droit de l'Union européenne, 2011, 1092 p.
- DAILLIER (P.), FORTEAU (M.), PELLET (A.), *Droit international public,* Paris, LGDJ, 8e éd. 2009, 1709 p.
- DELIVET (Ph.), *Les politiques de l'Union européenne*, Paris, la Documentation française, 2024, 394 p.
- DONY (M.) et BRIBOSIA (E.) (éds.), *L'avenir du système juridictionnel de l'Union européenne,* Bruxelles, Éditions de l'Université de Bruxelles, 2002, 289 p.
- DONY (M.), ROSSI (L-S.) (éds.), *Démocratie, cohérence et transparence. Vers une constitutionnalisation de l'Union européenne ?* Bruxelles, Éditions de l'Université de Bruxelles, 2008, 367 p.

- DAILLIER (P.), FORTEAU (M.), PELLET (A.), *Droit international public*, Paris, LGDJ, 8e éd. 2009, 1709 p.
- DUTHEIL DE LA ROCHÈRE (J.) (sous la dir.), *L'exécution du droit de l'Union, entre mécanismes communautaires et droits nationaux,* Bruxelles, Bruylant, coll. Droit de l'Union européenne, 2009, 298 p.
- ECKERT (G.), GAUTIER (Y.) KOVAR (R.) et RITLENG (D.) (sous la dir.), Les incidences du droit communautaire sur le droit public français, Strasbourg, PUS, 2007, 460 p.
- FOUCHER (M.), *Fronts et frontières, un tour du monde géopolitique,* Paris, Fayard, 1991, 691 p.
- HEUZE (V.) et HUET (J.) (sous la dir.), *Construction européenne et État de droit,* Paris, Éditions Panthéon-Assas, 2012, 296 p.
- KAHN (S.), *Histoire de la construction de l'Europe depuis 1945*, Paris, Presses Universitaires de France, 2021, 468 p.
- LEGRAND (P.) (sous la dir.), *Comparer les droits résolument,* Paris, PUF, coll. Les voies du droit, 2009, 648 p.
- MARTI (G.), *Le pouvoir constituant européen*, Bruxelles, Bruylant, coll. Droit de l'Union européenne, 2011, 803 p.
- MAGNETTE (P.), *L'Europe, l'État et la démocratie. Le souverain apprivoisé*, Bruxelles, Coll. « Études européennes », Complexes, 2000, 262 p.
- MAGNETTE (P.), *Le régime politique de l'Union européenne*, 2e édition revue et augmentée, Paris, Presses de Sciences Po, 2006, 310 p.
- MARTENS (P.), Théorie du droit et pensée juridique contemporaine, De Boeck & Larcier, 2003, 362 p.
- MÉRAND (F.), *Un sociologue à la Commission européenne*, Paris, Presses de Science Po, 2021, 316 p.
- MONJAL (P.-Y.), NEFRAMI (E.) (sous la dir.), *Le commun dans l'Union européenne*, Bruxelles, Bruylant, coll. Droit de l'Union européenne, 2009, 236 p.
- NABLI (B.), *L'exercice des fonctions d'État membre de la Communauté européenne. Étude de la participation des organes étatiques à la production et à l'exécution du droit communautaire : le cas français*, Paris, Dalloz, coll. Nouvelle Bibliothèque de Thèses, 2007, 669 p.
- NEFRAMI (E.) (sous la dir.), *Objectifs et compétences dans l'Union européenne,* Bruxelles, Bruylant, coll. Droit de l'Union européenne, 2012, 438 p.

- ONDOUA (A), *Étude des rapports entre le droit communautaire et la Constitution en France. L'ordre juridique constitutionnel comme guide au renforcement de l'intégration européenne*, Paris, l'Harmattan, 2001, 480 p.
- PETITEVILLE (F.), *La politique internationale de l'Union européenne,* Paris, Presses de Sciences Po, 2006, 280 p.
- PRIOLLAUD (F-X), SIRITZKY (D.), *Le traité de Lisbonne, texte et commentaire article par article des nouveaux traités européens (TUE-TFUE),* Paris, La Documentation française, 2008, 523 p.
- RUPNIK (J.), *Géopolitique de la démocratisation*, Paris, Presses de Sciences Po, 2014, 334 p.
- SAULNIER (E.), *La participation des Parlements français et britanniques aux Communautés et à l'Union européenne. Lecture parlementaire de la construction européenne*, Paris, LGDJ, « coll. Bibliothèque constitutionnelle », 2002, 920 p.
- RIDEAU (J.), *Droit institutionnel de l'Union européenne*, Paris, LGDJ, 6e éd, 2010, 1470 p.
- SANTULLI (C.), *Droit du contentieux international, 2e éd.,* Paris, Coll. Précis Domat, 2015, 638 p.
- SIMON (D.), *L'interprétation judiciaire des traités des organisations internationales. Morphologie des conventions et fonction juridictionnelle,* Paris, Pédone, 1981, 936 p.
- TROPER (M.), CHAGNOLLAUD (D.) (sous la dir.), *Traité international de droit constitutionnel : distribution des pouvoirs*, Paris, Dalloz, 2012, 805 p.
- VAN RAEPENBUSCH (S.), *Droit institutionnel de l'Union européenne*, Bruxelles, Larcier, 2011, 784 p.
- VON PUFENDORF (S.), BARBEYRAC (J.), *Le droit de la nature et des gens ou système général des principes les plus importants de la morale, de la jurisprudence et de la politique*, Caen, Université de Caen, coll. Droit de la nature et des gens, 2010, 613 p.

2 – Mélanges

- *Mélanges offerts à Henri Rolin. Problèmes de droit des gens*, Paris, 1964, 536 p.
- *Mélanges offerts à Marcel Waline. Le juge et le droit public*, Paris, LGDJ, 1974, 858 p.
- *Les mutations contemporaines du droit public. Mélanges en l'honneur de Benoît Jeanneau*, Paris, Dalloz-Sirey, 2002, 720 p.

- *Mélanges en l'honneur de Louis Dubouis. Au carrefour des droits*, Paris, Dalloz-Sirey, 2002, 901 p.
- *Mélanges en hommage à Georges Vandersanden. Promenades au sein du droit européen*, Bruxelles, Bruylant, 2008, 1030 p.

3- Articles, contributions et études

- ALONSO (C.), « L'équilibre dynamique au sein de la séparation des pouvoirs », *in Revue Confluence Sciences & Humanité*, 2022, 2, pp. 21-37.
- AZOULAI (L.), « La citoyenneté européenne, un statut d'intégration sociale », *in Chemins d'Europe. Mélanges en l'honneur de Jean-Paul Jacqué,* Paris, Dalloz, 2010, pp. 1-28.
- BALMOND (L.), « Les instruments juridiques des relations extérieures », *in* J. RIDEAU (sous la dir.), *De la Communauté de droit à l'Union de droit. Continuités et avatars européens*, Paris, LGDJ, 2000, pp. 99-119.
- BELOT (C.) et BOUILLAUD (C.), « Vers une Communauté européenne de citoyens ? Pour une approche par les sentiments », *in Politique européenne*, n° 26, 2008, pp. 5-29.
- BENOLO-CARABOT (M.), « Les immunités des Communautés européennes », *in AFDI*, vol. 54, n° 54, 2008, pp. 549-588.
- CHALTIEL (F.), « Qu'est-ce qu'un citoyen européen », *in Chemins d'Europe. Mélanges en l'honneur de Jean-Paul Jacqué,* Paris, Dalloz, 2010, pp. 175-181.
- COSTA (O.), « La Cour de justice et le contrôle démocratique de l'Union européenne », *in RFSP, n° 6,* 2001, pp. 881-902.
- COSTA (O.), « Le Parlement européen dans le système décisionnel de l'Union européenne : la puissance au profit de l'illisibilité », *in Politique européenne*, n° 28, 2009, pp. 129-155.
- COSTA (O.), « Que peut le Parlement européen », *in Pouvoirs*, n° 149, 2014, pp. 77-89.
- DUCHESNE (S.), « Citoyenneté, nationalité et vote : une association perturbée », *in Pouvoirs*, n° 120, 2007, pp. 71-81.
- EISENMANN (C.), « L'esprit des lois et la séparation des pouvoirs », *in Mélanges Carré de Malberg,* Paris, Duchemin, 1933, pp. 165-192.
- FELDMAN (J.-P), « La séparation des pouvoirs et le constitutionnalisme. Mythes et réalités d'une doctrine et de ses critiques », *in RFDC*, n° 83, 2010, pp. 483-496.

- FLAUSS (J.-F), « L'apport de la jurisprudence de la Cour européenne des droits de l'homme en matière de démocratie administrative », *in Rev. fr. adm. publ*, n° 137-138, 2011, pp. 49-58.
- GAILLARD (M.), « La coopération interparlementaire », *in* J. AUVRET-FINCK (sous la dir.), *L'Union européenne : carrefour de coopérations,* Paris LGDJ, 1998, pp. 183-197.
- GAUDIN (H.), « La procédure de révision des traités », *in* M. BLANQUET (sous la dir.), *La prise de décision dans l'Union européenne*, Bruxelles, Bruylant, coll. Droit de l'Union européenne – Colloques, 2011, pp. 231-255.
- HISCOCK-LAGEOT (C.), « Le traité établissant une constitution pour l'Europe : une occasion manquée d'instaurer un régime parlementaire », *in RFDC*, n° 66, 2006/2, pp. 303-320.
- JAN BRANDSMA (G.), « L'influence de l'information sur la surveillance : la réponse du Parlement européen à la multiplication des informations sur la comitologie » *in RISA*, vol. 78, 2012, pp. 79-97.
- KALYPSO (N.), « Notre démocratie européenne », *in Politique européenne*, n° 19, 2006, pp. 45-71.
- LAGELLE (A.), « Le rôle des Parlements nationaux dans le processus législatif européen à l'aune du traité de Lisbonne », *in RFDC*, n° 87, 2011, pp. 25-55.
- LANCIEN (A.), « Adenauer, De Gasperi, Schuman et le principe de subsidiarité : un 'spillover culturel' ? Une approche constructiviste de l'intégration européenne », *in l'Europe en Formation*, n° 370, 2013, pp. 133-157.
- LEPESANT (G.), « L'Union européenne et son voisinage : vers un nouveau contrat », *in Politique étrangère*, vol. 69, n° 4, 2004, pp. 767-780
- MAGNETTE (P.), « Vers une citoyenneté européenne directe ? Pratique du droit de pétition dans l'Union européenne », *in RIPC*, vol. 9, 2002, pp. 65-78.
- MARIATE (F.), « Recours en carence », *in* D. SIMON, F. MARIATTE, R. MUNOZ (sous la dir.), *Contentieux de l'Union européenne*/2, Rueil-Malmaison, Lamy, coll. Axe Droit, 2011, pp. 19-203.
- MESTRE (C.), « Le Parlement », *in* V. CONSTANTINESCO, Y. GAUTIER et V. MICHEL (sous la dir.), *Le traité établissant une*

Constitution pour l'Europe. Analyses et commentaires, Strasbourg, Presses Universitaires de Strasbourg, 2005, pp. 117-132.

- MEYER-HEINE (A.), « La participation des Parlements au fonctionnement de l'Union européenne : quand la subsidiarité renforce la démocratisation de l'Union », *in Droit et société*, n° 80, 2012, pp. 31-46.
- MORAVCSIK (A.), « Le mythe du déficit démocratique européen », *in Raisons politiques,* n°. 10, 2003/2, pp. 87-105.
- OBERDORFF (H.), « La séparation des pouvoirs », *in* J.-B. AUBY (sous la dir.), *L'influence du droit européen sur les catégories du droit public,* Paris, Dalloz, coll. Thèmes & commentaires, 2010, pp. 179-194.
- ROUYER (R.), « La révolution européenne de la démocratie », *in Raison politiques,* n° 10, 2003, pp. 3-6.
- STRUDEL (S.), « Pratiques de la citoyenneté européenne. Avant-propos », *in RIPC,* vol. 9, 2002, pp. 7-10.
- STÜTTLER (I. E), « La citoyenneté européenne et le déficit démocratique », *in Études internationales*, Volume 28, numéro 3, 1997, pp. 550-556.
- SUEUR (J.-J), « L'évolution du catalogue des droits fondamentaux », *in* J. RIDEAU (sous la dir.), *Les droits fondamentaux dans l'Union européenne. Dans le sillage de la constitution européenne*, Bruxelles, Bruylant, coll. Droit de l'Union européenne – Colloques, 2009, pp. 15-43.
- THEBAULT (V.), « Les paradoxes démocratiques de la construction européenne », *in* S. POILLOT-PERUZZETTO (sous la dir.), *Trajectoires de l'Europe, unie dans la diversité depuis 50 ans*, Paris, Dalloz, coll. Thèmes & commentaires, 2008, pp. 153-163.
- VILLANI (U.), « Les principes démocratiques et l'initiative citoyenne européenne dans le traité de Lisbonne », *in De Rome à Lisbonne : les juridictions de l'Union européenne à la croisée des chemins. Mélanges en l'honneur de Paolo Mengozzi.* (sous la dir. V. KRONENBERGER, M. TERESA D'ALESSIO, V. PLACCO), Bruxelles, Bruylant, 2013, pp. 193-211.

Table chronologique des arrêts et avis

Jurisprudence européenne

1- Cour de justice de l'Union européenne (CJUE)

- CJCE, 13 juin 1958, *Meroni & Co., Industrie métallurgique, SpA / Haute autorité de la Communauté européenne du charbon et de l'acier*, aff. 9/56, *Rec.*, p. 11.
- CJCE, 5 février 1963, *Van Gend en Loos*, aff. 26/62, *Rec.*, p. 3.
- CJCE, 27 mars 1963, *Costa/Enel,* aff. 28 à 30/62, *Rec.,* p. 61.
- CJCE, 15 juillet 1964, *Costa/ENEL*, aff. 6/64, *Rec.*, p. 1141.
- CJCE, du 17 décembre 1970, *Köster*, aff. 25/70, *Rec.,* p. 1161.
- CJCE, 31 mars 1971, *Commission / Conseil,* aff. 22/70, *Rec.*, p. 263.
- CJCE, 9 mars 1978, *Simmenthal*, aff. 106/77, *Rec.,* p. 646.
- CJCE, 29 octobre 1980, *Isoglucose,* aff. jtes, 138 et 139/79, *Rec.,* p. 3339 et 3342.
- CJCE, 6 octobre 1982, *CILFIT*, aff. C-283/81, *Rec.,* p. I-03415.
- CJCE, 27 septembre 1988, *Parlement/Conseil*, aff. 302/87, *Rec.,* p. 5615.
- CJCE, 10 février 1983, *Luxembourg/Parlement européen* aff. 230/81, *Rec.,* p. 255.
- CJCE, 23 avril 1986, *Les Verts c / Parlement européen*, aff. 294/83, *Rec.* 1339
- CJCE, 7 mars 1990, *Acerbis e.a. / Commission*, aff. C-320/81, *Rec.*, p. I-563.
- CJCE, 22 mai 1990, *Parlement c/ Conseil*, aff. C-70/88, *Rec.*, p. I-2041.
- CJCE, 4 octobre 1991, *Parlement /Conseil*, aff. C-70/88, *Rec.*, p. I-4529.
- CJCE, 15 décembre 1995, *Bosman*, aff. C-415/93, *Rec.*, p. I-4921.
- CJCE, 7 juillet 1992, *Parlement/Conseil*, aff. C-295/90, *Rec.,* p. I-4236.

- CJCE, 13 mai 1997, *Allemagne/Parlement et Conseil*, aff. C-233/94, *Rec.*, p. I-2405.
- CJCE, 11 novembre 1997, *Eurotunnel* e.a aff. C-408/95, *Rec.*, p. I-06315.
- CJCE, 20 septembre 2001, *Grzelczyk*, aff. C-184/99, *Rec.*, p. I-6193.
- CJCE, 18 juin 2002, *Espagne/Commission*, aff. C-398/00, *Rec.*, p. I-5643.
- CJCE, 19 septembre 2006, *Wilson*, aff. C-506/04, Rec., p. I-08613.
- CJCE, 18 décembre 2007, *Laval*, aff. C-341/05, *Rec.*, p. I-11767.
- CJCE, 3 avril 2008, *Rüffert*, aff. C-346/06, *Rec.*, p. I-01989.
- CJCE, 19 juin 2008, *Commission / Luxembourg*, aff. C-319/06, *Rec.*, p. I-04323.
- CJCE, 1er juillet 2008, *Suède et Turco/Conseil*, aff. jtes C-39/05 P et C-52/05 P, *Rec.*, p. I-04723.
- CJCE, 19 novembre 2009, *Sturgeon e.a.* aff.jtes. C-402/07et C-432/07, *Rec.*, p. I-10923.
- CJUE, 29 juin 2010, *Commission/Technische Glaswerke Ilmenau*, aff. C-139/07 P, *Rec.*, p. I-05885.
- CJUE, 21 septembre 2010, *Suède e.a. /API et Commission*, aff. jtes, C-514/07 P, C-528/07 P et C-532/07 P, *Rec.*, p. I-08533.
- CJUE, 21 octobre 2010, *Albron Catering*, aff. C-242/09, *Rec.*, p. I-10309.
- CJUE, 16 novembre 2010, *Mantello*, aff. C-261/09, *Rec.*, p. I-11477.
- CJUE, 8 mars 2011, *Ruiz Zambrano*, aff. C-34/09, *Rec.*, p. I-1177.
- CJUE, 28 juin 2012, *Commission / Éditions Odile Jacob*, aff. C-404/10 P, publié (e) au Recueil numérique.
- CJUE, 4 octobre 2012, *Commission/Autriche*, aff. C-75/11, publié (e) au Recueil numérique.
- CJUE, 23 octobre 2012, *Emeka Nelson e.a. contre Deutsche Lufthansa AG et TUI Travel plc e.a. contre Civil Aviation Authority*, aff.jtes, C-581/10 et C-629/10, publié (e) au Recueil numérique.
- CJUE, 26 février 2013, *Folkerts*, aff. C-11/11, publié (e) au Recueil numérique.

- CJUE, ord. du 18 avril 2013, *Germanwings GmbH / Amend*, aff. C-413/11, publié (e) au Recueil numérique.
- CJUE, 14 novembre 2013, *LPN et Finlande/Commission,* aff. jtes C-514/11 P et C-605/11 P, publié (e) au Recueil numérique.
- CJUE, 27 février 2014, *Commission / En BW*, aff. C-365/12 P, publié (e) au Recueil numérique.
- CJUE, 18 mars 2014, *Commission / Parlement et Conseil*, aff. C-427/12, Publié (e) au Recueil numérique.
- CJUE, 11 novembre 2014, *Dano,* aff. C-333/13, publié (e) au Recueil numérique.
- CJUE, 14 avril 2015, *Conseil/Commission*, aff. C-409/13, publié (e) au Recueil numérique.
- CJUE, 16 juillet 2015, *Commission / Parlement et Conseil*, aff. C-88/14, publié (e) au Recueil numérique.
- CJUE, 16 juillet 2015, *ClientEarth/Commission,* aff. C-612/13 P, publié (e) au Recueil numérique.
- CJUE, 6 octobre 2015, *Conseil/Commission,* aff. C-73/14, publié (e) au Recueil numérique.
- CJUE, 17 mars 2016, *Parlement/Conseil*, aff. C-286/14, publié (e) au Recueil numérique.
- CJUE, 5 avril 2016, *Puligienica Facility Esco SpA (PFE) c/ Airgest SpA,* aff. C-689/13, publié (e) au Recueil numérique.
- CJUE, 28 juillet 2016, *JZ*, aff. C-294/16 PPU, publié (e) au Recueil numérique.
- CJUE, 28 juillet 2016, *Conseil/Commission*, aff. C-660/13, publié (e) au Recueil numérique.
- CJUE, 10 novembre 2016, *Poltorak*, aff. C-452/16 PPU, publié (e) au Recueil numérique.
- CJUE, 7 mars 2017, *RPO,* aff. C-390/15, publié (e) au Recueil numérique.
- CJUE, 17 mai 2017, Royaume de Suède/Commission, aff. C-562/14 P, publié (e) au Recueil numérique.
- CJUE, 12 septembre 2017, *Anagnostakis*, aff. C-589/15 P, publié (e) au Recueil numérique.
- CJUE, 10 octobre 2017, *Elaine Farell / Allan Whitty e.a,* aff. C-413/15, publié (e) au Recueil numérique.
- CJUE, 27 février 2018, *Associação Sindical dos Juízes Portugueses,* aff. C-64/16, publié (e) au Recueil numérique.

- CJUE, 10 décembre 2018, *Wigntman e.a.*, aff. C-621/18, publié (e) au Recueil numérique.
- CJUE, 7 mars 2019, *Balázs-Árpád Izsák et Attila Dabis / Commission,* aff. C-420/16 P, publié (e) au Recueil numérique.
- CJUE, 12 mars 2019, *Tjebbes e.a.* aff. C-221/17, publié (e) au Recueil numérique.
- CJUE, 27 mars 2019, *Minister for Justice and Equality / OG et P,* aff. jtes, C-508/18 et C-82/19 PPU, publié (e) au Recueil numérique.
- CJUE, 19 décembre 2019, *Punppinck e. a / Commission*, aff. C-418/18P, publié (e) au Recueil numérique.
- CJUE, 19 décembre 2019, *Junqueras Vies*, aff. C-502/19, publié (e) au Recueil numérique.
- CJUE, 10 mars 2020, *« Grossmania » Mezőgazdasági Termelő és Szolgáltató Kft. c/ Vas Megyei Kormányhivatal,* aff. C-177/20, publié (e) au Recueil numérique.
- CJUE, 8 septembre 2020, *Recorded Artists Actors Performers Ltd C/ Phonographic Performance (Ireland) Ltd e.a.,* aff. C-265/19, publié (e) au Recueil numérique.
- CJUE, ord. du 16 juin 2021, *Sharpston / Conseil et représentants des gouvernements des États membres*, aff. C-685/20 P, non encore publié (e).
- CJUE, 6 octobre 2021, *Consorzio Italian Management c/ Catania Multiservizi,* aff. C-561/19, publié (e) au Recueil numérique.
- CJUE, 18 janvier 2022, *Wiener Landesregierrung*, aff. C-118/20, non encore publié (e).
- CJUE, 16 février 2022, *Pologne / Parlement et Conseil,* aff. C-157/21, non encore publié (e) au Recueil général.
- CJUE, 24 février 2022, *Agenzia delle dogane e dei monopoli et Ministero dell'Economia e delle Finanze,* aff. C-452/20, non encore publié (e) au Recueil général.
- CJUE, 22 novembre 2022, *Commission/Conseil (Adhésion à l'acte de Genève),* aff. C-24/20, publié (e) au Recueil numérique.
- CJUE, 5 mars 2024, *Public.Resource.Org et Right to Know / Commission e.a.,* aff. C-588/21 P, non encore publié (e) au Recueil général.

- CJUE, 30 avril 2024, *Lettonie /Suède*, aff. C-822/21, non encore publié (e).

2- Tribunal de l'Union européenne

- TPICE, 2 octobre 2001, *Martinez e.a. /Parlement*, aff. jtes T-222/99, T-327/99 et T-329/99, *Rec.,* p. II-02823.
- TPICE, 26 février 2002, *Rothley/Parlement européen*, aff. T-17/00, *Rec.*, p. II-579.
- TPICE, 21 septembre 2005, *Kadi c /Conseil et Commission*, aff. T-315/01, *Rec.,* p. II-3649
- TPICE, 8 octobre 2008, *Sogelma/AER*, aff. T-411/06, *Rec.,* p. II-2771.
- T., 25 septembre 2014, *Spirlea/Commission,* aff. T-306/12, publié (e) au Recueil numérique.
- T., 12 mai 2015, *John Dalli / Commission*, aff. T-562/12, publié (e) au Recueil numérique.
- T., 30 septembre 2015, *Alexios Anagnostakis/ Commission,* aff. T-450/12, publié (e) au Recueil numérique.
- T., 10 mai 2016, *Balázs-Árpád Izsák et Attila Dabis / Commission,* aff. T-529/13, publié (e) au Recueil numérique.

Index alphabétique des matières

D

E

F

G

I

J

K

L

M

Q

R

S

T

U

V

W

Table des matières

Structures éditoriales du groupe L'Harmattan

L'Harmattan Italie
Via degli Artisti, 15
10124 Torino
harmattan.italia@gmail.com

L'Harmattan Hongrie
Kossuth l. u. 14-16.
1053 Budapest
harmattan@harmattan.hu

L'Harmattan Sénégal
10 VDN SICAP AMITIE 3
BP 45034 Dakar-Fann
direction@senharmattan.com

L'Harmattan Cameroun
Tsinga/Derrière polyclinique FECAFOOT
BP 11486 Yaoundé
Jacques.koukam@harmattan.fr

L'Harmattan Burkina Faso
Villa 281, secteur 23 623, rue 14.32
Ouagadougou
zagbie@outlook.fr

L'Harmattan Guinée
Almamya, rue KA 028 OKB Agency
BP 3470 Conakry
harmattanguinee@yahoo.fr

L'Harmattan RDC
185, avenue Nyangwe
Commune de Lingwala - Kinshasa
matangilamusadila@yahoo.fr

L'Harmattan Congo
219, avenue Nelson Mandela
BP 2874 Brazzaville
deunovmikhael@gmail.com

L'Harmattan Mali
Immeuble Mgr Jean Marie Cissé
Aci Hamadallaye
BP 145 Bamako
syllaka@yahoo.fr

L'Harmattan Togo
Djidjole - Maison Amela
face EPP BATOME
02 BP 20680 Lomé
didieramela11@gmail.com

L'Harmattan Côte d'Ivoire
Résidence Karl - Cité des Arts
Abidjan-Cocody
03 BP 1588 Abidjan
harmattan.ivoire@gmail.com

L'Harmattan Bénin
Rue 604, (Immeuble à l'entrée
de la rue UCAO- Cite de Saint-Jean)
Cotonou
stepcorpus@gmail.com

Nos librairies en France

Librairie internationale
16, rue des Écoles
75005 Paris
librairie.internationale@harmattan.fr
01 40 46 79 11
www.librairieharmattan.com

Librairie des savoirs
21, rue des Écoles
75005 Paris
librairie.sh@harmattan.fr
01 46 34 13 71
www.librairieharmattansh.com

www.ingramcontent.com/pod-product-compliance
Lightning Source LLC
LaVergne TN
LVHW011153061026
849535LV00003B/711